GUIDO KNOPP

Sie wollten Hitler töten

Buch

Während Hitlers Amtszeit gab es mehr als vierzig Versuche, den Diktator zu entmachten und zu töten. Viele davon sind heute nahezu in Vergessenheit geraten, andere wurden zum Symbol für den Kampf gegen das Terrorregime. Bis heute bleibt die Frage, warum sie allesamt scheitern mussten: aus Mangel an Entschlossenheit, aus Unvermögen? Oder war es eben Schicksal, weil dieses Deutschland den Kelch bis zur bitteren Neige trinken sollte? Guido Knopp schildert exemplarisch einzelne Widerstandsversuche seit 1938: die Umsturzpläne des »Amts Canaris«, die durch das Münchner Abkommen vereitelt wurden und die wohl größte Chance darstellten, Hitler noch vor dem millionenfachen Morden zu stürzen; die Pläne des Kreisauer Kreises; die Aktionen der »Weißen Rose« um Hans und Sophie Scholl; das Attentat des mutigen Einzeltäters Georg Elser, dessen Bombe im Münchner Bürgerbräukeller Hitler nur um dreizehn Minuten verfehlte. Die Dokumentation zeichnet die Profile der Widerstandsgruppen, schildert die inneren Zweifel, die persönlichen Irrtümer und den schweren Weg zum Handeln.

Autor

Prof. Dr. Guido Knopp, geboren 1948, war nach dem Geschichtsstudium Redakteur der »FAZ« und Auslandschef der »Welt am Sonntag«. Seit 1984 leitet er die ZDF-Redaktion Zeitgeschichte und unterrichtet an einer deutschen Hochschule Journalistik. Für seine Fernseh-Dokumentationen, die auch in Buchform erschienen, hat er zahlreiche Auszeichnungen erhalten, u.a. den Jakob-Kaiser-Preis und das Bundesverdienstkreuz.

Im Goldmann Verlag
ist von Guido Knopp außerdem erschienen:

Hitler – Eine Bilanz (12742); Hitlers Helfer I (12762);
Hitlers Helfer II (15017); Hitlers Krieger (15045);
Hitlers Kinder (15121); Hitlers Frauen (15212);
Holocaust (15152); Die SS (15252);
Die Saat des Krieges (15037); Kanzler (15067);
Top-Spione (12725); Unser Jahrhundert (15044);
Vatikan (15007); Die Gefangenen (15323)

Guido Knopp

Sie wollten Hitler töten

In Zusammenarbeit
mit Alexander Berkel, Anja Greulich,
Sönke Neitzel, Annette Tewes

Redaktion: Mario Sporn

GOLDMANN

Umwelthinweis:
Alle bedruckten Materialien dieses Taschenbuches
sind chlorfrei und umweltschonend.

Der Wilhelm Goldmann Verlag, München, ist ein Unternehmen
der Verlagsgruppe Random House GmbH.

1. Auflage
Vollständige Taschenbuchausgabe Juli 2005
Wilhelm Goldmann Verlag, München,
in der Verlagsgruppe Random House GmbH

Umschlaggestaltung: Design Team München
Umschlagfoto: SV Bilderdienst
Druck: Clausen & Bosse. Leck
Verlagsnummer: 15340
KF · Herstellung: Sebastian Strohmaier
Made in Germany
ISBN 3-442-15340-9
www.goldmann-verlag.de

Inhalt

Ein Aufstand des Gewissens

Wohl kaum ein Datum in der deutschen Zeitgeschichte wurde so nachhaltig Gegenstand von Mythen und Legenden wie der 20. Juli 1944. Wäre das Attentat auf Hitler gelungen, so hätte es ein Wendepunkt des Zweiten Weltkriegs, ein Signal zur Beendigung des Völkermords werden können. Sein Scheitern aber trieb es in den Streit der Nachkriegszeit.

In der frühen Bundesrepublik wurden die Attentäter ebenso als Hochverräter verfemt, ihren Witwen die Pensionen verwehrt, wie sie zu Vordenkern eines demokratischen Nachkriegsdeutschland verklärt wurden. Die DDR tat den 20. Juli jahrelang als Putsch einiger weniger nationalkonservativer Militärs ab, deren einziges Ziel darin bestanden habe, Deutschlands Niederlage im Krieg zu verhindern.

Heute wissen wir: Es führten viele Wege zum 20. Juli 1944. Was alle oppositionellen Gruppen einte, war die Überzeugung, dass der NS-Staat ein amoralischer, verbrecherischer Anschlag auf das Weltgewissen war. Gewerkschafter und Pfarrer, ehemalige Politiker der Republik und Militärs waren sich einig darin, dass Deutschland auf eine Katastrophe zusteuerte, wenn Hitler nicht beseitigt würde. Viele der Verschwörer hatten dem Diktator anfangs voll Begeisterung gedient. Und manche waren selbst in den Vernichtungskrieg verstrickt gewesen. Nun aber wandten sie sich angesichts der offenkundigen Verbrechen des Regimes von Hitler ab. Der Urheber des letzten Anschlags, Claus Graf Schenk von Stauffenberg, verkörpert diesen Widerspruch in seiner eigenen Person.

Über 40 Attentate, Attentatsversuche und -pläne hatte es bis dahin schon gegeben. Enttäuschte Weggefährten, zu allem entschlossene Einzeltäter, moralisch zutiefst erschütterte Frontkämpfer planten und/oder versuchten den Tyrannenmord ebenso wie kühl kalkulierende Generalstabsoffiziere. Was sie eint, ist die Tragik des Scheiterns. Der Verschwörer Fabian von Schlabrendorff meinte gar, das Objekt all dessen habe »den Schutz des Teufels offensichtlich auf seiner Seite«.

Jene Männer, die den wahngetriebenen Psychopathen endlich töten und den Krieg aus eigener Kraft beenden wollten, waren einsame Verschwörer, die nicht von der Volksstimmung getragen wurden, sondern nur von ihrem eigenen Pflichtgefühl. Die meisten wussten, dass das Deutsche Reich, ihr Heiligtum, nicht mehr zu retten war. Doch es komme nicht mehr darauf an, ob das letzte Attentat gelinge, erkannte Henning von Tresckow, Kopf der Verschwörung, sondern nur noch darauf, dass der deutsche Widerstand den Wurf gewagt habe, um vor der Geschichte zu bestehen. Denn: »Wir müssen es tun, auch wenn es nicht glückt, und wenn wir alle draufgehen. Denn es darf später nicht heißen: Es ist niemand gegen dieses Unrecht aufgestanden.«

Heute mutet das Ethos fremd an, das die Verschwörer antrieb: der Glaube an einen starken Staat, nicht demokratisch im heutigen Verständnis, doch die Menschenrechte achtend; der Wille und der Mut, für dieses Ziel in den Lauf der Geschichte einzugreifen, geltende Gesetze zu brechen, sogar sich zu opfern. Das Gewissen siegte über die Angst, sogar über das Kalkül.

Doch der Fall Hitler wirft noch eine andere Frage auf: Warum ist es so schwierig, einen Tyrannen zu töten? »Ich kann ... jederzeit von einem Verbrecher, von einem Idioten beseitigt werden«, meinte der Diktator in einem seiner Tischgespräche – und charakterisierte damit die fatale Logik eines Selbstmordattentäters, gegen den man sich kaum schützen kann. Viele der Verschwörer waren zu diesem letzten verzweifelten Schritt nicht bereit. So geriet die Planung des Tyrannenmords an Hitler zu einem tragischen Patchwork aus Mut, Verzweiflung, Angst und Todesverachtung.

Leuchtend von allen anderen hervor hebt sich der schwäbische Schreinergeselle Georg Elser. Hätte die von ihm gefertigte, in einer Säule des Münchener Bürgerbräukellers versteckte Bombe ihr Zielobjekt nicht um 13 Minuten verfehlt – der Welt wäre viel erspart geblieben. Elser war gewiss der einsamste der Attentäter. Als der Diktator seine größten Triumphe feierte und von einer Welle der Begeisterung getragen wurde, ging der Schreiner auf Distanz zu seiner Zeit und ihrem kollektiven Selbstbetrug – und seinen Zeitgenossen, die sich willig dem Verführer hingaben. Das war ein Zeichen großer innerer Kraft. Elser ahnte: Hitler bedeutete Krieg, und diesen Krieg wollte er durch seine Tat verhindern. Er handelte instinktsicher, und um ein Haar wäre er erfolgreich gewesen. Das unterschied ihn von den Militärs, die über ideale Machtmittel verfügten, um Hitler zu beseitigen, ihre Umsturzpläne aber gleichzeitig mit allzu komplizierten Vorbedingungen verknüpften. Sie warteten auf eine bestimmte Konstellation, die sie zum Handeln zwang – und fürchteten zugleich die Konsequenzen ihres Handelns. Was dabei 1938/39 auf der Strecke blieb, war die letzte Entschlossenheit, der unbedingte Wille, der spontane Wagemut. Diese Qualitäten brachte nur der Einzeltäter Georg Elser auf. Er strafte alle Lügen, die sich vormachten, sie seien dem Terror eines kriminellen Staates wehrlos ausgeliefert. Das Beispiel dieses Mannes zeigte: Auch der so genannte »kleine Mann« war nicht um jeden Preis dazu verdammt, nur »Mitläufer« zu sein. Er konnte, wenn er wollte, selbst das Rad der Weltgeschichte anhalten.

Als Elser seine Tat beging, waren einige der späteren Verschwörer noch weit davon entfernt, an Widerstand zu denken. Zwei Jahre später nahmen sie noch teil am rassistischen Vernichtungskrieg, sie billigten ihn zeitweise und/oder trieben ihn in einigen Fällen sogar aktiv voran. Truppenführer wie Erich Hoepner oder Carl-Heinrich von Stülpnagel übertrafen in Armeebefehlen noch die antisemitischen Sprachregelungen aus dem Oberkommando der Wehrmacht. Selbst einem Tresckow, der den »Partisanenkrieg« als großflächige Mordaktion durchschaut hatte, war dienstlich die Aufgabe zugefallen, die Partisanenbekämpfung zu organisieren.

Letztlich aber war es gerade die Erfahrung, die wachsende intime Kenntnis der Verbrechen des Regimes im Rücken der Ostfront, die empörte Offiziere in den Widerstand trieb – junge Offiziere wie den Oberleutnant Axel von dem Bussche, der im ukrainischen Dubno Zeuge eines Massenmordes wurde. Die gesamte jüdische Bevölkerung von Dubno, etwa 3000 Männer, Frauen und Kinder, wurden von der SS getötet. Für Bussche war dies der Moment einer Erkenntnis: Nur der Tyrannenmord konnte dem Schrecken ein Ende bereiten.

Im Stab der Heeresgruppe Mitte fanden diese jungen Offiziere jenen Mann, der zum Planungschef des Attentats geriet: Henning von Tresckow. »Hitler wie einen tollen Hund abzuschießen«, sah er als Ausdruck und Folge einer sittlichen Verpflichtung. Er und sein Vertrauter Claus Schenk Graf von Stauffenberg versuchten, prominente Heerführer für einen Umsturz zu gewinnen – mit geringem Erfolg: Feldmarschall von Kluge wollte nur dann und auch nur vielleicht mitmachen, wenn Hitler schon tot sei. Feldmarschall von Manstein sprach den klassischen Satz: »Preußische Feldmarschälle meutern nicht.«

»Nachdem die Generäle bisher nichts erreicht haben, müssen sich nun die Obersten einschalten«, kommentierte Oberst Stauffenberg die Reaktion von Mansteins. Doch alle Attentatsversuche scheiterten. Fabian von Schlabrendorff schmuggelte Sprengstoff an Bord von Hitlers Flugzeug. Doch die Sprengladung zündete nicht: Es war zu kalt in der Maschine. Oberst Rudolf-Christoph von Gersdorff war entschlossen, sich mit Hitler in die Luft zu sprengen. Doch der Diktator verließ die Ausstellung im Berliner Zeughaus, bei der Gersdorff zuschlagen wollte, früher als vorgesehen. Axel von dem Bussche wollte sich bei der Vorführung neuer Uniformen ebenfalls mit Hitler in die Luft sprengen. Doch bei einem Bombenangriff wurde der Eisenbahnwaggon zerstört, in dem die Uniformen lagerten. Es war zum Verzweifeln.

Die Verschwörer setzten anfangs auf den Westen, hofften gar auf einen halbwegs akzeptablen Verhandlungsfrieden. Doch der Westen, insbesondere Churchill, hatte überhaupt kein Interesse am Gelingen eines Attentats auf Hitler oder gar an einem innerdeutschen Putsch. Diesmal wollte man Deutschland ganz und völlig in die Knie zwingen. Der Sieg sollte militärisch vollständig, bedingungslos und endgültig sein.

Hatte Tresckow anfangs noch geglaubt, mit einem Umsturz politische Ziele erreichen zu können, so löste er das Militärkomplott im Lauf der Zeit von allen politischen Zwecken. Am Ende kam es nur noch darauf an, dass der »Aufstand des Gewissens« überhaupt erfolgte.

Die »Operation Walküre«, ein ursprünglich zur Niederwerfung innerer Unruhen gedachter Plan, war von Stauffenberg so genial umgearbeitet worden, dass im Falle des Gelingens selbst die Gegner des Putsches im Sinne der Verschwörer gehandelt hätten. Doch alles, alles hing ausschließlich von der Frage ab, ob Hitler diesem letzten Attentat zum Opfer fiel.

Weil der Diktator dem von ihm in Geiselhaft genommenen Volk diesen Gefallen nicht tat, rächte sich das Regime in einem wahren Blutrausch an den Besten dieses Volkes. »Ich will, dass sie gehängt werden, aufgehängt wie Schlachtvieh«, wies Hitler seinen »Volksgerichtshof«-Präsidenten Freisler an. Der Blutrichter des »Dritten Reiches« inszenierte den wohl zynischsten Schauprozess der Geschichte und verurteilte die meisten der Männer des 20. Juli zum Tod durch Erhängen. Hitler ließ die Hinrichtungen heimlich mitfilmen und ergötzte sich noch Tage später an den Filmaufnahmen. Doch gezeigt werden durften sie nicht – ebenso wenig wie die ebenfalls nur insgeheim gefilmten Schauprozesse Freislers. Sie hätten enthüllt, dass die Angeklagten keine »Lumpen« waren, wie der Blutrichter herausschrie, sondern anständige, mutige Männer.

Oft ist gefragt worden, ob es denn überhaupt etwas genutzt hätte, wenn die bewusste Bombe unterm Kartentisch ihr Zielobjekt zerrissen hätte. Die bedingungslose Kapitulation stand ja längst fest, genauso wie die Aufspaltung des Reiches in Besatzungszonen, die brutale Amputierung Ostdeutschlands und die Vertreibung seiner Menschen. Und es war ja auch ganz offenkundig, dass Partei, SA und wohl auch die SS nicht ohne weiteres von der Macht gelassen hätten. Doch ein toter Hitler hätte all die vorsichtigen Feldmarschälle – Kluge, Manstein und so manche andere – aus der Deckung getrieben. Mit ihnen und wohl auch mit Rommel an der Spitze stand das Kräfteverhältnis der bewaffneten Macht 10:1 für die Wehrmacht. Sie hätte das Geschehen deutscherseits diktiert. Auch wenn die Illusionen eines Separatfriedens nur mit dem Westen rasch zerstoben wären – heilig war der Anti-Hitler-Koalition der eiserne Grundsatz »bedingungslose Kapitulation an allen Fronten und zur gleichen Zeit« –, so wäre doch durch eine provisorische Regierung Goerdeler oder durch ein Militärregime der Krieg beendet worden, so oder so. Und wenn die Kapitulation Anfang August 1944 erfolgt wäre, dann wären zwölf Millionen Ostdeutsche zwar ebenfalls vertrieben worden – aber nicht im Krieg, im eisigen Winter, auf der Flucht vor der Rache der Roten Armee, sondern unter halbwegs geordneten Verhältnissen nach einem Waffenstillstand; dann hätten Millionen von Soldaten an den Fronten in Europa nicht mehr sterben müssen (allein auf deutscher Seite sind zwischen August '44 und Mai '45 mehr Menschen umgekommen als in den fünf Kriegsjahren zuvor); dann wären Hunderttausende von Juden nicht mehr in die Gaskammern getrieben worden – denn der Holokaust erreichte erst im Sommer 1944 seinen Gipfelpunkt. Die Schornsteine von Auschwitz rauchten Tag und Nacht. Sie kamen gar nicht nach, um jene Massen ungarischer Juden zu verbrennen, welche die Schergen der SS ins Gas getrieben hatten – kurz vor Toresschluss. Die letzten Opfer hörten schon das Grollen der nahenden Front.

Und wenn der Krieg beendet worden wäre, wären schöne alte, unzerstörte Städte nicht mehr vernichtet worden. Würzburg, Dresden, Breslau, Königsberg und viele, viele andere Kleinodien alter Baukunst waren noch unversehrt. Ein gelungener Tyrannenmord an Hitler hätte seinen Sinn gehabt.

Nach dem Krieg sang ausgerechnet der den Verschwörern ein Loblied, auf den sie so sehr und so vergebens gesetzt hatten: Der Widerstand gegen Hitler habe »zum Edelsten und Größten gehört, was in der politischen Geschichte der Völker je hervorgebracht wurde«. Churchill hat Recht.

Der einsame Held

> **Ich wollte ja durch meine Tat noch größeres Blutvergießen verhindern.**
>
> Aus dem Verhörprotokoll Georg Elsers

Die »alten Kämpfer« feierten sich selbst – und jenen Mann, der es vom gescheiterten Putschisten des Jahres 1923 zum »Führer« des Deutschen Reiches gebracht hatte. Unter den Klängen des Badenweiler Marsches zog Hitler in den Saal des Münchener Bürgerbräukellers ein, in seinem Gefolge eine Abordnung von SA und SS mit der »Blutfahne« der Bewegung – jenem als Reliquie verehrten Tuch, das angeblich beim Putschversuch 1923 mit dem Blut von NS-Märtyrern getränkt worden war. »Heil«-Rufe aus über 2000 Männerkehlen brandeten dem »Führer« am Abend des 8. November 1939 als Willkommensgruß entgegen.

»Auf wenige Stunden bin ich zu euch gekommen, um in eurer Mitte wieder die Erinnerung an einen Tag zu erleben, der für uns, die Bewegung und somit für das ganze deutsche Volk von größter Bedeutung war.« Die Rede, die Hitler an diesem Abend vor der versammelten NS-Prominenz und alten Weggefährten hielt, begann mit der unvermeidlichen Parteifolklore: Wie in jedem Jahr seit der »Machtergreifung« zelebrierte Hitler im Münchener Bürgerbräukeller eine Weihestunde für die »Novembertoten« – jene 16 Nationalsozialisten, die am 9. November 1923 bei seinem jämmerlich gescheiterten Putsch von der Polizei erschossen worden waren. »Die nationalsozialistische Bewegung hat damals ihren Siegeszug begonnen. Seitdem ist nun Deutschland eine Weltmacht geworden – durch unsere Bewegung!«, verkündete 16 Jahre später der deutsche Diktator.

In der Tat: Die Welt sah auf Deutschland – und fürchtete seine waffenstarrende Macht im Herzen Europas. Wenige Wochen zuvor, am 1. September, hatte die Wehrmacht Polen überfallen – und dem östlichen Nachbarn in einem Blitzkrieg eine vernichtende Niederlage zugefügt. Doch nun taumelte Europa auf den Abgrund einer neuen, größeren Konfrontation zu: Deutschland stand im Krieg mit Frankreich und Großbritannien, jenen Mächten, die tatenlos mit angesehen hatten, wie ihr Verbündeter

»Wir kapitulieren niemals«: Hitler am 8. November 1939 während seiner Rede im Bürgerbräukeller.

Polen überrollt worden war. An diesem Novemberabend feierte sich der siegreiche deutsche Kriegsherr selbst: »Wir haben uns eine Wehrmacht aufgebaut – und das kann ich ja ruhig heute aussprechen –, wie es eine bessere in der Welt nicht gibt. Und hinter dieser Wehrmacht steht ein Volk in einer Geschlossenheit, wie es gleichfalls in der deutschen Geschichte bisher noch nie der Fall war. Und über dieser Wehrmacht und über diesem Volk steht heute eine Regierung von einer fanatischen Willenskraft, wie auch das in den vergangenen Jahrhunderten und in Deutschland noch nicht da war!« Hitler gab sich bewusst kriegerisch an diesem Abend – das Volk musste auf weitere Opfer eingestimmt werden, denn schließlich hatte er den Befehl erteilt, noch im November 1939 eine Offensive gegen die Westmächte zu eröffnen. Angespornt durch die jüngsten Erfolge auf den Schlachtfeldern im Osten und durch den bierseligen Jubel von 2000 gläubigen Nationalsozialisten, legte der Diktator seine Zukunftspläne beängstigend offen dar: »Wir kämpfen für die Sicherheit unseres Volkes, für unseren Lebensraum, in dem wir uns nicht von anderen hineinreden lassen! ... Alles ist denkbar, eine deutsche Kapitulation niemals! Wenn man mir erklärt: ›Dann wird der Krieg drei Jahre dauern‹, so antworte ich: ›Er kann dauern, so lange er will – kapitulieren wird Deutschland niemals.‹ Wir werden diesen Herren zeigen, was die Kraft eines 80-Millionen-Volkes vermag ...«

Er verhieß seinen Zuhörern eine Zukunft, die nur Kampf und Krieg bedeuten konnte. An den Volksempfängern lauschten die Deutschen dieser Botschaft. Die Rede wurde ab 19.30 Uhr im gesamten Reich übertragen. Zu hören war auch der frenetische Applaus des Parteivolks im Bürgerbräukeller – die »alten Kämpfer« der NSDAP zeigten ihrem »Führer«, dass sie diesen Krieg ebenso wollten wie er. Noch stundenlang hätten sie ihrem Idol lauschen können. Hitlers furiose Tiraden gegen den Feind, seine heroisierenden Lobhudeleien alter Mitstreiter – all das entfaltete rasch die berechnete, berauschende Wirkung. Doch an diesem Abend fasste sich der »Führer« überraschend kurz. Schon nach anderthalb Stunden entschuldigte er sich mit »dringenden Staatsgeschäften« – schließlich stehe man mitten im Kriege – und verließ unter stürmischem Beifall den Raum.

Das Rednerpult, zentral am Fuße eines tragenden Pfeilers im fahnengeschmückten Saal platziert, war ab 21.07 Uhr verwaist. Hitler und seine

An das Attentat im Bürgerbräukeller erinnere ich mich, allerdings nicht an den Namen Georg Elser. Natürlich war das etwas, was uns auf das Tiefste bewegte, denn der Tod Hitlers würde, so viel wussten wir, eine ganz andere Situation gerade für uns selbst schaffen.

Ralph Giordano, Publizist, lebte damals in Hamburg

Ich war damals in einer Theatergruppe. Am 8. November 1939 hatten wir ein Treffen und haben gemeinsam Hitlers Rede aus München angehört. Auf einmal gab es einen Mordsknall – das war das Attentat. Wir wussten natürlich nicht, was los war. Erst zwei Tage darauf haben wir aus der Zeitung erfahren, dass ein Attentat verübt worden war.
Hans Elser, Neffe von Georg Elser

Entourage eilten zum Münchener Hauptbahnhof. Zwar waren er und einige Vertraute – unter ihnen Joseph Goebbels und Rudolf Heß – mit dem Flugzeug nach München gereist, doch Hitlers Chefpilot Heinz Baur hatte wegen des aufkommenden Nebels Bedenken, noch am selben Abend wieder nach Berlin zurückzufliegen. Hitler entschloss sich, einen Zug zu nehmen, an den ein Sonderwagen angehängt wurde. Die planmäßige Abfahrt war 21.35 Uhr. Propagandaminister Joseph Goebbels schilderte die Stimmung des Abends in seinem Tagebuch: »Abends im Bürgerbräukeller. Die alten Kameraden! Viele fehlen, viele sind im feldgrauen Rock erschienen. Der Führer wird mit unvorstellbarem Jubel empfangen. ... England wird unsere Waffen kennen lernen. Tolle Begeisterung durchtobt den Saal. Dies wird eine Weltsensation werden.«

Doch die Sensation des Tages sah anders aus: Um 21.20 Uhr detonierte im Bürgerbräukeller eine Bombe. Ein präzises Uhrwerk hatte zur voreingestellten Zeit einen Zünder aktiviert, der fast zehn Kilogramm Sprengstoff zur Explosion brachte. Die Höllenmaschine war in einen tragenden Pfeiler des Saales eingebaut worden – unsichtbar getarnt, perfekt deponiert und gut verdämmt. Genau an diesem Pfeiler hatte das Rednerpult gestanden, von dem Hitler wenige Minuten zuvor seine Entschlossenheit zum Krieg verkündet hatte. Durch die Druckwelle der Explosion war der Pfeiler zerrissen worden, und im Bereich der Rednertribüne war die gesamte Deckenkonstruktion krachend auf das Pult sowie auf die umliegenden Stuhlreihen und Biertische gestürzt. Tonnenschwer war die Last von Mauerwerk, Dachträgern und Holzbalken, die drei Menschen sofort erschlug und Dutzende unter sich begrub; fünf von ihnen starben nach der Einlieferung in die Krankenhäuser, 63 Verletzte waren zu beklagen. Die Zahl der Opfer blieb nur deshalb so verhältnismäßig gering, weil der Saal sich nach der Hitler-Rede schnell geleert hatte. Außer einer Aushilfskellnerin waren alle Toten Mitglieder der NSDAP oder der SA. Wer immer

»Technisch perfekter Anschlag«: Am Tatort werden sofort die Untersuchungen aufgenommen.

der oder die Täter waren – sie hatten einen technisch perfekten Anschlag geplant und durchgeführt.

Doch der Mann, dem der Mordanschlag gegolten hatte, war ihnen entkommen – durch einen fast unglaublichen Zufall: Nur eine ungünstige Wetterprognose hatte ihn dazu bewogen, seine Rede zu verkürzen. Hitler war um ganze 13 Minuten der Bombe entgangen, die ihn in den sicheren Tod befördert hätte.

Der deutsche Diktator erfuhr noch im Zug von den Geschehnissen in München. In Nürnberg, beim ersten planmäßigen Halt, drang die Nachricht zu den prominenten Fahrgästen durch: Als Goebbels den Zug verließ, um ein Fernschreiben aufzugeben, teilte man ihm mit, dass im Bürgerbräukeller eine Bombe explodiert war. Kreidebleich kehrte er in den Sonderwagen zurück. Hitlers erste Reaktion verblüffte ihn: »Glück muss der Mensch haben!«, bemerkte dieser lakonisch. Dann verließ auch er den Wagen und ließ sich nach München zu seinem Gauleiter und zum Polizeipräsidenten durchstellen. Auch als diese ihm den Wahrheitsgehalt der

Falls die Explosion nur 30 Minuten früher erfolgt wäre, hätte unbedingt der Führer am exponiertesten hiervon betroffen werden müssen. Es unterliegt hiermit keinem Zweifel, dass der zunächst noch unbekannten Terrorgruppe dieser Gedanke maß- und richtungsgebend gewesen ist.

Bericht des Münchener Polizeipräsidenten von Eberstein, 9. November 1939

Man hielt es für völlig ausgeschlossen, dass er das ohne Unterstützung von fremden Mächten gemacht haben konnte. Es sind ja auch zwei Briten verhaftet worden, von denen man behauptete, sie seien die Hintermänner gewesen. Das sollte natürlich Feindbilder verstärken: Seht her, mit derartigen Mitteln gehen unsere Feinde gegen uns vor!

Hildegard Hamm-Brücher, damals Studentin in München

Meldung bestätigten, blieb Hitler auffallend beherrscht – ungerührt münzte er die misslungene Tat in einen Beweis schicksalhafter Fügung um: »Jetzt bin ich völlig ruhig! Dass ich den Bürgerbräu früher als sonst verlassen habe, ist mir eine Bestätigung, dass die Vorsehung mich mein Ziel erreichen lassen will!« An diesem Abend hatte er vor Publikum die Briten für alle Beschwernisse Deutschlands verantwortlich gemacht – offenbar glaubte er selbst an diese einseitigen Schuldzuweisungen: Sofort vermutete er, dass die Drahtzieher des Attentats in den Reihen des britischen Geheimdienstes zu finden seien. Er befahl, die besten Ermittler mit dem Fall zu betrauen; die Untersuchung sollte auf seinen Wunsch Reichskriminaldirektor Arthur Nebe vom Reichssicherheitshauptamt (RSHA) in Berlin leiten. SS-Chef Himmler setzte eine Belohnung von 500 000 Reichsmark für entscheidende Hinweise auf die Täter aus; die deutschen Botschaften im Ausland hielten jeweils 100 000 Reichsmark bereit, falls Denunzianten vor Ort Hinweise auf die Beteiligung ausländischer Gruppen geben sollten. Propagandaminister Goebbels wurde auf seinem Gebiet aktiv. Noch in der Nacht ließ er per Fernschreiber der Agentur Deutsches Nachrichten-Büro (DNB) seine Anweisung zukommen: Am folgenden Tag sollte in Presseveröffentlichungen den Briten die Schuld zugeschoben werden.

Von diesen Ereignissen ahnten die beiden Zollbeamten, die am Konstanzer Grenzübergang Kreuzlinger Straße kurz nach 20 Uhr zu ihrem Patrouillengang aufbrachen, nichts. In der stockfinsteren Novembernacht bezogen sie Posten im unübersichtlichen Gelände am Kinderheim an der »Schwedenschanze«. Das mehrstöckige Gründerzeitgebäude war von einem großen Garten umgeben, der an einer Seite vom deutsch-schweizerischen Grenzzaun abgeschlossen wurde. Vor dem September 1939 galt dieser Abschnitt als nur oberflächlich bewachte »grüne Grenze«, doch seit dem Kriegsausbruch kontrollierten die Grenzer diesen Bereich genauer als je zuvor. Um 20.45 Uhr bemerkte der Zollbeamte Xaver Rieger eine Gestalt, die durch den düsteren Garten schlich. »Hallo, wo wollen Sie hin?«,

Oben: »Sonderkommission Bürgerbräukeller«: Himmler (Mitte) berät mit Arthur Nebe, Franz Josef Huber, Reinhard Heydrich und Heinrich Müller (von links).
Unten: »Gefühl der Zusammengehörigkeit«: Hitler spricht den Hinterbliebenen der Opfer sein Beileid aus.

Zwischen 20.40 und 20.45 trat plötzlich hinter dem Gebäude eine Gestalt hervor, die nach kurzem Beobachten des Geländes schleichend und äußerst eilig der Grenze zustrebte. ... Als ich diese Gestalt sah, bewegte ich mich sofort und vorsichtig und unter sofortiger Bereitmachung des Karabiners in Eile auf den Mann zu. Als ich die Überzeugung hatte, dass mein Anruf gehört werden musste, rief ich ihn mit den Worten »Hallo, wo wollen Sie hin?« an.
Meldung des Zollassistenten Xaver Rieger über die Festnahme von Georg Elser, 15. Dezember 1939

rief der Grenzwächter und entsicherte seinen Karabiner. So angesprochen, trat ein Mann aus der Dunkelheit. Er suche jemanden namens Feuchtlhuber vom Trachtenverein Konstanz, erklärte der Unbekannte. Misstrauisch geworden, jedoch durchaus freundlich, forderte der Beamte den Fremden auf, ihm zur Grenzaufsichtsstelle zu folgen. Dort werde man ihm helfen können, falls er sich verlaufen habe. Am Zollamt an der Kreuzlinger Straße, nur wenige Schritte von der Grenze entfernt, betrachtete Rieger seinen Fang zum ersten Mal bei Licht. »Hier ist die Tür«, bedeutete er dem klein gewachsenen, schmalen Mann, der sich mit einem abgelaufenen Passierschein für die Schweiz als Georg Elser ausgewiesen hatte. Eine Durchsuchung war fällig, so viel war dem Zöllner klar. »Zieh dich bis aufs Hemd aus und leg raus, was in den Taschen ist«, befahl ein Zollsekretär. Im Nebenraum lauschte ein Kollege am Volksempfänger der Rede Hitlers, die aus München übertragen wurde. An der Wand des Amtszimmers hing ein Porträt ebenjenes »Führers«, der streng auf das zu blicken schien, was der Grenzgänger nun zögerlich auf dem Tisch ausbreitete: Zum Vorschein kamen ein Taschentuch, eine kleine Kneifzange, Schlagbolzen und Feder eines Zünders, ein Umschlag mit Aufzeichnungen über die Herstellung von Granaten und deren verschiedenartige Kennzeichnung, eine Ansichtskarte des Bürgerbräukellers in München und ein Abzeichen des »Rotfront«-Kämpferbundes. Damit hatte sich

Wäre die Kundgebung wie alle Jahre vorher programmgemäß durchgeführt worden, dann lebten wir alle nicht mehr. ... Er [Hitler] steht unter dem Schutz des Allmächtigen. Er wird erst sterben, wenn seine Mission erfüllt ist.
Joseph Goebbels, Tagebuch, 9. November 1939

Wenn ich gefragt werde, was mein erster Gedanke in diesem Augenblick war, so muss ich zugeben, dass ich mich im ersten Augenblick über mich selbst und meinen Leichtsinn geärgert habe. Ich dachte, wäre ich doch nicht einfach so darauf zugelaufen, sondern hätte ich doch wenigstens zuerst genau Umschau gehalten, ehe ich auf die Grenze zuging.
Aus dem Verhörprotokoll Georg Elsers (über seine Verhaftung)

der Fremde gleich mehrfach verdächtig gemacht: als Grenzbrecher, als Saboteur oder Spion sowie als Kommunist. Der Mann war ein Fall für die Gestapo, daran bestand nun keinerlei Zweifel mehr.

Kurz darauf wurde er in einem Dienstwagen abgeholt und zur Gestapo-Zentrale Konstanz in die Villa Rocca an der Mainaustraße gebracht. Der Gestapo-Mann Otto Grethe, der an diesem Abend Dienst tat, beschrieb Georg Elser als »unauffälligen Mann, höchstens 1,60 Meter groß, welliges Haar, mager, verbissenes Gesicht, finsterer Blick«. Grethe charakterisierte ihn nach ersten Verhören als »sehr unzugänglich«. Immerhin fand er heraus, dass es sich bei dem unscheinbaren Mann um einen 36-jährigen arbeitslosen Tischlergesellen aus dem schwäbischen Königsbronn handelte. Ansonsten, musste der Vernehmungsbeamte feststellen, blieben Elsers Angaben nichts sagend. Der Mann bestand darauf, zu Unrecht verhaftet worden zu sein.

Um 23 Uhr gingen bei der Gestapo Konstanz – wie in allen Dienststellen im Reich – erste Fernschreiben und Fahndungsaufrufe ein: Im Münchener Bürgerbräukeller habe es einen Sprengstoffanschlag gegeben, die Grenzen seien zu schließen und scharf zu kontrollieren. Obwohl die Verhöre ergebnislos blieben, hatte Elsers Tascheninhalt den Argwohn der Gestapo-Beamten in Konstanz erregt. Aufgeschreckt durch die Berichte aus München und die Befehle aus Berlin, informierten sie am Morgen des 9. November die Gestapo-Zentrale in Berlin sowie die Attentats-Sonderkommission in München. Dort allerdings schenkte man dem Bericht aus Konstanz wenig Aufmerksamkeit. »Bringt den Mann nach München«, wies man die Konstanzer an. Dann wandten sich die Münchener Beamten wieder dem spektakulären Verbrechen im Bürgerbräukeller zu.

Schon seit den frühen Morgenstunden hatten Kriminaltechniker den Tatort genau untersucht. Sie ließen den Schutt mit Unterstützung durch 40 Uhrmacherlehrlinge, die von der Münchener Uhrmacherinnung zur Verfügung gestellt worden waren, durchsieben. Die Helfer wurden fündig – über 300 ungewöhnliche Metallsplitter und Uhrwerksteile filterten sie aus dem Trümmerhaufen. Der erste Bericht des Polizeipräsidenten kam an diesem 9. November zu dem Schluss, »dass es sich durchaus nicht um eine primitiv hergestellte Apparatur gehandelt hat, sondern dass fachmännisch hervorragende Arbeit geleistet wurde«. Doch was sagte das über die oder den Täter aus? Der Bericht sprach unbestimmt von einer »zunächst noch unbekannten Terrorgruppe«. Auch die Verhöre des Bürgerbräupersonals

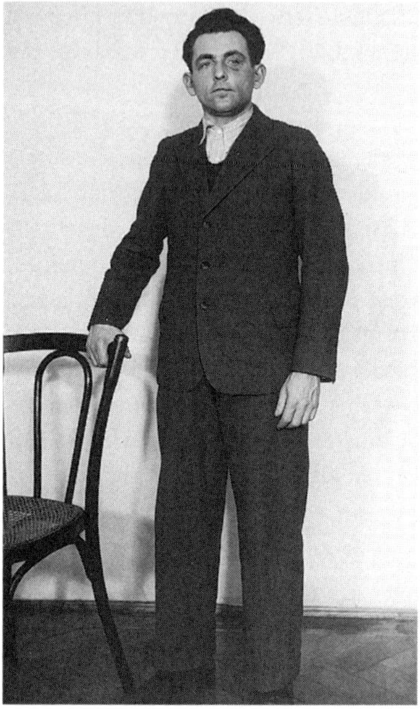

Links: »Anhaltende Prügelorgien«: Georg Elser nach den »verschärften Vernehmungen« der Gestapo.
Unten: »Unzählige Verhaftungen«: Das Wittelsbacher-Palais an der Brienner Straße, Sitz der Münchener Gestapo.

und von Arbeitern und Handwerkern, die in der Vergangenheit Umbauten oder Reparaturen im Bürgerbräu vorgenommen hatten, brachten keine entscheidenden Hinweise. Auf Befehl Himmlers entstand die »Sonderkommission Bürgerbräukeller«. Er sorgte dafür, dass die Untersuchung vom Berliner Gestapo-Chef Heinrich Müller beaufsichtigt wurde. Für die konkreten Ermittlungen war jedoch der hoch angesehene Kriminalist Arthur Nebe zuständig. Damit wurde der ausdrückliche Wunsch Hitlers erfüllt, denn SS und Gestapo und ihre teilweise politisch inspirierten Ermittlungsmethoden schienen nicht unbedingt die Gewähr für wirkliche Fahndungserfolge zu bieten. Doch der Zuständigkeitswirrwarr, der zwischen NS-Parteiorganisationen wie der SS und dem SD und traditionellen staatlichen Instanzen wie der Polizei immer wieder auftrat, entwickelte eine eigene Dynamik.

Es steht fest, dass die Zerstörungen im Bürgerbräukeller durch die Explosion eines hochbrisanten Stoffes in Verbindung mit einem Zeitzünder hervorgerufen worden sind. Aufgefundene Einzelteile lassen erkennen, dass es sich durchaus nicht um eine primitiv hergestellte Apparatur gehandelt hat, sondern dass fachmännisch hervorragende Arbeit geleistet worden ist.

Bericht des Münchener Polizeipräsidenten von Eberstein, 9. November 1939

Die ideologisch voreingenommene Gestapo schlug schon unmittelbar nach Bekanntwerden der Tat zu: Mehr als 1000 Menschen wurden in den folgenden Tagen vorsorglich festgenommen. Es traf die üblichen Verdächtigen: Kommunisten, die noch nicht in Haft waren, landeten hinter Gittern, hinzu kamen Bürger, die sich verdächtig über die Tat äußerten. Die politische Polizei des Regimes reagierte reflexhaft mit den immer gleichen Terrormaßnahmen, »Unterstützung« lieferten Volksgenossen, die gerne die Gelegenheit wahrnahmen, missliebige Nachbarn und Bekannte ans Messer zu liefern. Diese absurde Variante polizeilicher Ermittlungen wirbelte viel Staub auf, band Personal, lieferte aber im konkreten Fall keinerlei Hinweise. Im Münchener Gestapo-Hauptquartier an der Brienner Straße 50 herrschte zwei Tage lang größte Hektik, ständig fuhren Fahrzeuge mit Greiftrupps ab, andere brachten Verdächtige, die man sich nun in den Verhörkellern vorzunehmen gedachte.

In all diesem Wirbel wurde ein Mann unterdessen nicht weiter beachtet: der Untersuchungsgefangene Georg Elser, der von der Gestapo Konstanz nach München überstellt worden war. Er galt vorläufig als uninteressanter »kleiner Fisch« – vermutlich ein Schmalspur-Spion, der zweitrangige Rüstungsdetails über die Grenze in die Schweiz bringen wollte.

Der Aktivismus der Gestapo sollte wohl auch davon ablenken, dass in dem »perfekten Polizeistaat«, den sie geschaffen zu haben glaubte, überhaupt jemals ein Attentat auf den höchsten Repräsentanten des Staates stattfinden konnte. Offenbar hatten sämtliche Kontrollmechanismen – sofern überhaupt welche existierten – versagt. Nun waren schnelle Erfolge vonnöten, um diese Scharte auszuwetzen. Überrascht und betreten mussten sich die Fahnder zudem eingestehen, dass es im Bürgerbräukeller keine ausreichenden Sicherheitsmaßnahmen gegeben hatte: Traditionell war für den »Saalschutz« bei Parteiveranstaltungen die SA verantwortlich, die Polizei hatte dort nichts zu suchen. Doch die martialisch auftretenden SA-Männer waren lediglich darin geübt, Schlägereien mit dem politischen Gegner auszutragen – professionelle polizeiliche Sicherungsmethoden waren nicht ihr Metier. Sie hatten sich darauf verlassen, dass Hitler im Bürgerbräu von »alten Kämpfern« umgeben war; zudem schien der »Führer« nach den Erfolgen der vergangenen Jahre und dem siegreichen Krieg gegen Polen unangefochten zu sein – das Volk bejubelte und bewunderte ihn. Wer sollte ihm etwas antun wollen?

Ebenso fassungslos wie die peinlich berührten Gestapo-Schnüffler und die bloßgestellten SA-Saalschützer gab sich die gleichgeschaltete deutsche Presse: »Die Spannkraft des Herzens reicht nicht aus, um das gemeinste, grausigste Verbrechen aller Zeiten zu erfassen«, geiferten die *Münchner Neuesten Nachrichten* in der Ausgabe vom 9. November. Das Blatt ließ einen erschütterten Augenzeugen zu Wort kommen: »Der Führer sollte ermordet werden – mein Gott, welches bestialische Gehirn gebar und unternahm diese Scheußlichkeiten?« Der Rundfunk meldete am 9. November um sieben Uhr morgens, dass es ein Attentat auf den »Führer« gegeben habe. Die Reaktionen der Bevölkerung hielten die »SD-Berichte aus dem Reich« fest, die den Machthabern Woche für Woche ein Stimmungsbild lieferten: »Das Attentat von München hat im deutschen Volk das Gefühl der Zusammengehörigkeit stark gefestigt. Die Anteilnahme der Allgemeinheit an den Ergebnissen der zur Untersuchung des Attentats eingesetzten Spezialkommission ist sehr groß. Die Frage, wie es zu diesem Attentat kommen konnte, ist in allen Kreisen noch immer das beherrschende Gesprächsthema. Die Liebe zum Führer ist noch mehr gewachsen, und auch die Einstellung zum Krieg ist infolge des Attentats in vielen Kreisen noch positiver geworden. Gegen Großbritannien besteht eine ausgesprochene Hassstimmung.« Als auffällig beschreibt der Bericht die unterschiedlichen Reaktionen der Kirchen: »Die katholische Geistlichkeit enthält sich in allen Reichsteilen jeglicher Stellungnahme zu dem Geschehnis, übergeht es, als ob es sich nicht zugetragen hätte. ... Im Gegensatz dazu hat die evangelische Kirche das Münchener Attentat scharf verurteilt und eindeutig Stellung genommen. In den einzelnen Reichsteilen fanden zum Teil Dankgottesdienste für die Erhaltung des Führers... statt...«

Ähnliche Stimmungsberichte aus dem Reich ließ für die eigene Politarbeit auch die Exil-SPD zusammenstellen. In deren »Deutschland-Bericht« heißt es zur Reaktion auf das Attentat: »Die Vorstellung von dem Boot, in dem alle sitzen, ist zu verbreitet, ...als dass der besagte ›kleine Mann‹ ein Verlangen danach haben könnte, die Bombe hätte ihre Wirkung tun sollen. Andererseits sagt man sich: Ein solcher Anschlag kann doch nie alle Führer auf einmal treffen, und schon deshalb ist er sinnlos. Er hätte im günstigsten Falle als Folge lediglich eine innere Verwirrung, und der Nutznießer wäre der Feind; der Krieg wäre verloren und das Elend noch viel größer als nach Versailles, alle Anstrengungen seit 1933 wären nutzlos gewesen.« Ein Volk, ein Reich, ein Führer – die Parole traf im Großen und Ganzen die Realität des Hitler-Reiches in jenen Jahren. Viele fügten sich begeistert in die Volksgemeinschaft ein, manche nahmen sie resigniert als Schicksalsgemeinschaft hin. Und wer dagegen war, sich gar ein Gelingen des Attentats gewünscht hätte, hielt den Mund – zumindest in der Öffentlichkeit.

Ich habe in Erinnerung, dass ich keinen Menschen getroffen habe, der je auch nur eine Spur von Verständnis gehabt hätte für diesen Opfergang von Georg Elser.

Hildegard Hamm-Brücher, damals Studentin in München

In Deutschland steht man unter dem Zeichen des Attentats im Bürgerbräu. Alle Pressepropaganda vermag nicht zu verdecken, dass von der »fanatischen Empörung«, die nach dem amtlichen Stichwort herrschen soll, gar keine Rede ist. Vielmehr ist teils eine erstaunliche Gleichgültigkeit zu beobachten, teils wird ganz offen der Ansicht Ausdruck verliehen, es sei schade, dass es zu spät losgegangen sei.

Ulrich von Hassell, Tagebuch, 16. November 1939

Unter dem Eindruck des Krieges suchte ein großer Teil der Volksgenossen die Urheber des Anschlags beim Gegner – den Briten traute man diese Tat offenbar zu: Ganz im Sinne der von Propagandaminister Goebbels ausgegebenen Linie meldete sich der *Völkische Beobachter* bereits am

Ich war gerade im Arbeitsdienst in Sachsen, und wir bekamen keinerlei Informationen. Erst am 10., bei der üblichen Fahnenhissung, wurde uns mitgeteilt, dass das Attentat stattgefunden hätte und dass dank der Vorsehung Hitler überlebt hätte, dass es aber Opfer gegeben hätte. Es sei eine Schande und ein schreckliches Verbrechen, und wir alle müssten dafür sorgen, dass so etwas nie wieder passiert.
Hildegard Hamm-Brücher, damals Studentin in München

9. November mit ersten Verdächtigungen zu Wort: »Heute wissen wir noch nicht im Einzelnen, wie diese verbrecherische Tat vorbereitet wurde, wie sie möglich war. Eines aber wissen wir, die Anstifter, die Geldgeber, diejenigen, die eines so niederträchtigen, verabscheuungswürdigen Gedankens fähig sind, das sind dieselben, die immer mit Meuchelmord in der Politik gearbeitet haben: Es sind die Agenten des Secret Service! ... Aber England soll uns kennen lernen!« Goebbels' Versprechen wurde noch am Nachmittag des 9. November 1939 eingelöst. Der SD, die Geheimdienstabteilung der SS, zeigte den Briten, wozu die Deutschen fähig waren.

Am deutsch-niederländischen Grenzübergang Herongen/Niederdorf bei Venlo zerrissen Schüsse die trübe Ruhe des Novembernachmittags. Eine schwarze Mercedes-Limousine raste von der deutschen Seite auf das holländische Grenzcafé Backus zu. Das Ausflugslokal lag genau zwischen dem deutschen Schlagbaum und der holländischen Grenzschranke – auf niederländischem Territorium. Ein niederländischer Offizier in Zivil sprang aus seinem parkenden Wagen, zog seine Pistole – als er das Feuer auf den Mercedes eröffnete, streckten ihn SS-Männer mit kurzen Feuerstößen aus ihren Maschinenpistolen nieder; andere Mitglieder des SS-Kommandos richteten drohend ihre Waffen auf die überraschten niederländischen Grenzposten. Ein SS-Trupp stürmte das Café, legte zwei Männern Handschellen an und zerrte die Opfer in die bereitstehende Limousine. Kurz entschlossen schnappten die Eindringlinge sich auch den schwer verletzten Niederländer und warfen ihn auf den Rücksitz des Wagens. Mit quietschenden Reifen startete der Fahrer in Richtung Deutschland – Ziel war die Gestapo-Zentrale in Düsseldorf.

Der berühmte »Venlo-Incident« (Zwischenfall von Venlo) vom 9. November 1939 dauerte zwar nur drei Minuten, er sorgte jedoch in den folgenden Wochen für immense Verwirrung – denn auf der Suche nach den wahren Hintergründen des Münchener Attentats vermischten sich Propaganda, Realität und der Vorfall an der Grenze zusehends. In Venlo hatte an jenem Novembertag der SD zwei britische Geheimdienstleute, die in Den Haag stationiert waren, in eine Falle gelockt. Die Agenten des Secret Intelligence Service, Best und Stevens, waren mit einem verlockenden Versprechen geködert worden: Im Grenzcafé sollten sie auf hochrangige deutsche Oppositionelle aus »Kreisen des Militärs« treffen. Als Lockvogel hatte sich der Chef der

Grenzzwischenfall bei Venlo wird bekannt. Auf Befehl des Führers sind vom SD 2 englische Nachrichtenoffiziere über die Grenze geschleppt worden. Gangster-Methoden.

Helmuth Groscurth, Tagebuch, 10. November 1939

Deutsche Allgemeine Zeitung

Berlin, 22. November 1939 (Mittwoch-Morgen) — Berliner Ausgabe — 78. Jahrgang — Nr. 557 — 10 Pfennig

Der Münchner Attentäter verhaftet

Georg Elser der Mörder, Intelligence Service der Auftraggeber, Otto Strasser der Organisator

Chef des Intelligence Service für Westeuropa von deutscher Polizei verhaftet

Der Reichsführer SS über die Aufklärung des Verbrechens

Berlin, 21. 11.

Der Reichsführer SS und Chef der Deutschen Polizei gibt bekannt:

Sofort nach dem ruchlosen Anschlag im Bürgerbräukeller am 8. 11. 1939 wurden Maßnahmen getroffen, die zur Aufklärung des Verbrechens geeignet erschienen und die Festnahme des Täters oder der Täter ermöglichen konnten. In Zuge dieser Fahndungsmaßnahmen fand eine augenblickliche Sperrung aller deutschen Grenzen in Verbindung mit einer verschärften Grenzkontrolle statt. Unter den noch in dieser Nacht Verhafteten befand sich ein Mann, der ver-

Der Attentäter Georg Elser

suchte, auf illegalem Wege über die deutsche Grenze in die Schweiz zu gelangen. Es handelte sich dabei um den 36 Jahre alten Georg Elser, zuletzt wohnhaft in München. Die inzwischen getroffenen Feststellungen der von der Sicherheitspolizei nach München entsandten Sonderkommission ergaben zahlreiche Hinweise auf die Vorbereitung und Ausführung der Tat. Als Täter schien eine Person in Frage zu kommen, von der bereits am 12. 11. eine genaue Beschreibung veröffentlicht werden konnte.

Weitere Feststellungen verstärkten den Verdacht, daß Georg Elser zumindest in irgendeiner Beziehung zu dem Attentat stehen mußte. Unter der Last des von der Sonderkommission sowohl am Tatort als auch in seinen inzwischen ermittelten Zufluchtsstätten sichergestellten Beweismaterials und nach mehreren Gegenüberstellungen legte Elser nach erst hartnäckigem Leugnen am 14. 11. 1939 ein volles Geständnis ab.

In einer in der Kriminalgeschichte einzig dastehenden Weise hatte er in wochenlanger Kleinarbeit in eine der Tragsäulen des Bürgerbräukellers eine Zeitzündeladung eingebaut, deren Uhrzeit auf sechs Tage oder 144 Stunden eingestellt war. Die Planung des Verbrechens geht auf den September, bzw. Oktober 1938 zurück. Im August 1939 fand der Einbau der Sprengkammer statt. Die Sprengladung brachte er am siebten Tage vor der Kundgebung im Bürgerbräukeller an. Sechs Tage vorher versuchte Elser zum ersten Male, die unterdes eingestellte Zündmaschine in die Sprengkammer zu bringen. Dies mißlang. Auch die fünfte Nacht vorher war ihm ungünstig und führte wieder zur Aufgabe des Unternehmens. Die Nacht vom vierten zum dritten Tag vor dem 8. November gab aber Elser die Gelegenheit, seine Zündmaschine in die vorbereitete Sprengkammer einzubauen. Der Täter fuhr daraufhin sofort ab, um sich über Stuttgart zu den in der Schweiz bereits auf ihn wartenden Auftraggebern zu begeben. Aus bestimmten Gründen fuhr Elser am Nachmittag des siebten noch einmal nach München zurück. Es gelang ihm, in der Nacht vom siebten zum achten neuerdings in den Bürgerbräukeller einzudringen, um sich noch einmal durch persönliches Horchen von dem Ticken des Uhrwerks zu überzeugen. Der Verbrecher hatte hier nicht vergessen, für eine Abdämpfung des Geräusches zu sorgen. Er wiederholte diese Probe in der Nacht vom siebten auf den achten einige Male.

Am achten morgens frühstückte der Verbrecher dann in einer Münchener Wirtschaft in der Nähe des Isartores im Tal und begab sich daraufhin mit der Bahn über Ulm an die Grenze. In der Nacht vom achten auf den neunten versuchte er nun, in der Nähe von Konstanz die Grenze nach der Schweiz hin zu überschreiten. Die unterdes eingetretene allgemeine Alarmierung machte ihm dies jedoch unmöglich und führte zu seiner Verhaftung.

Auftraggeber bzw. Geldgeber für das Unternehmen war der britische Intelligence Service.

Organisator des Verbrechens Otto Strasser.

Die Ermittlungen nach seinen Auftraggebern und Komplicen hatten bisher Veröffentlichungen noch nicht angezeigt erscheinen lassen.

Nunmehr aber ist jedenfalls ein Teil der mit dem Verbrechen in Zusammenhang stehenden Subjekte bereits verhaftet.

Fragen an die Oeffentlichkeit

Zur weiteren Aufklärung werden an die Oeffentlichkeit folgende Fragen gerichtet:

1. Wer kennt noch Elser?
2. Wer kann noch Angaben machen über seinen Umgang?
3. Wer kann noch Hinweise geben, mit wem E. verkehrte?
4. Wo ist E. in den letzten Jahren aufgetaucht?
5. Wo oder bei wem hat er Einkäufe getätigt oder Bestellungen aufgegeben?
6. Wer weiß noch, daß sich E. mit Erfindungen, technischen Zeichnungen, Konstruktionen, Bauplänen usw. beschäftigte?
7. Wer hat bei anderen Personen Zeichnungen oder Pläne des Bürgerbräukellers gesehen?
8. Wer hat E. in Lokalen, auf Bahnhöfen, in Zügen, Autobussen usw. allein oder mit anderen gesehen?
9. Wer hat E. noch im Auslande gesehen? Wann, wo und mit wem?

Der Chef des britischen Intelligence Service für Westeuropa und seine Komplicen von Beamten der Staatspolizei verhaftet
Links Kapitän Stevens und rechts Mr. Best

Presse Bild-Zentrale

Die britischen Agenten gingen in die Falle

Berlin, 21. 11.

Amtlich wird verlautbart:

Die im Haag befindliche Zentrale des britischen Intelligence Service für Westeuropa versuchte seit längerem, in Deutschland Komplotte anzuzetteln und Anschläge zu organisieren bzw. Verbindung mit von ihnen vermuteten revolutionären Organisationen aufzunehmen. Auf Grund einer ebenso verbrecherischen wie albernen Aufklärung durch deutsche Emigranten lebte man in der britischen Regierung und in dem ihr unterstellten Intelligence Service in der Meinung, es befände sich im Staat, in der Partei und in der Wehrmacht eine Opposition mit dem Ziel, im Reich eine Revolution herbeizuführen. Unter diesen Umständen wurden Beamte des Sicherheitsdienstes der SS beauftragt, Verbindung mit dieser britischen Terror- und Revolutionszentrale im Haag aufzunehmen.

In dem Glauben, tatsächlich mit revolutionären deutschen Offizieren zu verhandeln, offenbarten die Vertreter des britischen Intelligence Service den deutschen Beamten ihre Absichten und Pläne, ja, um eine dauernde Verbindung mit diesen vermeintlichen deutschen Offizieren aufrechterhalten zu können, lieferten sie ihnen außerdem ein bestimmtes englisches Funksende- und Empfangsgerät, durch das die deutsche Geheime Staatspolizei bis zum heutigen Tage die Verbindung mit der britischen Regierung aufrechterhalten hatte.

Am 9. November versuchten nun die Leiter dieses britischen Intelligence Service für Europa, Mister Best und Kapitän Stevens, die holländische Grenze bei Venlo nach Deutschland zu überschreiten. Sie wurden dabei von den sie überwachenden deutschen Organen überwältigt und als Gefangene der Staatspolizei eingeliefert.

Die widersprechenden Angaben über ihre Gefangennahme, ob auf noch holländischem oder deutschem Boden, werden zur Zeit geprüft.

Wie die Untersuchung durchgeführt wurde

dnb. Berlin, 21. 11.

Zu der Aufdeckung des Münchener Attentats erfährt der „Deutsche Dienst" noch folgende Einzelheiten:

Sofort nach der furchtbaren Untat am Abend des 8. Novembers im Münchener Bürgerbräukeller traten durch Befehle des Reichsführers SS. sämtliche Teile der Deutschen Polizei mit höchster Alarmstufe in Tätigkeit. Es begann in der Stunde des Verbrechens bereits von außen nach innen gleichsam schon eine Einkreisung des Täters.

Sämtliche Grenzübergänge wurden gesperrt, offene Grenzabschnitte besonders scharf überwacht, keiner auch nur irgendwie verdächtig scheinenden Person wurde der Grenzübertritt gestattet, ehe nicht die besondere Genehmigung des Chefs der Sicherheitspolizei dazu vorlag. In einem äußerst knappen Zeitraum waren damit also die Türen, die aus dem Reich führen konnten, hermetisch abgedichtet und verschlossen.

Gleichzeitig begab sich eine kriminalpolizeiliche Spezialkommission (Tatortkommission), besondere Fachleute und Spezialisten der Sicherheitspolizei, nach München, wo ebenfalls sofort nach dem Abtransport der Toten und Verwundeten der eigentliche Tatort völlig abgeriegelt wurde. Es begann dann hier noch in den Nachtstunden zum 9. November eine besonders mühevolle Arbeit. Der ganze Sprengschutt wurde sorgfältig gesichtet und systematisch durchsiebt und geordnet. Nach tage- und nächtelangem methodischem Suchen unter genauester Druckberechnung und Beachtung der Eigenart dieser entsetzlichen Sprengung kam die Sicherheitspolizei in den Besitz einzelner, teils geringfügig scheinender Splitter, Schräubchen und Federteile, die zur ersten Rekonstruktion des objektiven Tatbestandes die notwendige Voraussetzung waren. Es konnte nunmehr ein erstes klares Bild gewonnen werden über das Uhrwerk, das die Explosion auslöste, über die Art des Sprengstoffes und den ungefähren Umfang des zu diesem Verbrechen benötigten Sprengmaterials sowie über den mutmaßlichen Anbringungsort der Höllenmaschine und deren eigentliche Bauart.

Vorgefundene Teile eines Spezialuhrwerkes machten wichtige Schlüsse auf deren Herstellerfirmen möglich und gaben damit ganz besonders wertvolle Fingerzeige für die Fahndung nach dem Täter.

Auf dieser Unterlage der Tatort-Kommission baute dann die Täter-Kommission der Sicherheitspolizei, aus Beamten der Geheimen Staatspolizei zusammengesetzt, ihre

»Hintermänner im Ausland«: Die gleichgeschaltete deutsche Presse schob das Attentat dem britischen Geheimdienst in die Schuhe.

»Hauptmann Schemmel« lockte die Briten in die Falle: SS-Obersturmführer Walter Schellenberg inszenierte den Grenzzwischenfall bei Venlo.

SD-Inlandsabwehr, SS-Obersturmführer Walter Schellenberg, betätigt. Seit Wochen hatte er sich gegenüber den Briten als »Hauptmann Schemmel« ausgegeben, der eine Zusammenkunft mit wichtigen Hitler-Gegnern im Café Backus arrangieren könne. Die Briten gingen – ohne Rückendeckung aus London – begierig auf den Vorschlag ein. Ihr niederländischer Verbindungsoffizier wurde eingeweiht und begleitete sie in Zivil. Alle drei tappten am 9. November blind in die Falle des SD. Der angeschossene niederländische Offizier Dirk Klop bezahlte die Aktion mit dem Leben: Er verstarb noch am Abend nach der Entführung in einem Düsseldorfer Krankenhaus.

Die SD-Aktion bei Venlo war von langer Hand vorbereitet worden, sie hatte unmittelbar nichts mit dem Attentat von München zu tun. SD-Chef Reinhard Heydrich hatte die Entführung der Briten geplant, um die niederländische Regierung zu kompromittieren, denn diese hatte sich offiziell für neutral erklärt – doch die Deutschen wollten den Holländern nachweisen, dass sie eng mit den Briten zusammenarbeiteten. Heydrichs Hintergedanke war klar: Hitler, sein oberster Dienstherr, wollte noch im November mit der Wehrmacht im Westen losschlagen. Ohne Rücksicht auf die Neutralität der Niederlande sollte die deutsche Offensive auch über deren Territorium verlaufen. Der Durchmarsch durch die südlichen

Niederlande konnte mit einer Neutralitätsverletzung seitens des Königreichs gerechtfertigt werden – denn schließlich hätten die Niederländer ja britische Geheimdienstaktivitäten geduldet und unterstützt. Aussagen der Gefangenen Best und Stevens sollten den Beweis liefern. Der Plan stand fest – am 8. November war alles bereit für den Coup an der Grenze. Schellenberg wartete auf den Befehl zum Losschlagen.

Das Attentat von München verlieh der geplanten Entführung der Briten eine noch größere, wenn auch andere Dringlichkeit. Noch in der Nacht des Anschlags meldete sich Himmler bei Schellenberg in Düsseldorf: Hitler sei davon überzeugt, dass der britische Geheimdienst hinter der Tat stecke, Best und Stevens müssten in jedem Fall verhaftet werden, Schellenberg habe grünes Licht für die Aktion an der Grenze bei Venlo. Absurderweise sollten also nicht tatsächlich Verdächtige festgenommen werden – vielmehr suchte man jenseits aller konkreten Ermittlungen zum Tathergang die Bestätigung eigener Vorurteile. Best und Stevens wurden zu Sündenböcken, ihr Schicksal geriet zum Spielmaterial für die Propaganda. Das SS-Kommando wurde in Berlin von Hitler persönlich ausgezeichnet – nur merkwürdigerweise ließ er sich weder durch Schellenberg noch durch Heydrich und Himmler restlos davon überzeugen, dass Best und Stevens rein gar nichts mit dem Attentat zu tun hatten. Der »Führer« vertraute – wie so oft – eher auf eigene Überzeugungen und Vorurteile; die Realität störte da nur, er schuf eigene Realitäten. Die beiden britischen SIS-Agenten wurden ausführlich, wenn auch ergebnislos verhört und traten als »später abzuurteilende Sonderhäftlinge« bald den Weg in verschiedene deutsche Konzentrationslager an. Der Wahrheitsfindung im»Fall Bürgerbräukeller« diente die Episode nicht.

Der Wahrheit kam indes die »Sonderkommission Bürgerbräukeller« mit kriminalistischen Methoden immer näher. Ermittlungsleiter Nebe hatte in seiner Funktion als Reichskriminaldirektor systematisch ein hochmodernes kriminaltechnisches Institut ausgebaut, dessen Untersuchungen nun wertvolle Hinweise lieferten. Die aus dem Schutt gesiebten Teile des selbst gebauten Zeitzünders stammten alle aus schwäbischen Uhrmacherbetrieben – das ließ eine ausländische Beteiligung immer unwahrscheinlicher werden. Der komplizierte Zeitzünder und das ausgeklügelte Versteck deuteten auf eine lange vorbereitete Tat hin. Und so befragte man das Bürgerbräupersonal immer wieder nach Gästen, die in den Wochen zuvor aufgefallen waren. Bald kristallisierte sich ein Verdächtiger heraus: Ein schmächtiger, dunkelhaariger Mann einfacher Herkunft mit einem auffällig starken schwäbischen Akzent war oft im Bürgerbräu gesehen worden. Der Hinweis auf den schwäbischen Akzent ließ die Fahnder aufhorchen: Da gab es jemanden, der seit kurzem im Keller der Gestapo-Zentrale München einsaß – ein Zugang aus Konstanz. Die Gegenüberstellung mit dem Bürgerbräupersonal brachte am 12. November Gewissheit: Der Gestapo-Gefangene Georg Elser war wiederholt im Bürgerbräu gesehen worden, der Pächter war ihm in ungewöhnlichen Situationen begegnet. Eine Durchsuchung des Hauses im schwäbischen Heidenheim-Schnaitheim, wo Elser zuletzt offiziell gemeldet war, förderte Materialien zutage, die zum Bombenbau geeignet waren.

Die Indizienlast wurde erdrückend. Doch die Justiz des totalitären »starken Staates« verlangte mehr: Der Mann sollte gestehen, man wollte eine klare Überführung des Täters und besonders seiner Hintermänner. Denn Hintermänner musste es geben – schließlich sahen die Nationalsozialisten sich und Deutschland inmitten einer Welt von Feinden, das Dasein war für sie ein steter Kampf auf Leben und Tod. Im Fall Elser lautete die Frage nun: Wer war der Gegner, der so geschickt und effektiv ein Attentat in Szene gesetzt hatte? Ganz allein konnte dieser kleine Handwerker Georg Elser nicht gehandelt haben, das überstieg die Vorstellungskraft der NS-Machthaber und der ermittelnden Beamten. Himmler selbst ordnete an, dass die Gestapo eine »verschärfte Vernehmung« durchführen solle – und nahm sich Elser höchstpersönlich vor. Der damalige Münchener Kripochef Dr. Albrecht Böhme berichtete nach dem Krieg von den Praktiken der Gestapo: »Als ich den Inhaftierten sah, war ich Zeuge einer brutalen Szene, die sich zwischen dem Reichsführer SS und Chef der Deutschen Polizei, Heinrich Himmler, und dem Gefangenen Georg Elser in Gegenwart Nebes und mir abspielte. Unter wüsten Beschimpfungen trat Himmler den gefesselten Elser schwer mit den Stiefeln in den Leib, dann ließ er ihn von einem mir unbekannten Gestapo-Mann in den angrenzenden Waschraum der Gestapo-Leitstelle München zerren, wo er von diesem mit einer (für mich nicht sichtbaren) Peitsche oder einem ähnlichen Instrument traktiert wurde, sodass er vor Schmerzen aufbrüllte; dann wurde er wieder im Geschwindschritt vor Himmler gebracht, der ihn abermals trat und beschimpfte. Dann wieder in den Waschraum gezerrt, dort wieder fürchterlich geschlagen, wieder vor Himmler geführt und getreten. Der stöhnende und über und über aus Mund und Nase blutende Elser aber legte kein Geständnis ab, wohl schon rein physisch hätte er das nicht gekonnt, selbst wenn er gewollt hätte.«

Persönlich bin ich nie politisch hervorgetreten. Nach Erreichung des wahlberechtigten Alters habe ich immer die Liste der KPD gewählt, weil ich dachte, das ist eine Arbeiterpartei, die sich sicher für die Arbeiter einsetzt. ... An irgendwelchen Aktionen, wie Flugblattverteilung, Zettelwerfen, Demonstrationszügen und Schmierereien, habe ich mich nie beteiligt.

Aus dem Verhörprotokoll Georg Elsers

Doch nach anhaltenden Prügelorgien brach Elser zusammen. In der Nacht auf den 15. November erklärte er sich zu einem Geständnis bereit. Die Beamten, allen voran Kommissionsleiter Arthur Nebe, waren begierig, die Namen der Drahtzieher hinter der Tat dieses einfachen Mannes zu erfahren. Konnte man die Briten beschuldigen? Oder waren es enttäuschte Nationalsozialisten vom linken Flügel der Partei? In der Schweiz gab es einen abtrünnigen NS-Parteigenossen namens Otto Strasser. Hatte der – vielleicht in Zusammenarbeit mit dem britischen Geheimdienst – Elser den Mordauftrag erteilt und ihm dann Zuflucht in der Schweiz versprochen? Elsers Aussagen aber wiesen in eine völlig andere Richtung: Er behauptete, ganz allein gehandelt zu haben. Das Geständnis ergab ein plausibles Bild: Elser war ein einsamer Täter ohne Hintermänner, ein »kleiner Mann«, der sich klassenbewusst gab und als Arbeiter kommunistisch wählte, ohne Mitglied einer KPD-Organisation zu sein – das war in seinem Heimatort Königsbronn und der Nachbarstadt Heidenheim nichts Besonderes: Die Kommunisten hatten hier immer recht gute Wahlergebnisse erzielt. In seinem Geständnis gab Elser die Tat freimütig zu. Der Chef der Sonderkommission Bürgerbräukeller, Arthur Nebe, glaubte ihm weitgehend und fasste nach dem Geständnis auf sehr eindringliche Art zusammen, warum Elser die Tat begangen hatte. Im Dezember 1939 schrieb Nebe an seinen Vertrauten Hans-Bernd Gisevius über Elser: »Aber weißt du, was mit ihm wirklich los war? Dieser Mann aus dem Volke liebte das einfache Volk; er legte mir leidenschaftlich und in simplen Sätzen dar, Krieg bedeute für die Massen aller Länder Hunger, Elend und millionenfachen Tod. Kein ›Pazifist‹ im üblichen Sinne, dachte er ganz primitiv: Hitler ist der Krieg, und wenn dieser Mann weg ist, dann gibt es Frieden.«

Mit derartig ketzerischen Gedanken stand ein Mann wie Elser lange Zeit im krassen Gegensatz zur »Volksgemeinschaft« des »Dritten Reiches«. Zwischen den Militärs, dem Volk und Hitler hatte sich über weite Strecken eine Teilidentität der Interessen entwickelt. Der Einmarsch der Wehrmacht ins demilitarisierte Rheinland 1936 und die Einverleibung Österreichs im März 1938 waren von den meisten Zeitgenossen enthusiastisch begrüßt worden. Solche »Blumenkriege« waren populär. Die »Deut-

Für die große Masse der Bevölkerung war bis zum Jahr 1938 eine Besserung der sozialen und wirtschaftlichen Lage eingetreten. Für den normalen Deutschen ging es wirtschaftlich und sozial aufwärts. Zu welchem Preis und was es für das Verhältnis nach außen bedeutete, das konnte der Normalsterbliche gar nicht beurteilen.

Richard von Weizsäcker, damals Offizier der Wehrmacht

Dem deutschen Volk nach dem Einmarsch ins Rheinland, der Wiederbewaffnung und der Annexion von Österreich im September 1938 zu erklären, dass das Hitler-Regime nicht tragbar ist, wäre sehr, sehr schwierig gewesen.

Detlef Graf von Schwerin von Schwanenfeld, Sohn des Verschwörers Ulrich-Wilhelm Graf Schwerin von Schwanenfeld

1938 stand die Bevölkerung in ihrer überwältigenden Mehrheit zweifellos bereits fest hinter Hitler. 1938 hätten putschende Militärs keinen Rückhalt in der Bevölkerung gehabt.

Ralph Giordano, Publizist, lebte damals in Hamburg

schen« außerhalb der Grenzen »heim ins Reich« zu holen, ohne Anwendung von offener Gewalt das »Unrecht von Versailles« zu tilgen – sollte man sich dem widersetzen? Mehr wollte man ja nicht. Und viele dachten, dass auch Hitler nicht mehr wollte. Aber das war ein enormes Missverständnis. Hitler setzte seine Ziele in der Regel mit unlauteren Mitteln durch: Täuschung, Drohung und Erpressung. »Den Frieden wollen wir«, lautete seine Botschaft, die in den ersten Jahren des »Dritten Reiches« tausendfach der Öffentlichkeit eingehämmert wurde, während sich Armee und Industrie auf den Krieg vorbereiteten. Der »Führer« verließ sich darauf, dass ihm die Deutschen schon durch dick und dünn folgen würden, wohin immer er sie führte.

Doch die Krise, die Hitler im Herbst 1938 bezüglich der Frage der sudetendeutschen Minderheit in den Randgebieten der Tschechoslowakei entfachte, hatte eine neue Dimension. Sein aggressives Eintreten für die »Selbstbestimmung« der Sudetendeutschen bedrohte die Integrität des tschechoslowakischen Staates, der eng mit Frankreich und Großbritannien verbündet war. Ein Krieg mit den Westmächten um eine Volksgruppe, die nie zum von Bismarck geschaffenen deutschen Nationalstaat gehört hatte – das sorgte für Beunruhigung. Die meisten Deutschen erinnerten sich noch allzu gut an die Kämpfe des Ersten Weltkriegs, an die blutigen Schlachten gegen Franzosen und Briten. Trotz immenser Opfer der deutschen Armeen war an der Westfront die Niederlage des kaiserlichen Deutschland besiegelt worden – nur zwei Jahrzehnte waren seitdem vergangen. Und so meldeten 1938 wichtige Entscheidungsträger in der Wehrmacht massive Bedenken an: Für einen Krieg gegen die Westmächte sei das Reich nicht ausreichend gerüstet. Die Militärs wussten, dass die Tschechoslowakei von Hitler schon im April als Ziel eines deutschen Angriffs – Deckname »Fall Grün« – auserkoren worden war. Dabei ging es keineswegs um die Minderheitenrechte der Sudetendeutschen; vielmehr wollte Hitler jenes nach dem Ersten Weltkrieg

Die Erkenntnis über den kriminellen Charakter dieses Systems begann ja nicht erst im Kriege, als der Vernichtungsapparat sichtbar wurde. Denn 1938 war vieles bereits geschehen, was jeden, der nur einen Funken von humaner Orientierung behalten hatte, ganz klar erkennen ließ, worum es sich handelte. Alle Gewerkschaften und Parteien verboten, öffentliche Bücherverbrennung, Boykott jüdischer Geschäfte schon am 1. April 1933, die Einrichtung von Konzentrationslagern, der viehische Mord an Hitlers SA-Rivalen Röhm, dann die Entrechtung der deutschen Juden durch die so genannten Nürnberger Rassegesetze. Schließlich die Pogromnacht vom 9. November 1938, die der Bevölkerung klar machte, dass sie von einer Verbrecherregierung regiert wurde. Es war bis dahin schon so viel passiert, dass es an dem kriminellen Charakter des Systems keinen Zweifel mehr gab. Und einige Militärs, nicht alle, waren sich dessen bewusst und ahnten dumpf – nicht in voller Tragweite, das konnte nicht vorausgesehen werden –, wohin das führen würde.
Ralph Giordano, Publizist, lebte damals in Hamburg

konstituierte Land, das als Verbündeter der Westmächte »wie ein Stachel« in das Deutsche Reich hineinragte, schlicht aus dem Weg räumen. Bei weiteren militärischen Schritten gegen Osteuropa war es hinderlich, als deutscher Vasallenstaat und als Aufmarschgebiet der Wehrmacht würde das Nachbarland hingegen äußerst nützlich werden können. »Es ist mein unerschütterlicher Entschluss, die Tschechoslowakei von der Landkarte zu streichen … – wir werden Methoden anwenden müssen, die vielleicht nicht die sofortige Zustimmung von Ihnen, den alten Offizieren, finden«, erklärte Hitler gegenüber der Generalität.

Die ersten Weisungen für den »Fall Grün« legte der Chef des Oberkommandos der Wehrmacht (OKW), General Wilhelm Keitel, bereits Ende Mai 1938 vor. Darin hieß es, die Ausführung der Pläne müsse »spätestens am 1.10.1938 sichergestellt sein«. Der 1. Oktober – das Datum, das von nun an wie ein Damoklesschwert über den Ereignissen hing, war zum ersten Mal genannt.

Die Bekämpfung der Nazis musste in Friedenszeiten auf jeden Fall von innen heraus geschehen. Insofern hatten diejenigen, die in Deutschland blieben und noch ein gewisses Verantwortungsgefühl hatten, gar keine andere Wahl, als Teil des Systems zu sein und zum anderen das System zu bekämpfen.
Klaus von Dohnanyi, Sohn des Verschwörers Hans von Dohnanyi

»Die Drohung eines Krieges, der, von Hitler ohne Notwendigkeit begonnen oder provoziert, den Umsturz der europäischen Ordnung bezweckte … – diese schreckliche Drohung hat eigentlich die deutsche Widerstandsbewegung

Es ist ein Mangel an Größe und an Erkenntnis, wenn ein Soldat in höchster Stellung in solchen Zeiten seine Pflichten und Aufgaben nur in dem begrenzten Rahmen seiner militärischen Aufträge sieht, ohne sich der höchsten Verantwortung vor dem gesamten Volk bewusst zu werden. Außergewöhnliche Zeiten verlangen außergewöhnliche Maßnahmen!

Denkschrift von Generaloberst Ludwig Beck, 16. Juli 1938

hervorgebracht, die darauf abzielte, durch staatsstreichartige und revolutionäre Maßnahmen das Regime zu stürzen und danach seine Führer für ihre Verbrechen zur Verantwortung zu ziehen«, schreibt der Historiker Peter Hoffmann in seinem Standardwerk »*Widerstand, Staatsstreich, Attentat*«. Den ersten Widerspruch gegen Hitlers Kriegspläne wagte der Generalstabschef des Heeres, Generaloberst Ludwig Beck. In zahlreichen Denkschriften warnte er den obersten Kriegsherrn vor dieser Eskalation – für einen großen Krieg sei die Wehrmacht »noch nicht bereit«, hieß es darin. Das war keineswegs ein Akt des Widerstands. Solche Bedenken zu äußern gehörte schlichtweg zu den dienstlichen Pflichten des Generalstabschefs. Beck war ein Analytiker, ein kühler und nachdenklicher Mann, kein Meuterer. Seine Widerstandsbereitschaft stand und fiel mit der Entschlossenheit der Briten zu einer militärischen Auseinandersetzung. Dieser Krieg, so ahnte er, würde Deutschlands Untergang bedeuten; deswegen musste er verhindert werden – notfalls durch die Absetzung Hitlers. Vorsichtig streckte Beck seine Fühler aus. In geheimer Zusammenarbeit mit Ernst von Weizsäcker im Auswärtigen Amt ließ er den NS-Gegner Ewald von Kleist-Schmenzin nach England reisen, um die Haltung der Briten auszuloten: »Bringen Sie mir den sicheren Beweis, dass England kämpfen will, wenn wir die Tschechoslowakei angreifen, und ich werde diesem Regime ein Ende bereiten«, gab ihm Beck mit auf den Weg. Enttäuscht musste Kleist-Schmenzin anschließend feststellen, dass in der Regierung Chamberlain kaum jemand bereit war, mit einem Krieg zu drohen, um Hitlers Ambitionen Grenzen zu setzen.

Beck erkannte bald, dass seine kritischen Denkschriften Hitler nicht im Geringsten interessierten. Der Generaloberst wurde nicht einmal mehr zu ihm vorgelassen. »Dieser Mann muss weg. Er ist der einzige General, der mir wirklich gefährlich werden kann«, hatte Hitler schon zuvor instinktsicher festgestellt. Im Kreise seiner Generalskameraden machte Beck zunehmend moralische Bedenken geltend: »Ihr soldatischer Gehorsam hat dort eine Grenze, wo Ihr Wissen, Ihr Gewissen und Ihre Verantwortung die Ausführung eines Befehls verbietet. Finden Ihre Ratschläge und Warnungen in solcher Lage kein Gehör, dann haben Sie das Recht und die Pflicht, vor dem Volk und der Geschichte, von Ihren Ämtern zurückzutreten«, mahnte er im Juli 1938 in einem Vortrag und rief damit seine Ka-

»Gehorsam hat seine Grenzen«: Generaloberst Ludwig Beck trat zurück, weil Hitler seine Warnungen ignorierte.

meraden auf, im Falle einer Eskalation durch einen kollektiven Rücktritt die Mitarbeit zu verweigern, um den Krieg zu verhindern. Sein Appell zum »Streik der Generäle« fand nur geteilte Zustimmung, auch wenn die meisten Angesprochenen im drohenden Krieg eine Katastrophe sahen. Der Oberbefehlshaber des Heeres, General Walther von Brauchitsch, sprach davon, dass ein Weltkrieg den Untergang der deutschen Kultur bedeuten würde, brachte aber vor Hitler nicht den Mut auf, mit einem Rücktritt der Generalität zu drohen.

Als Hitler am 15. August 1938 bei einem Treffen mit Generälen in Jüterbog erneut seine Entschlossenheit zum Krieg betonte, gab Beck resigniert auf. Am 18. August trat er von seinem Amt zurück. Freiwillig verzichtete er auf den Einfluss, den er nur als Amtsinhaber hatte. Der Privatmann Beck blieb eine moralisch integre Instanz, die jedoch auf die weitere Entwicklung keinen direkten Einfluss mehr nehmen konnte. Erst einige Jahre später sollte er wieder zu einer wichtigen Figur des deutschen Widerstands werden. Beck hatte 1938 zumindest eines erreicht: Hier und da war innerhalb der Wehrmachtsspitze der Keim des Widerstands gelegt. In den folgenden Wochen beschlossen einige wenige Offiziere zu handeln. Es ging um die Rolle der Generalität bei der Entscheidung um Krieg und Frieden.

Die Spannungen um die Tschechoslowakei hatten sich verschärft. Die Sudetendeutschen unter ihrem Führer Konrad Henlein waren wohl organisiert und durch Wahlerfolge gestärkt. Nun verhandelten die durchaus kompromissbereiten Tschechen mit ihnen über Fragen der Selbstbestimmung. Doch Henlein handelte im Auftrag Hitlers und stellte immer maßlosere Forderungen. Der deutsche Diktator brauchte das Sudetenland als Krisengebiet und benutzte die deutsche Minderheit als Unruhestifter. Die Tschechen reagierten zunehmend gereizter. Nachdem Ende Juli die Verhandlungen für gescheitert erklärt wurden, versuchten die Briten zu vermitteln. Sie übten Druck auf Prag aus und waren bereit, den Deutschen weit entgegenzukommen, sogar an eine Abtretung der sudetendeutschen Gebiete an das Deutsche Reich wurde jetzt gedacht. Doch auf deutscher Seite zeigte man sich nicht an einer friedlichen Lösung interessiert. Berlin bereitete den Krieg vor – auf diplomatischer wie auf politischer Ebene ebenso wie auf propagandistischer und auf militärischer Ebene.

Unter diesem Eindruck setzte Becks Nachfolger, Generaloberst Franz Halder, dort an, wo sein Amtsvorgänger aufgehört hatte. Gegenüber dem Oberkommandierenden des Heeres, von Brauchitsch, machte er schon bei Dienstantritt am 1. September 1938 eines deutlich: Er werde »jede Möglichkeit zum Kampf gegen Hitler ausnutzen, die dieses Amt bietet«. Er war entschlossen, einen eventuellen Krieg um die Tschechoslowakei, in den Großbritannien und Frankreich eingreifen könnten, um jeden Preis zu verhindern. Und er schien bereit, weiter zu gehen als Beck. »Sie sehen selbst, wo man hinkommt mit geistreichen Denkschriften und eleganten Rücktritten. Wir müssen zu Mitteln greifen, die in unserer früheren Einstellung unmöglich waren«, schrieb er seinem Vorgänger Beck ins Stammbuch. Im Falle eines Angriffsbefehls war ein Staatsstreich – die Absetzung Hitlers – für Halder durchaus denkbar. Vor Zeugen bezeichnete er Hitler als einen »Blutsäufer« und »Geisteskranken«. In seinem Buch »*Staatsstreich – Der lange Weg zum 20. Juli*« beschreibt der Historiker und Publizist Joachim Fest, was Franz Halder in seinem tiefsten Innern von seinem Dienstherrn hielt: »Schärfer blickend als die meisten Konservativen seines Zuschnitts und unnachgiebiger in seinen Wertvorstellungen, sah er in Hitler den radikalen Revolutionär, der alles Vorhandene für reif hielt, zerschlagen zu werden. Trotz des Massenjubels, der den Diktator umwogte, verstand er dessen Herrschaft als zutiefst illegitim, weil Hitler, wie er fand, nicht in der

»Drohgebärden«: Panzer der Wehrmacht während des Nürnberger NSDAP-Parteitags im September 1938.

Überlieferung stehe: Wahrheit, Moral, Vaterland sowie die Menschen im Ganzen begreife er nur als Instrument seines Machthungers.«

Nirgendwo wurde dies deutlicher als beim Parteitag der NSDAP in Nürnberg, der Anfang September 1938 ganz im Zeichen der Sudetenkrise stand. Die gelenkte deutsche Presse belegte die Tschechoslowakei mit einem publizistischen Trommelfeuer, überschlug sich in Berichten über Gräuel und Repressionen gegen die Sudetendeutschen. Zum Ende des Parteitags schließlich sprach Hitler über das Problem, dessen Urheber er selbst war: »Dreieinhalb Millionen Menschen werden überwacht, vergewaltigt und gequält. ... Ich stelle die Forderung, dass die Unterdrückung der dreieinhalb Millionen Deutschen in der Tschechoslowakei aufhört und an deren Stelle das freie Recht der Selbstbestimmung tritt. ... Es würde uns Leid tun, wenn darüber unser Verhältnis zu anderen europäischen Staaten getrübt oder Schaden nehmen würde. Allein, die Schuld läge dann nicht bei uns ...« War das eine Drohung? Zumindest war es eine vorweggenommene Rechtfertigung für eine Eskalation und eine Schuldzuweisung an die anderen. Was ihr oberster Kriegsherr vorhatte, war den Generälen der Wehrmacht indes schon längst klar: In der Nacht vom 9. auf den

»Jederzeit bereit zum Staatsstreich«: General Erwin von Witzleben (Mitte) mit Hitler während eines Manövers.

10. September, noch während des Parteitags, hatte sich Hitler die Auf- und Vormarschpläne für den Angriff präsentieren lassen – sie erschienen ihm allerdings zu konventionell, er forderte Verbesserungen. Verantwortlich für diese brüsk beiseite gewischten Pläne war Generaloberst Halder, der nach außen hin dem Tyrannen pflichtgemäß Gehorsam leistete.

Ob mit Halder oder ohne ihn, ob auf Befehl von oben oder gegen die eigenen militärischen Vorgesetzten – diesmal sollte es aufs Ganze gehen.

Walter von Brockdorff-Ahlefeldt, September 1938

Ich war damals Soldat in Potsdam. Ende September wurden wir plötzlich alarmiert, empfingen scharfe Munition, verließen die Kaserne und bezogen Wartestellung. Wir haben dann tagelang gewartet, bis es hieß: Übung erfolgreich beendet, wieder einrücken in die Kaserne. Später war klar, was das bedeutet hatte.

Walter von Stülpnagel, Sohn des Verschwörers Carl-Heinrich von Stülpnagel

Doch Halder durchlebte in jenen Wochen einen schweren inneren Konflikt. Einerseits bereitete er aktiv Hitlers Krieg vor, andererseits sammelte er Verbündete und Vertraute um sich, die sich einem Staatsstreich unter seiner Führung anschließen würden. Er selbst war ein General ohne Truppen – als Generalstabschef zeichnete er für Planungen verantwortlich, direkt seinem Kommando unterstellt war kein einziger bewaffneter Truppenteil. Wie sein Vorgänger Beck setzte Halder sein Vertrauen in General Erwin von Witzleben, den Kommandeur des Wehrkreises Berlin. Von Witzleben – eine preußisch-konservative, geradlinige Soldatennatur – hielt Hitlers Kriegsplanungen schon seit Jahren für »kriminell« und befürwortete die Beseitigung des Diktators. Er wusste, dass ihm in Berlin genügend verlässliche Truppen zur Verfügung standen, die zu einem Staatsstreich gegen Hitler in der Lage wären, allen voran die in Potsdam stationierte 23. Infanteriedivision unter General Walter von Brockdorff-Ahlefeldt, zu der das traditionsreiche und hoch angesehene Infanterieregiment 9 zählte. Junge Offiziere dieses Regiments – etwa der spätere General Henning von Tresckow – waren über Putschpläne diskret informiert worden und hatten Unterstützung zugesichert. Das Infanterieregiment 50 in Landsberg/Warthe, befehligt von Oberst Paul von Hase, gehörte ebenfalls zu Witzlebens loyalen Einheiten. Diese Truppenteile wurden gebraucht, um im Falle eines Staatsstreichs gegen Hitler in Berlin wichtige Schlüsselpositionen wie die Reichskanzlei, die Ministerien, Rundfunksender und SS-Kasernen zu umstellen oder zu besetzen. Witzleben wusste, dass er sich in diesem Fall darauf verlassen konnte, dass die Berliner Polizei »neutral« bleiben würde – er pflegte gute Kontakte zum stellvertretenden Berliner Polizeipräsidenten Fritz-Dietlof Graf von der Schulenburg. Auch dessen Vorgesetzter, Wolf-Heinrich Graf von Helldorf, schien einen Putsch zu befürworten, ebenso der Reichskriminalkommissar Arthur Nebe, Chef der deutschen Kriminalpolizei.

Der Mann im Zentrum der Konspiration, Generaloberst Franz Halder, knüpfte weitere Kontakte – etwa zu Hjalmar Schacht, den er am 4. September offen fragte, ob er im Falle eines Umsturzes bereit sei, vorläufig die Regierungsgeschäfte zu führen. Schacht signalisierte seine Kooperationsbereitschaft. Einer der wichtigsten Verbündeten Halders war Oberst Hans

»Zentrale der Verschwörung«: Das Gebäude der »Abwehr« am Berliner Tirpitzufer.

Oster, ein guter Bekannter seit einer gemeinsamen Stabstätigkeit im Wehrkreis Münster. Hans Oster hatte eine Schlüsselstellung in Admiral Canaris' »Amt Abwehr« inne, das für die Auslandsaufklärung des Reiches zuständig war. Im Amt Abwehr hatten sich – wohl unter Canaris' stillschweigender

Duldung – einige Offiziere etabliert, die Hitler ausgesprochen kritisch gegenüberstanden. Der engagierteste von ihnen war Hans Oster, ein geistreicher Lebemann und temperamentvoller Draufgänger. Als Pfarrerssohn 1887 in Dresden geboren, entschied er sich 1907 für eine Karriere als Berufsoffizier. Nach der Niederlage 1918 diente er in der Reichswehr, blieb aber ein überzeugter Monarchist. Er begrüßte anfangs das Wiedererstarken Deutschlands unter Hitler, sah aber auch, dass die NS-Emporkömmlinge von monarchistischen Traditionen nichts wissen wollten, sondern sich in vielen Belangen betont revolutionär gaben. Vom kriminellen Charakter des Regimes wurde Oster durch den »Röhm-Putsch« 1934 überzeugt, als Hitlers Schergen unliebsame SA-Führer, aber auch einige kritische Reichswehrgeneräle, umbrachten – ein Fall von Staatsterrorismus, der ohne juristische Konsequenzen blieb. Im Amt Abwehr genoss Oster das Vertrauen von Canaris, bei dessen häufigen Abwesenheiten er als Stellvertreter agierte. In dieser Funktion wurde Oster im Spätsommer 1938 von Halder angesprochen – er möge Verbindung zu dem Diplomaten Ernst von Weizsäcker vom Auswärtigen Amt aufnehmen. Unmittelbare Kontakte zwischen dem Generalstabschef und dem Auswärtigen Amt waren ausdrücklich verboten – doch über die Abwehr ließen sich Gesprächskanäle öffnen. Wichtig war dieser Kontakt für Halder, weil auch er sich über Diplomaten Informationen über die Haltung Englands und Frankreichs in der Sudetenfrage versprach. Würden sie Hitler militärisch entgegentreten? Denn nur dann, bei unmittelbarer Kriegsgefahr, kurz vor dem Ausbruch eines europäischen Großkrieges, wollte Halder die Verantwortung für einen Putsch auf sich nehmen. Um sich Aufschluss über die Haltung der Briten zu verschaffen, wollte er einen Emissär nach London beordern. Von Weizsäcker im Auswärtigen Amt duldete die konspirative Mission ebenso wie Canaris im Amt Abwehr. Oster hatte im Auftrag Becks bereits Ewald von Kleist-Schmenzin nach London gesandt; für Halder

Oster war das moralische Gewissen des Militärs. Ich halte ihn für einen der ganz großen Männer des Widerstands, weil bei einem Generalstabsoffizier der Gewissenskonflikt natürlich viel größer war als bei einem Pfarrer oder einem Rechtsanwalt oder dergleichen.

Klaus von Dohnanyi, Sohn des Verschwörers Hans von Dohnanyi

Um Widerstand zu leisten, mussten diese Militärs eine hohe innere Schwelle überwinden. Als preußische Offiziere waren sie nach den so genannten preußischen Tugenden erzogen. Ungehorsam gegen den Staat war das Letzte, was in den Köpfen dieser Leuten war. Vor allen Dingen war es zunächst einmal jenseits aller Denkfähigkeit dieser Leute, das Staatsoberhaupt zu töten.

Ralph Giordano, Publizist, lebte damals in Hamburg

Man kann nun sagen, dass ich Landesverräter bin, aber das bin ich in Wirklichkeit nicht. Ich halte mich für einen besseren Deutschen als alle die, die hinter Hitler herlaufen. Mein Plan und meine Pflicht ist es, Deutschland und damit die Welt von dieser Pest zu befreien.

Hans Oster

»Es wird gehandelt, wenn Hitler seine Pläne nicht aufgibt«: Generaloberst Franz Halder (2. von rechts) mit Hitler, Keitel und von Brauchitsch.

schickte er nun den Industriellen Hans Böhm-Tettelbach als Vertreter der deutschen Opposition in die britische Hauptstadt. Dort sollte er sich von der britischen Regierung bestätigen lassen, dass London unnachgiebig gegenüber Hitler bleiben würde. Doch Tettelbach drang in London nicht in die eigentlichen Zirkel der Macht vor. Erich Kordt, Chef des Ministerbüros im Auswärtigen Amt, war der Nächste, der nach London pilgerte. Oster hatte ihm mitgeteilt, was Halder brauchte: »Wenn uns die britische Regierung durch eine energische Erklärung Argumente, die auch dem einfachen Mann einleuchten, in die Hand gibt, so können Sie der britischen

Wir dürfen nicht den Fehler machen zu glauben, dass dieser Widerstand irgendetwas mit Vorstellung von einem demokratischen Deutschland zu tun hatte. Ich habe mir oft überlegt, was wohl von diesem NS-Staat so, wie er sich bis dahin etabliert hatte, geblieben wäre, wenn die Militärs 1938 siegreich gewesen wären, und da habe ich kein gutes Gefühl. Allerdings hätte die Weltgeschichte schon einen anderen Verlauf genommen, wenn Hitler entmachtet und beseitigt worden wäre – denn so viel ist klar: Er war die Zentralfigur, auf ihm ruhte alles. Er war die Symbolisierung und Personifizierung des NS-Systems. Mit ihm stand und fiel das System.
Ralph Giordano, Publizist, lebte damals in Hamburg

»Geistreicher Lebemann und temperamentvoller Draufgänger«: Oberst Hans Oster.

»Forderung nach fester Haltung Englands«: Diplomat Erich Kordt reiste zu einer Friedensmission nach London.

Regierung erklären, dass die militärische Fronde alsdann einen Kriegsausbruch zu verhindern wissen wird. Dann wird es keinen Hitler mehr geben. Verstehen Sie mich?« Kordt verstand. Er hatte mithilfe seines Bruders Theo, der als Botschaftsrat in London über gute Drähte zu Regierungskreisen verfügte, einen Kontakt geknüpft: Am 5. September kam es sogar zu einer Unterredung mit dem britischen Außenminister Lord Halifax. Wie viele andere Emissäre der Opposition war Kordt nach England gekommen, um die Briten vor der abenteuerlichen Politik Hitlers zu warnen und eine harte Haltung einzufordern. Nur durch Festigkeit und Entschlossenheit ließen sich Hitlers Ambitionen eindämmen. Doch die Briten vermochten mit diesen »Englandkennern« und Geheimdiplomaten, die ohne Auftrag der deutschen Regierung handelten, wenig anzufangen – sie misstrauten ihnen. Klare Zusagen wurden gegenüber den Männern, die vorgaben, das »andere Deutschland« zu vertreten, nicht gemacht. Die Regierung Chamberlain setzte weiter auf ihre Appeasement-Politik. Chamberlain war gewiss kein sentimentaler Pazifist. Er kalkulierte kühl, wohl wissend, dass sich sein Land im Ersten Weltkrieg über die Maßen erschöpft hatte. Ein neuer Krieg, so fürchtete er, würde die Kräfte des Empire überfordern und dessen Ruin herbeiführen.

Unterdessen wurde in Deutschland die Planung für den Staatsstreich vorangetrieben. Kurz vor dem 15. September teilte General von Witzleben Halder mit, dass die militärischen Vorbereitungen für den Putsch abgeschlossen seien. In der Tschechoslowakei hatte sich die Krise derweil zugespitzt und die tschechoslowakische Regierung in weiten Teilen des Sudetenlandes inzwischen das Standrecht verhängt. Die Sudetendeutschen hatten sich bewaffnet und – unterstützt von deutscher SA und SS – ein »Sudetendeutsches Freikorps« aufgestellt. Es kam zu Schießereien und Toten auf beiden Seiten. Das Sudetenland war zum Pulverfass geworden – und Hitler und seine Helfershelfer hatten Feuer an die Lunte gelegt. Doch in London gab es einen Politiker, der entschlossen war, die Flamme, die

»Explosive Situation«: Kämpfer des »Sudetendeutschen Freikorps« im deutsch-tschechischen Grenzgebiet bei Asch.

sich an der Lunte voranfraß, wieder auszutreten. Am 13. September telegrafierte der britische Premier Chamberlain an Adolf Hitler: »Im Hinblick auf die zunehmend kritische Lage schlage ich vor, Sie sofort aufzusuchen, um den Versuch zu machen, eine friedliche Lösung zu finden. Ich könnte mich auf dem Luftwege zu Ihnen begeben und wäre morgen abreisebereit.« Hitler fiel aus allen Wolken – Chamberlain pfuschte in seinem Drehbuch zur Sudetenkrise herum. Ein Krisengipfel, eine Konfliktbeilegung unter vier Augen – darauf war der deutsche Diktator nicht vorbereitet. Andererseits konnte er das Angebot nicht ablehnen, ohne vor der Welt als Alleinschuldiger dazustehen. Also lud er Chamberlain am folgenden Tag ein, ihn auf seiner Privatresidenz, dem »Berghof« bei Berchtesgaden, zu besuchen. In Großbritannien löste die Aussicht auf eine friedliche Lösung eine Woge dankbarer Begeisterung aus. Die Tschechen lasen indes in ihren Zeitungen höhnische Berichte darüber, »wie der mächtige Regierungschef des britischen Weltreiches zu Hitler betteln geht«.

Nicht nur Hitler war von Chamberlains Initiative überrascht worden. Die Verschwörer in der Wehrmachtsspitze waren fassungslos angesichts des sich abzeichnenden erneuten Erfolgs der Hitlerschen Drohpolitik. Damit schien dem Putschplan der Boden entzogen, denn die Verschwörer brauchten eine harte, kampfbereite Haltung der Briten und Franzosen, wenn sie dem Volk die Absetzung des Kriegstreibers Hitler plausibel machen wollten. Nur die Angst vor dem unmittelbaren Ausbruch eines Krieges hätte die Deutschen vielleicht dazu bewegen können, ein staatsstreichartiges Vorgehen der Generalität zu akzeptieren. Und auch die Generäle brauchten die unmittelbare Kriegsgefahr, um vor dem eigenen Gewissen den Staatsstreich zu legitimieren. Ein Putsch war im traditionellen Selbstverständnis deutscher Militärs eigentlich etwas Undenkbares und ließ sich lediglich mit der Gewissheit verantworten, nur so die Katastrophe eines europäischen Krieges verhindern und das Vaterland vor dem Verderben retten zu können.

Chamberlain wollte die Katastrophe jedoch auf seine Art verhindern: »Appeasement«, Beschwichtigung, war auch das Motto am 15. September 1938. Die Botschaft des britischen Besuchers in Berchtesgaden war selbst für Hitler eine Überraschung. Großbritannien würde sich für eine Abtretung des Sudetenlandes an das Deutsche Reich stark machen. Chamberlain versprach, die Franzosen und Tschechen von dieser Lösung zu überzeugen. Am 22. September konnte er Vollzug melden. Persönlich reiste er nach Deutschland, in Bad Godesberg wollte er Hitler treffen und ihm die frohe Kunde überbringen. Doch die Nachgiebigkeit der Briten und Franzosen

»Versuch, eine friedliche Lösung zu finden«: Hitler und Chamberlain in Bad Godesberg, 22. September 1938.

war für Hitler keineswegs eine gute Nachricht – sie hinderte ihn daran, seinem eigentlichen Ziel näher zu kommen: die Tschechoslowakei als Staat zu zerschlagen. Und so ließ der Diktator Chamberlain in Bad Godesberg abblitzen. In einer brüsken Note forderte er mehr: Einerseits das Recht zum unverzüglichen Einmarsch in das Sudetenland, andererseits sollten auch polnische und ungarische Gebietsansprüche an die Tschechoslowakei berücksichtigt werden. Am Abend des 22. September reiste Chamberlain erzürnt ab. Drei Tage später legte Hitler nach: Er verlange, dass seine Godesberger Forderungen bis zum 28. September um 14 Uhr akzeptiert würden. »Wenn England und Frankreich losschlagen wollen«, beschied er dem britischen Sonderbotschafter Horace Wilson, »dann sollen sie es nur

»Nächste Woche haben wir Krieg«: Hitler lässt seine Panzer auf der Ost-West-Achse in Berlin rollen.

tun. Mir ist das völlig gleichgültig. Ich bin auf alle Eventualitäten vorbereitet. Heute ist Dienstag, nächsten Montag haben wir dann Krieg.« Hitlers selbstbewusster Auftritt in Bad Godesberg, sein Ultimatum – all das lieferte den Beweis, dass er den Krieg wollte. In der Tschechoslowakei lief die Mobilmachung an, Frankreich berief Reservisten ein, die Briten versetzten ihre Flotte in Alarmbereitschaft, in London wurden Gasmasken ausgegeben und Splittergräben ausgehoben. Am 26. September erklärte die britische Regierung, dass sie im Fall eines deutschen Einmarschs in die Tschechoslowakei ihre Bündnispflichten gegenüber allen Partnern erfüllen werde. Es folgten 48 Stunden, die an Dramatik kaum zu überbieten sind.

Am 27. September erzitterte eine der breitesten Hauptstraßen Berlins unter dem Klirren von Panzerketten. Unzählige Militärkraftwagen, Zugmaschinen mit Geschützen und Motorradgespanne verpesteten die Luft mit ihren Abgasen und erfüllten die Stadt mit ihrem Motorenlärm. Diese Fahrzeuge transportierten Soldaten, die nicht für eine Parade ausstaffiert, sondern feldmarschmäßig ausgerüstet waren. Über die Ost-West-Achse, die durch den Tiergarten an der Siegessäule vorbei zum Brandenburger Tor führte, rollte die 2. Motorisierte Division. Sie war auf dem Weg zur tschechischen Grenze – Hitler hatte befohlen, dass dieser Großverband demonstrativ die Reichshauptstadt durchqueren sollte. Kurz hinter dem Brandenburger Tor, Unter den Linden, bogen die Kolonnen in die Wilhelmstraße ein. Dort nahm Hitler vom Balkon der Reichskanzlei den Vorbeimarsch seiner kriegsbereiten Division ab. Doch nicht etwa jubelnde Massen säumten die Straßen, sondern schweigende Menschen, die sich schließlich bedrückt von dem Schauspiel abwandten. Irritiert verließ Hitler den Balkon. Der amerikanische Journalist William Shirer beschrieb die Szene als »die auffallendste Kundgebung gegen den Krieg«, die er je erlebt habe. »Mit diesem Volk kann ich noch keinen Krieg führen«, schimpfte der »Führer«. Doch was das Volk wollte, zählte an diesem Dienstag, dem 27. September, nicht. Für den folgenden Tag um die Mittagszeit wurde in Deutschland mit der allgemeinen Mobilmachung und dem Marschbefehl in den Krieg gerechnet, die Divisionen im Westen Deutschlands waren bereits in voller Alarmbereitschaft.

Die Verschwörer um General Halder wussten, dass nun ihre Stunde gekommen war. Deutschland und Europa standen am Vorabend des Krieges. Diese Katastrophe zu verhindern war jetzt ihre Aufgabe – und sie waren darauf vorbereitet. Die Truppen, die General Witzleben als Speerspitze des Putsches einsetzen wollte, konnten jederzeit in Marsch gesetzt werden, ihre erhöhte Alarmbereitschaft ließ sich misstrauischen Zeitgenossen gegenüber als Begleitumstand des drohenden Krieges erklären. Die 1. Leichte Division unter General Erich Hoepner hatte im thüringisch-sächsischen Grenzgebiet für Operationen gegen die Tschechoslowakei Stellung bezogen, sie sollte aber im Falle eines Putsches auch der »Leibstandarte Adolf Hitler« den Weg von Grafenwöhr und Pegnitz nach Berlin versperren. Die Berliner Truppen konnten alle Polizeidienststellen, Ministerien, Sender und Fernsprechanlagen besetzen.

Mein Vater hat von Anbeginn seiner Tätigkeit im Reichsjustizministerium als persönlicher Referent von Gürtner versucht, eine Kartei über NS-Unrecht anzulegen. Zum einen bekam er seine Informationen von Menschen, denen Unrecht geschah und die sagten, da sitzt doch der Dohnanyi im Justizministerium, der muss doch helfen können. Zum anderen notierte er das, was er über Kabinettssitzungen erfuhr. Für den Fall eines Staatsstreichs und einer Anklage Hitlers wollte man dieses Material nutzen, um dem Volk klar zu machen, was für ein verbrecherisches Regime, was für eine verbrecherische Partei an der Regierung gewesen war.
Im Falle eines Staatsstreichs im Jahr 1938 gab es den Plan, Hitler vor ein Gericht zu stellen und dazu unter anderem auch jene Akten zu verwenden, die man inzwischen im Reichsjustizministerium gesammelt hatte.
Klaus von Dohnanyi, Sohn des Verschwörers Hans von Dohnanyi

Im Zentrum der Planung stand jedoch eine Aktion, deren Ausführung einem besonderen Stoßtrupp oblag – unter dem Befehl von Witzlebens sollte eine Einheit die Polizeiposten am Haupteingang der Reichskanzlei in der Wilhelmstraße entwaffnen, den Widerstand der SS-Leibstandarte niederkämpfen und zu Hitlers Amtsräumen vorstoßen. Ein eingeweihter Mitarbeiter des Auswärtigen Amtes, Erich Kordt, hatte Zugang zu Hitlers Amtsräumen und stand bereit, den Putschisten alle Türen zu öffnen. General Erwin von Witzleben plante, Hitler festzusetzen und mit einem Fahrzeug an einen geheim gehaltenen Ort zu bringen. Eine Ermordung des Diktators lehnten konservative Oppositionelle wie von Witzleben und Halder ab – eine solche Tat ließ ihr Standes- und Traditionsbewusstsein nicht zu. Sie wollten, dass dem Diktator der Prozess gemacht werden sollte. Durch die Offenlegung seiner Verbrechen sollte der Hitler-Mythos bei der Bevölkerung gebrochen werden. Beweise für Hitlers verbrecherische Anordnungen konnte die Opposition durchaus erbringen: Hans von Dohnanyi, ein liberaler Jurist, der trotz seiner regimekritischen Haltung im Justizministerium tätig war, hatte die Verbrechen des Regimes in einer Kartei gesammelt und dokumentiert. Umso überraschender war, dass von Dohnanyi und Oster ernsthaft erwogen, Hitler für geisteskrank erklären zu lassen. Dohnanyis Schwiegervater, der renommierte Psychiater Karl Bonhoeffer, sei dazu bereit, ein entsprechendes Gutachten zu verfassen, erklärten sie. Sie alle ahnten nicht, dass einige Mitglieder der Verschwörung radikalere Pläne hegten.

»Teil des Systems und Gegner des Systems«: Hans von Dohnanyi.

»Verschwörung in der Verschwörung«: Der ehemalige Freikorps-Kämpfer Friedrich Wilhelm Heinz plante, Hitler zu erschießen.

Hauptmann Wilhelm Heinz war nervös, aber zu allem entschlossen – sogar zur Ermordung Adolf Hitlers. Am Abend des 27. September wartete er mit einigen Kameraden in einer Wohnung im Berliner Regierungsviertel auf das entscheidende Signal. Hauptmann Heinz befehligte einen schwer bewaffneten Trupp von zwei Dutzend Männern, auf die er sich verlassen konnte. Im Falle eines Putsches würden sie in die Reichskanzlei eindringen und dem Regime Hitlers ein Ende bereiten. Als Mitarbeiter der Abwehr war der Hauptmann von seinem Vorgesetzten, Oberst Hans Oster, für diese Schlüsselrolle gewonnen worden. Heinz war ein kriegsversehrter Veteran des Ersten Weltkriegs und hatte sich nach der Niederlage 1918 in der republikfeindlichen »Brigade Ehrhardt« aktiv betätigt. Er war als Mitglied der geheimen »Organisation Consul« (OC) in die Planung der politischen Morde und Attentatsversuche auf Erzberger, Rathenau und Schleicher verwickelt; in der OC hatte er Wilhelm Canaris kennen gelernt, der ihn als Spezialisten für konspirative Aufgaben schätzte. Im zivilen Leben hatte Heinz als Redakteur für die Publikationen des deutschnationalen Veteranenverbands »Stahlhelm« gearbeitet, dessen Schriften nach der Gleichschaltung dieser Organisation 1933 als »nicht mehr zeitgemäß« auf den Index der Zensur geraten waren. Dennoch machte Canaris den Journalisten im Amt Abwehr zum Spezialisten für »Aufklärung und Propaganda in der Spionageabwehr«. Heinz' politische Überzeugungen waren wenig ausgegoren, doch dafür galt er als Landsknechtsnatur und als höchst einsatzfreudig, wenn es darum ging, »Aktionen« in die Wege zu leiten, ehemalige Mitkämpfer zu organisieren und »Nägel mit Köpfen zu machen«.

Und genau das hatte er mit seinem Stoßtrupp vor. Er glaubte, dass es nicht ausreiche, den Diktator vor Gericht zu stellen. Als überaus erfolgreicher Staatsmann wurde Hitler von vielen Deutschen als Erlöserfigur angesehen, als Retter des Reiches in einer Welt voller missgünstiger Feinde. Einem solchen Mann den Prozess zu machen sei aussichtslos, meinte Heinz. Er schlug Oster vor, bei der Verhaftung ein Handgemenge zu provozieren und Hitler dabei »versehentlich« zu erschießen – das war die Verschwörung in der Verschwörung. Heinz war gewillt, die Schmutzarbeit zu erledigen, die keiner von ihm verlangt hatte. Dafür war sein Stoßtrupp vom Amt Abwehr bestens mit Waffen, Munition, Handgranaten und Sprengstoff versorgt worden. Zur Verfügung gestellt wurde das Material von Major Groscurth, der als Mitarbeiter Osters in der Abwehr tätig war. Groscurth, als gläubiger Protestant der regimekritischen »Bekennenden

»In dieser Nacht wird Hitler verhaftet«: Major Helmuth Groscurth war einer der Verschwörer von 1938.

Kirche« nahe stehend, verbrachte den Abend des 27. September in der Wohnung seines Bruders. Er wusste, dass Heinz nur auf Befehle wartete und dass das Kommando bei dem alten Haudegen in den besten Händen war. Voller Optimismus weihte er seinen Bruder in ein sensationelles Geheimnis ein: »In dieser Nacht wird Hitler verhaftet!«

Die Frist, die Hitler seinen Gegenspielern in London, Paris und Prag gesetzt hatte, lief am 28. September um 14 Uhr ab. Oster nutzte die Zeit, um die Mitverschwörer erneut von der Richtigkeit ihres Tuns zu überzeugen. Er legte von Witzleben eine Kopie des brüsken Schreibens vor, mit dem Hitler in Bad Godesberg die Friedensbemühungen Chamberlains zunichte gemacht hatte. Als auch Halder das Schriftstück sah, kannte seine Entrüstung keine Grenzen mehr – er zeigte es dem Oberbefehlshaber des Heeres, von Brauchitsch. Dieser hatte die Befehlsgewalt über die Truppen, ohne ihn wollte der übervorsichtige Halder nicht handeln. Der schwarze Peter lag nun bei von Brauchitsch, der den Argumenten der Verschwörer zwar immer zugestimmt hatte, jedoch nicht zum engen Zirkel derer gehörte, die längst zum Handeln entschlossen waren. Witzleben und Halder redeten dem wankelmütigen von Brauchitsch zu, endlich den erlösenden Befehl zum Losschlagen zu geben. Doch dieser beschloss stattdessen, in die Reichskanzlei zu fahren, um sich ein Bild von der Gesamtlage zu machen: Der Zauderer wollte Zeit gewinnen – Zeit, die es angesichts der bedrohlichen Situation in Europa eigentlich nicht gab.

Um elf Uhr erhielt der Außenamtsmitarbeiter Erich Kordt aus London die Nachricht, dass Großbritannien bei einem gewaltsamen Schlag gegen die Tschechoslowakei dem Deutschen Reich den Krieg erklären werde. Die Zeit des Friedens in Europa schien abzulaufen. Das deutsche Ultimatum wirkte wie ein Zeitzünder, der von Hitler persönlich auf 14 Uhr eingestellt worden war. Die Uhr tickte an diesem Mittwoch, dem 28. September 1938, unerbittlich weiter...

Und dann hielt der Mann, der den Zeitzünder aktiviert hatte, das Uhrwerk an: Um 13.10 Uhr akzeptierte Hitler einen Vermittlungsvorschlag aus Rom. Benito Mussolini, der italienische »Duce«, war von den Briten eingeschaltet worden: Man könne über alles reden, die Differenzen seien ohnehin nur gering, hieß es in London. Nun ließ der Diktator des faschistischen Italien Hitler seine Sicht der Dinge mitteilen: »Der Duce ist der Ansicht, dass die Annahme dieses britischen Vorschlags günstig wäre, und bittet Sie, von einer Mobilisierung abzusehen.« Wenig später ging Hitler auf Mussolinis Empfehlung ein, in München eine Konferenz zwi-

Oben: Hitler unterzeichnet das Münchener Abkommen, hinter ihm Chamberlain und Mussolini, rechts der französische Ministerpräsident Daladier.
Unten: »Peace for our time«: Chamberlain nach der Rückkehr von der Münchener Konferenz.

Vom Stand der Rüstung war die Wehrmacht 1938 durchaus einsatzbereit, aber das Heer und die Generalität und die Masse des Offizierskorps waren nicht kriegswillig. Wir haben es deshalb als eine außerordentliche Erleichterung empfunden, dass in der Sudetenkrise eine friedliche Lösung gesucht wurde. Einige andere Offiziere im Generalstab machten dagegen recht betretene Gesichter, deren Ursache mir erst später klar geworden ist.

Raban von Canstein, damals Generalstabsoffizier

schen Deutschen, Italienern, Briten und Franzosen auszurichten – die verhassten Tschechen lehnte er als Verhandlungspartner ab. Innerhalb weniger Stunden war der Krieg von der Tagesordnung genommen, nun stand einer Verhandlungslösung nichts mehr im Wege. Die Briten waren bereit, den Frieden um jeden Preis zu bewahren – die Zeche zahlten ohnehin die Tschechen. Hitlers Forderung nach dem Anschluss des Sudetenlandes an das Reich mussten sie zähneknirschend annehmen. Der Kriegstreiber in Berlin hatte zwar den so heiß ersehnten Krieg noch nicht bekommen, doch alle politischen Forderungen, die er gestellt hatte, waren erfüllt worden: Dieser Mann, so musste es vielen scheinen, war mit dem Glück und dem Schicksal im Bunde. Zufriedenheit herrschte auch auf der anderen Seite: Chamberlain kehrte aus München zurück und beglückte die Briten mit der erhofften Botschaft: Das Abkommen von München sichere den Frieden für die Zeitgenossen – »peace for our time« war das Motto. Doch gerettet hatte er nicht nur den Frieden, sondern auch den deutschen Diktator.

Diejenigen, die 1938 den Staatsstreich wollten, hofften damals wirklich, dass man in München in der Frage des Sudetenlands nicht nachgeben würde, nachdem Hitler vorher immer sein Wort gebrochen hatte. Die Vereinbarung von München war dann natürlich eine unglaubliche Enttäuschung für die Widerständler. Unter diesen Umständen konnte man ohne das Risiko eines Bürgerkriegs nicht gegen Hitler vorgehen. Mein Vater hielt das für falsch, weil er wusste, was auf das Sudetenland folgen würde.

Klaus von Dohnanyi, Sohn des Verschwörers Hans von Dohnanyi

Die meisten Verschwörer hatten mit einem Staatsstreich den Krieg verhindern wollen – das war nun nicht mehr nötig. Der »Stoßtrupp Heinz« erhielt nie einen Befehl zum Losschlagen und löste sich so unbemerkt auf, wie er entstanden war. Doch von der Erleichterung, die weltweit über »München« herrschte, war bei den Verschwörern nichts zu spüren. Sie empfanden nichts als Niedergeschlagenheit. Sie seien von den Ereignissen ins Unrecht gesetzt worden, glaubte mancher von ihnen insgeheim. Andere quälten sich mit dem Gedanken, ob sie nicht doch lediglich eine »Gruppe von Querulanten« seien. Der Glaube in die eigene Urteilskraft war schwer erschüttert. Von Halder wird berichtet, dass er am Nachmittag des 28. September, als er die Nachricht von der Einberufung der Münchener Konferenz erhielt, gänzlich die Beherrschung verloren habe. An seinem Schreibtisch sei er »völlig zusammengebrochen« und habe weinend beklagt, dass »alles verloren« sei. Nicht minder enttäuscht, aber wesentlich kühler reagierte Erwin von Witzleben. Bei einem Treffen in der Wohnung von Oster kommentierte er die Lage nach München: »Sehen Sie, meine Herren, für dies arme, törichte Volk ist er nun wieder unser großer, heißgeliebter Führer, der Einmalige, der Gottgesandte, und wir, wir sind ein Häuflein von reaktionären und missvergnügten Offizieren oder Politikern, die es gewagt haben, im Augenblick seines höchsten Triumphs dem größten Staatsmann aller Zeiten Kieselsteine in den Weg zu legen. Wenn wir jetzt noch etwas tun, dann würde die Geschichte, und nicht nur die deutsche, nichts anderes von uns zu berichten haben, als dass wir dem größten Deutschen die Gefolgschaft aufgesagt haben gerade im Augenblick, als er am größten war und die ganze Welt seine Größe anerkannte.«

Wie die Dinge liegen, haben wir durch die Erhaltung des Friedens Hitler und sein Regime gerettet.

Sir Neville Henderson, britischer Botschafter in Berlin, 6. Oktober 1938

Eine ausgezeichnete Gelegenheit ist verpasst worden. Das deutsche Volk wollte keinen Krieg; die Armee würde alles getan haben, ihn zu vermeiden.

Carl Friedrich Goerdeler, 11. Oktober 1938

Die Frondeure um Halder hatten nur im Falle einer Kriegserklärung durch die Alliierten losschlagen wollen, denn allein die tief verwurzelte Furcht des Volkes vor einem Krieg hätte die Möglichkeit geboten, den Nimbus des »Führers« zu erschüttern. Doch in dieser Konstruktion lag ein entscheidender Fehler. »Sie hatten ihre Tat an Voraussetzungen gebunden, die sie weder genau vorhersehen noch beeinflussen konnten: Die eine lautete, dass Hitler den Angriff befehlen werde, die andere, dass die Westmächte ihm daraufhin den Krieg erklären würden«, urteilt Joachim Fest in seinen Buch »*Staatsstreich – Der lange Weg zum 20. Juli*«. Die Unterwerfung unter die äußeren Umstände machte eigenständiges, kühnes und risikobereites Handeln unmöglich. Man wollte keine Fakten – etwa durch die Absetzung Hitlers – schaffen, sondern lieber auf Fakten reagieren, die andere geschaffen hatten. Der Putsch, der Halder vorschwebte, sollte ein allerletzter Ausweg sein, denn er würde die Armee mit dem Makel der Illegalität und des Verrats belasten. Für traditionsbewusste preußische Offiziere war es eine Schreckensvorstellung, sich in eine Situation zu begeben, die ihren Erziehungsmaximen, ihren Denkgewohnheiten und Traditionen absolut fremd war. Und so schilderte Halder diese Zeit später auch als eine Phase »quälenden Erlebens«. Gleichzeitig bemühten sich alle Beteiligten um eine generalstabsmäßige

Es wäre sicherlich besser gewesen für das deutsche Volk, dass Hitler vor dem Krieg umgebracht worden wäre. Je früher, desto besser.

Günter Reichhelm, damals Generalstabsoffizier

Planung der Aktion, um innere und äußere Verwicklungen zu minimieren. Aber was vordergründig als äußerst verantwortungsvolle Herangehensweise erscheint, war auch das zentrale Problem dieser Generalsverschwörung – der Hang zum Perfektionismus: Man brauchte den perfekten Vorwand, um einen perfekten Putsch zu inszenieren. Doch zu einer auf allen Gebieten perfekten Konstellation konnte es nicht kommen – und das hätten Generalstabsoffiziere, geschult in der Ausarbeitung von Schlachtplänen, im Grunde wissen müssen: Ein Plan, der darauf setzt, dass sich der Gegner gemäß Drehbuch verhält, ist unrealistisch und wird von der Wirklichkeit schnell überholt.

Die »perfekten« Putschpläne zur Rettung des Friedens wurden nun beiseite geschafft – die Verschwörer warfen ihre Ausarbeitungen, Notizen, die gesamte Hinterlassenschaft ihrer konspirativen Wunschvorstellungen in den Kamin der Osterschen Wohnung. Ein kleiner Kern von Verschwörern ließ sich durch den Schock, der sie im September 1938 erschütterte, nicht entmutigen – sie arbeiteten weiterhin an konspirativen Plänen. Es fällt jedoch auf, dass fast alle Beteiligten in den nun folgenden Monaten willig im Räderwerk der deutschen Militärmaschine mitliefen. Der Anschluss des Sudetenlandes etwa war auch ein Erfolg des Amtes Abwehr – die Abteilung II unter Major Groscurth hatte die destabilisierenden Aktivitäten des »Sudetendeutschen Freikorps« im Sommer mitgetragen. Bei der Besetzung der abgetretenen Gebiete im Oktober 1938, aber auch bei der »Zerschlagung der Resttschechei« durch den deutschen Einmarsch im März 1939 handelten alle Mitglieder der Militäropposition pflicht- und weisungsgemäß. Ihre kritische Grundhaltung wurde schon bald durch ihren professionellen Ehrgeiz überlagert. Dies als Tarnung zu rechtfertigen würde ihrem Dilemma nicht gerecht werden – die Tragik der deutschen Militäropposition war, dass alle ihre Vertreter in Hitlers Angriff auf die europäische Friedensordnung verstrickt waren.

Der schwäbische Handwerker Georg Elser sah auch nach dem »glücklichen« Ausgang der Sudetenkrise keinen Anlass, sich willig in die Volksgemeinschaft einzufügen. Er war keiner von den Millionen, die sich zu Komplizen Hitlers und des NS-Regimes machen ließen – sei es durch stillschweigende Zustimmung oder durch aktiven Einsatz für das »Dritte Reich«. Die Sudetenkrise, die Kriegsangst im Volk, der drohende Kriegsausbruch – all das hatte Georg Elser zutiefst schockiert. Er war nicht klüger als andere, doch er ahnte, dass Adolf Hitler eine Gefahr für den Frieden in Europa darstellte. Die Indizien für einen sich abzeichnenden Krieg hatten wohl auch etliche andere Zeitgenossen wahrgenommen. Doch der Widerstandswille vieler kritischer Geister war bereits gebrochen – wer aus dem kommunistischen oder sozialdemokratischen Milieu stammte, hatte schmerzhaft zu spüren bekommen, dass offener Widerstand zumeist im Keim erstickt wurde. Zahlreiche ehemals organisierte Linke waren, wenn sie nicht in Haft saßen, zumindest bekannt – sie standen unter ständiger Beobachtung und mussten stets mit Einschüchterung, Verfolgung oder Verhaftung rechnen. Die Organisationen der Linken waren schon kurz nach der Machterschleichung zerschlagen worden. Was blieb, war die Widerstandstätigkeit in kleinen Zellen. Dort kam es immer wieder zu Akten individuellen Heroismus oder – zumeist bei den Kommunisten – von den Exilorganisationen gelenkten Aktionen. Georg Elser, der kommunistisch gewählt, aber wohl nie einer Parteiorganisation angehört hatte, spürte, dass er sich nur als Einzelgänger sicher fühlen konnte, wenn er etwas gegen das Regime unternehmen wollte. Das bedeutete indes nicht, dass er ganz ohne Freunde war, die ihn in seiner Haltung bestärkten. Ein Arbeitskollege, der Heidenheimer Kommunist Josef Schurr, erinnerte sich 1947 in einem Leserbrief an eine Ulmer Zeitung an ein Wiedersehen mit seinem alten Bekannten Georg Elser im Jahr 1937: »Zu meinem Erstaunen musste ich feststellen, dass Elser noch radikaler im Kampf gegen den Hitler-Faschismus geworden war, als er es die Jahre vorher gewesen war. Wir gelobten uns aufs Neue gegenseitige Treue mit dem gemeinsamen Wunsch: ›Hitler möge recht bald verrecken.‹«

Elser war ein einfacher Mann, er hatte erkannt, was Nationalsozialismus war, was Hitler war. Vielleicht hatte er kein großes intellektuelles Reflexionsvermögen, aber er hatte das Herz auf dem richtigen Fleck, und er hatte seine humane Orientierung nicht verloren. Und das kann man keineswegs von allen Deutschen damals sagen.

Ralph Giordano, Publizist, lebte damals in Hamburg

Ich bewundere an Elser die einfache Klarheit, dass Hitler Deutschland in den Abgrund führt. Denn das war wohl die Haupttriebkraft vom Elser: Dass ein Weltkrieg das Ende für Deutschland wäre.

Hildegard Hamm-Brücher, damals Studentin in München

Dass Elser eines Tages selbst Hand anlegen würde, um dem Leben des Diktators ein Ende zu setzen, ahnte Schurr nach diesem Gespräch nicht. Denn eigentlich war Elser ein unauffälliger Mann. Als Handwerker hoch begabt, war er auf Wanderschaft gegangen, hatte in der Schweiz und am Bodensee gearbeitet, bürgerliche Bindungen hinter sich gelassen. Sein Neffe Hans Elser, einer der wenigen noch lebenden Zeitzeugen, die Georg Elser persönlich kannten, erinnert sich im ZDF-Interview: »Ich habe ihn in meinem Elternhaus kennen gelernt und vor allen Dingen auch achten

Elser stammte aus einfachen Verhältnissen. Seine Vorfahren waren meist Bauern gewesen.

Hans Elser, Neffe von Georg Elser

Seine Familienangehörigen haben ihn immer als Schorsch bezeichnet. Der Schorsch war eigenbrötlerisch, er war immer auch ein bisschen eigensinnig. Er hat sich von der Familie nicht viel sagen lassen. Aber sie wussten, dass er gegen die Nazis ist. Er hat wiederholt über die Nazis geschimpft.

Erwin Roth, Journalist, hat über Elser gearbeitet

Elser war bekannt als Musiker. Er hat Gitarre gespielt und einige Freunde um sich gehabt, die viel musiziert haben und gute Musik gemacht haben. Bei Vereinsfeiern und sonstigen Anlässen war der Elser immer dabei.

Ernst Vollmer, lebte damals in Königsbronn

gelernt. Er war ein wirklich feiner Mann, der bereit war zu helfen, wo er konnte. Aber von seiner politischen Zugehörigkeit, da wusste ich nichts.« Ihm ist er als musikalischer Mensch in Erinnerung geblieben, der Zither spielte: »Er kam oft zu uns nach Hause, zum Musizieren. Oder ich traf ihn, wenn er mal irgendwo ein Konzert veranstaltet hat, mit dem Gesangverein oder mit dem Zitherklub. Da war er sehr, sehr beliebt. Und da ist er nicht als Sonderling aufgetreten. Wie jeder andere auch, der sich eingefügt hat. Er war gern gesehen.«

Lediglich im Protokoll seines Geständnisses erfuhr die Nachwelt etwas über die Beweggründe des Hitler-Attentäters. Erhalten ist nur die Abschrift einer Aussage, die Elser vor der Gestapo in Berlin wiederholte – in sperriger Beamtenprosa schrieben die Vernehmer nieder, was ihnen Elser stark schwäbelnd vortrug. In dem Dokument spricht also nicht Elser unmittelbar, aber sinngemäß formulierten die Beamten, was sie von ihm hörten. »Nach meiner Ansicht haben sich die Verhältnisse in der Arbeiterschaft nach der nationalen Revolution in verschiedener Hinsicht verschlechtert. So habe ich festgestellt, dass die Löhne niedriger und die Abzüge höher wurden«, entrüstete er sich im Protokoll – das war die Stimme des klassenbewussten, linksgerichteten Arbeiters. Doch spätestens nach der Sudetenkrise ging es für Elser um mehr: »Im Herbst 1938 wurde nach meinen Feststellungen in der Arbeiterschaft allgemein mit einem Krieg gerechnet. …Auch ich vermutete, dass es wegen der Sudetenfrage ›schief geht‹, d.h., dass es zu einem Krieg kommt. …Ich war bereits voriges Jahr um diese Zeit der Überzeugung, dass es bei dem Münchener Abkommen nicht bleibt, dass Deutschland anderen Ländern gegenüber noch weitere Forderungen stellen und sich andere Länder einverleiben wird und dass deshalb ein Krieg unvermeidlich ist« – hier argumentierte der weit blickende, wache Beobachter. Seine Befürchtungen mag wohl mancher Deutsche, der sich nicht von Hitlers Erfolgen blenden ließ, geteilt haben, doch was Georg Elser von der Masse der Zeitgenossen scharf abhob, waren die Konsequenzen, die er für sich zog. »Die von mir angestellten

»Ich habe den Krieg verhindern wollen«: Georg Elser beim Verhör mit Reichskriminaldirektor Arthur Nebe.

Betrachtungen zeitigten das Ergebnis, dass die Verhältnisse in Deutschland nur durch eine Beseitigung der augenblicklichen Führung geändert werden konnten.« Elser fasste den Entschluss, Hitler zu töten – das war für ihn moralisch unproblematisch: »Ich wollte ja auch durch meine Tat noch

Die seit 1933 in der Arbeiterschaft von mir beobachtete Unzufriedenheit und der von mir seit Herbst 1938 vermutete unvermeidliche Krieg beschäftigten stets meine Gedankengänge.

Aus dem Verhörprotokoll Georg Elsers

größeres Blutvergießen verhindern.« Er, der Einzeltäter Georg Elser, hatte eine Mission auf sich genommen – er wollte die Masse der Bevölkerung vor einem Krieg bewahren. Seine Argumentation passte nicht in die Vorstellungswelt der Verhörbeamten. »Als Opfer ihrer eigenen Ideologie gingen sie von Glauben, Religion und Weltanschauung aus und konnten Elser nicht verstehen, der ein rechnender, intelligenter Arbeiter war. Darin war er viel moderner als seine Gegner. Seine Motivation lag nicht in einer Ideologie, sondern in den materiellen Lebensverhältnissen und in der wegen Hitlers Kriegspolitik vorhersehbaren Katastrophe«, schreibt der Elser-Biograf Hellmut Haasis in seiner Studie *»Den Hitler jag' ich in die Luft – Der Attentäter Georg Elser«*.

Der gelernte Schreiner arbeitete seit dem Herbst 1936 als Hilfsarbeiter in der Gussputzerei der Armaturenfabrik Waldenmaier in Heidenheim, nur zehn Kilometer von seinem Heimatort Königsbronn entfernt. Schon in jenen Tagen wuchs in Europa die Kriegsfurcht – in Spanien verschärfte sich der Bürgerkrieg, in den sich Hitler, Mussolini und Stalin einmischten. Elser beobachtete an seinem Arbeitsplatz schon bald die planmäßige und weit reichende Umstellung auf die Rüstungsproduktion. Waldenmaier stellte alle Arten von Zündern her, in einer Sonderabteilung wurde Pulver für die Befüllung der Zünder gepresst. Der Gussputzer Elser stieg nach einigen Monaten auf: Seit dem Sommer 1937 arbeitete in der Versandabteilung – hier bot sich ihm die Gelegenheit, an Zünderteile zu kommen, von denen regelmäßig die verschiedenartigsten Muster eingingen. Die Dinge, mit denen Elser an seinem neuen Arbeitsplatz zu tun hatte, mussten nach einiger Zeit seine Fantasie beflügelt haben: Als technisch versierter Handwerker wäre er gewiss in der Lage, damit eine Bombe zu konstruieren – jene Bombe, die nach dem Willen Georg Elsers den deutschen Diktator töten und im Europa der Dreißigerjahre vieles verändern sollte. Zünderteile waren allerdings nicht alles, was er brauchte: In den Sonderabteilungen der Firma, zu denen er durch seine Tätigkeit Zugang hatte, besorgte er sich kleinere Mengen Schwarzpulver.

Die Idee, Hitler zu beseitigen, wurde zum zentralen Inhalt seiner Existenz. Er begann seinen Plan auszuarbeiten: Wichtig war, den richtigen Ort und den passenden Zeitpunkt für die Tat zu finden. Kundgebungen mit den obersten Repräsentanten gab es immer wieder – der »Führer« zeigte sich gerne den jubelnden Massen. In einer Zeitungsnotiz wurde Elser auf einen möglichen Anschlagsort aufmerksam: Jahr für Jahr begingen die

NSDAP-Veteranen und ihr Anführer am 8. November eine Gedenkfeier im Bürgerbräukeller – Anlass war der Jahrestag des Hitler-Putsches in München 1923. Elser machte sich am 8. November 1938 nach München auf – genau ein Jahr vor seiner Tat ging der Attentäter auf Erkundungsfahrt. Am Abend war bis zum Veranstaltungsende die Umgebung des Bürgerbräukellers abgesperrt; die Neugierigen bekamen Hitler nicht zu sehen. Doch nach dem Ende des »Führer«-Besuchs löste sich die Versammlung der »alten Kämpfer« im Bürgerbräukeller schnell auf. Elser gelangte ohne Probleme in den Saal und nahm die Gegebenheiten in Augenschein. Er merkte sich genau, wo das Rednerpult, an dem Hitler kurz zuvor gesprochen hatte, platziert war: an einer Stelle in der Mitte einer Seitenwand, nicht an der Stirnseite des Saales. Im Verhör sagte er später: »In den folgenden Wochen hatte ich mir dann langsam im Kopf zurechtgelegt, dass es am besten sei, Sprengstoff in jene bestimmte Säule hinter dem Rednerpodium zu packen und diesen Sprengstoff durch irgendeine Vorrichtung zur richtigen Zeit zur Entzündung zu bringen.«

Aufgrund der Saalbesichtigung hielt ich diesen für einen Anschlag auf die Führung als geeignet. Ich kam damals zu dem festen Entschluss, das Attentat dort zur Ausführung zu bringen.

Aus dem Verhörprotokoll Georg Elsers

Nachdem sein Entschluss Konturen angenommen hatte, wurde aus Georg Elser ein einsamer Mann: Er zog sich zurück, wurde eigenbrötlerisch, wirkte auf seine Umgebung wie ein Sonderling. Diese Charaktereigenschaften bestimmten nach dem Krieg lange das Bild des Hitler-Attentäters Elser. Doch nur so – von seiner Umwelt weitgehend abgeschottet und ohne jeden Mitwisser – hatte er die größten Chancen, unentdeckt zu bleiben. Nach und nach verkaufte er seine Besitztümer. Er wusste, dass in den nächsten Monaten erhebliche Ausgaben auf ihn zukommen würden: für Materialien und für Reisen. Ende 1938 erkundete er seinen möglichen Fluchtweg in die Schweiz: Er fuhr nach Konstanz, dort kannte er sich aus; in der Nähe des Grenzübergangs Kreuzlinger Straße – daran erinnerte er sich – konnte man unbemerkt über die schwach gesicherte Grenze entkommen.

Am 4. April reiste er zum zweiten Mal für mehrere Tage nach München. Jeden Tag war er im Bürgerbräukeller, abends nahm er dort das einfache Arbeiteressen für 60 Pfennig zu sich. Elser studierte die zeitlichen Abläufe im Bürgerbräukeller, merkte sich die Routine des Personals. Den Bedienungen war sein Gesicht inzwischen vertraut, er war freundlich, jovial – ein netter Kunde. Unbemerkt nahm Elser Maß an der Säule, die in seinen Plänen eine zentrale Rolle spielte. Auf Höhe der Galerie fand er die Stelle, an der er den Sprengstoff zu deponieren gedachte. Er wusste inzwischen

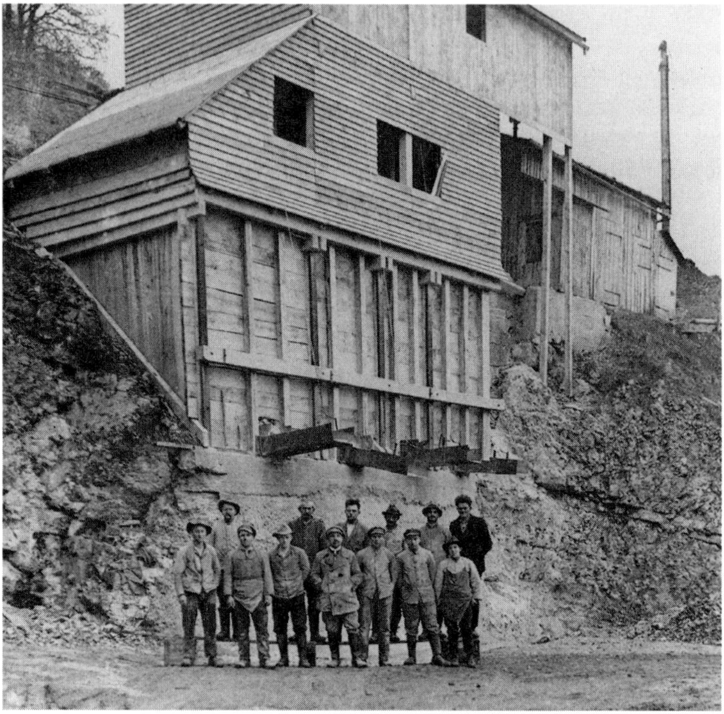

»Angeheuert, um an Sprengstoff zu kommen«: Seit April 1939 arbeitete Elser im Steinbruch Vollmer in Königsbronn.

auch, dass eine richtige Bombe nur mit hochbrisantem Sprengstoff funktionieren würde. Das bisschen Schwarzpulver, das er bei seinem Arbeitgeber Waldenmaier abgezweigt hatte, war absolut ungeeignet. Schon Ende März 1939 hatte er deswegen seine Stelle bei Waldenmaier gekündigt.

Im Steinbruch Vollmer in Königsbronn gab es im Frühjahr 1939 viel zu tun. Wer kräftig war und anpacken wollte, war hier willkommen. Und wer geschickt war und flinke Hände hatte, konnte ebenfalls unterkommen. Als der schmächtige Georg Elser im April 1939 sein Fahrrad auf das Steinbruchgelände am Rande seines Heimatortes schob und nach dem Vorarbeiter fragte, wusste er, dass er hier gute Karten hatte. Er kannte den Vorarbeiter

Elser hat bei uns angeheuert, um an Sprengstoff zu kommen. Und das war ziemlich leicht, weil wir viel gesprengt haben.

Ernst Vollmer, Sohn des Steinbruchbesitzers in Königsbronn

Kolb, der im Steinbruch als Sprengmeister arbeitete. Kolb schätzte ihn als geschickten und anstelligen Mann und zögerte nicht lange, den alten Bekannten für ein paar Wochen einzustellen, obwohl Elser an der Hand eine leichte Verletzung hatte. Ernst Vollmer, ein Sohn des Steinbruchbesitzers, arbeitete damals im väterlichen Betrieb und beobachtete Elser: »Er hat bei uns die leichteren Arbeiten – und leichtere Arbeiten gibt's viele im Steinbruch – ausgeführt. Unter anderem hat er auch den Assistenten vom Sprengmeister gemacht.« Elser hantierte fortan fast täglich mit Sprengkisten, in denen alles verstaut war, was man brauchte: zehn Kilo Sprengstoff in Paketen, Zündschnüre und – in einem verschließbaren Sonderfach – die empfindlichen Zünder. Er sah, wie man mit den Materialien umging, welche Mengen erforderlich waren, um bestimmte Wirkungen zu erzielen. Einmal am Tag gab es eine Großsprengung im Steinbruch – entweder vor der Mittagspause oder abends. »Ungefähr ein Drittel von diesem Sprenggut musste dann nochmals mit Sprengungen zerkleinert werden, weil man allein mit dem Vorschlaghammer die großen Quader und die großen Steine nicht kaputt kriegen konnte«, erinnert sich Ernst Vollmer. »20, 25 Kilo – das sind fünf Pakete – haben wir jeden Tag an Sprengstoff gebraucht; wir mussten bis 150 Tonnen absprengen und nochmals zerkleinern.« Über den Verbrauch von Sprengstoff und Sprengpatronen musste eigentlich genau Buch geführt werden. Doch Sprengmeister Kolb betrieb im Nebenerwerb eine Landwirtschaft und war des Öfteren für halbe oder ganze Tage abgemeldet – an diesen Tagen übertrug er die Führung des Sprengbuchs dem jungen Ernst Vollmer. »Alle Vierteljahr ist der Königsbronner Polizeiposten gekommen und hat das Sprengbuch angeguckt«, berichtet Vollmer. Angeguckt – das bedeutete allerdings nicht unbedingt, dass der Polizist nachvollziehen konnte, was dort niedergeschrieben war. Hinzu kam, dass bei der großen Anzahl kleinerer Sprengungen immer wieder Sprengstoff in geringer Menge erforderlich war. Die Buchführung, so Vollmer, erfasste nicht jedes Gramm an verwendetem Material einzeln. »Das war fast nicht auszuschließen, dass man hat großzügig sein müssen.« Vollmers Fazit: »Zur damaligen Zeit – so wie damals mit Sprengstoff umgegangen worden ist – war das für den Elser eine Leichtigkeit, an Sprengstoff heranzukommen.« Damit hatte sich der Attentäter seinem Ziel um ein gewaltiges Stück angenähert.

Zur Untermiete wohnte Elser seit einigen Wochen in Heidenheim-Schnaitheim. Bei seinen Angehörigen in Königsbronn fühlte er sich zu sehr bevormundet und beobachtet, zudem hatte es seit langem Spannungen innerhalb der Familie gegeben. Die unaufdringlichen Schmauders in Schnaitheim hingegen ließen ihn umsonst in einer Kammer wohnen – der

Er war ein richtiger Tüftler. Er hat nebenbei auch Uhren repariert. Das mit der Zeitbombe war für ihn wahrscheinlich kein großes Problem.

Wilhelm Schwenk, damals Arbeiter im Steinbruch in Königsbronn

Alles, was er gemacht hat, hat er gründlich gemacht. So war es auch beim Attentat, sonst wäre daraus nichts geworden.

Ernst Vollmer, Sohn des Steinbruchbesitzers in Königsbronn

1938 sind wir einmal in der Umgebung spazieren gegangen. Plötzlich gab es eine Explosion aus der Richtung, wo Elsers Eltern einen Garten hatten. Nachher haben wir vermutet, dass er dort eine Bombe ausprobiert hat.

Hans Elser, Neffe von Georg Elser

fleißige Georg Elser hatte ihnen schließlich beim Hausbau geholfen. In seiner Kammer konnte er in Ruhe an seinem Zeitzündermechanismus, bestehend aus zwei Uhrwerken, tüfteln; neben dem Bett stand ein Holzkoffer, der seine Sprengstoffvorräte und Zündmaterialien enthielt. Elser besorgte sich in einem Heidenheimer Spezialgeschäft Gewehrmunition, irgendwo trieb er ein Schulungsheft für die Pionierausbildung auf. Im militarisierten NS-Staat legte man viel Wert auf die Wehrertüchtigung der Jugend – und auch für Bombenbastler fiel dabei allerlei Nützliches ab. Für Georg Elser begann eine Phase des Experimentierens – im Keller des Schmauderschen Hauses baute er für die Patronenhülsen einen Schlagbolzenmechanismus. Am Rand von Königsbronn besaß sein Vater eine Laube mit Garten – hier machte Elser kleine Sprengversuche, um den Mechanismus auszuprobieren. Alle, die neugierige Fragen stellten, wurden schnell ruhig gestellt: Er arbeite an einer Erfindung, beschied sie Georg Elser – das schien im Schwabenland eine absolut hinreichende Erklärung zu sein.

Nur einem machte Elser nichts vor. Kurz vor seinem endgültigen Aufbruch nach München, dem Ort des geplanten Attentats, traf er Anfang August 1939 in Königsbronn zufällig Eugen Rau, einen seiner ältesten und besten Freunde. Ihm gegenüber machte er seiner ungeheuren inneren Anspannung Luft: »Miar kriagad in Deutschland koi besser Zeit mehr, hend koi bessere Zukunft, bevor dui Regierung net end Luft geschprengt ischd. Ond i sag's dir, i mach des no, i du's!«, eröffnete er dem Freund. Dann begab sich Elser auf die wichtigste Reise seines Lebens. Am 5. August kam er auf dem Münchener Hauptbahnhof an. Keinem fiel der überdimensionierte, schwere Koffer auf, den der schmächtige Mann nur mühsam bewegen konnte. Niemand konnte ahnen, dass das Ungetüm neben Elsers bescheidenen Wäschevorräten und seinen Werkzeugen auch alle Zutaten für eine todbringende Höllenmaschine enthielt. Im Münchener Stadtteil Schwabing fand Elser schließlich in der Türkenstraße ein bescheidenes Zimmer zur Untermiete. Den Wirtsleuten stellte er sich als »Kunstschreiner und Erfinder« vor. Ihnen fiel lediglich auf, dass ihr Untermieter häufig nachts außer Haus war und tagsüber viel Schlaf nachholte. »Ein Häusl-

Ich bin in letzter Zeit auch öfter werktags in eine katholische Kirche gegangen, wenn gerade keine evangelische Kirche da war, um dort mein Vaterunser zu beten. Es spielt meines Erachtens keine Rolle, ob man dies in einer evangelischen oder katholischen Kirche tut. Ich gebe zu, dass diese häufigen Kirchenbesuche und dieses häufige Beten insofern mit meiner Tat, die mich innerlich beschäftigte, in Zusammenhang stand, als ich bestimmt nicht so viel gebetet hätte, wenn ich die Tat nicht vorbereitet bzw. geplant hätte. Es ist schon so, dass ich nach einem Gebet immer wieder etwas beruhigter war. Wenn ich gefragt werde, ob ich die von mir begangene Tat als Sünde im Sinne der protestantischen Lehre betrachte, so möchte ich sagen: »Im tieferen Sinne, nein!«
Ich glaube an ein Weiterleben der Seele nach dem Tode, und ich glaube auch, dass ich einmal in den Himmel kommen würde, wenn ich noch Gelegenheit gehabt hätte, durch mein ferneres Leben zu beweisen, dass ich Gutes wollte. Ich wollte ja auch durch meine Tat ein noch größeres Blutvergießen verhindern.
Aus dem Verhörprotokoll Georg Elsers

schleicher«, urteilte der Ehemann der Vermieterin über den ansonsten freundlichen und unauffälligen Mann.

»Häuslschleicher« Elser gab im Bürgerbräukeller eine ganz andere Vorstellung. Er ließ sich das Arbeiteressen schmecken und schäkerte schüchtern mit den Kellnerinnen. Der schwäbelnde Fremde war eigentlich ganz leutselig. Die Urmünchener Servierdamen fanden nur merkwürdig, dass der Fremde kaum durstig war – es blieb meist bei einem Bier am Abend. In Münchener Bierkellern erregte man damit Aufmerksamkeit.

Dennoch war der freundliche »Schorsch« willkommen. Niemand bemerkte, dass der neue Stammgast seit dem 8. oder 9. August eine heimliche Routine entwickelte. Abends, kurz vor Schließung der Gaststätte, schlich er sich in eine Abstellkammer, die er ausgespäht hatte, und ließ sich einschließen. Spätestens um 23.30 Uhr war im Bürgerbräu Ruhe. Auf einem Stuhl döste Elser einige Stunden vor sich hin, bis er Gewissheit hatte, dass er ganz allein war. Dann begann seine Arbeit: Er präparierte die von ihm ausersehene Säule. Auf Höhe der Galerie, in Bodennähe, löste er eine Platte der Holzvertäfelung, versah sie mit Scharnieren und einem Innenriegel. Drei nächtliche Besuche brauchte er für diese Arbeit. Für den Kunstschreiner war es kein Problem, die improvisierte Tür so einzupassen, dass sie in den folgenden Wochen niemandem auffiel. Bei weiteren nächtlichen Besuchen begann er, hinter dieser Tür einen Hohlraum in die Säule zu stemmen. Ein Handbohrer mit Meißelaufsatz machte keinen Lärm, ließ

»Komplizierter technischer Apparat«: Von Elser in der Gestapo-Haft nachgebaute Bombe.

die Arbeit jedoch nur quälend langsam vorangehen. Ebenso quälend war die Angst, entdeckt zu werden. Den Schutt sammelte er auf einem Teppich, den er nach der Arbeit zusammenrollte und in einer Abstellkammer versteckte. Am folgenden Tag – während der Öffnungszeit des Bürgerbräukellers – holte er das Bruchmaterial mit einem Koffer ab, um es anschließend in die nahebei fließende Isar zu kippen.

Seit dem 1. September 1939 befand sich das Deutsche Reich im Krieg. Die Wehrmacht war über Polen hergefallen, Polens Bündnispartner England und Frankreich hatten Deutschland den Krieg erklärt. Elser konnte sich in seinem Tun bestätigt fühlen: Hitler bedeutete Krieg, deswegen musste er beseitigt werden. In der nächtlichen Routine des zu allem entschlossenen Attentäters änderte sich durch den Kriegsbeginn kaum etwas. Wegen der Verdunkelung wurde die Notbeleuchtung im Saal des Bürgerbräu nachts abgeschaltet, Elser arbeitete nun beim schwachen Licht einer Taschenlampe, die er mit blauem Stoff umwickelt hatte. In den drei Monaten von

Der Herr Sohleder war Schlosser und hat in der Türkenstraße 59 im Rückgebäude eine Schlosserwerkstatt gehabt. Gegenüber in dem Hof befand sich die Schreinerwerkstatt von Georg Elser. Der ist zu ihm gekommen und wollte einen Blechkasten haben, hat aber nie gesagt, wofür er den brauchte. Sohleder hat ihm dann den Kasten trotzdem gebaut; und dort war dann die Bombe drin. Dafür hat man ihn dann einige Monate ins Gefängnis gesteckt.
Therese Riederer, lebte damals in München

August bis November ließ sich Elser 30- bis 35-mal nachts im Bürgerbräukeller einschließen – fast jede dritte Nacht verbrachte er hier drei bis vier Stunden. Nur einmal überraschte ihn der Pächter während der Öffnungszeit in der Abstellkammer – und akzeptierte eine merkwürdige Ausrede: Der Fremde habe sich einen Furunkel am Bein ausdrücken wollen und sich geschämt, dafür die Toilette aufzusuchen.

Tagsüber verfeinerte Elser die Mechanik seines uhrwerkgetriebenen Zeitzünders. Alle zwölf Stunden nahm der kleine Zeiger einer Uhr einen Zapfen mit, der ein Kammrad um ein Zwölftel weiterbewegte. Ein komplizierter Mechanismus löste dann in einer voreingestellten Position den Schlagbolzen aus, der die Zündpatrone zur Zündung brachte. Elsers Mechanismus konnte 144 Stunden – sechs Tage – im Voraus genau eingestellt werden. Von einem Schlosser in der Türkenstraße ließ er sich einen Metallkasten anfertigen, in dem er den Zeitzünder unterbringen konnte.

In der Nacht zum 6. November arbeitete er im Bürgerbräu bis sechs Uhr morgens an der Endmontage – alles musste eingepasst und der Zündmechanismus in Gang gesetzt werden. Elser hätte den Zeitzünder nun einstellen und sich in die Schweiz absetzen können. Doch der Genauigkeitsfanatiker wollte absolut auf Nummer sicher gehen. Das Attentat musste gelingen, seine Mission erfolgreich zu Ende gebracht werden – er wollte sich in der Nacht zum 8. November noch einmal im Bürgerbräukeller einschließen lassen und alles überprüfen.

Auch eine andere Verpflichtung hinderte ihn an einer sofortigen Flucht: Der angebliche Einzelgänger Elser hatte während seiner drei Münchener Monate alle Kontakte zur Familie abgebrochen. Doch am Morgen nach der Endmontage meldete sich sein Familiensinn zurück: Er reiste nach Stuttgart zu seiner Schwester, um ihr mitzuteilen, dass er »über die Grenze in die Schweiz« gehe – damit hatte er sich abgemeldet, sorgen müsse sich um ihn keiner. Am 7. November war er wieder in München, am Abend

»Nur ein Bier pro Abend«: Der Saal des Bürgerbräukellers vor dem Attentat.
»Plötzlich gab es einen Knall«: Der Bürgerbräukeller unmittelbar nach dem Anschlag.

ließ er sich im Bürgerbräu einschließen. Er verließ seinen nächtlichen »Arbeitsplatz« am kommenden Morgen in dem Bewusstsein, dass sein Attentat auf Adolf Hitler technisch perfekt vorbereitet war: Am Abend dieses 8. November 1939 um 21.20 Uhr würde seine Bombe im Bürgerbräukeller den Kriegstreiber töten und die Existenz des »Führers«, der Europa ins Unglück stürzte, beenden. Georg Elser bestieg einen Zug und machte sich beruhigt auf den Weg nach Konstanz – noch bevor die Bombe explodierte, würde er in der sicheren Schweiz sein.

Neue Aufmarschanweisung mit den sehr viel weiter gesteckten Zielen – Schlagen von Frankreich und England, Vorgehen bis zur Somme – stammt vom Führer selbst. – Generalstab hält dies für unmöglich. Aber niemand getraut sich dem Führer zu widersprechen, auch nicht Göring. Brauchitsch kommt kaum mehr zu Worte, klappt vor dem Führer zusammen.

Helmuth Groscurth, Tagebuch, 31. Oktober 1939

Was Elser mit äußerster Konsequenz betrieb – den Kriegstreiber Hitler zu stoppen –, erwogen zur gleichen Zeit auch einige kritische Militärs. Die Verschwörer von 1938, Halder und von Witzleben, Oster und Groscurth, sahen sich erneut gezwungen, aktiv zu werden. Der Krieg gegen Polen war gut gelaufen, sie alle hatten ihre Pflicht getan und Hitlers Aggression mitgetragen. Doch nun, im November 1939, wollte ihr Kriegsherr eine Offensive im Westen starten – es ging gegen Großbritannien und Frankreich. Bei diesem Angriff sollte die Neutralität der Niederlande mit Füßen getreten werden, der kleine Nachbar im Westen war von Hitler als Durchmarschgebiet auserkoren worden. Wie schon im Herbst 1938 bei der Sudetenkrise war die Wehrmachtsführung entsetzt über Hitlers aberwitzige Pläne. Sie meldete fachliche Bedenken an: So ein Krieg sei »überstürzt und aussichtslos«, die Truppe sei erschöpft, der Nachschub fehle. Die entschlossensten Gegner agierten im Herbst 1939 in der Abwehr: Oberst Oster und Major Groscurth, dazu kam der Jurist Hans von Dohnanyi, der seit Kriegsausbruch in der Abwehr tätig war. Sie waren es, die Druck auf Halder ausübten. Auch der schien erneut willens mitzumachen. Groscurth hielt in seinem Privattagebuch fest, dass Halder ihm mit Tränen in den Augen gestanden habe, »er sei seit Wochen mit der Pistole in der Tasche zu Emil [Hitler] gegangen, um ihn eventuell über den Haufen zu schießen«. Die Verschwörer einigten sich darauf, die Pläne von 1938 zu reaktivieren, falls Hitler den Befehl zum Angriff im Westen gebe. Der Mitverschwörer Hans-Bernd Gisevius notierte freudig erregt: »... Hochbetrieb. ... Plötzlich sind wir wieder mittendrin in der Atmosphäre kurz vor München 1938. Ich pendle zwischen dem OKW, Polizeipräsidium, Innenministerium, Beck, Goerdeler, Schacht, Helldorf, Nebe und vielen anderen hin und her.«

In Zossen, aber nur dort, ist eine allgemeine Nervenkrise zu verzeichnen. Vielleicht drücke ich mich noch zu vorsichtig aus: Besser sollte ich von einer panikartigen Verwirrung sprechen… Brauchitsch erlitt einen richtiggehenden Nervenzusammenbruch. Und wie das so geht, plötzlich rannen nicht nur bei ihm, sondern auch bei Halder die Tränen. Oh, dieser Halder! Haben wir es uns nicht gleich gedacht?…

Hans-Bernd Gisevius, Tagebuch, 6. November 1939

Sogar der zögerliche von Brauchitsch teilte die Bedenken gegen die Offensive im Westen. Hitler hatte zwar den Beginn des Angriffs einige Male wegen des Wetters verschoben, sich jedoch Anfang November auf den 12. November 1939 festgelegt. Halder zog eine letzte Notbremse – er wollte den Krieg, aber auch den Putsch vermeiden: Bevor irgendetwas in Richtung Staatsstreich unternommen werden könne, müsse von Brauchitsch dem »Führer« die Meinung sagen, ihm alle Einwände klipp und klar darlegen. Halder setzte seine ganzen Hoffnungen auf dieses Gespräch am 5. November. Umso entsetzter war er, als Hitler von Brauchitsch, den Oberkommandierenden des Heeres, brüllend »zusammenfaltete« und Türen knallend den Raum verließ. »Kreidebleich, mit verzerrtem Gesicht« sei von Brauchitsch aus der Besprechung gekommen. »Ich tue nichts, aber ich werde mich auch nicht dagegen wehren, wenn es ein anderer tut«, war alles, was er noch zu sagen hatte – ein Satz, der symptomatisch wurde für die Haltung der militärischen Opposition. Halders Widerstand schien ebenfalls gebrochen. Ein einziger Tobsuchtsanfall Hitlers hatte offenbar vollkommen ausgereicht, um sämtliche fachlichen Bedenken des Generalstabschefs in den Hintergrund zu drängen. Major Groscurth, eine der Triebfedern des frühen militärischen Widerstands, hielt am 6. November in seinem Privattagebuch fest: »…alles ist zu spät und völlig verfahren. Diese unentschlossenen Führer ekeln einen an. Grauenvoll.« Symptomatisch war Halders letzter Vorschlag in Sachen Widerstand: Er trat an Ernst von Weizsäcker vom Auswärtigen Amt mit der Frage heran, ob man Hitler nicht durch eine bestochene Wahrsagerin beeinflussen könnte – er, Halder, würde eine Million Mark für diesen Zweck beschaffen. Von Weizsäcker charakterisierte Halders Haltung anschließend mit einem einzigen Wort: Der Mann sei inzwischen nur noch »gottergeben!«. Im Rahmen seiner individuellen Möglichkeiten fasste Oberst Oster angesichts des bevorstehenden Krieges und der sich abzeichnenden Untätigkeit der Militäropposition einen einsamen Entschluss: Er verriet dem niederländischen Militärattaché in Berlin, Oberst Gijsbertus Sas, den Angriffstermin. Das war Landesverrat – der konservative Patriot und Offizier lud diese Schuld auf sich, um eine noch größere Katastrophe zu verhindern. Seine Geste wurde nicht honoriert – in Den Haag und Brüssel glaubte man Sas nicht. Die Glaubwürdigkeit des Informanten Oster wurde weiter erschüttert, als Hitler noch im November 1939 die Offensive aus Witterungsgründen endgültig abblies.

Mein Vater hat die Holländer über Sas warnen wollen, doch der Angriffstermin wurde von Hitler immer wieder verschoben. Das hat dann dazu geführt, dass die Leute auf holländischer Seite sagten: »Was ist das denn für ein Informant, der alle drei Tage die Termine ändert?«

Barbara von Krauss, Tochter des Verschwörers Hans Oster

Georg Elser rollte am 8. November in einem Bummelzug auf die Schweizer Grenze zu, um 18 Uhr kam er in Friedrichshafen an, von hier nahm er eine Fähre über den Bodensee in Richtung Konstanz. Er hatte alles gegeben, was in seiner Macht und Kraft stand. Sämtliche Konflikte hatte er mit sich selbst ausgetragen und sein Leben ganz in den Dienst der einen Sache gestellt, die er für wichtig hielt: Hitler zu stoppen. Er war bereit gewesen, dafür sein Leben aufs Spiel zu setzen. Er ahnte nichts von der Verschwörung der Offiziere, die, geprägt von Skrupeln, von der Suche nach eindeutigen Anlässen, vom Grübeln über Folgen zu einer Farce geworden war. Gewiss, Generäle, die Putschpläne schmiedeten, riskierten Kopf und Kragen, ebenso wie der bescheidene Schreinergeselle aus Königsbronn. Offiziere wie Oster, Groscurth oder von Witzleben konnten sich in ihrer Entschlossenheit wohl durchaus mit ihm messen. Doch ein Mann wie Halder kämpfte nur verbal an vorderster Front gegen Hitler. Sein Gewissen befahl ihm zu handeln, doch seine Auffassung von Tradition und Loyalität verbot es ihm immer wieder. Wenn riskante Entscheidungen gefragt waren, verschob er sie – oder er bürdete sie anderen auf, wie dem noch wankelmütigeren von Brauchitsch.

Putschbereitschaft gehört in keinem Land der Welt zu den dienstlichen Obliegenheiten eines Generals, der Entschluss zum Hochverrat ist keine nahe liegende Option im traditionellen Rollenverständnis eines deutschen Offiziers. Aber man durfte von der deutschen Generalität zumindest erwarten, dass sie ihren üblichen dienstlichen Pflichten nachkäme. Und dazu gehörte, beizeiten, vehement und geschlossen Einspruch gegen die überaus riskanten Pläne ihres obersten Kriegsherrn zu erheben. »General« – nach dem lateinischen Wortursprung bedeutet die Rangbezeichnung, dass der Träger Verantwortung für »das Ganze« übernimmt. Ein General hat nicht nur zu gehorchen, er hat – im Rahmen seines Aufgabenfeldes – mitzudenken und Konsequenzen aus seiner Lagebeurteilung zu ziehen. Nicht einmal das schafften Männer wie Halder und von Brauchitsch. Alles, was ein widersprechender General 1939 zu befürchten hatte, war ein Karriereknick, vielleicht das Ende seiner militärische Laufbahn – aber nicht den Tod.

Meuterei steht nicht im Wörterbuch des Offiziers – weder des amerikanischen noch des französischen, noch des deutschen.

Klaus von Dohnanyi, Sohn des Verschwörers Hans von Dohnanyi

»Er war gern gesehen«: Georg Elser (2. von rechts) während eines Ausflugs mit Freunden im Jahr 1936.

Welche Konsequenzen Georg Elser, seine Familie und sein Heimatort Königsbronn zu tragen hatten, zeichnete sich bereits einige Tage nach seiner Festnahme ab. Elser wurde mittels Prügelorgien und Folter zu einem Geständnis bewegt. Doch noch immer wollte niemand so recht an die alleinige Täterschaft glauben. Der »Führer« und seine gesamte Umgebung zerbrachen sich auch weiterhin den Kopf über mögliche Hintermänner. Hitler wandte sich an Heydrich: »Ich möchte wissen, um was für einen Typ es sich bei diesem Elser handelt. Man muss den Mann doch irgendwie klassifizieren können. Berichten Sie mir darüber. Im Übrigen wenden Sie alle Mittel an, um diesen Verbrecher zum Reden zu bringen. Lassen Sie ihn hypnotisieren, geben Sie ihm Drogen; machen Sie Gebrauch von allem, was unsere heutige Wissenschaft in dieser Richtung erprobt hat. Ich will wissen, wer die Anstifter sind; ich will wissen, wer dahinter steckt.« Die Gestapo scheute keinen Aufwand. Das gesamte Umfeld Elsers wurde akribisch aufgerollt: Für die Familie Elser, aber auch für viele ihrer Bekannten in Königsbronn begann ein wahres Martyrium. Bekannte wurden ins Rathaus Königsbronn zitiert und immer wieder verhört; pauschal schien man alle Bewohner des 1500-Seelen-Ortes zu bezichtigen, mit dem Täter unter einer Decke zu stecken oder zumindest etwas zu wissen. In diesen Tagen wurde Königsbronn mit dem vermeintlichen Schandnamen »Attentatshausen« belegt – kollektiv nahm man einen Ort für die Tat in die Verantwortung. Man unterstellte, dass in diesem Umfeld besondere, regimefeindliche Tendenzen als Brutstätte für die Tat des Georg Elser gedient hätten. Den Besitzer des Steinbruchs, in dem Elser den Sprengstoff gestohlen hatte, sperrte man für Jahre in ein Konzentrationslager – ihm nutzte es nicht, dass er in Königsbronn Ortsgruppenleiter der NSDAP war.

Allmählich ist rausgekommen, dass Georg Elser der Attentäter war. Daraufhin sind alle in Königsbronn, die mit Georg Elser irgendwie Verbindung hatten, die ihn kannten, verhört worden. Auch ich bin verhört worden.

Hans Elser, Neffe von Georg Elser

Das Attentat hat uns zunächst nicht besonders interessiert, erst als bekannt wurde, dass Königsbronn was damit zu tun hatte, wurde man hellhörig. Und dann ging auch schon dieses Schimpfwort herum: »Attentatshausen«.

Erwin Roth, Journalist, hat über Elser gearbeitet

Hier vor Ort sagte man: Ausgerechnet einer aus Königsbronn muss das machen!

Wilhelm Schwenk, damals Arbeiter im Steinbruch in Königsbronn

Elsers Eltern, seine Geschwister und Verwandten wurden von der Gestapo abgeholt und nach Stuttgart verfrachtet. Dort wurden sie voneinander isoliert eingesperrt und mehrmals täglich verhört. Sie wussten nichts von seiner Tat – die Ermittler gewannen keinerlei neue Erkenntnisse über den Attentäter von München. Nach einigen Tagen brachte man zuerst Elsers Mutter Maria nach Berlin, wo der verdächtigte Sohn inzwischen einsaß, wenig später wurde die gesamte Familie in einem schwer bewachten Sonderzug in die Reichshauptstadt befördert. Merkwürdigerweise quartierte man die Angehörigen des Täters in bewachten Zimmern des Luxushotels Kaiserhof im Zentrum Berlins ein: Nachts wurden die Gefangenen einzeln in das Reichssicherheitshauptamt in der Prinz-Albrecht-Straße gebracht; Heinrich Himmler selbst war bei einigen Verhören zugegen. Mehrfach wurden sie Georg Elser gegenübergestellt – doch sie alle konnten wenig zur Aufklärung der Tat beitragen.

Obwohl die Beweise ausblieben, stand Elser weiterhin im Verdacht, nur ein Instrument anderer Mächte gewesen zu sein. Hitler befahl, den Mann vorerst wegzusperren. Nach dem gewonnenen Krieg würde man sich Elsers dann annehmen und in einem Schauprozess vermutlich den Engländern nachweisen können, dass ihr Geheimdienst im Spiel war. Noch bis Anfang 1941 wurde Elser im Dachgeschoss der Berliner Ge-

»Wir haben Abstand zu Elser gehalten«: Mit den übrigen Häftlingen des KZ Sachsenhausen hatte der Hitler-Attentäter kaum Kontakt.

stapo-Zentrale festgehalten und schließlich in das Konzentrationslager Sachsenhausen überführt.

»Wir hatten ja von diesem Elser gehört, es ging hier im Lager sehr schnell rund, wenn irgendwelche besonderen Häftlinge kamen. Und das war ein Sonderhäftling«, erinnert sich im ZDF-Interview Heinz Junge, der als Kommunist in Sachsenhausen einsaß. »Wir wussten, alles was mit ›Sonder…‹ anfing, das war furchtbar und grausam. Und so waren wir auch der Meinung, dass die Sonderhäftlinge jeden Tag geprügelt werden, halb totgeschlagen werden und so weiter. Aber das war nicht der Fall. Die Sonderhäftlinge, die damals im kleinen Lager waren, die wurden im Grunde genommen gut behandelt – freundlich, möchte ich fast sagen. Man wollte aus den Sonderhäftlingen noch etwas raushaben, man wollte noch etwas über ihre Tätigkeit, ihre Verbindungen zu anderen Widerstandskämpfern wissen.«

Zu Elser haben wir Abstand gehalten. Wir haben ihn als einen Provokateur betrachtet. Für uns war er ein Strasser-Mann. Und die Strasser-Gruppe war genauso nazistisch wie die anderen.

Heinz Junge, damals Häftling in Sachsenhausen

Elser blieb von anderen Häftlingen isoliert. Im Zellenbau des Lagers hatte man drei Zellen für den Sonderhäftling reserviert – in einer lebte er, in der zweiten durfte er eine Hobelbank aufstel-

»Erst einmal wegsperren«: Der KZ-Häftling Georg Elser.

len und Holz lagern, in der dritten hausten pro Schicht zwei SS-Leute, die ihn bewachten. Elser bekam Verpflegung aus der Kommandanturküche, bessere Kleidung und 120 Zigaretten pro Monat. An seiner Werkbank konnte er sich die Zeit vertreiben, er baute kleine Möbel für seine Bewacher und für sich selbst eine Zither, die er mit Begeisterung spielte. Doch seine besondere Lage weckte das Misstrauen der Mitgefangenen. »Es war nicht bekannt, dass er einer politischen Partei angehörte. Wir betrachteten ihn als Sonderbündler, als Individualisten«, berichtet der Exhäftling Heinz Junge. »Für uns war der Elser eine komische Figur, die wir auf Abstand halten mussten, denn wir wussten ja nicht, inwieweit er mit den Nazis zusammenarbeitete.« Aufgrund der Haftumstände entstand eine Legende, die im Nachkriegsdeutschland lange Bestand hatte: Elser habe mit der SS kollaboriert, es ging sogar das Gerücht um, dass er ein SS-Unterscharführer sei, der im Bürgerbräukeller ein »bestelltes« Attentat abgeliefert habe – Hitler sei informiert gewesen. Es sei geplant gewesen, dass er dem Anschlag entgehe, um der Öffentlichkeit zu beweisen, dass die Vorsehung ihn unverletzlich gemacht habe. Der prominenteste Vertreter dieser Argumentation war nach 1945 Pastor Martin Niemöller, der ebenfalls als Häftling in Sachsenhausen eingesessen hatte.

Es ist eine Weisung des RFSS, dass H a l d e r , T h o m a s , S c h a c h t , S c h u s c h n i g g und v. F a l k e n - h a u s e n gut zu behandeln sind.

Ich bitte, auf jeden Fall besorgt zu sein, dass der Häftling B e s t (Deckname W o l f) keine Verbindung aufnehmen kann mit dem dort bereits befindlichen Engländer S t e - v e n s .

v. B o n i n war im Führerhauptquartier tätig und befindet sich in einer Art Ehrenhaft. Er ist noch aktiv Oberst und wird es voraussichtlich auch bleiben. Ich bitte, ihn daher besonders gut zu behandeln.

Auch wegen unseres besonderen Schutzhäftlings "Eller" wurde erneut an höchster Stelle Vortrag gehalten. Folgende Weisung ist ergangen:

Bei einem der nächsten Terrorangriffe auf München bezw. auf die Umgebung von Dachau ist angeblich "Eller" tötlich verunglückt.

Ich bitte, zu diesem Zweck "Eller" in absolut unauffälliger Weise nach Eintritt einer solchen Situation zu liquidieren. Ich bitte besorgt zu sein, dass darüber nur ganz wenige Personen, die ganz besonders zu verpflichten sind, Kenntnis erhalten. Die Vollzugsanzeige hierüber würde dann etwa an mich lauten:

"Am .... anlässlich des Terrorangriffs auf ..... wurde u.a. der Schutzhäftling "Eller" tötlich verletzt."

Nach Kenntnisnahme dieses Schreibens und nach Vollzug bitte ich es zu vernichten.

»Schutzhäftling ›Eller‹ unauffällig liquidieren«: Kurz vor Kriegsende wurde Elser »auf allerhöchsten Befehl« ermordet.

Im Februar 1945 wurde Georg Elser von Sachsenhausen in das Konzentrationslager Dachau verlegt. Von allen Seiten kämpften sich alliierte Truppen auf das Reichsgebiet vor, zahlreiche Lager des Regimes mussten geräumt werden. Dachau wurde zu einer der letzten Domänen der NS-Schreckensherrschaft, doch auch hier wurde dem Sonderhäftling Georg Elser in den ersten Wochen eine bessere Behandlung zuteil. Von einem Sieg war Hitlers »Drittes Reich« weiter entfernt als je zuvor. Der NS-Schauprozess gegen Elser, der nach dem Krieg inszeniert werden sollte, würde wohl nie stattfinden. Fünfeinhalb Jahre hatte der Hitler-Attentäter Georg Elser als Gefangener einer mörderischen Diktatur überlebt, doch die Rache des Regimes hatte immer wie ein Damoklesschwert über ihm geschwebt. Am 9. April 1945 traf beim Lagerkommandanten in Dachau ein Schnellbrief aus dem Reichssicherheitshauptamt Berlin ein. In dem Schreiben wurden zahlreiche prominente Personen erwähnt, die inzwischen als Schutz- oder Sonderhäftlinge im KZ Dachau einsaßen: die britischen Agenten Best und Stevens, General Franz Halder, der 1942 entlassen und nach dem 20. Juli 1944 verhaftet worden war, sowie der Hitler-Attentäter Georg Elser – Männer, deren Schicksale sich allesamt im November 1939 für kurze Zeit auf merkwürdige Art miteinander verwoben hatten. »Es ist eine Weisung des Reichsführers SS«, hieß es in dem Schreiben, dass Halder »gut zu behandeln« sei. Best und Stevens dürften keinerlei Kontakt miteinander aufnehmen. Schließlich noch Georg Elser, der im Schreiben mit dem Decknamen »Eller« erwähnt wird: »Auch wegen unseres besonderen Schutzhäftlings ›Eller‹ wurde erneut an höchster Stelle Vortrag gehalten. Folgende Weisung ist ergangen: Bei einem der nächsten Terrorangriffe auf München bzw. auf die Umgebung von Dachau ist angeblich ›Eller‹ tödlich verunglückt. Ich bitte, zu diesem Zweck ›Eller‹ in absolut unauffälliger Weise nach Eintritt einer solchen Situation zu liquidieren. Ich bitte, besorgt zu sein, dass darüber nur ganz wenige Personen, die ganz besonders zu verpflichten sind, Kenntnis erhalten. ... Nach Kenntnisnahme dieses Schreibens und nach Vollzug bitte ich es zu vernichten.« Die Anweisung kam vom Chef der Gestapo, Heinrich Müller, der Mordbefehl von »höchster Stelle« – Hitler und Himmler hatten Georg Elser also keineswegs vergessen. Zehntausende namenlose Gefangene starben noch in den letzten Wochen des Krieges: Sie brachen bei Todesmärschen erschöpft zusammen oder wurden von Bewachern erschossen, unzählige verhungerten im völlig überfüllten KZ Dachau oder wurden von Seuchen hinweggerafft. Doch der Häftling Elser wurde nicht Opfer des allgemeinen Chaos, sondern eines gezielten Mordauftrags. Das

Regime nahm noch im Untergang die Rache, die es lange aufgeschoben hatte.

Georg Elser war sich stets darüber im Klaren, dass er nie eine Überlebenschance hatte. Dem Münchener SS-Mann Franz Xaver Lechner, der zeitweise zu seiner Bewachung abkommandiert war, gestand er im März 1945: »Ich bereue nicht, was ich getan habe, es nützt mir ja jetzt auch nichts mehr. Ich glaubte, ein gutes Werk zu vollbringen. Das ist mir nicht gelungen; und jetzt muss ich eben die Konsequenzen ziehen, und ich fürchte diese Konsequenzen, und Tag und Nacht denke ich daran, was für einen Tod ich erleiden werde.« Am 9. April 1945 gegen 23 Uhr wurde Georg Elser von dem SS-Mann Theodor Bongartz durch einen Genickschuss ermordet und sein Leichnam am folgenden Tag im Krematorium des KZ Dachau verbrannt.

Georg Elser war wohl der einsamste aller Hitler-Gegner. In den Jahren, in denen Hitler seine größten Triumphe feierte und von einer Welle der Begeisterung getragen wurde, ging der schwäbische Schreinergeselle auf Distanz zu seiner Umwelt und zu seinen Zeitgenossen, die sich willig einem Politverführer hingaben, den Elser für einen Verderber hielt. Die

»Alle Spuren beseitigt«: Im Krematorium des KZ Dachau wurde Elsers Leiche verbrannt.

Distanzierung von seiner eigenen Zeit und deren kollektivem Selbstbetrug zeugt von einer großen inneren Kraft. Gepaart war diese Kraft mit ebenso großer Klarsicht: Hitler bedeutete Krieg, und diesen Krieg wollte Elser durch seine Tat verhindern. Er handelte instinktsicher, aber ohne große intellektuelle Tiefe – über eine mögliche Nachfolge des verhassten »Führers« oder des Regimes machte er sich keine Gedanken. Dies unterschied Elsers Tat von den anderen Putschversuchen seiner Zeit: Die Militärs, die über die idealen Machtmittel verfügten, um Hitler zu beseitigen, verknüpften ihre Umsturzpläne mit komplizierten Gedankenspielen. Sie warteten auf eine bestimmte Konstellation, die sie zum Handeln zwang, und fürchteten gleichzeitig die Konsequenzen daraus. Was dabei auf der Strecke blieb, waren die letzte Entschlossenheit, der unbedingte Wille, der spontane Wagemut. Diese Qualitäten brachte nur ein Einzeltäter auf.

Georg Elser handelte im Alleingang. Die Entschlossenheit, die er an den Tag legte, ist beinahe unfassbar. Bemerkenswert sind sein unkomplizierter Pragmatismus bei der Planung des Anschlags und die handwerkliche Präzision bei der Ausführung seines Vorhabens. Ein Kunstschreiner und Tüftler aus dem Schwäbischen überraschte Hitler und die Deutschen. Er war ein einsamer Täter, weil er als »Mann aus dem Volke« etwas plante und ausführte, was die meisten Deutschen in jener Zeit verabscheuten: ein Attentat auf ihren bewunderten »Führer«. Und er war einsam, weil andere Regimegegner seine Tat nicht einordnen konnten. Sie verstanden die Ausnahmeerscheinung Elser nicht und verwehrten ihm die Anerkennung. Auch nach dem Krieg verweigerten ihm ehemalige NS-Gegner die nachträgliche Solidarität, während die Masse der ehemaligen Mitläufer ihn als Sonderling und gemeingefährlichen Bombenleger abqualifizierte. Es dauerte Jahrzehnte, bis anerkannt wurde, dass Georg Elser Mut und Größe auf einzigartige Weise miteinander verband. Sein Mut bestand darin, eine Tat auf sich zu nehmen, die ihn zum verhassten und verfolgten Verbrecher machen würde. Seine Größe bestand darin, zu spüren, dass seine Tat die Verhältnismäßigkeit wahrte: Er schätzte Hitler nüchtern als einen monströsen Verbrecher ein, der die Welt mit Terror und Krieg verändern wollte. Der

Widerstand können Sie nicht einfach auf Intelligenz oder Wissen zurückführen. Anstand ist klassenlos, und Menschenliebe ist auch klassenlos.

Klaus von Dohnanyi, Sohn des Verschwörers Hans von Dohnanyi

Die allermeisten Menschen würden es als sinnlos bezeichnen, eine solche Tat vorzubereiten, durchzuführen und die Konsequenzen zu tragen. Für die Geschichte jedoch und für das politische Vermächtnis ist es ein leuchtendes Beispiel dafür, dass nicht alle Menschen versagt haben, dass es Menschen gab, die ihren Weg gegangen sind und bereit waren, dafür auch ihr Leben zu opfern.

Hildegard Hamm-Brücher, damals Studentin in München

Historiker und Widerstandsexperte Peter Steinbach sieht Georg Elser als Provokation und Vorbild zugleich: »Georg Elser war eine Herausforderung: Er machte deutlich, dass ein einfacher Mann aus dem Volke sich zu einer weltgeschichtlichen Tat aufraffen konnte. Er strafte all jene Lügen, die sich weiterhin einredeten, sie hätten dem Terror des NS-Staates nichts entgegensetzen können. Der ›Durchschnittsbürger‹, das zeigte Elsers Beispiel, war keineswegs zum Mitläufer bestimmt – er konnte dem Rad des Staates durchaus in die Speichen greifen.«

Verpasste Chancen

> **Der Krieg ist verloren. Hitler ist verrückt geworden und muss beseitigt werden.**
>
> Henning von Tresckow, November 1942
>
> **Wir sind fertig. Die Initialzündung kann in Gang gesetzt werden.**
>
> Friedrich Olbricht, Ende Februar 1943

Flugplatz Smolensk, 13. März 1943. Im Stab der Heeresgruppe Mitte herrscht Aufregung. Adolf Hitler ist an die Front gekommen, um mit den Offizieren die Lage zu besprechen und die Möglichkeiten einer neuen Sommeroffensive zu erörtern. Einige Stunden lang wird intensiv debattiert, nachgedacht, vorgetragen. Am späten Nachmittag steht die »Führer«-Maschine, eine Focke-Wulf 200 Condor, wieder zum Abflug bereit. Der Kriegsherr begibt sich mit seinem Gefolge zum Rollfeld. Schwer bewaffnete Sicherungsposten des Heeres und der SS riegeln es ab. Der Erste Generalstabsoffizier (Ia) der Heeresgruppe, Oberst Henning von Tresckow, und sein Ordonnanzoffizier Oberleutnant Fabian von Schlabrendorff folgen der Gruppe um Hitler mit einigem Abstand. Neben den beiden geht Oberstleutnant Heinz Brandt von der Operationsabteilung des Heeres – ein Mann, der für seine Gutmütigkeit bekannt ist. Er ahnt nicht, was er in Empfang nimmt, als Tresckow ihm ein Päckchen überreicht. Angeblich befinden sich Cognacflaschen darin.

Brandt soll sie mit nach Berlin nehmen und dort Oberst Stieff überreichen, der die Organisationsabteilung des Heeresgeneralstabs im OKH leitet.

Tresckow sagt, es gehe um Wettschulden. Brandt zeigt sich hilfsbereit und verständnisvoll: »Wettschulden sind Ehrenschulden.« Tresckow sagt, er wisse ja nicht, wann er selbst das nächste Mal nach Berlin komme – tatsächlich hat es eine Wette mit Stieff nie gegeben.

Von Schlabrendorff übergibt Brandt das Paket. Was niemand bemerkt – kurz zuvor hat er mit einer schnellen, heimlichen Bewegung einen Schlüssel hart auf das Paket gedrückt. Und niemand außer Tresckow und ihm weiß, dass in diesem Moment ein bleistiftartiger Säure-Zeitzünder einer Bombe ausgelöst worden ist.

Oben: »Ein Bild von der Lage machen«: Hitler am 13. März 1943 bei der Heeresgruppe Mitte. Feldmarschall von Kluge stellt die Armeeoberbefehlshaber Reinhardt, Model, Heinrici, Weiss und Krebs vor (von links).
Unten: »Hitler wird den Heeresgruppenstab wahrscheinlich nicht lebend verlassen«: Der Diktator und sein Gefolge auf dem Weg zum Kasino.

Jetzt gibt es kein Zurück mehr. Tresckow und Schlabrendorff blicken auf die Uhr, als die »Führer«-Maschine startet. Auf diesen Moment haben sie gewartet, darauf hingearbeitet – in einer halben Stunde würde das Schlimmste vorüber sein. Über Kiew müsste das Flugzeug explodieren, Hitler würde nicht mehr leben.

Banges Warten beginnt. Bald muss die Meldung kommen, dass das Flugzeug abgestürzt ist. Der Plan scheint perfekt – es wird wie ein Unfall aussehen. Doch dann erfolgt aus Rastenburg die Benachrichtigung, dass Hitler sicher gelandet sei. Die Bombe, die durch den ahnungslosen Offizier an Bord von Hitlers Flugzeug geschmuggelt wurde, ist nicht explodiert! Tresckow, Schlabrendorff und andere Mitverschwörer sind geschockt – wieder ist ein Attentat gescheitert.

Doch die Offiziere im Generalstab der Heeresgruppe Mitte gaben nicht auf. Sie führten längst einen eigenen Kampf gegen den »Führer« des Deutschen Reiches, waren durchdrungen von der Überzeugung, mit Unrecht und Verbrechen Schluss zu machen und den Krieg zu beenden. Sie alle entstammten nicht der älteren Generation von Militärs, die sich 1938 und 1939 mit Umsturzplänen getragen hatte. Es war eine neue, jüngere Militäropposition, die eigenständiger agierte und sich auch weniger den Kreisen des zivilen Widerstands verbunden fühlte.

Die früheren Putschpläne – vor dem deutschen Einmarsch ins Sudetenland und vor dem Feldzug gegen Frankreich – gingen von der höchsten Generalität aus. Generaloberst Ludwig Beck und Generaloberst Franz Halder, beide nacheinander Generalstabschefs des Heeres, bekleideten in der Kommandohierarchie fast die höchsten Posten; sie waren in der Kaiserzeit aufgewachsen, hatten im Ersten Weltkrieg gekämpft. Doch die im Spätsommer 1938 eingeleitete Umsturzaktion scheiterte, während der Versuch Franz Halders, den Angriff auf Frankreich zu verhindern, Ende 1939 kläglich im Sande verlief, weil die meisten anderen hohen Generäle nicht den Mut zum Handeln aufbrachten.

Nach dem schnellen Sieg über den »Erzfeind« Frankreich stand Hitler auf dem Höhepunkt seines Ansehens in Deutschland. Jeder hatte noch die grausamen Materialschlachten des Ersten Weltkriegs in Erinnerung, in denen hunderttausende Soldaten in einen sinnlosen Tod geschickt wurden. Vier Jahre lang hatte man vergeblich versucht, Frankreich zu bezwingen, die Kämpfe waren zum Trauma einer ganzen Generation geworden. Und nun war in nur sechs Wochen diese mächtige Militärmacht

Niemand wird die Größe des von Hitler Erreichten bestreiten. Aber das ändert nichts am inneren Charakter seiner Erscheinung und seiner Taten und an den grauenhaften Gefahren, denen nun alle höheren Werte ausgesetzt sind. Ein dämonischer Spartakus kann nur zerstörend wirken, wenn nicht noch rechtzeitig die Gegenwirkung eintritt.

Ulrich von Hassell, Tagebuch, 24. Juni 1940

Nach unserer damaligen Kenntnis konnten wir uns nicht vorstellen, dass es ausgerechnet Militärs, Soldaten, Offiziere, Generäle sein würden, die gegen Hitler vorgehen würden. Das war, offen gesagt, jenseits unseres Vorstellungsvermögens.

Ralph Giordano, Publizist, lebte damals in Hamburg

dem Ansturm der Wehrmacht erlegen und wie ein Kartenhaus zusammengebrochen. Bevölkerung und Militärs waren wie berauscht von dem unerwarteten Sieg, den zuvor kaum jemand für möglich gehalten hätte. Wilhelm Keitel, der Chef des Oberkommandos der Wehrmacht, pries Hitler als den »größten Feldherrn aller Zeiten«. Wie viele Stimmen mag es damals in Deutschland gegeben haben, die dem Triumphator ihre Bewunderung versagten? Wie viele seiner Gegner mochten nun zu den »Bekehrten« zählen, die zumindest seine militärischen Siege anerkannten? Die meisten wurden angesichts der unbestreitbaren Erfolge zwar keine Nationalsozialisten, aber doch, und manchmal wider Willen, Bewunderer Hitlers – unbeschadet der moralischen Verderbtheit des Idols. Das Dilemma der deutschen Opposition gegen Hitler formulierte Ulrich von Hassell: »Man könnte verzweifeln unter der Last der Tragik, sich an den Erfolgen nicht freuen zu können.« 1940 rechneten die Deutschen den Erfolg nur einem Mann zu: »Dem Führer allein gebührt der Ruhm, denn ohne seinen Willen wäre es zu einem solchen Handel nie gekommen«, erklärte Generalquartiermeister Eduard Wagner, der später zur Opposition stieß, nachdem er lange Hitler begeistert gefolgt war. Staatssekretär Ernst Freiherr von Weizsäcker hielt Ende Mai 1940 in seinem Tagebuch fest: »Auch diejenigen Generäle, die vor dem 10. 5. einer Offensive gegen den Westen abgeneigt waren, sind jetzt von ihrer Zweckmäßigkeit überzeugt und wollen nicht mehr gern an ihre früheren Urteile erinnert werden.«

Spätestens nach dem Sieg über Frankreich löste sich eine Reihe von Militärs, die zuvor insgeheim Umsturzabsichten gehegt hatten, von der Opposition. Wie sollte man nach dem Siegeslauf der Wehrmacht Zuspruch für einen Umsturz erhalten? Niemand hätte ein Attentat verstanden, es unterstützt und gutgeheißen – weder im Volk noch bei der Truppe. Hitler hatte mit seinem Vabanquespiel doch immer Erfolg gehabt. Deutschland war auf dem besten Weg, endlich die führende Weltmacht zu werden. Ein alter Traum der konservativen Eliten schien sich zu erfüllen.

Hitler verstand es geschickt, die Gunst der Stunde zu nutzen und die höchsten Militärs zu korrumpieren: Ein wahrer Beförderungs- und Or-

»Auf dem Höhepunkt seines Ansehens«: Hitler wird nach Ende des Frankreichfeldzugs enthusiastisch in Berlin gefeiert.

Es gab natürlich in der Wehrmacht eine erhebliche Zahl von Leuten, die Hitler absolut ergeben waren und alles begrüßten, was von ihm kam. Aber es gab auch eine wachsende Zahl von kritischen Leuten. Man kann die Wehrmacht nicht über einen Kamm scheren.

Franz von Hammerstein, Sohn des Hitler-Gegners Kurt von Hammerstein-Equord

Mein Vater hatte Kontakte mit Goerdeler, Ludwig Beck und anderen. Er wurde von Tresckow eingesetzt, um diese Kontakte zwischen militärischem Widerstand und zivilen Widerstandsgruppen zu pflegen: Wer macht im Augenblick was, wer kommt für eine Regierung nach einem Attentat infrage?

Dieprand von Schlabrendorff, Sohn des Verschwörers Fabian von Schlabrendorff

densregen ergoss sich über die Generalität, die sich nun in besonderem Maße dem »Führer« verpflichtet fühlte. Es wurde einsam um die wenigen, die sich trotz des Siegestaumels nicht blenden ließen, die den verbrecherischen Charakter des NS-Regimes nicht akzeptierten oder ignorierten. Beck verlor seine Bindung zu den aktiven Militärs, Halder und von Brauchitsch zogen sich zurück, andere wurden in besetzte Gebiete abkommandiert. Unter den aktiven Militärs gab es zunächst nur den Widerstandskreis um Oberst Hans Oster, der sich aus Mitarbeitern der Abwehr formierte. Es kam mit dem Frankreichfeldzug somit zum Bruch in der Kontinuität des militärischen Widerstands. Die höhere Generalität war – von ganz wenigen Ausnahmen abgesehen – nicht mehr zu einem aktiven Handeln gegen Hitler bereit und verkam zu einer Gruppe von reinen Erfüllungsgehilfen. Allmählich bildete sich dann ein neuer Oppositionskreis von jungen Generalstabsoffizieren im Stab der Heeresgruppe Mitte, deren militärische Karriere in der Weimarer Republik begonnen hatte. Sie hatten ihre eigenen Wurzeln, ihre eigenen Ziele und Überzeugungen. Es war eine eigenständige Gruppe, keinesfalls nur der verlängerte Arm prominenter Kreise des zivilen Widerstands. Selbst zu Beck und Oster unterhielten sie nur lockere Kontakte.

Der Kopf und maßgebliche Motor dieser neuen Verschwörergruppe war Henning von Tresckow. Seit dem 10. Dezember 1940 hatte er die verantwortungsvolle Funktion des Ersten Generalstabsoffiziers – kurz Ia genannt – der Heeresgruppe B. Der Sprössling einer alten preußischen Offiziersfamilie wurde 1901 in Magdeburg geboren. Im Ersten Weltkrieg war er der jüngste Leutnant der Truppe. Nach dem Krieg entschied er sich zunächst für eine zivile Laufbahn und lernte Bankkaufmann. 1924 trat er auf Fürsprache Hindenburgs wieder in die Reichswehr ein. Von 1926 an diente er in dem traditionsreichen Infanterieregiment 9, einer Keimzelle für viele Mitglieder des militärischen Widerstands. 1932 ging Tresckow, inzwischen zum Hauptmann befördert, auf die Kriegsakademie und arbeitete seit 1936 im Generalstab des Heeres.

»Ein wütender Gegner Hitlers«: Der Widerstandskämpfer Henning von Tresckow.

Wann und mit welchen Motiven er sich zum Widerstand gegen Hitler entschloss, ist eine viel diskutierte Frage. Hier sind wir vor allem auf mündliche Überlieferungen angewiesen, deren Authentizität mal mehr, mal weniger infrage gestellt wird. Eine entscheidende Rolle spielte freilich seine tiefe Verankerung im Christentum, ein Phänomen, das sich bei vielen Oppositionellen beobachten lässt. »Ein Christ kann nur ein wütender Gegner Hitlers sein«, meinte Tresckow, dem das Verständnis dafür fehlte, wie jemand Christ und kein Gegner Hitlers sein konnte.

Alles deutet darauf hin, dass Tresckow schon nach der Niederschlagung des »Röhm-Putschs« im Sommer 1934 zum Nationalsozialismus auf Distanz ging – nie zuvor hatte das Regime sein verbrecherisches Potenzial so deutlich offenbart. Die Exekutierung der SA-Führung um Ernst Röhm und der beiden ehemaligen Reichswehrgeneräle Kurt von Schleicher und Ferdinand von

Tresckow war ein Offizier mit einem großen Charisma. Schon wenn er ins Zimmer kam, merkte man, er war jemand ganz Besonderes – eine Persönlichkeit.

Philipp von Boeselager, Vertrauter Tresckows

Mein Onkel war ein Feind des Nationalsozialismus. Er war davon überzeugt, dass der Nationalsozialismus Deutschland ins Chaos gestürzt hatte. Es war ihm jedes Mittel recht, diesen Krieg zu beenden; und er war der Meinung, dass dieser Krieg nur beendet werden konnte, wenn Adolf Hitler nicht mehr leben würde.

Christoph von Tresckow, Neffe Henning von Tresckows

Bredow wurden im Nachhinein zu einem Akt der Staatsnotwehr erklärt – die Tatsache, dass im staatlichen Auftrag kaltblütige Morde begangen worden waren, konnte dies freilich nur schlecht kaschieren. Sein Freund Fabian von Schlabrendorff berichtet, er und Tresckow seien sich schon im Sommer 1939 einig gewesen, »dass Pflicht und Ehre von uns fordern, alles zu tun, um Hitler und den Nationalsozialismus zu Fall zu bringen und damit Deutschland und Europa vor der Gefahr der Barbarei zu retten«.

Der Gedanke zum Handeln reifte aber erst, als der Krieg und die Verbrechen eine Dimension erreichten, die alles bis dahin Bekannte auf erschreckende Weise übertraf.

Der Überfall auf die Sowjetunion, Hitlers Vernichtungsfeldzug im Osten, war ein Krieg, der anders sein sollte als der im Westen – er sollte jenseits aller Regeln der Humanität geführt werden. Das Heer, das am 22. Juni 1941 in Russland einmarschierte, war die größte bis dahin für einen einzigen Feldzug zusammengezogene Streitmacht der Geschichte: Knapp 3,2 Millionen Soldaten, eingeteilt in sieben Armeen, vier Panzergruppen mit 3580 Panzern, 7184 Geschützen sowie drei Luftflotten mit mehr als 2000 Flugzeugen traten an zum Sturm auf die Sowjetunion. Nur wenige Wochen später hatte Hitlers Wehrmacht die westlichen Gebiete des roten Riesenreichs überrollt, unzählige Menschen waren plötzlich mit einer deutschen Besatzung konfrontiert, die sie noch nicht einzuschätzen vermochten, doch schon bald von ihrer schlimmsten Seite kennen lernen sollten. Im Sommer 1941 sah es so aus, als ob nichts die sieggewohnte deutsche Angriffsmaschine aufhalten könnte. Die gegen Polen angewandte und im Frankreichfeldzug durch allerlei Zufälle erfolgreiche Strategie des Blitzkriegs schien auch in der Weite des russischen Raumes Erfolg zu bringen.

Einmal musste er dafür Sorge tragen, dass die Front im mittleren Heeresabschnitt unbedingt hielt. Auf der anderen Seite musste das Nazi-Regime beseitigt werden, und ihm war klar, dass das Regime nur beseitigt werden konnte, wenn die Armee und auch die obersten Truppenführer sich an einem Umsturz beteiligen würden. Es war für ihn ganz besonders schwer, dass sich seine Kommandeure im mittleren Heeresabschnitt letztlich nicht daran beteiligten, trotzdem manche mit ihm sympathisierten. Sie konnten sich aber nicht dazu durchringen, ihn dabei zu unterstützen.
Christoph von Tresckow, Neffe Henning von Tresckows

Tresckow war Hitler-Gegner, aber er war auch Soldat. Als Ia der Heeresgruppe Mitte war er für die operative Kriegführung verantwortlich – er dirigierte wie auf einem Schachbrett die Divisionen und Armeen in der Schlacht. Zwar zweifelte er schon früh an der Möglichkeit des militärischen Erfolgs des »Unternehmens Barbarossa«, doch angesichts der ersten gewaltigen Siege schwankte er anfangs zwischen Zuversicht und Skepsis. Freilich war er davon überzeugt, dass die Truppe, als der Kampf erst einmal begonnen hatte, ihr Bestes zu geben und wenn möglich zu siegen habe. Moskau zu erreichen war das Ziel der Heeresgruppe Mitte. Die Planungen der obersten Führung deckten sich mit dem eigenen strategischen Denken. Doch war dieser Krieg überhaupt zu gewinnen? Tresckow befürchtete – und da stand er nicht allein –, dass die sowjetische Militärmacht unterschätzt würde. Von einem raschen Erfolg der Heeresgruppe Mitte noch vor Wintereinbruch hinge alles ab.

Doch dieser Krieg wurde eben nicht nur nach militärischen Gesichtspunkten geführt. Für Hitler hatte an diesem 22. Juni der Krieg begonnen, den er schon immer gewollt hatte. Bereits Anfang März hatte er gegenüber den Oberbefehlshabern der drei Wehrmachtsteile und weiteren Truppenkommandeuren betont: »Ein Krieg wie gegen Russland kann nicht ritterlich geführt werden. Es handelt sich um einen Kampf der Weltanschauungen und rassischer Gegensätze und ist daher mit nie da gewesener erbarmungsloser Härte zu führen.« Demgemäß hieß es in den »Richtlinien für das Verhalten der Truppe in Russland«, die Generalfeldmarschall Wilhelm Keitel am 19. Mai 1941 erließ: »Der Bolschewismus ist der Todfeind des nationalsozialistischen deutschen Volkes. Dieser zersetzenden Weltanschauung und ihren Trägern gilt Deutschlands Kampf. Dieser Kampf verlangt rücksichtsloses und energisches Durchgreifen gegen bolschewistische Hetzer, Freischärler, Saboteure, Juden und restlose Beseitigung jedes aktiven oder passiven Widerstandes.« Bewusst wurden in diesem Erlass Grenzen eher verwischt als gezogen, ausdrücklich wurden Juden in einem Atemzug mit »bolschewistischen Hetzern« genannt.

Das »Unternehmen Barbarossa«, der Angriff auf die Sowjetunion, bündelte alle ideologischen und strategischen Elemente in Hitlers Denken zu einer radikalen Lösung. Die willkürliche Verknüpfung von Bolschewismus und Judentum war die fixe Idee, von welcher der Diktator immer schon beherrscht wurde. Hitler sah das Reich im Osten als Gefahr an. »Im russischen Bolschewismus haben wir den

Hier handelt es sich um die Vernichtung einer Weltanschauung.
Keitel, 23. September 1941

»Ein Krieg, jenseits aller Regeln der Humanität«: Deutsche Truppen beim Vormarsch auf Moskau – Sommer 1941.

im 20. Jahrhundert unternommenen Versuch des Judentums zu erblicken, sich die Weltherrschaft anzueignen.«

Wie selbstverständlich setzte Hitler die sowjetische Führungsschicht mit dem Judentum gleich. Um das gesamte sowjetische Staatsgebilde zum Einsturz zu bringen und irreversibel zu zerstören, sollten deshalb die kommunistischen Funktionsträger, Staats- und Parteifunktionäre ebenso ausgerottet werden wie die Angehörigen der Intelligenz: »Die von Stalin ein-

Kampf zweier Weltanschauungen gegeneinander. Vernichtendes Urteil über Bolschewismus, ist gleich asoziales Verbrechertum.
Kommunismus ungeheure Gefahr für die Zukunft. Wir müssen von dem Standpunkt des soldatischen Kameradentums abrücken. Der Kommunist ist vorher kein Kamerad und nachher kein Kamerad. Es handelt sich um einen Vernichtungskampf. Wenn wir es nicht so auffassen, dann werden wir zwar den Feind schlagen, aber in 30 Jahren wird uns wieder der kommunistische Feind gegenüberstehen. Wir führen nicht Krieg, um den Feind zu konservieren.
Generalstabschef Halder in seinem Tagebuch über einen Vortrag Hitlers, 30. März 1941

gesetzte Intelligenz muss vernichtet werden. Die Führermaschinerie des russischen Reiches muss zerschlagen werden.« Diese Aufgabe sei, meinte Hitler, »so schwierig, dass man sie dem Heere nicht alleine zumuten« könne. Der Wehrmacht fehle es hierzu an der fanatischen Entschlossenheit, die seine schwarze Garde auszeichnete – die geeignete Truppe für mörderische »Sonderaufgaben«. Er wusste: Auf den Reichsführer SS, Heinrich Himmler, war ebenso Verlass wie auf dessen rechte Hand, den Chef der Sicherheitspolizei und des Sicherheitsdienstes (SD), Reinhard Heydrich. Beide Organisatoren stellten im Frühjahr 1941 speziell für den Krieg gegen die Sowjetunion die so genannten »Einsatzgruppen« auf.

Diese Einsatzgruppen waren nichts anderes als mobile Todesschwadrone. Ihre Aufgabe war eindeutig definiert: die »Bekämpfung aller reichs- und deutschfeindlichen Elemente im Feindesland rückwärts der fechtenden Truppe«. Konkret hieß dies: Sie sollten im Windschatten der Wehrmacht vorrücken und systematisch die bereits besetzten Gebiete nach ideologischen und rassischen Feinden des »Dritten Reiches« durchkämmen. Wilhelm Höttl, ehemaliger SS-Sturmbannführer und führender Mitarbeiter im Auslandsgeheimdienst des Reichssicherheitshauptamts, erinnert sich an die Ausformulierung der Aufgaben der Einsatzgruppen: »Ausschaltung der Juden? Wir wussten sofort – das hieß physische Vernichtung.«

Vier Einsatzgruppen wurden im Frühjahr 1941 zusammengestellt und politisch geschult. Das Personal der mobilen Sondereinheiten rekrutierte sich neben SS-Männern aus Beamten oder Beamtenanwärtern der Gestapo, der Kriminal- und Ordnungspolizei sowie Angehörigen des SD. Hinzu kamen kleinere Gruppen der Waffen-SS.

Auch die Wehrmacht sollte von Anfang an in den Weltanschauungskrieg gegen den »jüdischen Bolschewismus« einbezogen werden. Natürlich war die Aufgabe, die sich den Generälen, Offizieren und Soldaten stellte, zuerst einmal eine rein militärische: Es ging darum, die Rote Armee in einem Blitzkrieg vernichtend zu schlagen. Doch neben der militärischen Eroberung der Ostgebiete sollte es das Ziel der Wehrmacht sein, potenzielle und wirkliche »Unruhestifter« innerhalb der Zivilbevölkerung und gleichzeitig die politischen Kommissare innerhalb der Roten Armee zu liquidieren. So wurden operative Aufträge eng mit politischen Zielsetzungen verflochten – eine ganz neue Aufgabe für die Militärs. Es zeigte sich, dass diese

Ich war Soldat, weil ich geglaubt hatte, ich müsse diesen Staat verteidigen. Ich hatte an einen rechtmäßigen Krieg geglaubt und bemerkte nun, dass hinter der Front schreckliches Unrecht passierte. Ich fragte mich: »Wie weit kannst du mitmachen? Was kannst du dagegen tun?« Langsam wuchs aus der Skepsis ein Hass gegen die Nazis.

Philipp von Boeselager,
Mitverschwörer des 20. Juli 1944

Am 17. Juni kam der Marschbefehl, und danach kamen die entsprechenden Anordnungen – da hieß es auf einmal: Es kommen Einsatzgruppen von der SS, die haben Sonderaufträge, die müsst ihr in die Marschgliederung mit reinnehmen. Und wenn ihr über die Grenze seid, sind die entlassen. Sie waren uns nicht unterstellt, sie waren nur »marschtechnisch unterstellt« – über die Grenze bringen, und dann haben die ihre eigenen Aufträge. Wir haben damals nie erfahren, was das für Aufträge waren.
Johann Adolf Graf von Kielmansegg, damals Generalstabsoffizier, über den Beginn des Russlandfeldzugs 1941

Vermischung von Zielsetzungen die Wehrmachtsführung dazu brachte, sich unentrinnbar in die verbrecherische Politik des NS-Regimes zu verstricken. Denn für das Ostheer waren Befehle erlassen worden, die von der obersten Führung auf die Besonderheit des Krieges gegen die Sowjetunion zugeschnitten waren und die helfen sollten, den Soldaten jegliche Skrupel beim Vorgehen in Russland zu nehmen. So wurde der Gegner ganz bewusst als Verbrecher abgestempelt. Der so genannte Kommissarbefehl, der vom Oberkommando des Heeres (OKH) am 6. Juni 1941 herausgegeben wurde, besagte, dass Kommissare »grundsätzlich sofort mit der Waffe zu erledigen« seien. Als einige Befehlshaber gegen diesen Befehl leise Bedenken anmeldeten, setzte Feldmarschall Walther von Brauchitsch, der Oberbefehlshaber des Heeres, eine Abmilderung durch – nicht aus Mitleid mit den potenziellen Opfern, sondern aus Sorge um die »Manneszucht« der deutschen Soldaten. In den folgenden Wochen zeigte sich auch, dass nicht alle Kommandeure, die den Kommissarbefehl kannten, bereit waren, ihn an ihre Truppen weiterzugeben oder anzuwenden.

Ein anderer Befehl aber sollte für die Behandlung der Bevölkerung – und insbesondere der Juden – in der Sowjetunion fatale Folgen haben. Er erweiterte den Handlungsspielraum der Wehrmacht und aller anderen eingesetzten Verbände entscheidend: »Für Handlungen, die Angehörige der Wehrmacht und des Gefolges gegen feindliche Zivilpersonen begehen, besteht kein Verfolgungszwang, auch dann nicht, wenn die Tat zugleich ein militärisches Verbrechen und Vergehen ist«, lautete ein Erlass über die »Ausübung der Kriegsgerichtsbarkeit im Gebiet ›Barbarossa‹«, herausgegeben von Feldmarschall Keitel am 13. Mai 1941. In letzter Konsequenz bedeutete der Gerichtsbarkeitserlass, dass Soldaten der Wehrmacht – auf Befehl eines Offiziers – Zivilisten massakrieren konnten, ohne dafür von einem deutschen Kriegsgericht belangt zu werden.

Für Handlungen, die Angehörige der Wehrmacht und des Gefolges gegen feindliche Zivilpersonen begehen, besteht kein Verfolgungszwang, auch dann nicht, wenn die Tat zugleich ein militärisches Verbrechen und Vergehen ist.
Hitlers Erlass vom 13. Mai 1941 über die »Ausübung der Kriegsgerichtsbarkeit im Gebiet ›Barbarossa‹«

Wenn es uns nicht gelingt, ... dass diese Befehle zurückgenommen werden, dann hat Deutschland endgültig seine Ehre verloren. Das wird sich in Hunderten von Jahren noch auswirken, und zwar wird man nicht Hitler allein die Schuld geben, sondern Ihnen und mir, Ihrer Frau und meiner Frau, Ihren Kindern und meinen Kindern, dieser Frau, die gerade über die Straße geht, und dem Jungen, der da Ball spielt.
Henning von Tresckow, Mai 1941

Durch solche Befehle versprach sich die oberste Führung eine Radikalisierung und Brutalisierung der Kampfführung, durch die auch traditioneller gesinnte Soldaten der Wehrmacht in den Vernichtungskrieg eingebunden werden sollten. Zugleich gaben sie »politischen Soldaten« die rechtliche Handhabe, den Krieg in der grausamen Weise zu führen, welche die NS-Führung als Grundlage zur Beseitigung aller potenziellen Gegner in den eroberten Ostgebieten sah. Das war also der Krieg, den Hitler wollte: frei von jeder Rücksichtnahme auf die Bindungen der Zivilisation. In diesem, seinem, Krieg sollten nicht die Regeln gelten, die ein Mindestmaß an Humanität hätten gewährleisten können.

Schon als sich die Anzeichen für einen Angriff auf Russland mehrten, hatte sich Tresckow bemüht, systematische Personalpolitik zu betreiben und einen Kreis von jüngeren Offizieren um sich zu versammeln, die nicht bereit waren, dem verbrecherischen Treiben des NS-Regimes tatenlos zuzusehen. Dabei kam ihm der Umstand zugute, dass er mit Rudolf Schmundt, dem Chefadjutanten des Heeres bei Hitler, der ab Oktober 1942 auch als Chef des Heerespersonalamts fungierte, gut befreundet war. Schmundt ahnte nicht, welchem Zweck er mit der Erfüllung von Tresckows Personalwünschen eigentlich diente. Unter den Männern, die er um sich scharen konnte, waren Rudolf-Christoph von Gersdorff, Carl Hans Graf von Hardenberg, Bernd von Kleist und vor allem Fabian von Schlabrendorff. »Schlabrendorff war hochintelligent«, berichtet Philipp Freiherr von Boeselager. »Er war bei weitem der Intelligenteste im Stab der Heeres-

Schlabrendorff sah immer aus wie ein verkleideter Zivilist, er sah nicht aus wie ein Soldat. Die Uniform hing nur so an ihm runter.

Philipp von Boeselager, Mitverschwörer des 20. Juli 1944

Es war nicht allein wichtig, den richtigen Mann an der richtigen Stelle zu haben. Es mussten auch genügend Leute beieinander sein, um sich gegenseitig der Richtigkeit ihrer Anschauungen zu vergewissern. Gerade bei der Heeresgruppe Mitte war es von besonderem Gewicht gewesen, dass viele untereinander befreundet waren. Es gab eine Reihe von Leuten, die nach außen hin im Widerstand nie eine wichtige Rolle gespielt haben, aber ohne irgendwelche Einschränkungen positiv dazu gestanden haben.

Dieprand von Schlabrendorff, Sohn des Verschwörers Fabian von Schlabrendorff

gruppe Mitte, der unglaublich zynisch sein konnte. Als ich ihn näher kennen lernte, erkannte ich, dass er die Nazis nicht nur verachtete, sondern sie hasste. In seinem Hass trieb er Tresckow ständig an; er war so etwas wie die oppositionelle Seele im Stab der Heeresgruppe Mitte – er hielt auch die Verbindung zur militärischen Opposition in der Heimat, zu Beck und zu Oster.« Tresckow war für den gesamten Stab ein Vorbild. »Bei ihm gab es nie ein lautes Wort, er klagte nie über Arbeit und verrichtete jeden Abend bis tief in die Nacht hinein seine Aufgaben. Er hatte vor allem immer Zeit für jemanden, der von der Front kam, ganz gleich, ob ihn ein Leutnant oder ein General sprechen wollte«, charakterisiert ihn Boeselager. »Es war ein großartiger Mann. Wenn man so einem Menschen jemals begegnet ist, dann weiß man: Es hat sich gelohnt zu leben.«

Im Rücken der Front hatte unterdessen Hitlers »Krieg im Krieg« begonnen – ein Vernichtungsfeldzug um »Lebensraum« im Osten. Diese Verbrechen wurden zumeist von den Einsatzgruppen des SD und der SS verübt. Sie ließen sich nicht vollständig verbergen. Immer mehr deutsche Offiziere wollten oder konnten nicht mehr die Augen vor dieser grausamen Wirklichkeit verschließen. Das Wissen darum und die wachsende Sorge vor einer vernichtenden militärischen Niederlage führten zu Überlegungen, wie man Widerstand gegen die eigene oberste Führung leisten könnte. Tresckow – zu diesem Zeitpunkt gerade einmal Oberstleutnant – war sich darüber bewusst, dass er versuchen musste, die Unterstützung der Generalität zu gewinnen. Als im Juni der Kommissarbefehl und der Gerichtsbarkeitserlass im Hauptquartier der Heeresgruppe Mitte eintrafen, war Tresckow empört. Deutschland werde seine Ehre verlieren, wenn diese Befehle nicht einmütig zurückgewiesen würden. Er eilte sofort zu seinem Oberbefehlshaber, Generalfeldmarschall Fedor von Bock, und bedrängte ihn, mit Ritter von Leeb und Gerd von Rundstedt, den anderen beiden Heeresgruppenbefehlshabern, zu Hitler zu fliegen. »Da schmeißt er mich raus«, antwortete Bock, der sich damit begnügte, seinen Feindnachrichtenoffizier Gersdorff zu Sondierungen ins

»Kein Verfolgungszwang«: Zwei Soldaten lassen sich neben einem erhängten Partisanen fotografieren.

»Führer«-Hauptquartier zu schicken. Doch dieser erfuhr nur, dass eine Änderung der Befehle nicht mehr zu bewirken sei. Bock kommentierte dies lapidar: »Meine Herren, Sie sehen, ich habe protestiert.« Damit war für ihn das Thema erledigt.

Tresckow und Gersdorff waren sich einig, dass die verbrecherischen Befehle nicht befolgt werden sollten, obgleich auch sie die Weisungen an die unteren Dienststellen weitergaben. Als Tresckow die Gefangennahme des ersten Kommissars gemeldet wurde, befahl er, den Mann nicht zu erschießen, sondern wie einen normalen Gefangenen gut zu behandeln. Sicherlich war es der Truppe durchaus möglich, die Befehle Hitlers zu unterlaufen, Scheinmeldungen nach oben zu fabrizieren und die Kommissare unbehelligt zu lassen. Dies darf aber nicht darüber hinwegtäuschen, dass eben auch im Bereich der Heeresgruppe Mitte Kommissare erschossen wurden und Tresckow davon wusste. Über die quantitative Dimension dieser Liquidierungen wird in der Forschung freilich noch immer gestritten. Die Realisierung des Befehls scheint indes eher die Regel als die Ausnahme gewesen zu sein.

In einem Dorf hat ein deutscher Soldat einen russischen Kommissar hinter dem Ofen hervorgeholt, der hatte noch die blaue Hose an mit den roten Biesen. Dann hat unser Hauptmann den Kommissar geholt, hat ihn sein Grab schaufeln lassen, ihn an den Rand gestellt und dann erschossen.

Erhard Linsenmeyer, Soldat der Wehrmacht

Die Verbrechen der Nazis waren für die meisten Widerstandskämpfer der Grund, der sie dazu gebracht hat, alles zu versuchen, die Führung zu beseitigen.

Karl-Günther von Hase, Neffe des Verschwörers Paul von Hase

Im Juli 1941 traf Gersdorff im Hauptquartier der Heeresgruppe Mitte auf einen »hohen Parteifunktionär«, der ihn über die Pläne Hitlers für die Sowjetunion informierte. Es waren schauerliche Nachrichten, die er hörte: Hitler beabsichtige, die Ostgrenze des Reiches bis zu einer Linie Baku – Stalingrad – Moskau – Leningrad vorzuschieben. Ostwärts dieser Linie werde bis zum Ural ein Brandstreifen entstehen, in dessen Bereich alles Leben ausgelöscht werden würde. Etwa 30 Millionen Russen sollten in diesem Gebiet durch Hunger dezimiert, Leningrad und Moskau dem Erdboden gleichgemacht werden.

Das dargestellte Horrorszenario trug das Seine dazu bei, dass der Kreis um Tresckow immer deutlicher den Charakter dieses Krieges erkannte. Kommissarbefehl und Gerichtsbarkeitserlass waren keine einzelnen Auswüchse, es war nur die Spitze eines Eisbergs in einem Vernichtungskrieg, ein völliger Bruch in der militärischen Tradition Deutschlands. Zunehmend eindringlicher reifte nunmehr die Überzeugung heran, dass man es nicht mehr bei Protesten belassen konnte, sondern dass vielmehr etwas Entscheidendes geschehen müsse. »Immer stärker erhob sich die Forderung nach der befreienden Tat«, beschrieb Gersdorff die Situation.

Im Oktober 1941 erreichten den Stab der Heeresgruppe Mitte Informationen aus erster Hand, die von unfassbaren Verbrechen hinter der Front kündeten. Oberleutnant Graf Carl Hans von Hardenberg war mit seiner Maschine gerade über dem kleinen Ort Borissow in Weißrussland unterwegs, als er durch Zufall Augenzeuge einer Massenerschießung von Juden wurde. Deutlich konnte er aus dem Flugzeug heraus beobachten, dass Hunderte von Menschen, Männer, Frauen und Kinder, in den Wäldern und Sümpfen zusammengetrieben und erschossen wurden. Diese Szene vom Massenmord an Zivilisten konnte und wollte Graf von Hardenberg nicht für sich behalten. Er empfand Zorn, Trauer und Scham und entschloss sich nachzuforschen, was sich in Borissow genau abgespielt hatte. Hardenberg fand heraus, dass ein aus Letten bestehendes SS-Kommando rund 7000 Juden ermordet hatte. Bei der nächsten Gelegenheit berichtete er von dem Vorfall im Kreis des Generalstabs der Heeresgruppe Mitte, also auch Generalfeldmarschall Fedor von Bock, Henning von Tresckow und Rudolf-Christoph Freiherr von Gersdorff. Der persönliche Erlebnisbericht verfehlte seine Wirkung nicht, denn jetzt wurde offenbar, was bislang nur in schriftlicher Form bekannt gewesen war. Die Stabsoffiziere wandten sich daraufhin an ihren Oberbefehlshaber Bock mit dem Er-

»Auf brutalste Weise ermordet«: Ein SS-Mann erschießt 1942 bei Winniza ukrainische Zivilisten.

suchen, diesem verbrecherischen Treiben Einhalt zu gebieten. Bock forderte an höherer Stelle die schärfste Bestrafung des verantwortlichen Offiziers, doch der Protest verlief im Sande. Zu einer persönlichen Vorsprache bei Hitler war Bock ohnehin nicht bereit.

Ich habe ihn einmal erlebt, als er mit hochrotem Kopf davon sprach, dass irgendwo im Mittelabschnitt eine große Anzahl von Juden auf brutalste Weise ermordet worden war. Ich erinnere mich, wie er sagte: »Und da schweigen die verantwortlichen Soldaten.« Das hat ihn am meisten beschäftigt, dass von den hoch stehenden Generälen zu wenig getan wurde, um solche Dinge abzustellen.
Christoph von Tresckow, Neffe Henning von Tresckows

Gersdorff war gewillt, die aufrechte Haltung der Stabsoffiziere der Heeresgruppe Mitte nicht nur in persönlichen Gesprächen auszudrücken, sondern auch in offiziellen Dokumenten festzuhalten. So notierte er am 9. Dezember 1941 in einem bemerkenswerten Bericht für das Kriegstagebuch des Oberkommandos der Heeresgruppe Mitte:

»Bei allen längeren Gesprächen mit Offizieren wurde ich, ohne darauf hingedeutet zu haben, nach den Judenerschießungen gefragt. Ich habe den Eindruck gewonnen, dass die Erschießungen der Juden, der Gefangenen und auch der Kommissare fast allgemein im Offizierskorps abgelehnt werden, die Erschießung der Kommissare vor allem auch deswegen, weil dadurch der Feindwiderstand besonders gestärkt wird. Die Erschießungen werden als eine Verletzung der Ehre der deutschen Armee, in Sonderheit des Deutschen Offizierskorps, betrachtet. Je nach Temperament und Veranlagung der Betreffenden wurde in mehr oder weniger starker Form die Frage der Verantwortung hierfür zur Sprache gebracht. Es ist hierzu festzustellen, dass die vorhandenen Tatsachen in vollem Umfang bekannt geworden sind und dass im Offizierskorps an der Front weit mehr darüber gesprochen wird, als dies anzunehmen war.«

Gersdorff drückte in diesem offiziellen Eintrag seine feste Überzeugung aus, dass die Armee Unrecht und Verbrechen ablehnend gegenüberstand. Dies war gewiss die Haltung in seinem Umfeld. Doch man darf diese Einstellung einer kleinen Gruppe aufrechter Offiziere nicht verallgemeinern. Heute weiß man, dass nicht wenige Offiziere die Untaten an der Ostfront ebenso gebilligt haben, wie sie widerspruchslos hinnahmen, dass Kommissare und Juden umgebracht wurden und die Gefangenen verhungerten. Die Trennlinie zwischen der »bösen« SS und der »guten« Wehrmacht existierte nicht.

Das sind politische Auseinandersetzungen, die uns nicht interessieren, das heißt, sie interessieren schon, aber wir dürfen nichts unternehmen, diese Dinge gehen uns nichts an.
Generaloberst Busch, Kommandeur der 16. Armee, im Herbst 1941, als er Zeuge von Judenerschießungen in Kowno wird

Im engsten Kreis forderte Tresckow nunmehr offen, man müsse Hitler beseitigen, ihn »wie einen tollen Hund erschießen«. Längst bestärkten ihn nicht nur die Sorgen um die Zukunft der eigenen Armee und des bedrohten Vaterlandes, sondern vor allem auch das fürchterliche Wissen um das Morden an Zivilisten, Kriegsgefangenen und insbesondere Juden, das inzwischen massenhafte Ausmaße angenommen hatte.

An der Verschwörung beteiligten sich später auch Männer, die Hitlers Vernichtungskrieg im Osten anfangs akzeptierten, in Verbrechen verstrickt wurden oder gar selbst Mordaktionen veranlassten. Hierzu zählen etwa General Carl-Heinrich von Stülpnagel und Einsatzgruppenleiter Arthur Nebe, die direkt oder indirekt an der systematischen Judenvernichtung mitwirkten.

Als Oberbefehlshaber der 17. Armee regte Stülpnagel beim Einmarsch im ehemals ostpolnischen Galizien an, die antijüdisch und antikommunistisch eingestellte Bevölkerung zu »Selbstreinigungsaktionen« zu veranlassen. Ungeklärte Sabotagefälle sollten Juden angelastet werden. Es war ein verklausulierter Aufruf zur Lynchjustiz. Ferner sprach er davon, dass die kurz vor dem deutschen Einmarsch von den sowjetischen Todesschwadronen des NKWD verübten Massenexekutionen jüdischen Funktionären zuzuschreiben seien. Für ihn war klar, dass die Wehrmacht zum Kampf gegen den Bolschewismus und vor allem das in seinem Sinne wirkende Judentum angetreten war. Bei Stülpnagel waren die antisemitischen Motive unverkennbar. Goebbels' Propaganda, die vom jüdischen Bolschewismus tönte, verfehlte ihre Wirkung gerade auch bei vielen Militärs nicht, Stülpnagel war keineswegs ein Einzelfall. Freilich gingen bei ihm Antisemitismus und Antikommunismus nicht so weit, um für eine systematische Vernichtungspolitik zu plädieren. Stülpnagel wurde im Novem-

Ich hatte um Ostern 1943 das Gerücht gehört, dass in Südrussland hinter der Front systematisch Juden vergast würden. Bei Gelegenheit sprach ich mit meinem Vater darüber. Ich dachte natürlich, dass er sagen würde, ich solle doch solche Gerüchte nicht glauben, das sei übelste Propaganda. Er bestätigte mir jedoch die Vorgänge. Ich fragte ihn daraufhin, ob die Wehrmacht dagegen etwas unternehmen und dem einen Riegel vorschieben werde. Er antwortete, dass etwas geschehen werde, mehr nicht. Ich merkte, dass er nicht mehr sagen wollte, und habe deswegen nicht weiter nachgefragt. Aber es war mir klar, dass da schon etwas Großes dahinter stehen musste.
Walter von Stülpnagel, Sohn des Verschwörers Carl-Heinrich von Stülpnagel

»Antisemitismus unverkennbar«: Carl-Heinrich von Stülpnagel (links) im August 1941 an der Ostfront.

ber 1941 von der Ostfront abkommandiert und stieß bald darauf zum militärischen Widerstand. Als Militärbefehlshaber von Frankreich war er die zentrale Figur für den reibungslos erfolgten Umsturz in Paris am 20. Juli 1944.

Das Verhalten Stülpnagels verdeutlicht, dass die Militärs im Widerstand trotz ihrer oppositionellen Haltung immer auch Räder im großen Getriebe des Krieges waren. In einem Kampf, in dem der politisch-ideologische Bereich von den rein militärischen Aufgaben nicht mehr getrennt werden konnte, waren sie mal mehr, mal weniger an Unrecht und Verbrechen beteiligt – je nachdem, welchen Posten sie innehatten. Gerade die Offiziere im Stab der Heeresgruppe Mitte waren auch Teil eines Weltanschauungskriegs, in dem sie als Soldaten sich vorgenommen hatten, ihre Pflicht zu tun. Deshalb betrieben sie etwa die Bekämpfung der Partisanen mit aller Härte, zumal diese bald zu einem ernsten *militärischen* Problem gerieten. Als Ende August 1942 Partisanen den Bahnhof von Slawnoje überfielen, das Bahnhofsgebäude ansteckten, etliche deutsche Soldaten und russische Kollaborateure töteten sowie die Gleisanlagen sprengten, verlangte Hitler harte Gegenmaßnahmen. Der Befehlshaber des rückwärtigen Heeresgebiets Mitte schlug die Exekution von 100 Personen vor, »die im Verdacht stehen, den Überfall mit durchgeführt oder begünstigt zu haben«. Hitler zeigte sich einverstanden, woraufhin die Männer erschossen wurden. Der Schriftwechsel lief über Tresckows Schreibtisch. Er war also über alle Einzelheiten informiert und hätte von seiner Position aus leicht eingreifen können. Doch er akzeptierte die Vergeltungsmaßnahmen als militärisch notwendig.

Es kann keinen Zweifel daran geben, dass selbst frühere oder spätere Parteigänger des Widerstands Hitlers Parolen zum Vernichtungskrieg zunächst bereitwillig folgten.
Hans Mommsen, Historiker

Jemand, der für später an der Macht bleiben wollte, musste auch mit den Wölfen heulen. Dass wird heute jedem V-Mann zugestanden, der in eine Szene eingeschleust wird. Man muss auch diesen Leuten zubilligen, dass sie »Heil Hitler« gerufen haben, obwohl sie es nicht gerne wollten.
Walter von Stülpnagel, Sohn des Verschwörers Carl-Heinrich von Stülpnagel

Von Georg von Boeselager stammte der Plan, zur Partisanenbekämpfung so genannte »tote Zonen« zu schaffen. Dabei ging es darum, die Zivilbevölkerung aus großen Gebieten zu evakuieren und alle danach angetroffenen Personen als vermeintliche Guerillakämpfer zu töten. Dass bei dieser willkürlichen Vorgehensweise auch Tausende unschuldiger Zivilisten ums Leben kamen, wurde billigend in Kauf genommen. Die Widerstandsgruppe um Henning von Tresckow unterschied sich in ihren Methoden der Partisanenbekämpfung im Rücken der Front somit nur wenig von den regimetreuen Offizieren.

Belegt ist ferner, dass Berichte der Einsatzgruppe B, welche die Massenerschießungen vermeintlicher Partisanen beinhalteten, durch Tresckows Hände gingen und von ihm abgezeichnet wurden. Sie scheinen kein besonderes Misstrauen hervorgerufen zu haben. Wusste er nicht, dass damit häufig bloß der Mord an Juden kaschiert wurde? Aufgrund seiner Dienststellung konnte er freilich gegen das Treiben der SS im Hinterland nichts unternehmen, da die Mordkommandos nicht der Heeresgruppe Mitte unterstanden.

Führer der jüdischen Intelligenz (insbesondere Lehrer, Rechtsanwälte, Sowjetbeamte) wurden liquidiert.

SS-Brigadeführer Arthur Nebe, in einem Bericht vom 5. Juli 1941

Die Zusammenarbeit mit den polizeilichen und militärischen Führungsstellen ist auch während dieser Berichtszeit äußerst befriedigend und reibungslos verlaufen. Bei den Wehrmachtsstellen besteht ein allgemeiner Ruf nach der Sicherheitspolizei. Man bedient sich gern unserer Hilfe, unserer Erfahrungen und Anregungen.

Ereignismeldung der Einsatzgruppe B, 21. September 1941

In diesem Zusammenhang wirft freilich sein Kontakt zu Arthur Nebe, der als Leiter der Einsatzgruppe B für den Tod von über 45 000 Menschen verantwortlich war, Fragen auf. Er diente Tresckow als Informant – war ihm seine Rolle und entscheidende Mitwirkung am Genozid nicht bekannt? Dass Bock und seine Stabsoffiziere über die Tätigkeit der Einsatzgruppen zunächst nicht voll im Bilde waren, kam in der folgenden Passage des Kriegstagebuchs von Anfang August 1941 zum Ausdruck: »Aufgrund mir vorgetragener, später als übertrieben erwiesener Gerüchte lasse ich den für mein rückwärtiges Gebiet zuständigen, mir aber nicht unterstellten Polizeigeneral Nebe bitten, Anweisungen zu geben, dass Exekutionen im engeren Bereich meines Oberkommandos nur so weit durchgeführt werden, als es sich um bewaffnet aufgegriffene Banditen oder um Verbrecher handelt. Gersdorff meldet, dass Nebe dies zugesagt habe.«

Für Mitverschwörer Philipp von Boeselager stellt sich Nebes Rolle wie folgt dar: »Wir haben über Nebe viele Informationen bekommen. Und diese Nachrichtenquelle wollte man sich natürlich nicht verstopfen. Man hat mit den Wölfen geheult, um den obersten Wolf zu Fall zu bringen. Um ihn zu zerreißen. Das ist gar kein Zweifel. Man hat mit jedem paktiert, der gegen Hitler war.«

Nebe war gewiss eine schillernde Figur. Obgleich er Leiter der Einsatzgruppe B war, sympathisierte er mit der Opposition und wurde schließlich nach dem 20. Juli hingerichtet. Er hatte es zumindest verstanden, sich gegenüber Mitgliedern des Widerstands als deren unzweifelhafter Sympathisant auszugeben.

Wie die Verschwörer um Tresckow ihre Verstrickung in Unrecht und Gewalt selbst gesehen haben, ist nicht sicher überliefert. Tresckow war überaus vorsichtig und hatte sich auch seinen Kameraden nicht offen mitgeteilt. Wie er also über die einzelnen Verbrechen und seine eigene Schuld dachte, lässt sich aus heutiger Sicht nur schwer beurteilen. Die wenigen vorliegenden Berichte von den Überlebenden des Umsturzes deuten aber darauf hin, dass ihm die eigene Verstri-

Nebe war wegen seiner hervorragenden Verbindungen zur anderen Seite interessant. Man musste im richtigen Moment das Richtige erfahren.

Barbara von Krauss, Tochter des Verschwörers Hans Oster

Deutsche! Wollt ihr und eure Kinder dasselbe Schicksal erleiden, das den Juden widerfahren ist? Wollt ihr mit dem gleichen Maße gemessen werden wie eure Verführer? Sollen wir auf ewig das von aller Welt gehasste und ausgestoßene Volk sein? Nein! Darum trennt euch von dem nationalsozialistischen Untermenschentum! Beweist durch die Tat, dass ihr anders denkt! Ein neuer Befreiungskrieg bricht an. Der bessere Teil des Volkes kämpft auf unserer Seite. Zerreißt den Mantel der Gleichgültigkeit, den ihr um euer Herz gelegt! Entscheidet euch, ehe es zu spät ist!
Aus einem Flugblatt der »Weißen Rose«

ckung bewusst gewesen ist, dass es indes für ihn kein Schwarz oder Weiß, sondern nur ein Grau gegeben hat.

Unterdessen waren die deutschen Armeen in einem scheinbar unaufhaltsamen Vormarsch tief in die Sowjetunion eingedrungen. In gewaltigen Kesselschlachten wurde eine sowjetische Armee nach der anderen umzingelt und vernichtet. Tod, Verwundung, Verstümmelung – dieses Schicksal teilten Hunderttausende von Rotarmisten schon in den ersten Wochen. Diejenigen, die das Inferno überlebten, schleppten sich in die Gefangenschaft, wo sie unter unmenschlichsten Bedingungen dahinvegetierten. Weit über eine Million von ihnen überlebte den Winter 1941/42 nicht.

Anfang August standen die Deutschen bereits 280 Kilometer vor Moskau. Den Kampf um die Hauptstadt schob Hitler jedoch auf und dirigierte Verbände der Heeresgruppe Mitte nach Süden, um die Ukraine zu erobern. Erst im Oktober wurde der Vormarsch in Richtung Moskau fortgesetzt. Die Schlacht um die Metropole in Stalins Reich sollte zum Menetekel für Hitlers Krieg werden. Nachdem wieder eine riesige Kesselschlacht geschlagen war, bremste die Schlammperiode den deutschen Ansturm. Die Truppe war am Ende ihrer Kraft, die Verluste an Personal und Material nahmen gewaltige Ausmaße an. Bis November 1941 hatte das Ostheer bereits 500 000 Mann eingebüßt. Auch der Nachschub stockte, immer weniger Benzin und Verpflegung erreichte die Truppen. Generalfeldmarschall Bock wollte den Angriff einstellen, gut ausgebaute Winterstellungen anlegen und erst im Frühjahr wieder vorstoßen. Doch er konnte sich mit diesem Vorschlag nicht durchsetzen. Den völlig ausgelaugten Truppen wurde befohlen, in einer letzten Kraftanstrengung Moskau zu erobern. Nachdem die Schlammperiode abgeklungen war, sanken die Temperaturen weit unter den Gefrierpunkt. General Winter schwang nun das Zep-

Wenn einer bei minus 30 Grad in Russland vom Feind angegriffen wird, dann hat er andere unmittelbare Sorgen nicht nur für sich selbst, sondern auch für seine unterstellten Soldaten, als über das verbrecherische Hitler-Regime nachzudenken. Viele haben auch gedacht, damit würde man aufräumen, wenn der Krieg zu Ende ist.

Berthold Graf Schenk von Stauffenberg, Sohn von Claus Graf Schenk von Stauffenberg

ter. Bei Temperaturen um minus 40 Grad waren die Landser der Kälte schutzlos ausgeliefert. Statt Winteruniformen wurde weiter Munition ins Kampfgebiet geschickt. Generaloberst Heinz Guderian beklagte, dass er doppelt so viele Soldaten durch Erfrieren verliere wie durch feindliches Feuer. Darauf antwortete Hitler zynisch: »Sie lassen sich zu sehr von den Leiden des Soldaten beeindrucken. Sie haben zu viel Mitleid mit den Soldaten.«

Der »Blitzkrieg« mündete schließlich im Dezember 1941, als die Vorhuten bereits die Moskauer Stadtgrenze erreicht hatten, in ein Debakel, von dem sich die Wehrmacht nicht mehr erholte. Am 5. Dezember 1941 traten gut ausgerüstete und ausgeruhte sibirische Divisionen zum Gegenangriff an. 129 Jahre nach Napoleon mussten Hitlers Armeen vor den Toren Moskaus kehrtmachen. Damit zerbrach der Mythos von der Unbesiegbarkeit der Wehrmacht. Die Rote Armee schuf im Kampf um die eigene Hauptstadt die Voraussetzung für die Niederlage der Deutschen.

»Menetekel für Hitlers Krieg«: Deutsche Soldaten ergeben sich Ende 1941 vor Moskau der Roten Armee.

»Ich dulde nicht, dass der Führer angegriffen wird«: General Fedor von Bock (rechts) bei einer Lagebesprechung mit Hitler.

Tresckow wollte die Katastrophe vor Moskau ausnutzen, um seinen Chef Bock endlich auf die Seite des Widerstands zu ziehen, und benannte Hitler als den Schuldigen, den es zu beseitigen gelte. Erregt schrie Bock Tresckow an: »Ich dulde nicht, dass der Führer angegriffen wird. Ich werde mich vor den Führer stellen und ihn gegen jedermann verteidigen, der ihn anzugreifen wagt!« Bock rannte aus dem Raum, das Band zwischen den beiden war endgültig zerschnitten. Schlabrendorff hatte den Streit aus dem Vorzimmer mit angehört und warf ein, ob Tresckow diesmal nicht zu weit gegangen sei, schließlich würde ein Wort von Bock genügen, um ihn vor ein Kriegsgericht zu bringen. Doch Bock verriet seinen Neffen Tresckow nicht, und dies nicht nur aus verwandtschaftlichen Gründen. »Bock hat vor allem Angst«, bemerkte Tresckow zu Schlabrendorff. »Er hat sogar Angst, uns zu verpfeifen. Diese Angst ist zuverlässig.«

Die Katastrophe im Winter vor Moskau, die das deutsche Heer bis an den Rand des Zusammenbruchs brachte, wirkte sich nicht nur nachhaltig auf

Oben: »Die Deutschen darüber aufklären, was wirklich geschieht«: Hans und Sophie Scholl im Juli 1942.
Unten links: »Ein tief religiöser Mensch«: Christoph Probst mit seinem Sohn Michael.
Unten rechts: »Das Erlebnis Russland war ausschlaggebend«: »Weiße-Rose«-Mitglied Willi Graf.

die Stimmung unter den Soldaten aus. Auch in der Heimat mehrten sich die Zweifel am Sinn des Krieges, wuchs die Empörung über die Verbrechen, die im deutschen Namen verübt wurden. Hans Scholl, Medizinstudent in München, hatte bereits 1939 Kontakt zu regimekritischen Kommilitonen aufgenommen. Er freundete sich mit Alexander Schmorell und Christoph Probst an und gründete mit ihnen die Widerstandsgruppe »Weiße Rose«, zu der bald auch noch andere Studenten stießen. Die Angehörigen dieser Gemeinschaft sahen ihre höchst riskante Aufgabe darin, möglichst viele Deutsche der gebildeten Schichten über das aufzuklären, was wirklich in Deutschland geschah. Sie wollten an möglichst vielen Universitäten neue Zellen gründen, um schließlich eine Massenbewegung herbeizurufen. Zwischen Juni und Juli 1942 verfassten und verschickten Hans Scholl und Alexander Schmorell vier Flugblätter der »Weißen Rose«. Darin appellierten sie an das Gewissen der Deutschen: »Nichts ist eines Kulturvolkes unwürdiger, als sich ohne Widerstand von einer verantwortungslosen und dunklen Trieben ergebenen Herrscherclique ›regieren‹ zu lassen…« Die Flugblätter wurden meist an in München wohnende Personen per Post versandt. Die Auflage des ersten Exemplars betrug rund hundert Stück.

Die Hoffnung der jungen Studenten war, dass sie einen Multiplikationseffekt auslösen könnten. Man wusste, dass in vielen Universitäten Widerstandsgruppen bestanden.

Dieter Sasse, Halbbruder von Christoph Probst

Als er sagte, dass man etwas unternehmen müsse, rief ich: »Aber doch nicht du!« Schließlich waren wir eine Familie und hatten kleine Kinder. Und Widerstand zu leisten war lebensgefährlich.

Herta Siebler-Probst, Witwe von Christoph Probst

Dann wurden die Studenten für vier Monate an die Front geschickt und versahen ihren Dienst in einer Sanitätskompanie. Schockiert vom Sterben an der Front und den Verbrechen im Hinterland, kehrten sie im Oktober 1942 nach München zurück, entschlossen, ihren Widerstand gegen das NS-Regime fortzusetzen. Anfang Januar 1943 verfassten Scholl und Schmorell ein fünftes Flugblatt, nunmehr unterstützt von Professor Kurt Huber, der den Entwurf redigierte. Auch Hans Scholls Schwester Sophie gehörte nun zum engsten Kreis der Widerstandsgruppe. Das Flugblatt wurde in tausendfacher Stückzahl innerhalb Deutschlands und nach Österreich versandt.

Kurz nach der Kapitulation der 6. Armee in Sta-

Als ich eines Tages in der Schublade meines Laborplatzes ein Flugblatt fand – ich glaube, es war das dritte oder vierte –, da war ich feige, denn ich habe es schnell nur überflogen, eingesteckt und so schnell wie möglich in kleine Schnipsel zerrissen und in der Toilette heruntergespült.

Hildegard Hamm-Brücher, hatte Kontakte zu Mitgliedern der »Weißen Rose«

»Flugblätter im Übermut vom zweiten Stock heruntergeworfen«: Die Aktion im Lichthof der Münchener Universität am 18. Februar 1943 wurde den Geschwistern Scholl und ihren Freunden zum Verhängnis.

Kommilitoninnen! Kommilitonen!

Erschüttert steht unser Volk vor dem Untergang der Männer von Stalingrad. Dreihundertdreissigtausend deutsche Männer hat die geniale Strategie des Weltkriegsgefreiten sinn- und verantwortungslos in Tod und Verderben gehetzt. Führer, wir danken dir!

Es gärt im deutschen Volk: Wollen wir weiter einem Dilettanten das Schicksal unserer Armeen anvertrauen? Wollen wir den niedrigen Machtinstinkten einer Parteiclique den Rest der deutschen Jugend opfern? Nimmermehr

Der Tag der Abrechnung ist gekommen, der Abrechnung unserer deutschen Jugend mit der verabscheuungswürdigsten Tyrannis, die unser Volk je erduldet hat. Im Namen der ganzen deutschen Jugend fordern wir von dem Staat Adolf Hitlers die persönliche Freiheit, das kostbarste Gut des Deutschen zurück, um das er uns in der erbärmlichsten Weise betrogen hat.

Oben: »Ohnmächtige Wut«: Erschöpfte deutsche Soldaten nach ihrer Gefangennahme in Stalingrad.
Unten: »Auf uns sieht das deutsche Volk«: Das sechste und letzte Flugblatt der »Weißen Rose« sollte den Auftakt zu einem breiteren Widerstand gegen Hitler bilden.

Im Sommer 1942 war die ganze Medizinkompanie zu einem Fronteinsatz an der Ostfront. Nach der Rückkehr hat mir einer erzählt, wie schrecklich es gewesen wäre – unterwegs immer die versiegelten Güterzüge und die Schreie der Menschen, die in diesen Güterzügen transportiert wurden; dass man dann versucht hätte, denen irgendwie Zigaretten durch Ritzen durchzustecken, und dass dann die SS mit Hunden gekommen sei und sie da sofort weggejagt habe. Auch haben sie berichtet, dass man die sowjetischen Kriegsgefangenen meistens hat verhungern lassen und die Zivilbevölkerung entsetzlich drangsalierte.
Hildegard Hamm-Brücher, hatte Kontakte zu Mitgliedern der »Weißen Rose«

lingrad erschien das sechste und letzte Flugblatt der Weißen Rose: »Kommilitoninnen! Kommilitonen! Erschüttert steht unser Volk vor dem Untergang der Männer von Stalingrad. Dreihundertdreißigtausend deutsche Männer hat die geniale Strategie des Weltkriegsgefreiten sinn- und verantwortungslos in Tod und Verderben gehetzt.« Bei der Verteilung des Flugblatts im Lichthof der Universität von München wurden Hans und Sophie Scholl am 18. Februar 1943 vom Hausmeister festgehalten und anschließend von der Gestapo verhaftet. Es folgte ein kurzer Prozess, das Regime wollte ein Zeichen setzen – die jungen Leute wurden ins Münchener Gefängnis Stadelheim gebracht und erwarteten dort ihre Verurteilung. Hans und Sophie Scholl sowie ihr Freund Christoph Probst wurden vom Präsidenten des Volksgerichtshofs, Roland Freisler, am 22. Februar zum Tode verurteilt und wenig später auf dem Schafott hingerichtet. Ihr mutiges Handeln steht für das Aufbegehren gegen Unrecht und Verbrechen.

Die Niederlage vor Moskau und vor allem die Vernichtung der 6. Armee in Stalingrad wirkten in Deutschland wie ein Katalysator, der vielen die Illusionen raubte und sie der Kritik an Hitler zugänglicher machte. Richard von Weizsäcker, damals junger Offizier an der Ostfront, berichtet: »Die Stimmung in der Bevölkerung fing allmählich an, brüchig zu werden, weil man merkte, dass das Ziel, die Sowjetunion zu besiegen, vollkommen irreal war. Und dann kam Stalingrad noch hinzu.«

Alle, auch die Geschwister Scholl, haben an das Leben nach dem Tod geglaubt. Das geht auch aus der letzten Äußerung hervor vor der Hinrichtung, als die Scholls und Christoph sagten: »In wenigen Augenblicken sehen wir uns wieder.«
Dieter Sasse, Halbbruder von Christoph Probst

Mit der Katastrophe an der Wolga offenbarten

> *Ich bin nach wie vor der Meinung, das Beste getan zu haben, was ich gerade jetzt für mein Volk tun konnte. Ich bereue deshalb meine Handlungsweise nicht und will die Folgen, die mir aus meiner Handlungsweise erwachsen, auf mich nehmen.*
> Sophie Scholl nach ihrer Verurteilung zum Tode, 22. Februar 1943

sich Wut und Unmut auch bei einem größeren Kreis innerhalb der Wehrmacht, wurde der Glaube an den »größten Feldherrn aller Zeiten« gewaltig erschüttert. Doch noch immer zierten sich die verantwortlichen Marschälle. »Diese Generation von Generälen, die vor dem Ersten Weltkrieg Soldaten geworden waren, konnte sich überhaupt nicht vorstellen, dass ihr oberster Befehlshaber ein Verbrecher ist. Das hat's ja doch noch nie gegeben« – so schildert Carl-Heinrich Stülpnagels Sohn Walter die Situation.

Tresckow hatte freilich die Hoffnung nicht aufgegeben, die Marschälle doch noch zum Handeln bewegen zu können. Nachdem sich sein Bemühen um Feldmarschall Bock Ende 1941 endgültig als vergebens erwiesen hatte, versuchte er dessen Nachfolger, Feldmarschall Hans Günther von Kluge, für den Widerstand zu gewinnen. »Immer wieder gab es Streitgespräche zwischen Tresckow und Kluge«, berichtet Philipp von Boeselager, »weil Tresckow der Ansicht war, es sei die Aufgabe eines Generals, einen Krieg zu beenden, wenn dieser verloren war, genauso wie es seine Aufgabe sei, ihn zu gewinnen, solange noch eine Chance auf den Sieg bestehe. Wenn aber eindeutig feststehe, dass der Krieg verloren wird, dann müsse man Schluss machen, genauso wie es 1918 geschehen sei.« Tresckow verzweifelte daran, dass Kluge seiner Verantwortung als Generalfeldmarschall nicht gerecht würde. Dieser »Zauderer im Zwielicht«, wie ihn der Historiker Peter Steinbach genannt hat, konnte sich niemals dazu entschließen, seine reservierte Haltung aufzugeben und sich mit der Autorität seiner Person für die Verschwörung einzusetzen. Gewiss schätzte er Tresckow, hörte sich seine Argumente an. Es waren zuweilen offene Gespräche, in denen deutliche Worte fielen. So empörte sich Tresckow da-

Viel zu viele der höchsten Dienstgrade… haben zu lange etwas mit sich machen lassen, von dem sie im Grunde genommen schon im Jahr 1938 wissen mussten, dass es unverantwortlich war.
Richard von Weizsäcker, damals Offizier der Wehrmacht

Der Anstoß, Widerstand zu leisten bis zum Tyrannenmord, nahm erst in dem Augenblick konkrete Form an, als die Niederlage Deutschlands für jedermann sichtbar wurde, sodass die Motivation der Widerständler ganz gewiss nicht allein darin bestand, den Holokaust zu stoppen oder den Vernichtungsapparat des Reichssicherheitshauptamts unschädlich zu machen, sondern Deutschland vor dem zu bewahren, was es angerichtet hatte.
Ralph Giordano, Publizist, lebte damals in Hamburg

Kluge sagte, dass etwas passieren müsste mit Hitler, so ginge das nicht weiter. Man weiß auch, dass er öfter sehr scharfe Zusammenstöße mit Hitler hatte und ihm sehr deutlich die Meinung gesagt hat. Tresckow und alle, die um ihn herum waren, haben deshalb angenommen, er macht mit.

Johanna Rathgens, Witwe des Verschwörers Karl Ernst Rathgens

Es war eine Frage des Gewissens, ob man mitmachte oder nicht. Ob man die Gräuel stillschweigend duldete oder ob man etwas dagegen unternahm.

Philipp von Boeselager, Mitverschwörer des 20. Juli 1944

rüber, dass Kluge eine Dotation Hitlers in Höhe von 250 000 Reichsmark angenommen habe, und meinte, er könne die Akzeptanz des Geldes moralisch nur rechtfertigen, um von seinem Amt aus den Staatsstreich zu ermöglichen. »Kinder, ihr habt mich!«, rief Kluge spontan aus. Doch wenige Wochen später war man sich über seine Haltung schon nicht mehr sicher. Dieses Hinauszögern eines klaren Entschlusses wiederholte sich noch mehrfach. Im Herbst 1942 kam es zu dem ersten Treffen Kluges mit Goerdeler. Nach dem Gespräch mit der Galionsfigur des zivilen Widerstands galt Kluge bei den Verschwörern erneut als »gewonnen« – zumindest so lange, bis offenkundig wurde, dass der General einen Attentatsversuch allenfalls dulden würde, sich aber auf keinen Fall aktiv an ihm beteiligen wollte. Am 25. Juli 1943 setzte Goerdeler dann einen Brief an Kluge auf, in dem er unter anderem ausführte: »Wenn es einen Sieg nicht gibt, dann ist die Fortsetzung des Krieges ein glattes Verbrechen.« Das Schreiben erreichte freilich nie den Adressaten, weil Männer wie Olbricht befürchteten, Kluge mit diesen offenen Worten vor den Kopf zu stoßen.

Im Spätsommer 1943 arrangierte man ein zweites Treffen mit Goerdeler, an dem diesmal auch Beck, Olbricht und Tresckow teilnahmen. Anders als noch im Frühjahr befand sich seine Heeresgruppe jetzt in schweren Abwehrkämpfen, sodass Kluge nun seine großen Sorgen über die Lageentwicklung äußerte. Er gab zu erkennen, dass er nicht mehr daran glaubte, die Ostfront auf Dauer halten zu können. Der Krieg werde verloren, falls man nicht »zu großen Entschließungen« gelange, so Kluge.

Als Kluge im Oktober 1942 Geburtstag hatte, rief plötzlich Hitler an. Es gab ein längeres Gespräch, und am Schluss des Gesprächs sagte er: »Im Übrigen, Herr Feldmarschall, habe ich mir erlaubt, wegen Ihrer Verdienste um das Deutschen Reich Ihnen für 250 000 Reichsmark Bezugsscheine zu schenken. Auf Wiederhören, Herr Feldmarschall!« – »Heil, mein Führer«, damit war das Gespräch beendet. Mich hat das schockiert.

Philipp von Boeselager, Mitverschwörer des 20. Juli 1944

Doch er vermochte noch immer nicht die moralischen Anforderungen aufzubringen, die sein Amt nach Ansicht der Verschwörer erforderte. Der Entschluss, sich an die Spitze des Umsturzes zu stellen, seinen Namen dafür einzusetzen, andere hohe Generäle zu gewinnen, hätte den Mut erfordert, sein Leben zu riskieren, um den Krieg rasch zu beenden. Er war aber nicht bereit, diesen Einsatz zu leisten – einen Einsatz, den er jeden Tag seinen Soldaten abverlangte und den an der Ostfront täglich 3000 Männer mit ihrem Leben bezahlten. Stattdessen genoss er seine Rolle als von allen Seiten umworbener Feldherr, der kein persönliches Risiko einzugehen brauchte. Die Verschwörer spielten mit dem Gedanken, ihn nach dem Umsturz zum Oberbefehlshaber des Heeres zu ernennen – eine Vorstellung, die ihm geschmeichelt haben dürfte.

Aber auch Hitler wusste, wie er mit einem Mann wie Kluge umzugehen hatte. Im Juli 1940 war er unerwartet zum Generalfeldmarschall befördert worden, er hatte eine opulente Gelddotation erhalten, und im Januar und im November 1943 wurden ihm hohe Orden verliehen. Kluge änderte seine Haltung auch im weiteren Verlauf des Krieges nicht. Er beging im August 1944 Selbstmord, nachdem seine Mitwisserschaft an der Umsturzbewegung bekannt geworden war – zuvor hatte er noch in einem Akt unwürdiger Selbstunterwerfung Hitler in einem Abschiedbrief seine blinde Ergebenheit versichert.

Das Verhalten von Feldmarschall Hans Günther von Kluge war symptomatisch für die Spitzenmilitärs. Obwohl ihnen der verbrecherische Charakter des NS-Regimes und des Krieges im Osten bewusst war, obwohl sie Hitlers zuweilen dilettantische Eingriffe in die Kriegführung, die zehntausenden Soldaten den Tod brachte, scharf ablehnten, verkrochen sie sich hinter ihrem Eid und den militärischen Aufgaben ihres Amtes. Auch Feldmarschall Erich von Manstein, der weithin geachtete brillante operative Kopf, verweigerte sich den Verschwörern. Tresckow hatte sich bemüht, durch die lancierte Abkommandierung von regimekritischen Offizieren in den Stab Mansteins diesen in seinem Sinne zu beeinflussen. Doch sowohl Oberst Georg Schulze-Büttger, der im Februar 1943 als Ia zu Manstein stieß, als auch Oberleutnant Alexander von Stahlberg, der als Ordonnanzoffizier fungierte, scheiterten bei dem

Es ist ein Akt militärischer Einsicht, den Krieg als verloren zu betrachten. Und es ist geradezu eine historische Pflicht der Generalstabsoffiziere, den durch Hitlers Schuld mit Sicherheit zu erwartenden Verlust des Krieges im Interesse des deutschen Volkes zu verhindern.

Henning von Tresckow, Juni 1943

Tresckow war sehr verbittert über Manstein, der jegliche Erwägung eines Attentats auf Hitler und jede politische Betätigung abgelehnt hatte.

Philipp von Boeselager, Mitverschwörer des 20. Juli 1944

Versuch, ihren Oberbefehlshaber für den Widerstand zu gewinnen. Auch die von Tresckow organisierte Fühlungnahme von Generaloberst Beck und ein Besuch von Gersdorffs brachten keinen Erfolg. Manstein verweigerte sich dem Umsturz und gab lediglich zu erkennen, nach dem Tode Hitlers einer neuen Regierung loyal dienen zu wollen – was an der verfahrenen Situation nichts änderte.

Es waren also die jüngeren Generalstabsoffiziere, die früh den verbrecherischen Charakter Hitlers und seines Regimes erkannten und vor allem auch bereit waren, die Konsequenzen zum Handeln daraus zu ziehen. Henning von Tresckow sagte einmal: »Wissen Sie, Gersdorff, wer sich jetzt nicht auflehnt, der macht sich selbst schuldig.« »Der Plan, gegen Hitler zu putschen und ihn umzubringen, befand sich für die Offiziere lange Zeit jenseits ihrer Vorstellungskraft. Sie alle wurden in dem preußischen Staatsverständnis erzogen, Vaterland gleich Regierung. Deshalb war der Ungehorsam gegenüber dem Staat das Letzte, was diesen Leuten in den Kopf gekommen ist. Einen Anschlag gegen das Staatsoberhaupt zu führen war demnach überhaupt nicht vorstellbar. Man muss daher sehen, welch gewaltigen inneren Wandel diese Männer vollziehen mussten, um schließlich das Äußerste zu wagen«, charakterisiert der Publizist Ralph Giordano die Mitglieder des militärischen Widerstands.

»Man hat alles weggeworfen, man hat all diese Begriffe, diese staatspolitischen Werte, an die man lange Zeit fest geglaubt hatte, über Bord geworfen, um Hitler umzubringen«, sagt Philipp Freiherr von Boeselager. »Das christlich geprägte Gewissen war entscheidend. Ohne dieses wäre es ja viel besser gewesen, wir hätten uns gedrückt. Aber man konnte sich nicht mehr drücken. Wenn man von diesen Verbrechen wusste und wenn man als einer der wenigen Offiziere die Möglichkeit hatte, etwas zu tun, musste man handeln. Natürlich hat man nachgedacht und das eigene Handeln hinterfragt. Schließlich ging es um Mord. Das christliche Gewissen war schließlich entscheidend und gebot uns die Tat.«

Eines wusste mein Mann: Die Hände muss man sich schon schmutzig machen. Das geht nicht anders, um ein größeres Verbrechen zu stoppen. Er selbst konnte sich aber zum Mord zunächst nicht aufraffen. Und diejenigen, die sich dazu bereit gefunden haben – zu einem großen Teil waren sie ja auch Christen –, gingen diesen entscheidenden Schritt weiter.

Johanna Rathgens, Witwe des Verschwörers Karl Ernst Rathgens

Ein Gewissenskonflikt lag eigentlich bei uns allen vor. Wir standen zwischen dem überlieferten anerzogenen Bewusstsein der Pflichterfüllung gegenüber dem Staatsoberhaupt, aber auch dem Volk und dem Reich und der zunehmenden moralischen Fragwürdigkeit der Spitzenpersönlichkeiten und jetzt Hitlers. So tat man also seine Pflicht, wenn auch oft mit bedrängtem Gewissen.

Ulrich de Maizière, damals Generalstabsoffizier

Den Verschwörern ging es zunächst darum, die Kampfhandlungen zu beenden und vernünftige Friedensbedingungen zu erzielen. Je länger der Krieg dauerte, desto mehr realisierten sie, dass die Chance, einen glimpflichen Friedensschluss zu erreichen, praktisch nicht mehr bestand, dass die Niederlage des Deutschen Reiches nicht mehr aufzuhalten war. Trotzdem ließen sie von ihrem Ziel nicht ab, um das sinnlos gewordene Sterben zu beenden. Sie waren sich im Klaren darüber, dass die Masse der Soldaten und der Zivilbevölkerung ihr Handeln nicht gutheißen und sie als Hoch- und Landesverräter betrachtet werden würden. »Doch darüber wurde selten gesprochen«, berichtet Philipp von Boeselager, und Tresckows Neffe Christoph ergänzt: »Meinem Onkel war jedes Mittel recht, diesen Krieg zu beenden, und er war der Meinung, dass dieser Krieg nur beendet werden konnte, wenn Adolf Hitler nicht mehr leben würde.«

Unterdessen ahnten die wenigen zur Tat entschlossenen Offiziere nicht, dass sie nicht die Einzigen waren, die dem deutschen Diktator nach dem Leben trachteten. Die britische »Special Operation Executive« (SOE), die auch das Attentat auf den Gestapo-Chef Reinhard Heydrich am 27. Mai 1942 in Prag organisiert hatte, plante zudem bereits in ebendiesem Jahr ein Attentat auf Hitler. Der »Führer«-Zug sollte auf seiner Fahrt durch Polen zum Entgleisen gebracht werden. Dazu heuerte die SOE polnische Widerstandskämpfer an. Die Männer der SOE wussten, dass jeglicher Zugverkehr sich den Fahrtwünschen des Diktators anzupassen hatte. Sie berechneten die Fahrtroute Hitlers und bestückten eine Bahnbrücke mit einem Sprengsatz. Doch gerade an diesem Tag blieb Hitlers Zug unvorhergesehen an einer Station stehen und ließ einem Soldatentransport den Vorrang. Die Bombe explodierte, der Zug der Frontsoldaten entgleiste, und 400 Menschen starben. Damit aber nicht genug. Unter dem Decknamen »Operation Foxley« arbeitete der britische Geheimdienst weiter an dem Vorhaben, Hitler zu töten. Es sind zum Teil abenteuerliche und fantastische Pläne, die dabei entworfen wurden: Gift im Tee von Hitler, tödliche Substanzen im Wassertank des »Führer«-Zuges oder Bakterien in Hitlers Kleidung, um nur einige der bizarren Projekte zu nennen, die sich die SOE zur Ermordung des Diktators ausdachte – und die doch nie in die Tat umgesetzt wurden. Erst im März 1945 wurden die Planungen eingestellt.

Es wurde die Möglichkeit erwogen, ein Scharfschützenattentat auf Hitler zu verüben. Dann gab es die Idee, das Wasser in seinem Sonderzug zu vergiften. Oder den Zug komplett in die Luft zu sprengen. Eisenbahnsabotage war eine Spezialität der SOE, der britischen Abteilung für Spezialoperationen.

Michael Foot, britischer SOE-Experte

> *Die »Operation Foxley« scheiterte an zwei Aspekten – einem praktischen und einem theoretischen. Der praktische war: Man konnte keinen bewaffneten Mann in die Sicherheitszone des »Berghofes« oder der »Wolfsschanze« schleusen. Der theoretische Hinderungsgrund war noch wichtiger: In dieser Phase des Krieges, 1944, war ein lebender Hitler für die Alliierten nützlicher als ein toter.*
> Michael Foot, britischer SOE-Experte

In dieser Zeitspanne nahmen die Attentatsversuche der Opposition in Deutschland konkretere Formen an. Vom Frühjahr 1943 bis zum Frühjahr 1944 unternahm sie eine ganze Reihe viel versprechender Anläufe. Doch alle scheiterten – zum Teil aus unerklärlichen Gründen.

Schon Ende 1942 schmiedeten Henning von Tresckow und einige enge Vertraute im Hauptquartier der Heeresgruppe Mitte bei Smolensk reali-

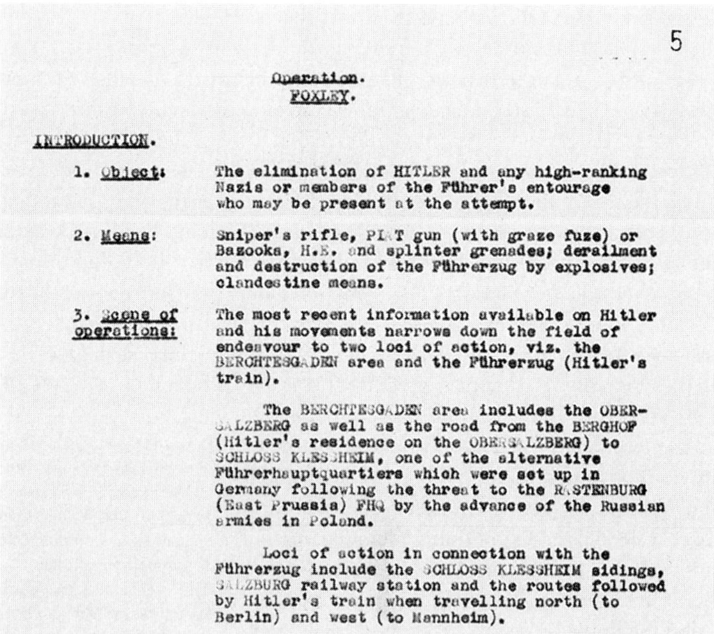

5

Operation.
FOXLEY.

INTRODUCTION.

1. Object: The elimination of HITLER and any high-ranking Nazis or members of the Führer's entourage who may be present at the attempt.

2. Means: Sniper's rifle, PIAT gun (with graze fuze) or Bazooka, H.E. and splinter grenades; derailment and destruction of the Führerzug by explosives; clandestine means.

3. Scene of operations: The most recent information available on Hitler and his movements narrows down the field of endeavour to two loci of action, viz. the BERCHTESGADEN area and the Führerzug (Hitler's train).

The BERCHTESGADEN area includes the OBERSALZBERG as well as the road from the BERGHOF (Hitler's residence on the OBERSALZBERG) to SCHLOSS KLESSHEIM, one of the alternative Führerhauptquartiers which were set up in Germany following the threat to the RASTENBURG (East Prussia) FHQ by the advance of the Russian armies in Poland.

Loci of action in connection with the Führerzug include the SCHLOSS KLESSHEIM sidings, SALZBURG railway station and the routes followed by Hitler's train when travelling north (to Berlin) and west (to Mannheim).

»Die Ausschaltung Hitlers«: Titelseite eines Berichts der britischen »Special Operation Executive«.

»Die Initialzündung kann in Gang gesetzt werden«: Bei General Friedrich Olbricht liefen die Fäden der Verschwörung zusammen.

sierbare Pläne, Hitler zu töten. Doch wie sollte dem Diktator ein Ende bereitet werden? War die Verhaftung Hitlers denkbar? Konnte der Tyrann durch einen gezielten Pistolenschuss getötet werden oder doch besser mithilfe einer Sprengladung? Und was sollte nach einem erfolgreichen Attentat passieren? Planspiele wurden entwickelt, wie die innere Ordnung gewahrt und die Macht in Berlin übernommen werden könnte. Eine zentrale Funktion kam dabei dem Chef des Allgemeinen Heeresamts in Berlin, General der Infanterie Friedrich Olbricht, zu. Im Februar 1943 war Schlabrendorff in Berlin, um sich zu vergewissern, dass im Falle eines geglückten Attentats ein Staatsstreich durchgeführt werden konnte. Olbricht erklärte, er werde ab dem 1. März bereit sein. »Wir sind fertig. Die Initialzündung kann in Gang gesetzt werden.«

Auch die Widerstandsgruppe bei der Abwehr spielte bei den Planungen eine entscheidende Rolle. Zur Vorbereitung des Umsturzes flog Admiral Canaris mit seinem Stab am 7. März 1943 nach Smolensk, begleitet wurde er außerdem von Generalmajor Oster, Oberst Lahousen und Sonderführer Dohnanyi. Offiziell waren die Gespräche als große Besprechung der Feindnachrichtenoffiziere in den Frontgeneralstäben deklariert. Man vereinbarte Codes zur Verständigung, besprach die Maßnahmen, mittels derer man nach der Initialzündung des Attentats in Berlin die Macht übernehmen wollte. Im Vergleich zum späteren Plan »Walküre« war es noch ein wenig durchdachtes Vorhaben, das sich vor allem auf Berlin konzentrierte und das übrige Reichsgebiet und die besetzten Gebiete weitgehend außer Acht ließ. Außerdem hatte man noch keinerlei Vorbereitungen getroffen, die »Wolfsschanze«, das »Führer«-Hauptquartier in Ostpreußen, nachrichtentechnisch zu isolieren. Im entscheidenden Moment würde es nämlich darauf ankommen, dass von dort aus keine Gegenmaßnahmen eingeleitet werden konnten. Das Hauptproblem war freilich, wie man es überhaupt schaffen sollte, in Hitlers Nähe zu gelangen, um diesen zu töten. Einen direkten Zugang zum Diktator hatte keiner der Verschwörer. Niemand kam unbefugt in den streng überwachten Bereich des Hauptquartiers hinein. Man musste also außerhalb der Höhle des Löwen zuschlagen. Dafür standen nur zwei Möglichkeiten zur Verfügung: Entweder beging man ein Attentat bei einem der seltenen öffentlichen Auftritte oder bei einem Frontbesuch. Die Offiziere im Stab der

Wer Widerstandspläne ernsthaft in die Tat umsetzen wollte, musste Zugang zu Hitler haben, denn es gab gewaltige Sicherheitsvorkehrungen. Ich habe Hitler nie gesehen und bin nie in seine Nähe gekommen, und so ging es den allermeisten. Allein schon deshalb war der Kreis derer, die für ein Attentat infrage kamen, sehr klein.

Richard von Weizsäcker, damals Offizier der Wehrmacht

Heeresgruppe Mitte besprachen nächtelang das Für und Wider der beiden Möglichkeiten. Schließlich entschlossen sie sich, Hitler bei einem Frontbesuch zu töten.

Henning von Tresckow versuchte über seinen Freund Rudolf Schmundt den Diktator nach Smolensk ins Hauptquartier der Heeresgruppe Mitte zu locken. Immer wieder wandte sich Tresckow an Hitlers Adjutantur mit der Forderung, dass der »Führer« sich ein Bild von der Lage machen müsse, und zwar vor Ort – dies sollte die Gelegenheit bieten, den Diktator zu beseitigen. Doch Hitler reiste nur sehr ungern an die Front, außerdem waren seine Reisepläne streng geheim und ständigen Änderungen unterworfen.

Doch dann hatten die Verschwörer plötzlich Glück: Für den 13. März 1943 kündigte Hitler seinen Besuch in Smolensk an. Auf dem Rückflug von Winniza nach Ostpreußen wollte er Zwischenstation bei der Heeresgruppe Mitte machen, um die Sommeroffensive an der Ostfront mit den örtlichen Dienststellen zu besprechen. Tresckow und seine Mitstreiter verständigten sich darauf, dass Hitler beim Mittagessen im Kasino erschossen werden sollte. Für die Absicherung der Aktion war eine zuverlässige Heereseinheit vorgesehen: Ende 1942 hatte Georg Freiherr von Boeselager ein Kavallerieregiment aufgestellt, das für besondere Einsätze im Bereich der Heeresgruppe Mitte immer zur Verfügung stand. Ebenso wie ihr Kommandeur waren die meisten Offiziere dieser Truppe Hitler-Gegner und in die Pläne Tresckows eingeweiht. Tresckow fragte Boeselager, ob er es sich zutraue, Hitler aus kurzer Distanz mit der Pistole zu töten. Boeselager war ein hoch dekorierter Offizier, der jahrelang an vorderster Front gekämpft hatte und die Grausamkeit des Tötens im Krieg kannte. Doch auch er zweifelte, ob es ihm gelingen würde, die nötige Kaltblütigkeit aufzubringen, um einen Menschen aus nächster Nähe zu erschießen. Boeselagers Vorbehalte waren einleuchtend, es war zu riskant, einen Mann ganz allein das Attentat durchführen zu lassen. Schließlich einigte man sich darauf, dass Oberst Bernd von Kleist und Rittmeister Schmidt-Salzmann zusammen mit sechs ausgewählten Offizieren des Reiterregiments Boeselager das Attentat während

Mein Bruder war ein bekannter Pistolenschütze. Er war ganz ruhig, er zeigte keine Nerven. Er sollte das Zeichen geben, indem er aufstand, und dann würde geschossen.

Philipp von Boeselager, Mitverschwörer des 20. Juli 1944

Gegen einen idealistisch gesinnten Attentäter, der für seinen Plan rücksichtslos sein Leben aufs Spiel setze, [sei] kein Kraut gewachsen. Es sei ihm darum vollkommen verständlich, warum 90 Prozent der historischen Attentate gelungen seien. Das Einzige, was man vorbeugend tun könne, sei: unregelmäßig zu leben und Spaziergänge, Autofahrten und Reisen völlig unregelmäßig durchzuführen.

Hitlers Tischgespräche, 3. Mai 1942

»Systematische Personalpolitik«: Hitlers Heeresadjutant Rudolf Schmundt mit seinem Dienstherrn.

»Den Verbrecher Hitler beseitigen«: Georg Freiherr von Boeselager war bereit, Hitler mit der Pistole zu töten.

Zuerst hieß es, man solle nicht auf den Kopf schießen, weil Hitler eine Kopfbedeckung mit Stahleinlage habe. Dann wurde gesagt, Hitler würde seine Mütze im Kasino sicherlich abnehmen. Doch der Kopf ist ein sehr kleiner Körperteil, den man durch Bücken oder Ähnliches schnell schützen kann, während der Oberkörper nicht so schnell zu schützen ist. Also verständigte man sich darauf, auf den obersten Knopf zu zielen. Dann, so hieß es, würde man über die Stahlweste treffen, von der man glaubte, dass Hitler sie trug; und das wären mit Sicherheit tödliche Schüsse.
Philipp von Boeselager, Mitverschwörer des 20. Juli 1944

des Mittagessens ausführen sollten. »Hier ging es darum«, berichtet der Bruder von Georg von Boeselager, »dass die Offiziere persönlich ihr Ehrgefühl hintanstellten, um den Verbrecher zu töten. Natürlich war es für diese Offiziere unehrenhaft, jemanden meuchlings zu ermorden, und noch viel mehr, jemanden mit einer Mine zu töten. Die Bereitschaft, am 13. März zu handeln, ist nur damit zu erklären, den *Verbrecher* Hitler zu beseitigen.«

Es wurde nun genau festgelegt, wo Hitler und die Offiziere des Generalstabs des Heeres, der Heeresgruppe Mitte und der unterstellten Armeen an der Mittagstafel sitzen würden. Die Attentäter sollten in den Speisesaal eindringen, sobald die Versammlung ihre Plätze eingenommen hatte. Dann würden sie auf Hitler das Feuer eröffnen. Eine zur Bewachung eingesetzte Schwadron des Reiterverbandes Boeselager würde unterdessen die SS-Wachen ausschalten und den Ort des Geschehens absichern. »Die SS-Wachen waren gar nicht so stark, wie man das immer vermutete. Sicher, da waren ein paar SS-Leute dabei, auch vor unserer Stabsbaracke stand ein SS-Mann, ebenso wie vor der Tür von Kluge. Dies war aber eine relativ harmlose Sicherung, die man leicht überwältigen konnte, wenn man zu mehreren ein Attentat auf Hitler plante«, berichtet Philipp Freiherr von Boeselager.

Bei der Schießerei konnten natürlich sehr leicht auch Unbeteiligte verletzt oder getötet werden. Als Kluge von den Details des Attentatsplans erfuhr, wurde ihm mulmig zumute, da er direkt neben Hitler sitzen würde. Schließlich versuchte er Tresckow davon zu überzeugen, dass man nicht die vielen unbescholtenen Offiziere gefährden könne, die man doch zum Halten der Ostfront benötige. Schließlich konnte er seinen Ia von dem Kasinoüberfall abbringen, indem er darauf bestand, dass das Attentat ohnehin keinen Sinn habe, wenn Himmler nicht mit getötet werden

Oben: »Gegen einen idealistisch gesinnten Attentäter ist kein Kraut gewachsen«: Das Kasino der Heeresgruppe Mitte, Ort des geplanten Pistolenattentats auf Hitler.
Unten: »Es gibt kein Zurück mehr«: Hitler verabschiedet sich am 13. März 1943 von Generalfeldmarschall von Kluge.

würde, weil man sonst in einen Bürgerkrieg hineinschlittere. Wieder einmal wurde deutlich, dass Kluge zu einer aktiven Teilnahme an einem Attentat nicht bereit war.

Henning von Tresckow und Mitverschwörer Fabian von Schlabrendorff hatten von vornherein einen zweiten Weg ins Auge gefasst, falls ein Pistolenattentat nicht gelingen würde. Eine Bombe mit Zeitzünder wurde präpariert. Noch am selben Tag, dem 13. März 1943, konnte so tatsächlich ein Erfolg versprechender Versuch durchgeführt werden, den Diktator zu beseitigen. Es sollte wie ein Unfall aussehen!

Schon etliche Monate zuvor hatte sich die Verschwörergruppe von Gersdorff, dem Abwehroffizier der Heeresgruppe Mitte, immer wieder Sprengstoff besorgen lassen. Tresckow sagte zu Gersdorff: »Fragen Sie mich bitte nichts, aber ich brauche einen besonders wirksamen Sprengstoff, der wenig Raum beansprucht, und zum anderen einen absolut zuverlässigen Zeitzünder, der keine Geräusche verursacht.« Gersdorff organisierte den geeigneten Sprengstoff in der Abwehrabteilung II (Sabotage) bei deren Leiter, Oberstleutnant Hotzel. Um den ständigen Bedarf Tresckows an englischen Sabotagesprengstoffen zu decken, war Gersdorff gezwungen zu lügen. Er erklärte, er wolle das wirkungsvolle ausländische Gerät bei seinen Frontbesuchen der Truppe als Gastgeschenk mitbringen. Ein anderes Mal meinte er, Spezialverbände der Heeresgruppe Mitte sollten damit ausgerüstet werden. In Wirklichkeit suchten die Widerständler nach einer Lösung ihres Problems: Hitler mithilfe einer Bombe zu töten. Das Heikle an der Sprengstoffbeschaffung war, dass Gersdorff den Empfang des Materials immer quittieren musste. Zu seiner Tochter sagte er nach dem Krieg: »Lori, da habe ich gedacht, jedesmal unterschreibe ich mein Todesurteil.«

Tresckow und Schlabrendorff experimentierten mit Sprengstoffen verschiedener Zusammensetzungen und Zündern unterschiedlicher Herkunft. Da die deutschen Explosivmittel nicht die Wirkungen der britischen hatten und die deutschen Zeitzünder durch das Abbrennen eines Schwarzpulverzünders oder das Ticken einer eingebauten Uhr zu laut waren, stand für sie bald fest, dass britisches Material für ihr Vorhaben die richtige Wahl sein würde. Am geeignetsten schien die englische Clam Mine zu sein. Aufgegriffenen feindlichen Agenten in Frankreich hatte die deutsche Abwehr immer wieder solche Sprengkörper abgenommen. Auch bei dem fehlgeschlagenen britischen Kommandounternehmen in Saint-Nazaire im März 1942 waren größere Mengen des britischen Materials erbeutet worden.

Kurios erscheint, dass ausgerechnet eine britische Bombe in den Händen deutscher Widerständler den Mann töten sollte, der Europa in Flammen gesetzt hat. Die bereits erwähnte britische SOE befasste sich ausschließlich mit der Planung und Durchführung von gezielten Sabotage- und Attentatsaktionen gegen das Deutsche Reich im In- und Ausland. Die Clam Mine, eine 800 Gramm schwere Plastikumschalung, gefüllt mit Plastiksprengstoff, gehörte zu ihren Ausrüstungsgegenständen für diesen Untergrundkampf: Eisenbahnschienen, Fabriken und militärisches Gerät wurden mit diesem Sprengkörper in die Luft gejagt. Die Explosion konnte erhebliche Wirkung erzielen.

Die kompakte Form der Bombe und ihr geringes Gewicht machten die englische Clam Mine zu einem idealen Sprengmittel für die Zwecke der Verschwörer. Gezündet wurde diese Höllenmaschine durch einen Zünder, der bei Aktivierung mittels Säure einen Draht durchätzte und dann eine Feder freigab, die mit einem Bolzen eine Sprengkapsel zum Zünden brachte. Der Zeitzünder war absolut lautlos, was die Verschwörer als größten Vorteil der Clam Mine erachteten. Dennoch hatte sie ihre Tücken: Die angegebenen Zündzeiten bezogen sich auf eine Idealtemperatur um die 20 Grad Celsius. Sobald die Außentemperatur sank, erhöhten sich die Zündzeiten dramatisch – bei Minusgraden detonierte der Sprengstoff gar nicht mehr. Dieser Effekt blieb Tresckow und Schlabrendorff bei ihren Experimenten nicht verborgen, gleichwohl waren sie sicher, dass eine »Clam« mit Säurezünder die beste Wahl für ein Sprengstoffattentat darstellte.

Sie umwickelten zwei dieser Minen mit Leukoplast, um eine doppelte Sprengwirkung zu erzielen, und versahen eine von ihnen mit einem Säurezünder. Dieser hat bei idealen Bedingungen eine Zündzeit von 30 Minuten. Die Sprengladungen umhüllten sie mit Packpapier, damit sie wie zwei eingepackte Flaschen Cointreau aussahen. Während des Mittagessens fragte Tresckow Oberstleutnant Brandt, ob er seinem Freund in Berlin, Oberst Stieff, etwas mitnehmen könne. Brandt willigte ein, und Schlabrendorff übergab ihm auf dem Rollfeld das Paket, kurz bevor die »Führer«-Maschine abhob.

Der Plan schien wirklich zu funktionieren. Die kleine Bombe würde das Flugzeug zum Absturz bringen, Hitler würde ums Leben kommen, und jeder müsste denken, dass es sich um einen tragischen Unfall gehandelt habe. Im Gegensatz zum Pistolenattentat würde niemand das Heer ver-

Der Unterschied zwischen dem Pistolenattentat und der Bombe im Flugzeug war, dass es im zweiten Fall nicht klar gewesen wäre, dass das Heer Hitler umgebracht hatte. Er musste in diesem Falle nicht zusammen mit Himmler umgebracht werden, weil eine Machtübernahme Himmlers nicht wahrscheinlich schien.

Philipp von Boeselager, Mitverschwörer des 20. Juli 1944

Links: »Er hasste die Nazis«: Fabian von Schlabrendorff spielte ein wichtige Rolle bei den Attentatsplänen.
Rechts: »Wettschulden sind Ehrenschulden«: Oberstleutnant Heinz Brandt nahm das als Geschenk getarnte Sprengstoffpaket mit an Bord der »Führer«-Maschine.

dächtigen, es würde keinen Bürgerkrieg zwischen Himmlers SS und der Wehrmacht geben. Doch die Nachricht vom Absturz der »Führer«-Maschine blieb aus. Dem bangen Warten folgte Stunden später die bittere Einsicht, dass der Anschlag missglückt war und Hitler Ostpreußen sicher erreicht hatte.

Die Verschwörer bemühten sich nun fieberhaft, die Spuren des gescheiterten Attentatsversuchs zu beseitigen. Es wäre nicht auszudenken gewesen, was geschehen wäre, wenn Stieff das Paket mit der Bombe, womöglich noch im Beisein anderer, ausgepackt hätte. Die ganze Verschwörergruppe in Smolensk wäre aufgeflogen. Tresckow rief sofort Brandt an und behauptete, sie hätten sich vertan, er habe das falsche Paket bekommen und möge es doch bitte noch aufbewahren. Schlabrendorff komme am nächsten Tag vorbei, hole das falsche Paket ab und bringe die Cointreau-Flaschen dann gleich mit. Schlabrendorff flog mit der nächsten Kuriermaschine ins »Führer«-Hauptquartier und nahm von Brandt die beiden als Flaschen getarnten Sprengladungen entgegen. »Ein eigentümliches Gefühl empfand ich«, schrieb Schlabrendorff nach dem Krieg, »als mir Brandt nichts ahnend, was er in der Hand hatte, lächelnd die Bombe überreichte und dabei das Paket so heftig bewegte, dass man hätte fürch-

Nachdem die Planung für das Pistolenattentat gescheitert war, hat Tresckow sofort umgeschaltet und versucht, Hitler durch zwei Bomben umzubringen. Diese Bomben wurden als Päckchen verpackt und durch Oberst Brandt in das Flugzeug gebracht. Tresckow erklärte ihm, er habe eine Wette gegen General Stieff verloren und sei ihm zwei Flaschen Cognac schuldig. Brandt nahm die »Flaschen« an sich und deponierte sie unten im Gepäckraum der Maschine. Wir warteten nun also auf die Meldung, dass Hitlers Flugzeug explodiert sei, aber es passierte nichts. Das war natürlich eine furchtbare Enttäuschung, die zweite an diesem Tag. Tresckow rief sofort Brandt an und erklärte, er habe ihm das falsche Paket mitgegeben. Er solle es doch bitte aufbewahren, Herr Schlabrendorff werde es abholen. Schlabrendorff ist dann mit der nächsten Kuriermaschine ins »Führer«-Hauptquartier geflogen und hat das Paket mit den beiden Bomben wieder abgeholt.

Philipp von Boeselager, Mitverschwörer des 20. Juli 1944

ten können, die Bombe werde noch nachträglich explodieren, da die Zündung ja in Gang gesetzt war. Mit gespielter Ruhe nahm ich die Bombe an mich.«

Schlabrendorff fuhr dann mit dem Nachtzug nach Berlin und öffnete in seinem Schlafwagenabteil ganz vorsichtig das Paket. Er stellte fest, dass der Zünder funktioniert hatte, der Draht war von der Säure durchfressen worden, der Schlagbolzen hatte das Zündhütchen getroffen. Dennoch war der Sprengstoff nicht detoniert, wahrscheinlich, weil es im ungeheizten Gepäckraum des Flugzeugs zu kalt gewesen war. Tiefe Enttäuschung machte sich breit – so knapp hatte man das Ziel verfehlt. Doch die Verschwörer ließen sich nicht entmutigen – sie mussten weiter versuchen, den Tyrannen zu ermorden.

Schon eine Woche später bot sich eine neue Möglicheit. Schmundt teilte Tresckow mit, dass Hitler am 21. März 1943 im Rahmen der »Heldengedenkfeier« im Berliner Zeughaus eine von der Heeresgruppe Mitte eingerichtete Ausstellung sowjetischer Beutewaffen besuchen werde. Die Ic-Abteilung von Gersdorff habe den Auftrag, die Schau zu organisieren. Tresckow begriff sofort die Chance und sprach mit Gersdorff. Er konnte ihm keine näheren Anweisungen zur Durchführung des Attentats geben, da dies von den Verhältnissen vor Ort abhängig sein würde. Wahrscheinlich werde es aber notwendig sein, dass er sich zusammen mit Hitler in die Luft sprengen müsse, schilderte Gersdorff später das Gespräch. Er

Ich kann aber jederzeit von einem Verbrecher, einem Idioten beseitigt werden.

Hitler

brauchte nicht viel Zeit, um die schwerwiegendste Frage zu beantworten, die ihm je gestellt worden war. Ohne zu zögern erklärte er sich bereit, die Tat auszuführen. Er war seit 1942 Witwer. Die mögliche Opferung seines Lebens schien ihm für das Ziel, Hitler zu töten und damit die Initialzündung für den Umsturz auszulösen, kein zu hoher Preis zu sein. Tresckow teilte ihm daraufhin alle Einzelheiten des wenige Tage zuvor missglückten Attentatsversuchs mit und weihte ihn in die Vorbereitungen für den geplanten Staatsstreich ein.

Die Feierlichkeiten anlässlich des »Heldengedenktages« waren in den letzten Jahren immer nach dem gleichen Muster verlaufen, was die Ausführung eines Attentats erleichterte: Hitler war von der Reichskanzlei zum Zeughaus gefahren, wo er um Punkt zwölf Uhr eintraf. Er wurde hier von den Oberbefehlshabern der Wehrmachtsteile und dem Chef des OKW empfangen und durchschritt ein Spalier von Verwundeten in Richtung Lichthof des Zeughauses. Dort wurde zunächst feierliche Musik gespielt, dann hielt Hitler vor einer Versammlung ausgewählter Gäste eine Rede. Es folgte der Besuch der Beutewaffenausstellung, damit Zeit für den Umbau außerhalb des Zeughauses gewonnen werden konnte. Schließlich schritt der »Führer« die Front des Ehrenbataillons ab und legte an der Neuen Wache einen Kranz nieder. Da diesmal die Heeresgruppe Mitte die Beutewaffenausstellung ausrichtete, war ursprünglich vorgesehen, dass deren Oberbefehlshaber, Feldmarschall von Kluge, Hitler geleiten sollte. Weil die Verschwörer Kluge aber für den Umsturz benötigten, wollten sie ihn bei dem Attentat nicht gefährden. Tresckow hatte alle Mühe, ihm die Teilnahme an den Feierlichkeiten auszureden, konnte sich schließlich aber doch durchsetzen.

An Kluges Stelle wurde Walter Model, der eine Armee der Heeresgruppe Mitte befehligte, nach Berlin entsandt. Model flog am 20. März mit Gersdorff in die Hauptstadt und erkundigte sich bei Schmundt über den genauen Ablauf. Dieser zögerte zunächst und vertröstete die beiden mit dem Hinweis, das Zeremoniell sei ebenso streng geheim wie der Zeitpunkt des Beginns. Schließlich vermochte Model Schmundt zu überreden, ihm unter dem Siegel absoluter Verschwiegenheit den Zeitplan mitzuteilen. Demnach würde die Veranstaltung eine Stunde später als üblich beginnen – für die Besichtigung der Ausstellung waren etwa 30 Minuten eingeplant. Nachdem Gersdorff diese wichtige Information bekommen hatte, trat ein ganz gravierendes Problem auf: Schmundt teilte mit, der Teilnehmerkreis sei exakt festgelegt, Gersdorff könne auf keinen Fall dabei sein, worauf der ahnungslose Model scharf protestierte. Er könne unmöglich auf Gersdorff verzichten, es sei überhaupt nicht auszudenken, wenn der »Führer« ihm eine Frage stelle, die er nicht beantworten könne. Gersdorff müsse ihm zur Seite stehen. Schließlich gab Schmundt nach. Die Verschwörer konnten aufatmen: Am 21. März würden sie eine neue Chance bekommen.

Indes war damit noch immer nicht geklärt, wie das Attentat überhaupt vonstatten gehen sollte. Gersdorff sollte Hitler mit einer Bombe töten, so viel war klar. Um die Einzelheiten zu klären, besichtigte er das Zeughaus und suchte nach einer Möglichkeit, irgendwo die Sprengladung zu verstecken, die Hitler töten sollte. Eigentlich wäre das Rednerpult dafür infrage gekommen, doch der weite, hohe Lichthof würde den größten Teil der Explosionskraft der kleinen Bombe verpuffen lassen. Freilich hatte Gersdorff keine so genauen Informationen über den Ablauf, als dass er den Zeitzünder einer Bombe entsprechend hätte abstimmen können. Außerdem wurde das Gebäude einen Tag vor den Feierlichkeiten derart scharf von Kriminalbeamten und SS-Leuten bewacht, dass es gar nicht möglich war, unbemerkt am Rednerpult zu hantieren. Gersdorff erkannte, dass es nur einen Weg gab: Er musste sein Leben opfern und sich mit Hitler in die Luft sprengen, wenn dieser die Beutewaffen betrachtete.

»Zusammen mit Hitler in die Luft sprengen«: Auch Rudolf-Christoph Freiherr von Gersdorff scheiterte mit seinem Attentatsversuch.

In der Nacht vom 20. auf den 21. März brachte Schlabrendorff die englischen Haftminen zu Gersdorff in dessen Zimmer im Hotel Eden. Sie besprachen, welche Zünder verwendet werden sollten. Am 13. März war ein Typ zum Einsatz gekommen, der mit 30 Minuten Verzögerung arbeitete. Aufgrund der knapp bemessenen Zeit in der Ausstellung musste man jetzt auf ein anderes Modell zurückgreifen. Eigentlich hätte Gersdorff einen sofort wirkenden Zünder benötigt, aber man vermochte keinen aufzutreiben, der zur britischen Clam Mine passte. Der deutsche Handgranatenzünder war viel zu auffällig, da er per Zug ausgelöst wurde und dann auch noch nach viereinhalb Sekunden aktiv wurde. Gersdorff hatte sich einige Zünder für zehn Minuten Verzögerung aus Smolensk mitgenommen – die einzigen, die halbwegs infrage kamen. Im Vorhinein war von ausschlaggebender Bedeutung, dass Gersdorff eines annehmen konnte: nämlich dass Hitler sich die Ausstellung eine halbe Stunde lang zeigen lassen würde. Damit blieb genug Zeit, den Sprengsatz zu aktivieren, wenn der Diktator die Ausstellung betrat, und ihn dann zur Explosion zu bringen. In dieser Nacht entschloss sich Gersdorff noch, die Bombe um die Hälfte zu verkleinern, um sie möglichst unauffällig unter seinem Mantel zu verstecken. Nachdem Schlabrendorff gegangen war, fühlte er sich, als ob er in einer Todeszelle sitze. Für ihn waren es schreckliche Stunden in dem Bewusstsein, anderntags zu sterben. In dieser Nacht fand Gersdorff keinen Schlaf.

Wie Schmundt vorhergesagt hatte, traf Hitler am nächsten Tag tatsächlich um 13 Uhr, eine Stunde nach dem offiziellen Beginn der Veranstaltung, ein und begab sich wenige Augenblicke später zum Rednerpult. Es war für ihn nicht irgendeine Rede, es war eine besondere Ansprache, mit der er die Rückeroberung von Charkow, der viertgrößten Stadt der Sowjetunion, verkünden konnte. Dank dieser Operation sollte die Krise der Ostfront nach der Niederlage von Stalingrad ein für alle Mal bewältigt sein. Die Feierlichkeiten zum Heldengedenktag waren verschoben worden, um diesen Sieg verkünden zu können. Hitler sprach etwa zehn Minuten und sagte unter anderem: »Die Verlegung der Frist fand statt, weil ich glaubte, nun die Stätten meiner Arbeit, an die ich seit Monaten gebunden war, mit ruhigen Gewissen verlassen zu können. Denn dank dem Opfer und Heldentum unserer Soldaten an der Ostfront ist es gelungen, nunmehr endgültig die Krise, in die das deutsche Heer durch ein unverdientes Schicksal gestürzt worden war, zu überwinden, die Front zu stabilisieren und jene Maßnahmen einzuleiten, die in den vor uns liegenden Monaten wieder den Erfolg bis zum endgültigen Siege sichern sollen.«

»Hitler lief auf kürzestem Weg Richtung Ausgang«: Der Diktator spricht vor dem Zeughaus mit Verwundeten des Russlandfeldzugs, 21. März 1943.

Nach seiner überraschend kurzen Rede ging Hitler zusammen mit Keitel, Himmler, Göring und Dönitz wie vorgesehen in die Beutewaffenausstellung, wo Model, Gersdorff und der Museumsdirektor schon auf ihn warteten. Jetzt aktivierte Gersdorff den Zündmechanismus der Bombe. Während er Hitler mit dem erhobenen rechten Arm grüßte, griff er mit der linken Hand in seine Manteltasche und zerdrückte mit einem Metallgegenstand das Glasröhrchen mit der Säure im Inneren, und der unaufhaltsame chemische Prozess begann. Den Zünder in der Bombe in seiner rechten Manteltasche betätigte er nicht, da er keinesfalls durch auffälliges Hantieren Aufsehen erregen wollte. Außerdem war davon auszugehen, dass durch die Explosion des linken auch der rechte Sprengkörper detonieren würde. Es blieben etwa zehn Minuten, welche die Welt verändern konnten. Gersdorff versuchte immer ganz nahe an Hitlers Seite zu bleiben, um ihn mit in den sicheren Tod zu reißen. Für ihn als verantwortlichem Fachmann für die Ausstellung war dies kein Problem – nur noch wenige Augenblicke, dann würde die Sprengladung ihn zerreißen und hoffentlich auch den Tyrannen töten. Doch anstatt sich für die Ausstellung zu interessieren, lief Hitler an den Exponaten einfach vorbei. Model versuchte vergeblich, ihm dieses oder jenes zu erklären, auch eine Bemerkung von Gersdorff über einen napoleonischen Adler, der in der Beresina gefunden worden war, ignorierte Hitler. Selbst Göring vermochte ihn nicht in ein Gespräch zu verwickeln. Zum Entsetzen von Gersdorff hatte Hitler die Ausstellung schon nach wenigen Minuten hinter sich gebracht und verließ das Zeughaus. Der Ablauf geriet durch das unerwartet rasche Erscheinen Hitlers etwas durcheinander, schließlich schritt er die Front des Ehrenbataillons ab und legte plangemäß an der Neuen Wache einen Kranz nieder. Gersdorff musste mit dem scharf gemachten Sprengsatz in seinem Mantel zurückbleiben. In einer selbstmörderischen Aktion auf der Westtoilette des Zeughauses gelang es ihm, die Bombe wieder zu entschärfen. Vorsichtig entfernte er die Zeitzünder aus den Clam Minen und spülte die Zündkapsel in der Toilette hinunter. Damit war in letzter Minute die Gefahr gebannt, einen unsinnig gewordenen Tod zu sterben. Aber – wieder war ein Versuch, den Diktator zu töten, misslungen.

Tresckow verfolgte in Smolensk die Radioübertragung der Heldengedenkfeier und konnte anhand der Zeitdifferenz zwischen dem Betreten und Verlassen des Zeughauses schließen, dass die Ausführung des Attentats nicht stattgefunden hatte. Warum Hitler gleichsam in Windeseile durch die Ausstellung raste, ist niemals aufgeklärt worden. Einen äußeren Anlass hierzu gab es nicht, alle Beteiligten waren über sein Verhalten verwundert. Offenbar hatte Hitler die Gefahr instinktiv gespürt, vielleicht war ihm auch die Nervosität Gersdorffs nicht entgangen.

Wie dem auch sei – im März 1943 waren kurz hintereinander zwei erfolgversprechende Attentatsversuche gescheitert, und die Verschwörer mussten wieder von vorne anfangen: Immer wieder versuchten sie eine der seltenen Möglichkeit zu finden, an den Diktator heranzukommen. Doch ihre Suche nach einer geeigneten Person, die Zugang zu Hitler hatte und außerdem entschlossen war, sich notfalls selbst zu opfern, blieb viele Monate erfolglos. Erst im Herbst 1943 wurde Schulenburg auf Hauptmann Axel von dem Bussche aufmerksam, der bereit war, der Tyrannei ein Ende zu setzen.

»Drei Elemente verschafften mir einen Vorsprung gegenüber anderen und sind untrennbar mit dem verbunden, wozu ich mich 1943 entschloss«, berichtete Bussche nach dem Krieg über seine Einstellung: »Erstens meine dänische Mutter und ihre Familie, die mich während des ›Dritten Reichs‹ lehrten, die Welt auch durch skandinavische Augen zu sehen. Zweitens

»Hitler muss weg«: Axel Freiherr von dem Bussche erklärte sich bereit, Hitler bei einer Uniformvorführung zu töten.

mein Regiment, das I.R. 9, von dessen Offizieren im ›Dritten Reich‹ mehr erschossen, aufgehängt und umgebracht worden waren als von den Offizieren irgendeines anderen Regiments. Und drittens das existenzielle Schlüsselerlebnis, Zeuge eines Massenmordes zu werden.« Im Herbst 1942 hatte er mit eigenen Augen die Erschießung von 5000 polnischen Juden im Dubno mit angesehen. Er kam zufällig zum Ort des Geschehens und beobachtete, wie ukrainische SS-Männer Juden herbeibrachten, diese sich entkleiden ließen und in eine Grube führten. Dort mussten sie sich mit dem Gesicht nach unten auf ihre toten oder manchmal auch noch lebenden Leidensgenossen legen. Per Genickschuss wurden die Männer, Frauen und Kinder getötet. Bussche starrte fassungslos auf das Geschehen – offensichtlich war dies keine Exekution von verurteilten Menschen, sondern ein vom Staat befohlener Massenmord. Erschüttert eilte Bussche zu seinem Regimentskommandeur und forderte ihn auf, etwas zu unternehmen. Dieser überlegte und antwortete dann: »Wir können da gar nichts tun.« Bussche hatte sich nach diesem schrecklichen Erlebnis immer wieder gefragt, ob er sich nicht auch hätte ausziehen sollen, sich in die Reihe eingliedern, um sich mit erschießen zu lassen. Doch er war sich darüber im Klaren, dass er dem mörderi-

Axel von dem Bussche ist in meiner Generation das eigentliche Vorbild gewesen, so wie bei den etwas Älteren das Stauffenberg und Schulenburg und einige andere waren.

Richard von Weizsäcker, damals Offizier der Wehrmacht

Ganz links sah man Lastwagen heranfahren, aus denen Menschen quollen, die sich dort nackt auszogen und in einer Reihe anstellten, als ob sie auf den Omnibus warteten. Die Reihe war etwa 600, 800, 1000 Meter lang. Und rechts, wo ich diese Gräben gesehen hatte, hörte ich so alle 20 Sekunden Schüsse. Und dann rückte diese Kette von unbekleideten Menschen – Männer, Frauen, Kinder, Greise – einige Meter vor und verharrte. Ab und zu brachen einzelne Menschen aus der Reihe heraus, unbekleidet, versuchten zu entkommen – und brachen im Feuer dieser ukrainischen Miliz zusammen.

Axel Freiherr von dem Bussche, Mitverschwörer

schen Treiben kaum hätte Einhalt gebieten können, selbst wenn es ihm gelungen wäre, an diesem Tag die Exekutionen zu verhindern. In den nächsten Wochen wären diese armen Menschen doch getötet worden. Freilich zog sich Bussche nicht – wie so viele andere – in die innere Emigration zurück, fügte sich nicht in das scheinbar Unaufhaltsame und verschloss nicht die Augen vor dem Bösen. Er war nach diesem Schlüsselerlebnis entschlossen, das Übel bei der Wurzel zu packen und Hitler zu töten, sobald er die Möglichkeit dazu bekommen sollte. »Ich hatte dabei kein Problem mit der christlichen Religion – es war für mich einfach klar: Hitler muss weg«, erklärte er später. Auch der Umstand, dass er einen Treueid auf den »Führer« geleistet hatte, stellte für ihn kein Problem dar. Schließlich gab es den Notwehrparagraphen 227 im Bürgerlichen Gesetzbuch, der ihm schon als Rekrut eingebläut worden war. Demnach konnte man eigenständig handeln, um einen rechtswidrigen Angriff auf sich oder einen anderen abzuwenden, und zweifellos nahm Hitler mit den Massenmorden an Zivilisten einen »rechtswidrigen Angriff« vor.

Seine Haltung blieb jenen nicht verborgen, welche ebenfalls den Tyrannenmord planten. Im Herbst 1943 wurde Axel von dem Bussche zu Graf Stauffenberg ins Allgemeine Heeresamt in Berlin befohlen. Im Verlauf des Gesprächs erklärte sich von dem Bussche bereit, anlässlich einer Vorführung neuer Uniformen und Ausrüstungsstücke für Infanteristen sich selbst, Hitler, Göring und Himmler in die Luft zu sprengen. Er war der ideale Kandidat für diesen Plan: Bussche hatte an vorderster Front von Leningrad bis zur Halbinsel Krim gekämpft und war mehrfach hoch ausgezeichnet worden. Ihn

Von dem Bussche hat eine Erschießung von Juden miterlebt. Das hat ihn so geschockt, dass er gesagt hat: So nicht, wer das verantwortet, den werde ich bekämpfen.

Walter von Stülpnagel, Sohn des Verschwörers Carl-Heinrich von Stülpnagel konnte man völlig unauffällig als einen tapferen Offizier präsentieren, der Hitler die neuesten Errungenschaften für die Front präsentierte.

Wieder stellte sich die Frage, welche Art Sprengkörper verwendet werden sollte. Da Bussche befürchtete, dass ein gelungenes Attentat mit britischem Sprengstoff den Verdacht aufkommen lassen würde, der Tod Hitlers sei durch ausländische Hand verursacht worden, beschloss er, deutsches Material zu benutzen. Als Zünder wählte er den einer Stielhandgranate, der durch einen starken Ruck an einer Schnur aktiviert wurde. Bussche glaubte nicht, dass das Anreißen des Zünders auffallen würde, da zu einer Uniformvorführung auch viele Bewegungen mit den Händen gehörten. Das Zischen wollte er durch Husten und Räuspern übertönen.

Sprengstoffbeschaffung war auch im Krieg sehr kompliziert. Über jedes Kilo wurde in der Heimat genau Buch geführt. An der Front war das was anderes, aber dort musste man eine Pioniereinheit haben, der man vertrauen konnte. Denn wofür sollte ein Heeresgruppenstab Sprengstoff gebrauchen? Das wäre sehr verdächtig gewesen.

Philipp von Boeselager, Mitverschwörer des 20. Juli 1944

Major Kuhn, ein Mitarbeiter von Stieff, konnte den verlangten Sprengstoff beschaffen, Oberleutnant von Gottberg organisierte eine Handgranate. Selbst in Kriegszeiten war es außerordentlich schwierig, in Deutschland Waffen aufzutreiben. Er konnte die Handgranate nur besorgen, weil er einen Unteroffizier in der Waffenkammer des Infanterie-Ersatzbataillons 9 gut kannte, der ihm die Handgranaten übergeben hat, ohne zu fragen, wofür sie gebraucht würden. Gottberg hat diesen Mann sein Leben lang in dankbarer Erinnerung behalten.

In der Mangerstraße 26 in Potsdam bastelte von dem Bussche mit Oberleutnant von Gottberg die Bombe zusammen. Sie sägten den Stiel der Handgranate ab, sodass nur der Zünder erhalten blieb; der Sprengsatz wurde entfernt. Den Handgranatenzünder modifizierten sie derart, dass ein kleiner Ruck ausreichte, um ihn zu entsichern. Jetzt setzten sie ihn in eine Pioniersprengladung von einem Kilo Gewicht ein. Im entscheidenden Moment wollte Bussche die Bombe aktivieren, auf Hitler zuspringen, ihn umarmen und sich mit ihm in die Luft sprengen.

Schließlich war alles bereit, Bussche hielt sich Ende November 1943 in Erwartung der Vorführung im OKH bei Berlin auf. Die Verschwörer machten sich bereit, im Reich die Macht zu übernehmen. Doch dann setzten vollkommen unerwartet die schweren britischen Luftangriffe auf Berlin ein. Dabei brannte auch der Eisenbahnwaggon aus, in dem die Ausrüstungsgegenstände für die Vorführung gelagert waren. Stieff rief Bussche an und teilte ihm mit, dass man die Aktion verschieben müsse, bis Ersatzmaterial herangeschafft sei. Bussche solle wieder sein Bataillon am Nordabschnitt der Ostfront übernehmen, in einigen Wochen werde man einen neuen Anlauf versuchen und ihn dann zurückholen.

Tatsächlich erreichte Bussche im Januar 1944 ein Telefonanruf, dass er rasch nach Berlin kommen solle. Sein Divisionskommandeur weigerte sich jedoch, einen seiner erfahrensten Offiziere für eine »Modenschau« abzustellen. Auch Stauffenberg schaffte es nicht mehr, Bussche loszueisen. Wenige Tage später wurde er schwer verwundet. Von dem Bussche, ein enger Freund und Kamerad des späteren Bundespräsidenten Richard von Weizsäcker, konnte keinen weiteren Versuch mehr unternehmen, Hitler zu töten, blieb aber dem Widerstand eng verbunden. »Axel Bussche wurde nur durch eine Verkettung von kaum erklärbaren Zufällen später nicht verhaftet. Unmittelbar nach dem gescheiterten Attentat des 20. Juli kam der so genannte nationalsozialistische Führungsoffizier unserer Division zu mir auf den Regimentsgefechtsstand und sagte: ›Da kam doch vor einiger Zeit ein Fernschreiben aus Berlin, in dem stand, der Hauptmann Bussche solle sich sofort in Berlin melden, Unterschrift Stauffenberg.‹ Und der Name Stauffenberg war ja schon am 20. Juli selbst in aller Munde«, berichtet Richard von Weizsäcker das Unfassbare. Trotzdem wurde Bussche nicht verhaftet. Der Koffer mit der Bombe wurde ihm mit seinen Privatsachen in das SS-Lazarett Hohenlychen nachgeschickt und begleitete ihn die nächsten Monate. Da er ein Bein verloren hatte, konnte er das brisante Paket auch nicht beseitigen. Erst im Herbst 1944 fand er die Gelegenheit, es in einem See unauffällig zu »entsorgen«.

Nachdem Bussche ausgefallen war, fand Stauffenberg in dem Leutnant Ewald Heinrich von Kleist einen Ersatzmann. »Auf der einen Seite ist das natürlich für die eigene Zukunft nicht sehr erfreulich. Auf der anderen Seite fühlt man aber doch die Verpflichtung, sich der Aufgabe nicht entziehen zu können«, erinnert sich Kleist. »Meiner Meinung nach kann die damalige Situation kaum jemand nachvollziehen, der in der Demokratie aufgewachsen ist und der die Schrecken eines solchen Krieges nie erlebt hat. So mag es schwer nachzuvollziehen sein, die Pflicht in sich zu fühlen, so eine Entscheidung zu treffen, die das eigene Leben kostet.« Kleist ging zu seinem Vater, um ihn um Rat zu fragen. »Ich habe meinen Vater berichtet, was geplant war, und darauf sagte er: Ja, das musst du tun. Wir hatten ein sehr gutes und enges Verhältnis, und man kann sich vorstellen, was dieser Rat für einen Vater bedeutete. Es war notwendig, der Welt zu zeigen, dass nicht jeder in Deutschland stillschweigend diese Verbrechen hinnahm. Das war für mich der entscheidende Punkt.«

»Wir brauchen Sie für ein Attentat auf Hitler«: Eberhard von Breitenbuch (rechts) mit Generalfeldmarschall Busch auf dem Weg nach Berchtesgaden.

Die Uniformvorführung sollte ursprünglich Anfang Februar 1944 stattfinden, wurde dann aber aus unbekannten Gründen immer wieder verschoben. Schließlich stellte sich heraus, dass die Vorbereitungen vergebens gewesen waren und Kleist keine Gelegenheit mehr zum Attentat bekam.

Unterdessen bemühte sich Tresckow beharrlich, in eine Position aufzurücken, die ihm selbst ermöglichte, das Attentat auszuführen. Jedoch scheiterten sämtliche Versuche, ins Oberkommando des Heeres versetzt zu werden. Auch der Versuch, die Nachfolge von General Heusinger anzutreten, der als der Chef Operationsabteilung des Heeres regelmäßig an den Lagebesprechungen mit Hitler teilnahm, blieb ohne Erfolg.

Schließlich bot sich am 11. März 1944 die letzte Gelegenheit für einen Militär vor dem 20. Juli, Hitlers Leben ein Ende zu setzen: Der Rittmeister Eberhard von Breitenbuch erklärte sich nach einem Gespräch mit Tresckow bereit, Hitler zu erschießen. Gegen den Ordonnanzoffizier von Generalfeldmarschall Busch, dem Oberbefehlshaber der Heeresgruppe Mitte, bestanden keinerlei Sicherheitsbedenken, galt doch sein Vorge-

Tresckow hat ihm bei seinem Antrittsbesuch gesagt: »Sie sind nicht wegen Ihrer schönen blauen Augen hier, sondern Sie sind hier, weil wir um Ihre politische Einstellung wissen und weil wir Sie als Helfer brauchen, um ein Attentat gegen Hitler auszuführen.«

Andreas von Breitenbuch, Sohn des Verschwörers Eberhard von Breitenbuch

setzter als ein besonders glühender Anhänger Hitlers. Breitenbuch hatte 1943 seinen Posten angetreten und war zunächst noch für Kluge tätig gewesen. Tresckow hatte ihm schon damals klar gemacht, dass seine Aufgabe nicht nur darin bestehen würde, den Feldmarschall bei den alltäglichen Dingen zu unterstützen, sondern dass er ihn auch politisch beeinflussen müsse. Breitenbuch war seit dem Sommer 1943 über die Umsturzpläne informiert. Als Kluge im Herbst 1943 seinen schweren Autounfall erlitt, übernahm Busch ihn. Bei dessen Posten hätte der Versuch einer Beeinflussung sich von vornherein als zwecklos erwiesen, da er Hitler voll ergeben war und sich niemals zu irgendeiner Art von oppositionellem Handeln hätte hinreißen lassen. Nachdem alle Attentatsversuche gescheitert waren, richteten sich die Hoffnungen nun auf Breitenbuch. Als Busch am 9. März 1944 auf den Obersalzberg befohlen wurde, ergab sich für seinen Ordonnanzoffizier die Möglichkeit, in die unmittelbare Nähe Hitlers zu gelangen. Breitenbuch machte sich zur Besprechung auf dem »Berghof« bereit. Es war seine Aufgabe, Busch die Unterlagen, die dieser während seines Vortrags benötigte, zu reichen. Tresckow gab ihm eindringlich zu verstehen, dass er das Schicksal Deutschlands in der Hand habe, dass er den furchtbaren Krieg und die verheerenden Bombenangriffe mit seiner Tat beenden könne. Er besprach mit Breitenbuch die Einzelheiten des Attentats und brachte eine kleine, etwa handgranatengroße Bombe mit. Breitenbuch war jedoch skeptisch – er

Meine Mutter musste sich für den Fall, dass ein Attentat ausgeführt werden sollte, darauf einstellen, dass sie verfolgt werden würde. Um ihr zu ermöglichen, sich darauf einzustellen, hatten meine Eltern für einen solchen Fall »Birkhahnbalz« als Codewort vereinbart. Als Generalfeldmarschall Busch am 11. März 1944 anlässlich einer Besprechung auf dem Obersalzberg in Hitlers »Berghof« einen Vortrag halten sollte, musste mein Vater mitkommen. Einige Tage vorher hat er meiner Mutter seine persönlichen Dinge wie Ehering, Siegelring und Armbanduhr zugeschickt und dieses Stichwort »Birkhahnbalz« übermittelt, sodass meine Mutter Bescheid wusste. Sie hat nicht damit gerechnet, ihn noch einmal lebend zu sehen. Und auch mein Vater selbst hatte nicht damit gerechnet, diesen Attentatsversuch zu überleben.

Andreas von Breitenbuch, Sohn des Verschwörers Eberhard von Breitenbuch hatte keine Zeit mehr, den Sprengkörper zu erproben, und wollte, wenn er schon sein Leben einsetzte, sicher gehen, dass sein Anschlag auch erfolgreich sein würde. Schließlich entschied er sich trotz der Bedenken Tresckows für ein Pistolenattentat. Da er seine Dienstpistole an der Garderobe würde abgeben müssen, wollte er eine kleine Browning vom Kaliber 7,65 Millimeter entsichert in seiner Hosentasche verstecken. Breitenbuch war ein sehr guter Schütze und traute sich zu, Hitler zu erschießen. Tresckow ermahnte ihn noch, nur auf Kopf oder Hals zu feuern, weil man damit rechnen müsse, dass Hitler eine schusssichere Weste trage. »Ich weiß, dass er vorhatte, sich selbst zu erschießen, nachdem er Hitler getroffen und erschossen hätte«, berichtet sein Sohn. »Er hat immer erzählt, dass er sich den Folterungen und der Tortur einer Festnahme und all dem, was danach gefolgt wäre, nicht hätte stellen wollen. Er war fest entschlossen, sich nach dem geglücktem Attentat das Leben zu nehmen.«

Busch flog zusammen mit Breitenbuch über Breslau nach Salzburg. Von hier aus ging es am 11. März mit Hitlers Mercedes auf den »Berghof« hinauf. Merkwürdigerweise war Busch diesmal aber der einzige Frontbefehlshaber, der an der Lagebesprechung teilnahm. Normalerweise war eine ganze Reihe von hohen Generälen mit ihren Ordonnanzoffizieren

»Die Sache ist verpfiffen worden«: Hitler im März 1943 mit Luftwaffenoffizieren auf dem Obersalzberg, wo das Pistolenattentat von Breitenbuchs stattfinden sollte.

Er hat später gemutmaßt, dass vielleicht irgendjemand sein Vorhaben verraten haben könnte, aber die SS-Wachen sich nicht getraut hätten, die Ordonnanzoffiziere zu durchsuchen – vielleicht aus Sorge, sich zu blamieren, wenn doch keine Waffe gefunden worden wäre.

Andreas von Breitenbuch, Sohn des Verschwörers Eberhard von Breitenbuch

Es ist unglaublich, wie oft Hitler diesen Anschlägen entkommen ist. Da kann man fast, auch wenn man nicht gläubig ist, an eine Führung der Vorsehung denken, die diesen Mann beschützt hat. Das ist natürlich Blödsinn, aber wenn man die Häufigkeit dieser Fehlschläge kennt, dann kommen einem schon ganz merkwürdige Gedanken.

Ralph Giordano, Publizist, lebte damals in Hamburg

anwesend. Noch konnte sich niemand den auffallend kleinen Kreis erklären.

Keitel, Jodl, Goebbels, Busch und Breitenbuch warteten ungeduldig im Vorraum der großen Halle, in der die Besprechungen stattfanden. Endlich gingen die Türen auf, und ein SS-Mann bat die Herren herein. Breitenbuch hatte wie geplant Koppel und Dienstpistole abgelegt, trug die entsicherte Browning in seiner Hosentasche und eine Aktentasche mit den Unterlagen für den Vortrag unter seinem Arm. Nacheinander betraten die Anwesenden die Besprechungshalle, Breitenbuch war aufgrund seines Dienstgrades als Letzter an der Reihe. Plötzlich hielt ihn eine SS-Wache am Arm fest und meinte ohne begreiflichen Anlass: »Diesmal kein Einlass für Adjutanten!« Breitenbuch opponierte, auch Busch verlangte, dass sein Begleiter eintreten dürfe, er brauche ihn dringend für seinen Vortrag. Doch alle Proteste blieben ohne Erfolg, die Türen schlossen sich vor Breitenbuch! Noch nie waren die Ordonnanzoffiziere von den Besprechungen ausgeschlossen worden. Hatte jemand den Plan verraten? Seine Nerven waren zum Zerreißen gespannt. Mit entsicherter Pistole in der Hosentasche saß Breitenbuch wie festgenagelt allein vor dem Besprechungszimmer. Jedesmal, wenn ein SS-Mann vorbeikam, glaubte Breitenbuch, verhaftet zu werden. Die Pistole in seiner Hosentasche war ein eindeutiger Hinweis auf sein Vorhaben. Stundenlang harrte er hier aus – immer in der Angst entdeckt zu werden. »Mein Vater war in einer nervlich desolaten Situation, er war extrem nervös und hatte natürlich Angst, dass man ihm seine Aufregung anmerken würde. Er hat sich zeit seines Lebens darüber gewundert, dass nicht irgendjemand gemerkt hat, was da eigentlich abgelaufen ist, und dass man nicht drauf gekommen ist, was er vorgehabt hatte«, schildert der Sohn Andreas von Breitenbuch die heikle Situation.

Endlich war die Besprechung zu Ende – die Türen gingen wieder auf, es war ihm wie eine Ewigkeit vorgekommen. Busch und Breitenbuch kehrten nach Minsk zurück, wo ihm Tresckow eingestand: »Ja, Breitenbuch, die Sache ist verpfiffen worden.« Freilich kann kein konkreter Verdacht bestanden haben, sonst wäre Breitenbuch zweifellos durchsucht worden. Die

Sicherheitskräfte um Hitler mögen höchstens eine undefinierbare Ahnung der Gefahr gehabt haben – mehr kann es nicht gewesen sein. Kurz nach dem 11. März war Breitenbuch mit Busch noch einmal bei Hitler auf dem »Berghof«, ohne jedoch dabei einen erneuten Attentatsversuch in Erwägung zu ziehen. »So etwas macht man nur einmal«, sagte er. Die nervliche Anspannung war derart groß, dass er nicht glaubte, diese ein zweites Mal durchhalten zu können.

Seit Anfang 1943 waren damit alle Versuche, Hitler zu töten, zum Teil an kaum fassbaren Zufällen gescheitert. Die Hoffnungen der Verschwörer, endlich den Tyrannenmord auszuführen, ruhten bald nur noch auf einem einzigen Mann: Claus Graf Schenk von Stauffenberg.

Der Attentäter

> **Es ist Zeit, dass jetzt etwas getan wird. Derjenige allerdings, der etwas zu tun wagt, muss sich bewusst sein, dass er wohl als Verräter in die deutsche Geschichte eingehen wird. Unterlässt er jedoch die Tat, dann wäre er ein Verräter vor seinem eigenen Gewissen.**
>
> Stauffenberg

Berlin, 16. Juli 1944, Stadtteil Wannsee. An diesem Sonntagabend trafen etwa um 19.00 Uhr in dem Haus Tristanstraße Nr. 8 nacheinander fünf Männer ein – die Führungsriege des Widerstands gegen Hitler: Fritz-Dietlof von der Schulenburg und Cäsar von Hofacker, die in der Militärverwaltung in Frankreich Dienst taten; Adam von Trott zu Solz, der Diplomat; Albrecht Ritter Mertz von Quirnheim und Georg Hansen, beides Generalstäbler im Rang eines Obersts. Sie alle waren jetzt bereit, in Aktion zu treten. Hofacker berichtete von der Lage im Westen: In der Normandie neige sich der ungleiche Kampf gegen die haushoch überlegenen alliierten Truppen allmählich dem Ende zu. Einige Wochen könne man die Front vielleicht noch halten, dann seien die eigenen Truppen zerschlagen, Briten und Amerikaner würden dann ihre Brückenköpfe erweitern und Frankreich rasch besetzen. Trott sprach über seine Sondierungen in Schweden, die ihn in seiner Hoffnung bestätigten, die Alliierten könnten nach der Beseitigung des NS-Regimes vielleicht doch in Verhandlungen eintreten. Allen war klar, dass angesichts der katastrophalen militärischen Lage jetzt rasch gehandelt werden musste. Nicht nur die Front in Frankreich drohte zu zerbrechen. Die Rote Armee hatte Ende Juni die Heeresgruppe Mitte überrannt und stieß unaufhaltsam in Richtung Westen vor – Ostpreußen musste bald erreicht sein. Auch in Italien waren die Alliierten auf dem Vormarsch, Rom war bereits am 4. Juni gefallen. Würden die Verschwörer noch lange zögern, so würde ein Attentat wohl von der militärischen Realität überholt werden.

Doch was war zu tun, wenn es nicht bald gelang, Hitler zu töten? Die so genannte Westlösung wurde debattiert. Die beiden wichtigsten Oberbefehlshaber in Frankreich, Hans von Kluge und Erwin Rommel, standen den Verschwörern nahe. Würde man sie dazu überreden können, ihren

»Es ist keine Zeit mehr zu verlieren«: Tristanstraße Nr. 8, Berlin-Wannsee – in dieser Villa wurden die letzten Details des Attentats vom 20. Juli 1944 besprochen.

Truppen die Einstellung des sinnlos gewordenen Kampfes und den Rückzug auf die Reichsgrenzen zu befehlen, so käme womöglich eine Lawine ins Rollen, wenn man zeitgleich die Nachrichtenverbindungen ins »Führer«-Hauptquartier unterbrach. Die Truppenbewegungen wären dann vielleicht nicht mehr aufzuhalten gewesen, die rasche Beendigung des Krieges im Westen die Folge. Doch schließlich wurde diese Option verworfen. Viel zu ungewiss schienen die Erfolgschancen. Was war also zu tun? Sollte man nicht einfach abwarten, sich in das unvermeidbare Schicksal des Deutschen Reiches ergeben, Kräfte sammeln für einen späteren Neuaufbau? Nein, hierzu war niemand der Anwesenden bereit. Es musste etwas geschehen, um noch mehr Schaden von Deutschland abzuwenden.

Hitler ist ein Verbrecher oder ein Wahnsinniger, wahrscheinlich aber beides. Er muss beseitigt werden, um den aussichtslosen Krieg zu beenden.

Albrecht Ritter Mertz von Quirnheim, 25. Juni 1944

Und so wandten sich alle Blicke auf die Person, in deren Wohnung man sich versammelt hatte: Claus Graf Schenk von Stauffenberg. Schwer kriegsversehrt, war der junge Oberst wenige Wochen zuvor zum Chef des Stabes des Ersatzheeres ernannt worden. In dieser Eigenschaft nahm er gelegentlich an den Lagebesprechungen im »Führer«-Hauptquartier teil. Er war der Einzige, der Zugang zu Hitler hatte; er war derjenige, der nahe genug an den Diktator herankam, um ein Attentat auszuführen und damit den lange geplanten Staatsstreich auszulösen. Zudem war Eile geboten, da die Gestapo den Verschwörern bereits auf den Fersen war. Julius Leber, einer der führenden Köpfe der SPD, war bereits verhaftet worden, und

»Derjenige, der es zu tun wagt, wird als Verräter in die deutsche Geschichte eingehen«: Der Hitler-Attentäter Claus Graf Schenk von Stauffenberg.

»Privilegierte Stellung«: Der Stauffenbergsche Familienbesitz Schloss Lautlingen am Fuß der Schwäbischen Alb.

man konnte nur hoffen, dass er sein Wissen den Folterknechten nicht preisgab. Carl Friedrich Goerdeler, der nach dem geglückten Umsturz Reichskanzler werden sollte, drohte als Nächster an die Reihe zu kommen. Stauffenberg wusste um seine Bedeutung für das Unternehmen. Es war offenkundig, dass nun keine Zeit mehr verloren werden durfte. Nachdem es bei den letzten Lagebesprechungen nicht geglückt war, eine Bombe zu zünden, war er entschlossen, bei der nächsten Gelegenheit alles zu wagen.

Doch wer war dieser Oberst im Generalstab, auf dem nun alle Hoffnungen des Widerstands ruhten? Wie kam er zu den Kreisen, die nicht mehr bereit waren, tatenlos zuzusehen? Warum riskierte er sein eigenes Leben, um den Diktator zu töten, während so viele andere niemals diesen Schritt wagten? Was war so besonders an Claus von Stauffenberg, dessen Leben zunächst in den gewohnten Bahnen verlaufen war, bestimmt durch die Prägungen seines Elternhauses und seine überdurchschnittliche Intelligenz? Bis weit in den Krieg hinein deutete nichts darauf hin, dass gerade er zur Symbolfigur des Aufbegehrens gegen Hitler werden sollte.

Claus Graf Schenk von Stauffenberg wurde am 15. November 1907 im zwischen Ulm und Augsburg gelegenen Ort Jettingen als Spross einer schwäbischen Adelsfamilie geboren. Sein Vater war seit 1908 als Oberhofmarschall des württembergischen Königs Wilhelm II. für dessen Stallungen verantwortlich und lebte mit seiner Familie im Alten Schloss der Grafen und Herzöge von Württemberg. Claus wuchs hier zusammen mit seinen beiden zwei Jahre älteren Zwillingsbrüdern Alexander und Berthold in privilegierter Stellung auf. Seine Mutter war eine geborene Gräfin Uexküll-Gyllenband, eine Urenkelin des bedeutenden preußischen Feldmarschalls Neidhardt von Gneisenau. Sie hatte eine ausgesprochene Vorliebe für die klassische Literatur und öffnete ihren drei Söhnen eine Welt der Dichtung und der Kunst, die zeit ihres Lebens einen großen Einfluss auf sie ausgeübt hatte. Claus entwickelte schon früh ein enges Verhältnis zu seinen beiden älteren Brüdern, das bis zu seinem Tod unverändert Bestand haben sollte.

Die Familie war doch überrascht, dass sich mein Vater zu einem militärischen Beruf entschlossen hat. Nur mein Großvater war zunächst Berufsoffizier gewesen, ist aber bereits als Rittmeister ausgeschieden und in den Hofdienst gegangen. Außer ihm war nur ein Onkel Berufsoffizier.

Berthold Graf Schenk von Stauffenberg, Sohn von Claus Graf Schenk von Stauffenberg

Stauffenberg war ein guter Soldat und ein überzeugter Soldat. Aber ich hätte ihn mir auch in vielen anderen Berufen vorstellen können. Er war musisch und auch literarisch interessiert. Er hätte natürlich auch ein guter Jurist sein können oder ein guter Verwaltungsbeamter.

Ulrich de Maizière, damals Generalstabsoffizier

Neben dem familiären Umfeld ist der junge Claus von Stauffenberg zweifellos stark von den Werken Stefan Georges geprägt worden, den er 1923 persönlich kennen lernte und mit dem er bis zu dessen Tod 1933 eng verbunden blieb. 1926 legte er in Stuttgart das Abitur ab. Geschichte, Mathematik und Französisch waren seine besten Fächer. Zur Überraschung seiner Schulfreunde wollte er nun Offizier werden. Niemand hatte mit einer solchen Entscheidung gerechnet. Vielmehr glaubte man, dass er einen künstlerischen Beruf, vielleicht Musiker, wählen würde, oder, weil er viel zeichnete, Architekt werden wollte. Das raue Soldatenleben passte schon aufgrund seiner oftmals angeschlagenen Gesundheit und seines filigranen Charakters nicht recht ins Bild. Zudem: Die Auswahl für die Aufnahme in das Offizierskorps des kleinen 100 000-Mann-Heeres der Reichswehr war sehr streng. Ob gerade er hier bestehen würde? Aber er wurde als Fahnenjunker in das Bamberger Reiterregiment 17 aufgenommen – die Fürsprache eines Verwandten mag hierbei geholfen haben. Seine Frau Nina Freiin von Lerchenfeld, die er 1933 heiratete, hat seine Gründe, Offizier zu werden, später so umschrieben: »Das erzieherische Vorbild seines

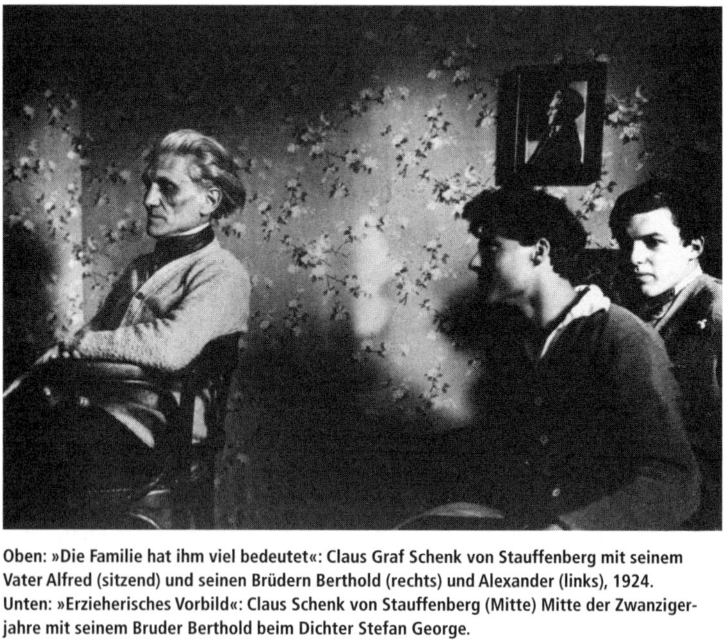

Oben: »Die Familie hat ihm viel bedeutet«: Claus Graf Schenk von Stauffenberg mit seinem Vater Alfred (sitzend) und seinen Brüdern Berthold (rechts) und Alexander (links), 1924.
Unten: »Erzieherisches Vorbild«: Claus Schenk von Stauffenberg (Mitte) Mitte der Zwanzigerjahre mit seinem Bruder Berthold beim Dichter Stefan George.

Lehrers George, dessen Ethos der Tat und dessen Hoffnung auf ein neues Deutschland können Stauffenberg beeinflusst haben, sich einem Beruf zuzuwenden, bei dem er alle seine Neigungen vereinigen konnte: Exakte Planungsarbeit, Menschenerziehung, Verantwortung und Dienst an der Allgemeinheit.«

Das hervorstechendste Merkmal an ihm waren seine hervorragenden geistigen Fähigkeiten, sein geschliffener Verstand. Während wir mit dem Unterrichtsstoff unsere Mühe hatten, bewältigte er ihn leicht.

Manfred von Brauchitsch, besuchte mit Stauffenberg die Infanterieschule der Reichswehr in Dresden

Zuverlässiger und selbstständiger Charakter mit unabhängiger Willens- und Urteilsbildung. … Gesellschaftlich und kameradschaftlich von einwandfreiem Verhalten. Zeigt viel Interesse für soziale, geschichtliche und religiöse Zusammenhänge. … Berechtigt bei fortschreitender Entwicklung zu den schönsten Hoffnungen.

Militärische Beurteilung Stauffenbergs, Ende 1933

Stauffenberg durchlief die verschiedenen Stationen seiner Ausbildung problemlos, er legte die Offiziersprüfung als Bester der Kavallerie ab und wurde zu Jahresbeginn 1930 zum Leutnant befördert. Bereits jetzt, mit 22 Jahren, stach er durch seine außergewöhnliche Persönlichkeit hervor, gewann rasch das Vertrauen seiner Kameraden und wurde, von allen hoch geachtet, in den Ehrenrat des Regiments gewählt. Stauffenberg überzeugte durch seine lockere und freie Art, das Gespräch mit seinen Kameraden zu suchen, und wirkte trotz seiner geistigen Überlegenheit niemals verletzend. Er sei geprägt durch »unabhängige Willens- und Urteilsbildung, ausgezeichnete geistige Anlagen, überdurchschnittliches taktisches und technisches Können«, schrieb sein Kompaniechef einige Jahre später in einer Beurteilung.

In den politischen Wirren der Zeit ist Stauffenberg nicht durch ein besonderes politisches Bekenntnis hervorgetreten. Unzweifelhaft ist, dass Stauffenberg Patriot war, dass er Deutschland von den Fesseln des Versailler Vertrags befreit sehen wollte, dass er für den Wiederaufbau eines mächtigen deutschen Heeres war. Im Gegensatz zu vielen seiner Regimentskameraden hat er freilich der Republik loyal gedient. Trotz aller Schwächen plädierte er dafür, sich für diesen Staat einzusetzen und nicht nur an der Republik herumzunörgeln. Wie Stauffenberg in diesen Jahren zur aufstrebenden Bewegung Adolf Hitlers stand, ist nicht überliefert. Es spricht aber vieles dafür, dass er – ähnlich wie viele seiner späteren Mitstreiter im militärischen Widerstand – Hitler als Hoffnung wahrgenommen hat, als den Mann, der das Land aus Chaos und Spaltung führen werde. Von der Ernennung Hitlers zum Reichskanzler am 30. Januar 1933 erfuhr er auf dem Übungsplatz seiner Kavallerieeinheit. »Jetzt hat's der Kerl doch geschafft!«, soll er ausgerufen und später am Tage im Kasino enthusiastisch von der neuen Bewegung gesprochen haben. Dass er frei-

»Im Verhältnis zu Frauen zurückhaltend«: Stauffenberg mit seiner Verlobten Nina Freiin von Lerchenfeld im Jahr 1931.

»Der Dienst hat immer Vorrang«: Nina und Claus Schenk von Stauffenberg nach ihrer Hochzeit am 26. September 1933.

lich eine öffentliche Kundgebung in Bamberg anlässlich der Machtergreifung angeführt habe, hat sich später als Irrtum herausgestellt. Wenngleich Stauffenberg die Ereignisse begrüßte, so war er doch aufgrund seiner Herkunft, seiner Bildung und seines Charakters alles andere als ein bedingungsloser Anhänger Hitlers. Schon die Vereinnahmung durch eine Ideologie lehnte er als etwas Primitives ab, ebenso die vulgäre Form des Nationalsozialismus. Als er als Vertreter seines Regiments zu einer Parteikundgebung delegiert wurde, verließ er diese demonstrativ, als der Gauleiter von Franken, Julius Streicher, sich in hemmungsloser Judenhetze erging.

Den »Röhm-Putsch« in der Nacht vom 30. Juni 1934 definierte Stauffenberg noch beiläufig als Klarheit schaffende Selbstreinigung. Ob er von den Hintergründen der Ermordung der SA-Führung und der beiden Reichswehrgeneräle Schleicher und Bredow wusste, darf bezweifelt werden. Deutlicher wird uns seine Haltung wenige Wochen später ersichtlich. Am 2. August 1934 war der greise Reichspräsident Paul von Hindenburg gestorben, worauf Reichswehrminister Werner von Blomberg alle Soldaten auf Adolf Hitler als »Führer und Reichskanzler« persönlich vereidigen ließ. »Auch das noch«, soll Stauffenberg bemerkt haben. Bereits die Übernahme des Hakenkreuzes als Hoheitsabzeichen der Armee einige Monate zuvor hatte er als unwürdig empfunden. Aus diesen Wochen wird erstmals berichtet, wie er sich mit seinem Kompaniechef darüber unterhalten habe, auf welche Weise das NS-System gewaltsam beseitigt werden könnte. So etwas könne nur von »oben« erfolgen, befanden die beiden Offiziere. Eine Revolution von unten sei bei den Machtmitteln der Partei nicht realistisch. Man wird in diesen Äußerungen freilich noch keine Absicht erkennen können, die NS-Regierung zu stürzen. Es war wohl nur ein flüchtiger Gedankenaustausch, ausgelöst durch die Empörung über das gerade Erlebte. Hierfür spricht auch, dass von ihm aus der folgenden Zeit keine weiteren oppositionellen Bemerkungen überliefert sind.

Stauffenberg kam 1934 für zwei Jahre an die Kavallerieschule in Hannover, wo er seine Reitkünste bis zur Perfektion verbessern konnte und mehrere Pokale gewann. Auch in Hannover fiel Stauffenberg als integre, redegewandte und offene Persönlichkeit auf. »Er hatte keine ›zwei Sei-

Es war unmöglich, ihn – selbst im größeren Kreise – zu übersehen. Auch ohne es zu wollen, war er bald der Mittelpunkt jedes Kreises; von ihm ging eine anziehende, überzeugende und vertrauenerweckende Wirkung aus.

Bernd von Pezold, Regimentskamerad von Stauffenberg

Natürlich hat man manches begrüßt – den Wiederaufbau des Heeres oder die Absage an Versailles –, aber zu sagen, mein Mann sei ein begeisterter Nazi gewesen, ist einfach bodenlos.

Nina Gräfin Schenk von Stauffenberg

»Berechtigt bei fortschreitender Entwicklung zu den schönsten Hoffnungen«: Stauffenberg im Jahr 1934.

ten‹ oder gar ›zwei Böden‹, er war immer derselbe und war es immer ganz. Hierin lag das Geheimnis seiner Ausstrahlung, die Erklärung für seine persönliche Wirkung«, berichtet Bernd von Pezold, einer seiner damaligen Kameraden.

Der Politik scheint er sich vor allem aus der Perspektive des wissbegierigen Zuschauers genähert zu haben. Mit Sicherheit nahm Stauffenberg die enormen innenpolitischen Umwälzungen genau wahr. Eine klare Haltung zum NS-System ist aber noch immer nicht auszumachen, trotz der brutalen Unterdrückung der Opposition, trotz der »Nürnberger Gesetze«. Sein Freund Rudolf Fahrner beschreibt ihn in dieser Zeit folgendermaßen: »Stauffenberg beobachtete und beurteilte als ein selbst zum Handeln Begabter und Getriebener Hitlers Emporkommen und Wirkung mit großem, sachlichem Interesse. Er sah in ihm den Typus eines modernen Massenbewegers mit einer erstaunlichen Potenz seines ›Trommelns‹.

Stauffenberg lehnte den stumpfen und oft rüden Kasinogeist ab. Freundschaftlicher Geselligkeit durchaus nicht abgeneigt, verurteilte er jedoch Zechereien und Ausschweifungen der Kameraden und nahm dies auch bei seinen Freunden sehr übel. Seine Einstellung zu Frauen hatte ebenfalls etwas Eigenes, das durch Zurückhaltung und Ritterlichkeit gekennzeichnet war. Den oberflächlichen Abenteuern der Kameraden stand er mit Ablehnung, ja mit völligem Unverständnis gegenüber.
Manfred von Brauchitsch, besuchte mit Stauffenberg die Infanterieschule der Reichswehr in Dresden

…Stauffenberg bewegte das Kraftfeld, das dieser Mann zu erzeugen vermochte, seine Vehemenz, die unmöglich Scheinendes in einer festgeschobenen Welt plötzlich als möglich erscheinen ließ.«

In seiner bisherigen Laufbahn hatte er sich als tatendurstiger, universell gebildeter und überdurchschnittlich intelligenter Offizier hervorgetan. Insofern überrascht es nicht, dass er im Oktober 1936 an die Kriegsakademie in Berlin zum Generalstabslehrgang kommandiert wurde. Es war eine entscheidende Wegmarke seiner Laufbahn, denn er war einer der wenigen, die sich durch das erfolgreiche Absolvieren der Akademieausbildung zu Höherem qualifizieren konnten. Der Generalstabsdienst galt seit den Tagen Moltkes als höhere Weihe. Von hier aus hatten die Besten und Intelligentesten der jüngeren Offiziere die Möglichkeit, in die Schaltstellen der Macht aufzurücken. Wer, wie Stauffenberg, »wirken« wollte, wer aus dem oftmals engstirnigen Bereich des Truppendienstes herauswollte, der musste durch diese Eliteschule des Heeres gehen.

Stauffenberg meisterte auch diese Herausforderung mit Bravour. Bald sprach man von ihm mit einer gewissen Hochachtung. Stauffenberg erwarb hier die Freundschaft zweier Offiziere, die ihm bis zu seinem Tod treue und wesensverwandte Weggefährten bleiben sollten: Albrecht Mertz von Quirnheim und Eberhard Finckh. Alle drei fielen durch ihre intellektuelle Stärke und die Überzeugungskraft ihres Charakters auf. Und obwohl sie zweifellos auch politisch dachten, versuchte Stauffenberg zumindest im militärischen Bereich seine individuelle Überzeugung mit dem Regime in Einklang zu bringen. Diese Haltung war auch in der Blomberg-Fritsch-Krise vom Frühjahr 1938 zu beobachten. Im Februar 1938 musste Reichswehrminister Werner von Blomberg zurücktreten, weil er eine nicht »standesgemäße« Dame geheiratet hatte. Als bekannt wurde, dass sie für

»Wesensverwandte Weggefährten«: Stauffenberg und sein Freund Albrecht Mertz von Quirnheim.

Aktfotos Modell gestanden hatte, drohte die Hochzeit sich zu einem Skandal für Armee und Staat auszuweiten, weil Hitler und Göring Trauzeugen gewesen waren. Hitler ergriff die Gelegenheit, den unbequem gewordenen Blomberg zum Rücktritt zu zwingen. Nachdem der Stein erst einmal ins Rollen geraten war, trachtete die Führung des Regimes danach, den Oberbefehlshaber des Heeres, Generaloberst Werner Freiherr von Fritsch, gleich mit loszuwerden, da dieser eine zunehmend kritische Haltung gegenüber Hitlers außenpolitischem Vabanquespiel eingenommen hatte. Mit fingierten Zeugenaussagen wurde er der Homosexualität verdächtigt, entlassen und erst viele Monate später teilweise rehabilitiert. Der Armee war damit das Haupt abgeschlagen, Hitler ernannte sich selbst zum Oberbefehlshaber der Wehrmacht. Die Generalität hatte dem unerhörten Verhalten vor allem gegenüber Fritsch tatenlos zugesehen. Sie war fortan nur noch eine mehr oder minder willfährige Funktionselite, welche die Befehle Hitlers ausführte, aber kein eigenständiges, staatstragendes Gewicht mehr besaß. Stauffenberg erfuhr von dem Berliner Polizei-Vizepräsidenten Fritz-Dietlof Graf von der Schulenburg, zu dessen erweitertem Bekanntenkreis die Stauffenberg-Brüder damals gehörten, von den Machenschaften gegen Blomberg und Fritsch. Mehrfach drückte er seine Empörung über die Behandlung der beiden aus und war enttäuscht über das duckmäuserische Verhalten der Generalität, die sich nicht geschlossen gegen die Intrigen gestellt hatte. Seine Kritik ging freilich nicht so weit, den NS-Staat als solchen infrage zu stellen. Dass es negative Erscheinungen gab, erkannte und brandmarkte er. Die grundlegende Erkenntnis, dass der Staat als solcher verbrecherisch war, zog er noch nicht.

Nach dem bestandenen Lehrgang an der Kriegsakademie wurde Stauffenberg als zweiter Generalstabsoffizier (Ib) zur 1. Leichten Division nach Wuppertal kommandiert und war in dieser Funktion für alle Fragen des Nachschubs, der Logistik und der Versorgung zuständig. Damit hatte er einen verantwortungsvollen Posten übernommen, zumal seine Einheit eine der wenigen motorisierten Verbände der Wehrmacht war, die schon über Panzer verfügte. Sein Divisionskommandeur war Generalleutnant Erich Hoepner, der während des Krieges als einer der wenigen Generäle dem militärischen Widerstand angehörte.

Hitler war für Stauffenberg ebenso wie für uns der Kanzler unseres Vaterlandes, dem wir unseren Fahneneid hatten schwören müssen.

Werner Reerink, damals Ordonnanzoffizier Stauffenbergs bei der 1. Leichten Division

Stauffenberg hatte nicht viel Zeit, sich mit seiner Arbeit vertraut zu machen und seine Dienststelle

Die Ereignisse der Kristallnacht November 1938 allerdings führten bei Stauffenberg, der sich immer ganz besonders für Recht, Anstand und Sitte einsetzte, zu einer krassen Verurteilung der Geschehnisse mit dem Hinweis, welcher Schaden hierdurch für unser Vaterland in der gesamten Welt geschehen würde. In der Zeit nach dem November 1938 kritisierte Stauffenberg Personen und Gliederungen der NSDAP, die ihm dem Charakter und dem Benehmen nach ein Dorn im Auge waren, allerdings stärker als vorher.

Werner Reerink, damals Ordonnanzoffizier Stauffenbergs bei der 1. Leichten Division

aufzubauen. Anfang September 1938 wurde die Division zu den großen Herbstmanövern in den Kasseler Raum verlegt. Über Europa schwebte das Gespenst des Krieges. Hitler plante unter dem Vorwand, die Sudetendeutschen »befreien« zu wollen, in die Tschechoslowakei einzumarschieren. Die Manöver waren bereits Teil des Aufmarschs und sollten der Division den letzten Schliff für den kommenden Kampfeinsatz geben. Stauffenberg ahnte, dass es hier nicht um friedliche Übungen ging, sondern dass der Ausbruch eines allgemeinen Krieges bevorstand. In diesen Krisentagen, in denen seine Einheit immer näher an die deutsch-tschechische Grenze heranrückte, kam es unter den Offizieren des Divisionsstabes wiederholt zu lebhaften politischen Diskussionen. Er liebte es, über die Lage im Allgemeinen und den Nationalsozialismus im Besonderen zu reflektieren. Den Anschluss der Sudetendeutschen an das Deutsche Reich befürwortete Stauffenberg voll und ganz, die Anwendung von Gewaltmethoden lehnte er freilich entschieden ab und sparte auch nicht mit heftiger Kritik an der Partei. Ein genereller Bruch mit Hitler fand aber auch jetzt nicht statt – ebenfalls nicht, als es am 9. November 1938 zu den von ihm scharf verurteilten Judenpogromen kam. »Hitler war für Stauffenberg ebenso wie für uns der Kanzler unseres Vaterlandes, dem wir unseren Fahneneid hatten schwören müssen«, beschrieb sein Ordonnanzoffizier die Stimmungslage. Dass sich im September 1938 in Berlin eine Konspiration unter der Führung des Generalstabschefs des Heeres, Franz Halder, zusammengefunden hatte, die bereit war, Hitler zu verhaften und zu töten, sobald dieser den Befehl zum Angriff auf die Tschechoslowakei gab, konnte Stauffenberg zu diesem Zeitpunkt nicht ahnen. Doch sein Divisionskommandeur Erich Hoepner war in die Pläne eingeweiht. Im Ernstfall sollte die 1. Leichte Division nämlich im Thüringer Wald den Elitetruppen der »SS-Leibstandarte Adolf

Hitler« den Weg von Bayern nach Berlin versperren. Die Münchener Konferenz vom 29. September 1938, auf der die Westmächte dem Anschluss des Sudetenlandes an das Deutsche Reich zustimmten, machte die Umsturzpläne hinfällig. Stauffenberg erfuhr erst im Nachhinein über Schulenburg von den Absichten der Verschwörer und lehnte sie ab. Er wusste freilich, dass Beck die zentrale Person im Widerstand gegen Hitler war und dass auch sein Divisionskommandeur Hoepner dazugehörte. Mit der oppositionellen Haltung eines größeren Kreises von Generälen oder gar des Heeres insgesamt könne man aber nicht rechnen, sagte er seinem Freund Rudolf Fahrner. »Von Leuten, die schon ein- oder zweimal kein Rückgrat gezeigt hätten, könne man nicht erwarten, dass sie in Zukunft geradestünden.« Für Stauffenberg war der Begriff Opposition freilich nicht mit der Absetzung oder gar Ermordung Hitlers verbunden, sondern mit der politischen Aufwertung des Militärs zu einer staatstragenden Macht.

Die in München gefassten Beschlüsse der Großmächte ließen der Tschechoslowakei keine andere Wahl als einzulenken und etwaige Gedanken an einen militärischen Konflikt aufzugeben. Am 1. Oktober 1938 begann der Einmarsch deutscher Truppen in das Sudentenland. Stauffenbergs Division überschritt am 4. Oktober die Grenze. Zwei Wochen später war der Einsatz schon wieder beendet, die Division zurückverlegt nach Wuppertal. Die Versetzung zur 1. Leichten Division erwies sich nunmehr als Dauerstellung, sodass die Familie im Dezember von Bamberg nach Wuppertal zog, wo sie bis zum Juli 1943 wohnte. Stauffenberg wurde aufgrund dessen, dass er seine Frau und seine Kinder um sich wusste und er schnell Freundschaft mit zwei in der Nachbarschaft wohnenden Offizieren des Divisionsstabes schloss, die Zeit in Wuppertal erträglicher. Er mochte die Stadt nämlich nicht, empfand sie als »unvorstellbar proletarisch«, es sei fast »unmöglich, da zu existieren«.

Hitler konnte unterdessen kaum seine Wut darüber verhehlen, dass in München in letzter Minute der Krieg gegen die Tschechoslowakei verhindert worden war. Ihm war es von Anfang an um die »Zerschlagung« der Tschechoslowakei gegangen. Das Selbstbestimmungsrecht der Völker und der daraus abgeleitete Anschluss des Sudetenlandes an das Reich war stets nur ein propagandistisch gut zu verwertender Vorwand gewesen. Für Hitler hatte das Münchener Abkommen keinen Wert, und er dachte nicht im Traum daran, sein einmal anvisiertes Ziel aufzugeben. Am 15. März 1939 besetzten deutsche Truppen kampflos die so genannte »Resttschechei«. Staatspräsident Hacha hatte zuvor erkennen müssen, dass ein mili-

Oben: »Der Krieg scheint schon entschieden«: Deutsche Truppen im September 1939 auf dem Weg nach Warschau.
Unten: »Von der Hand in den Mund«: Stauffenberg (Bildmitte mit Zigarette) im besetzten Polen, Oktober 1939.

tärischer Widerstand sinnlos sein würde. Die Slowakei wurde ein selbstständiger Staat, der freilich nun von Deutschlands Gnaden abhängig war. Hitler hatte zum ersten Mal den Deckmantel der Revision des Versailler Vertrages gelüftet und ein anderes Volk unterworfen. Stauffenberg verurteilte dieses Vorgehen als Vertragsbruch und Verletzung des Volkstumsprinzips. Ihm entging dabei auch nicht, dass für die Westmächte das Maß voll war und sie nicht mehr bereit waren, Hitlers Treiben tatenlos zuzusehen. »Der Narr macht Krieg«, sagte Stauffenberg im April 1939 zu Rudolf Fahrner. Mit seiner eher beiläufigen Bemerkung sollte er Recht behalten.

Im August 1939 begann der Aufmarsch der deutschen Truppen zum Angriff auf Polen. Als verantwortlicher Nachschuboffizier seiner Division war er voll und ganz damit beschäftigt, die künftige Versorgung der Truppe sicherzustellen. »Seit Wochen führe ich kein Privatleben mehr«, sagte Stauffenberg in diesen Tagen. Kurz vor dem Abmarsch der Division in den Einsatz verabschiedete er sich bei dem Familienoberhaupt, seinem Onkel Berthold von Stauffenberg, und kaufte noch einige philosophische Werke bei seinem Wuppertaler Buchhändler. Trotz aller politischer Bedenken empfand er das Ausrücken als Erlösung eines Soldaten: »Der Krieg sei schließlich sein Handwerk von Jahrhunderten her.« Stauffenberg war mit Leib und Seele Soldat, der nun vor seiner ersten großen Bewährungsprobe stand.

Die 1. Leichte Division, ein Verband von rund 10 000 Mann, überschritt von Schlesien kommend am 1. September 1939 die deutsch-polnische Grenze und hatte in den folgenden Tagen schwere Kämpfe gegen sich verzweifelt zur Wehr setzende polnische Truppen zu bestehen. Die Nachricht von der britischen und französischen Kriegserklärung am 3. September 1939 löste bei den Offizieren des Stabes Niedergeschlagenheit aus. Einen solchen Schritt hatte man nicht erwartet. Stauffenberg bemerkte: »Kinder, wenn wir den Krieg gewinnen wollen, dann ist das eine Frage des Aushaltenkönnens für uns, und dieser Krieg dauert dann mit Sicherheit seine zehn Jahre.«

Binnen neun Tagen war Stauffenbergs Division über 200 Kilometer ins Landesinnere eingedrungen und hatte als erster Verband südlich von Warschau die Weichsel erreicht und einige tausend Gefangene gemacht. Am 13. September schrieb er seiner Frau: »Der unglaublich schnelle Vormarsch macht mir die Versorgung der Truppe schwierig; ich lebe von der Hand in den Mund.« Der Krieg in Polen scheine entschieden, schrieb er einen Tag später. Das Land sei trostlos, lauter

Trotz der Furchtbarkeit des Krieges ist das Ausrücken doch auch eine Erlösung. Der Krieg ist schließlich mein Handwerk von Jahrhunderten her.

Stauffenberg vor dem Kriegseinsatz in Polen

Sand und Staub, erstaunlich, dass da etwas wachse. »Die Bevölkerung ist ein unglaublicher Pöbel, sehr viele Juden und sehr viel Mischvolk. Ein Volk, welches sich sicher nur unter der Knute wohl fühlt. Die Tausenden von Gefangenen werden unserer Landwirtschaft recht gut tun. In Deutschland sind sie sicher gut zu brauchen, arbeitsam, willig und genügsam.«

Stauffenberg rekapitulierte hier die für die Zeit ganz typische antipolnische Stimmung. Die Wiederherstellung Polens schien ihm nicht mehr opportun zu sein. Die gewaltigen Erfolge der deutschen Truppen ließen ihn auch den Krieg insgesamt positiver beurteilen. Der englisch-französische »Krieg« diene zunächst der Schaffung von Verhandlungsgrundlagen. »Was soll das sonst?«, meinte er am 14. September.

Am 21. September hatte die Division ihre letzten Kämpfe zu bestreiten, Warschau fiel am 29. September. Stauffenberg fand, es sei nun wesentlich, »dass wir dort in Polen nunmehr eine planmäßige Kolonisation anfangen. Aber dass die kommt, habe ich keine Sorge.« Für die Westfeinde sei die Niederwerfung Polens natürlich ein harter Nackenschlag, sofern diese, wie er vermutete, ihre Strategie auf die wirtschaftliche Abschnürung Deutschlands aufgebaut hätten. Nun seien sie offenbar ratlos. Der französische Soldat werde im Angriff auf deutschen Boden kaum Großes leisten. »Und sollen wir angreifen …?«, fragte er rhetorisch.

Am 12. Oktober kehrte die Division in ihre Friedensstandorte zurück und wurde zur 6. Panzerdivision umgegliedert. Stauffenberg wurde von seinem Kommandeur mehrfach belobigt, unter den erschwerten Bedingungen den Nachschub der Division stets sichergestellt und sich auch vorbildlich um die Versorgung der Tausende von polnischen Kriegsgefangenen gekümmert zu haben. Nach seiner Frontbewährung hatte er die berechtigte Hoffnung, bald die Aufgabe des für die Operationsführung verantwortlichen Ersten Generalstabsoffiziers (Ia) zu übernehmen. Der Posten des Ia einer Panzerdivision war eine ideale Karrierestellung, die ihn rasch für die von ihm angestrebte höhere Verwendung qualifiziert hätte. Doch die Hoffnung auf den schnellen Aufstieg erfüllte sich nicht. Er sollte erst drei Jahre später Ia einer Panzerdivision werden. Stauffenberg blieb vorerst als Versorgungsoffizier bei seiner Einheit.

Während des Einsatzes in Polen erhielt er keinerlei Kenntnisse über die Massenmorde durch SS. Erst als sich seine Truppe im Westerwald für den Angriff auf Frankreich vorbereitete, könnten ihm sein Onkel Graf Uexküll und von Schulenburg hierüber berichtet haben. Nach unbestätigten Angaben sollen die beiden ihn gedrängt haben, den Posten eines Adjutanten beim Oberbefehlshaber des Heeres anzustreben, um sich von dieser

Position aus die Möglichkeit zum »Handeln« anzueignen. Stauffenberg, der die Verbrechen in Polen in ihrer diesbezüglichen Dimension nicht überschaute, soll mit der Begründung abgelehnt haben: »Ich bin noch nicht so weit.« Dieser Ausspruch war bezeichnend für den Hauptmann im Stab der 6. Panzerdivision. Stauffenberg war zu diesem Zeitpunkt weder von seinem Wissen um den verbrecherischen Charakter des Staates noch von seinem Dienstrang und seiner Dienststellung in der Lage, sich der Opposition anzuschließen. Im Gegenteil, er hielt Schulenburg einen begeisterten Vortrag über den Polenfeldzug und war wie im Siegesrausch. Seine tagtägliche Arbeit war nicht von Überlegungen zum Sturz Hitlers geprägt, sondern von den Vorbereitungen auf den in Kürze zu erwartenden Angriff auf Frankreich. So befasste er sich lieber mit dem General Schlieffen, der bis 1905 den Großen Generalstab geleitet hatte, und bedauerte, dass über den Ereignissen der letzten Jahre die Stimme Schlieffens, »dieses unermüdlichen und unbestechlichen Suchers nach dem Sieg für ein umschlossenes Deutschland«, fast vergessen sei. Von der großen Skepsis der deutschen militärischen Führung, die den Angriff auf Frankreich für wenig aussichtsreich hielt, war bei Stauffenberg nichts zu spüren. Er ging erwartungsfroh in den neuen Einsatz.

Nachdem der Termin des Angriffs 28-mal verschoben worden war, begann er am 10. Mai 1940. Stauffenbergs 6. Panzerdivision gehörte zu der Streitmacht, die überraschend durch die unwegsamen Ardennen auf die Maas und dann weiter in Richtung Kanalküste vorpreschen sollte. Von ihrem waghalsigen Manöver hing der ganze Erfolg des Feldzugs ab. In den ersten Tagen des Angriffs herrschte ein heilloses Verkehrschaos auf den kleinen und kurvenreichen Straßen der Eifel, sodass Stauffenbergs Division erst am 12. Mai die Grenze nach Belgien überschritt. Dann ging aber alles Schlag auf Schlag: In neun Tagen hatten die Panzer bereits 270 Kilometer zurückgelegt. Stauffenberg schrieb am 18. Mai an seine Frau: »Wir erleben in erschütternder Form den Anfang des Zusammenbruchs einer großen Nation, nicht nur militärisch, sondern auch vor allem psychisch. Ob du wohl die Spuren verfolgen konntest? Über Eifel, Ardennen, Maas, Oise und heute Somme? Es ist ein unerhörter Vormarsch, eine wirkliche Invasion, ein unaufhaltsames Weiterstoßen, dem gegenüber die Franzosen nicht einmal den guten Willen zu kämpfen gezeigt haben. Sie ergeben sich zu Tausenden und fluten dann unbewacht ganz auf sich gestellt nach Osten.« Der Kern der französischen und britischen Streitkräfte wurde in Nordfrankreich und Flandern eingekesselt, Teile konnten noch in verzweifeltem Rückzug via Dünkirchen nach England evakuiert werden. Der Kampf war damit bereits entschieden. Am 27. Mai berichtete er wieder von seinen Eindrücken: »In unseren Kämpfen bereiten sich die weittragendsten, das Gesicht der alten Welt verändernden Entscheidungen vor. Ich denke, dass nach Vernichtung der flandrischen Armeen zunächst wieder die Politik sprechen wird. Für die Engländer gibt es dann eine große innere Entscheidung. Geben sie nicht nach, wird es noch harte Kämpfe geben, denn dann müssen wir zum Vernichtungskampf gegen England antreten.«

Uns geht es köstlich. Wie sollte es auch anders sein bei solchen Erfolgen?

Brief Stauffenbergs an seine Frau, 18. Mai 1940

Aus seinen Zeilen wird deutlich, wie der unaufhaltsame Vormarsch der deutschen Armeen ihm den Blick auf die Realität versperrte, wie er mitgerissen wurde von der allgemeinen Siegeszuversicht und der Jubelstimmung. Es war für ihn freilich ein bitteres Los, das ihn am 27. Mai, mitten in der Hitze des Gefechts, in Form einer Nachricht von seiner Abkommandierung in das Oberkommando des Heeres (OKH) ereilte. Dessen Organisationsabteilung hatte schon lange ein Auge auf Stauffenberg geworfen und hätte ihn am liebsten bereits nach seiner Akademiezeit versetzt. Nun hatte sie – sehr zum Verdruss Stauffenbergs – mit ihrem Gesuch Erfolg. »Du wirst dir vorstellen können, wie schwer es mir fällt, mitten aus meiner Division und mitten aus dem Krieg und den ruhmvollen Operationen meiner Division herausgerissen zu werden, um in einer Behörde wie dem OKH unterzutauchen«, schrieb er am 27. Mai an seine Frau. Doch Befehl war Befehl, am 31. Mai feierte er seinen Abschied und trat wenige Tage später seinen neuen Posten an. Die Abkommandierung des erfahrenen Versorgungsoffiziers überraschte auch den Divisionsstab. Nur ungern ließ man ihn gehen, da er überall beliebt war und wegen seines Organisationstalents hoch geschätzt wurde. »Unvergleichliche Erinnerungen waren jene abendlichen Gespräche zu dritt oder zu viert in den Quartieren bei Saint-Omer«, berichtete einer seiner Kameraden. »Immer wieder bewundernswert, über welche Fülle von Einsichten, über welch gereiftes Urteil der damals Zweiunddreißigjährige verfügte, wie viel er dank einer genialen Begabung wusste. Diskussionen von einem ähnlich hohen Niveau habe ich weder vorher noch nachher je erlebt. Verehrt und bewundert von Kameraden, Mitarbeitern und Untergebenen, geschätzt von allen Vorgesetzten, mit denen er, sich seines Wertes und seiner persönlichen Würde voll bewusst, mit schönem Frei-

Meine eigene Tätigkeit war von großem Glück begleitet, und die Division war trotz der unvorstellbaren Geschwindigkeiten immer aufs Beste versorgt.

Brief Stauffenbergs an seine Frau, 27. Mai 1940

»Triumphaler Sieg«: Hitler und sein Gefolge nach der Unterzeichnung des Waffenstillstands mit Frankreich, Compiègne, 22. Juni 1940.

mut und ohne jede Spur von Servilismus gegenübertrat, stets und in jeder Lage befähigt, den rechten Ton zu treffen, die passende Form zu finden: So war er, strahlend und schön wie Alkibiades, ›angenehm vor den Menschen‹ und wahrhaft, wie es später einmal einer aus dem Kameradenkreis sagte, ›ein Liebling der Götter‹.«

Die Unterzeichnung des Waffenstillstandsvertrags am 22. Juni 1940 erlebte Stauffenberg im Feldquartier des OKH in Chivay an der belgisch-französischen Grenze. Einen Tag zuvor schrieb er an seine Frau: »Heute in einer Woche jährt sich der Tag des Versailler Vertrages. Welche Veränderung in welcher Zeit! Neben Triumph und Freude ist da unvermeidbar die Überschau über die Jahrzehnte, die wir miterlebten, mit dem Wissen, wie wenig Endgültiges es gibt, und dass die schroffste Umwandlung, ja Umkehr wahrscheinlicher ist als das Beharren auch nur für wenige Jahre. Wenn wir unseren Kindern beibringen, dass nur der dauernde Kampf, das dauernde Streben nach Erneuerung vor dem Untergang rettet und dass Beharren, Erhalten und Tod identisch sind, dann haben wir den größten Teil unsrer nationalen Erziehungspflicht geleistet.«

Die Organisationsabteilung des Heeres war für die Aufstellung, Umrüstung und Neugliederung der Bodentruppen zuständig und hatte auch die Bereitstellung von Ersatzverbänden zu gewährleisten. Es war eine neue Aufgabe, die unterschiedlicher nicht sein konnte. Hier im Generalstab sah man den Verlauf des Krieges naturgemäß durch eine ganz andere Brille, sorgte sich um den Personalersatz und die nur schleppend anlaufende Rüstungsproduktion. Stauffenberg übertrug seinen Elan und seine Siegeszuversicht ganz auf seine Arbeit und dachte sich schnell in die neuen Aufgaben hinein. Rasch erkannte er die chaotische Führungsorganisation der Wehrmacht, in der sich wochenlange Arbeit durch einen unvorhergesehenen Befehl Hitlers als umsonst erweisen konnte. Bei einem Referat an der Kriegsakademie sagte er Anfang 1941, die Spitzengliederung der Wehrmacht sei noch blöder, als die fähigsten Generalstabsoffiziere sie erfinden könnten, wenn sie den Auftrag bekämen, die unsinnigste Spitzengliederung zu erfinden. Seine Haltung zu Hitler schwankte in dieser Zeit zwischen einer generellen Skepsis und der Anerkennung der zurückliegenden militärischen Leistungen. Hitler habe ein Gespür für das Militärische, sehe alles in großen Zusammenhängen und ringe um Deutschlands Zukunft. Die Nähe zu ihm rege zu schöpferischem Denken an, man müsse ihm zum Sieg verhelfen.

Im Generalstab galt Stauffenberg als brillanter Kopf, den jedermann gerne aufsuchte, ihn um Rat fragte, auch wenn er fachlich gar nicht direkt betroffen war. Frontkommandeure berichteten ihm oft über die Zustände in ihren Einheiten und baten ihn um Hilfe, da sie bei den zuständigen Stellen mit ihren Gesuchen nicht durchdrangen. Und selbst der Chef des Generalstabs, Generaloberst Franz Halder, fragte den Hauptmann, der am 1. Januar 1941 zum Major befördert wurde, ungewöhnlich häufig um seine Meinung. Ulrich de Maizière berichtet, dass er es nie wieder erlebt habe, dass ein junger Offizier eine solche Vertrauensstellung und einen derartigen Einfluss im OKH gehabt habe wie Stauffenberg.

Es ging sehr viel Wärme von Stauffenberg aus. Er war in seinem äußeren Erscheinungsbild für die damalige Zeit relativ locker, war auch nicht immer ganz korrekt angezogen. Aber wir alle, wir Jüngeren, empfanden ihn als eine Persönlichkeit mit großer Ausstrahlungskraft und waren damals überzeugt, dass er zu Spitzenpositionen im Heer heranwachsen würde.

Ulrich de Maizière, damals Generalstabsoffizier

Er hatte schon eine rasante Karriere hinter sich, wurde schnell befördert und bekam wichtige Positionen, die normalerweise ein junger Offizier nicht bekam. Als solcher nutzte er die Gelegenheit, weit höher gestellte Offiziere zu besuchen und mit ihnen zu sprechen.

Horst von Oppenfeld, damals Ordonnanzoffizier von Stauffenberg

Am 22. Juni 1941 begann der deutsche Angriff auf die Sowjetunion, Hitlers Krieg um »Lebensraum«

im Osten. Der Generalstab des Heeres zog in sein vorgeschobenes Hauptquartier im ostpreußischen Angerburg, ganz in der Nähe von Hitlers »Wolfsschanze«. Stauffenberg unternahm häufig Reisen zu den Frontverbänden, um sich einen unmittelbaren Eindruck von der Versorgungslage zu verschaffen. Mitte Juli 1941 fuhr er zur Panzergruppe 2 von Generaloberst Guderian und besuchte dabei auch seinen alten Divisionskommandeur, Generalleutnant von Loeper. Beide stimmten in der Hoffnung überein, dass es gelingen möge, Russland militärisch niederzuwerfen. Ihnen kamen aber große Zweifel, ob der geplante »Blitzsieg« überhaupt noch erreichbar war, nachdem Hitler den Schwerpunkt des Angriffs zeitweise von Moskau auf die Ukraine verlegt hatte. Bei dieser Frontreise stattete Stauffenberg auch dem Hauptquartier der Heeresgruppe Mitte einen Besuch ab. Dabei begegnete er zum ersten Mal dem Oberstleutnant im Generalstab Henning von Tresckow und dessen Ordonnanzoffizier Leutnant Fabian von Schlabrendorff. Die beiden waren von Stauffenbergs Persönlichkeit beeindruckt und erkannten, »dass er ein Nicht-Nazi war, ja sogar in Hitler und dem Nationalsozialismus eine Gefahr erblickte«. Noch war nicht abzusehen, dass sich hier die führenden Köpfe des späteren militärischen Widerstands kennen gelernt hatten. Erst im Sommer 1943 wurde Tresckow klar, »wessen Geistes Kind Stauffenberg war«.

Stauffenbergs häufige Reisen an die Front sowie seine guten Verbindungen innerhalb des Generalstabs und des Offizierskorps des Heeres vermittelten ihm bald ein dramatisches Bild der Lage. Die deutschen Verbände erlitten gegen die sich erbittert wehrende Rote Armee gewaltige Verluste an Menschen und Material – bis Ende des Jahres war von den drei Millionen Mann, die am 22. Juni 1941 zum Angriff angetreten waren, ein Drittel gefallen, verwundet oder vermisst. Gewiss vermochte die Wehrmacht in riesigen Kesselschlachten Millionen von Rotarmisten gefangen zu nehmen. Doch trotz dieser gewaltigen Erfolge erlahmte der Widerstand nicht – im Gegenteil: Er wurde nur noch hartnäckiger und überanstrengte die eigenen Verbände, deren Verluste nicht ersetzt werden konnten. Stauffenberg bekam immer häufiger Briefe von befreundeten Offizieren, die über die bedrohliche Lage ihrer Divisionen berichteten, deren Kampfkraft erlahmte. Zugleich muss er umfangreiche Kenntnisse von den maßlosen Verbrechen hinter der Front, den Massenerschießungen von Juden, der Liquidierung der politischen Kommissare der Roten Armee und dem Elend der Kriegsgefangenen gehabt haben. Doch all dies bewog ihn noch nicht zum Umdenken. Helmuth James Graf von Moltke, Kriegsverwaltungsrat im Amt Ausland/Abwehr, suchte in dieser Zeit Mit-

»Die Lage ist zweifellos sehr schwierig«: Die hohen Verluste der Wehrmacht vor den Toren Moskaus forcierten Stauffenbergs Weg in den Widerstand.

arbeiter für die Zeit nach dem Sturz der Nationalsozialisten. Er fragte Christoph Freiherr von Stauffenberg, ob denn mit seinem Cousin im Generalstab nichts zu machen sei. Der Bruder Berthold erkundigte sich schließlich nach dessen Haltung. »Ich habe mit Claus gesprochen«, bemerkte er einige Wochen später. »Er sagt, zuerst müssen wir den Krieg gewinnen. Während des Krieges darf man so was nicht machen, vor allem nicht während eines Krieges gegen die Bolschewisten. Aber dann, wenn wir nach Hause kommen, werden wir mit der braunen Pest aufräumen.«

Trotz aller Hiobsbotschaften von der Front, trotz der verheerenden sowjetischen Gegenoffensive, der sich Anfang Dezember 1941 die vollkommen ausgelaugten deutschen Divisionen bei bitterster Kälte zu erwehren hatten, hielt Stauffenberg viel länger als seine Kameraden im Generalstab an der Überzeugung fest, dass der Krieg gegen die Sowjetunion doch noch gewonnen werden könne. Im Winter 1941/42 musste aber auch er erkennen, dass ein Sieg wohl nicht mehr möglich sei, wenngleich dies keinesfalls bedeute, dass man den Kampf schon verloren geben müsse. Der Rücktritt des Oberbefehlshabers des Heeres, Generaloberst von Brauchitsch, und die

Lage an der Front: Sie ist zurzeit zweifellos sehr schwierig. Es ist eine Lage, die durch die Anspannung der letzten Kräfte und Mittel überwunden werden muss. Ein Vorwurf kann aber dem Einzelnen nicht gemacht werden. Der tiefere Grund liegt in der falschen Einschätzung der Sowjetunion und ihrer materiellen Kapazität. Sie ist von uns allen unterschätzt worden.

Brief Stauffenbergs an seine Schwiegermutter, 11. Januar 1942

Stauffenberg hat sicher unter seiner Kenntnis von den Dingen, die im rückwärtigen Gebiet der Front stattfanden, gelitten. Ich glaube, dass seine Möglichkeiten der Informationen größer waren als die der meisten Kameraden. Dies war ein Grund für seine Ablehnung Hitlers.

Ulrich de Maizière, damals Generalstabsoffizier

Übernahme auch dieses Kommandos durch Hitler kommentierte er positiv. Die Führung des Heeres sei so einfacher geworden, der Generalstab arbeite jetzt besser, und dank der neuen Lösung sei es binnen kurzem möglich geworden, die ganze Kraft der Nation für den Entscheidungskampf des Heeres einzuspannen.

Erst nachdem Stauffenberg im Frühjahr 1942 das ganze Ausmaß der verheerenden Katastrophe überblickte, die über die Wehrmacht im Winter 1941/42 vor den Toren Moskaus hereingebrochen war, kündigte sich bei ihm ein grundlegender Wandel an. Erstmals sprach er gegenüber dem Oberleutnant Julius Speer, einem Mitarbeiter seines Freundes Finckh, davon, dass es nur eine Lösung gebe, um Hitler Einhalt zu gebieten: »Sie heißt töten.« Er war sich freilich mit Speer einig, dass ein derartig folgenreicher Schritt nur von einer herausragenden Persönlichkeit unternommen werden konnte, die sofort nach Hitlers Ausscheiden die Macht in die Hand nahm sowie Staat und Wehrmacht unter Ausschaltung der Partei zu führen vermochte. Andernfalls würde ein heilloses Chaos ausbrechen. Die Kritik am NS-Regime hatte sich also derart verfestigt, dass er nunmehr auch den Tyrannenmord befürwortete. Freilich war er, der junge Major im Generalstab, weder willens noch in der Lage, selbst eine solche Tat zu begehen. Die Verantwortung hierfür mussten die obersten Militärs, die Feldmarschälle, übernehmen.

Stauffenberg besuchte Anfang Juni 1942 die 6. Armee von Generaloberst Paulus, die gerade dabei war, eine russische Armee einzukesseln und zu vernichten. Er war zwar beeindruckt von den großen militärischen Erfolgen, glaubte jedoch nicht daran, dass der Krieg mit militärischen Mitteln gewonnen werden könne. Stauffenberg war mittlerweile zwei Jahre im Generalstab des Heeres und von der obersten Führung maßlos enttäuscht. Während an der Front bedenkenlos der höchste Einsatz gewagt werde, wo ohne Murren das Leben hingegeben werde, stritten sich die Generäle im Generalstab um Prestige und brächten nicht den Mut auf, eine das Schicksal von Tausenden betreffende Ansicht standhaft vor Hitler zu vertreten. Lange war Stauffenberg davon überzeugt, dass es bei einer besseren Organisation der Rüstung und einer sachgerechteren Führung im Osten gelingen könne, dem Krieg doch noch eine günstige Wendung zu geben. Im Sommer 1942 hatte er diese Hoffnung verloren und verzweifelte zusehends daran, zwar an verantwortungsvoller Stelle zu sitzen, aber selbst nichts Entscheidendes bewirken zu können. Er war eben nur ein kleines Rädchen im großen Getriebe des Oberkommandos des Heeres und musste ohnmächtig mit ansehen, wie die Lage immer schlimmer wurde. Im Sommer mehrten sich dann Stauffenbergs Kommentare, dass es so nicht weitergehen könne und dass man Hitler beseitigen müsse. Hans Heinrich von Herwarth vom Auswärtigen Amt berichtete ihm im Mai 1942 ausführlich über die Massenmorde an Juden hinter der russischen Front. Seine prompte Antwort lautete, dass Hitler getötet werden müsse – Worte, die nicht einfach so dahingesagt waren. Er hatte nämlich für all diejenigen, die Hitler scharf kritisierten, gar meinten, dass er ausgeschaltet werden müsse, dann aber nicht das Risiko zu einer solchen Tat auf sich nahmen, nicht viel übrig. »Bombenschmeißerle« nannte er sie verächtlich. In diesen Sommertagen des Jahres 1942 fanden sich im OKH immer wieder junge Stabsoffiziere zusammen, die dann meist die Arbeit im Hauptquartier, die Realitätsferne und die Fixierung der Älteren auf ihre Karriere kritisierten. Viele wünschten sich, möglichst bald wieder an die Front versetzt zu werden. Da brach es aus Stauffenberg heraus, der den Gesprächen eine Weile zugehört hatte: »Was sie sich als zur Führung berufene Offiziere dächten! Was sei das für ein falscher Heroismus für sie, in ›treuer Pflichterfüllung‹ wie hunderttausend sich vom Feind totschießen zu lassen – es sei nur ein feiges Ausweichen und nicht besser, als wenn sich Mar-

Ich glaube nicht, dass bis zum Herbst 1942 Stauffenberg an ein Attentat gedacht hatte, zumindest nicht durch seine eigene Person. Aber die Ablehnung Hitlers war tief.
Ulrich de Maizière, damals Generalstabsoffizier

Der Vater dieses Mannes war kein Kleinbürger. Der Vater dieses Mannes ist der Krieg.
Stauffenberg über Hitler

Es war knapp ein Jahr, in dem ich Stauffenberg regelmäßig sah. Das Wichtigste waren die abendlichen Gespräche, die man in einer ungewöhnlich offenen und unbekümmerten Weise führte. Wir diskutierten dann darüber, was man eigentlich mit Hitler tun sollte. Nimmt man ihm das Oberkommando über die Ostfront weg, oder stellt man ihn vor ein Gericht? Alles Überlegungen, deren Realisationsmöglichkeiten natürlich äußerst gering waren, darüber waren wir uns auch im Klaren.
Ulrich de Maizière, damals Generalstabsoffizier

Findet sich denn da drüben im Führerhauptquartier kein Offizier, der das Schwein mit der Pistole erledigt?

Stauffenberg, 1942

schälle mit Gehorsamspflicht und ›Nur-Soldat-Sein‹ entschuldigten. Ganz anderes sei nötig. Wen Amt und Ehre in einen führenden Rang rücke, der komme an einen Punkt, wo Mann und Aufgabe zusammenfallen und keine anderen Rücksichten mehr gälten: Er habe für den Sinn des Ganzen zu stehen. Wie wenige verhielten sich so oder empfänden auch nur die Notwendigkeit: Bürger, Pfründner, Teppichleger im Generalsrang. Man beziehe sein Einkommen, tue seine ›Pflicht‹, vertraue auf den ›Führer‹ und freue sich auf den Urlaub – auf wen sollte das Vaterland denn noch bauen?«

Stauffenberg gehörte nicht zu denen, die zwar um die Notwendigkeit des Handelns wussten, aber die Konsequenzen fürchteten. Während der Sommermonate, die er im vorgeschobenen Hauptquartier in Winniza in der Ukraine verbrachte, unterhielt sich Stauffenberg während seiner Ausritte mit Major i. G. Berger, einem seiner neuen Kollegen, oft über den Tyrannenmord. Er berief sich auf Thomas von Aquin, der ihn unter gewissen Bedingungen für statthaft erklärt habe, und sprach vom heiligen Reich, das in Gefahr sei unterzugehen. Gegenüber dem Chef der Organisationsabteilung, Oberstleutnant i. G. Burkhardt Mueller-Hildebrand, bemerkte er in diesen Wochen, es sei Zeit, dass sich ein Offizier eine Pistole einstecke und »diesen Schmutzfink« über den Haufen schieße. Doch Stauffenberg drang mit seiner radikalen Einstellung nicht durch. Berger etwa hielt dagegen, auch ein Tyrannenmord sei ein Mord, so könne man keine bessere Ordnung herbeiführen. Wenngleich man im Generalstab um die Verbrechen und Hitlers dilettantische Führung wusste – man konnte sich lediglich vorstellen, ihn zur Abgabe des militärischen Oberbefehls zu drängen. Aber selbst diese Überlegung blieb Theorie. Der Generalstab vermochte sich zu keiner Zeit dazu aufzuraffen, geschlossen bei Hitler Veränderungen in der Wehrmachtsführung zu verlangen.

Mein Vater hat sich sehr intensiv mit der Frage des Tyrannenmords beschäftigt. Denn wenn man einen neuen Rechtsstaat aufbauen will und mit einem Mord beginnt, ist das eine sehr kritische Geschichte. Und in den zehn Geboten steht drin: »Du sollst nicht töten.« Den Zusatz »es sei denn Tyrannen« gibt es leider nicht.

Jan von Haeften, Sohn des Verschwörers Hans Bernd von Haeften

Die Frage, ob man im Kampf gegen Tyrannen, Diktatoren und Gewaltherrscher auch Unschuldige töten darf, wird eine ewige Gewissensfrage bleiben. Doch diese Massenmörder sind zuerst verantwortlich für die unschuldigen Opfer.

Ralph Giordano, Publizist, lebte damals in Hamburg

Mitte September 1942 reiste Stauffenberg in den Kaukasus und besuchte bei dieser Gelegenheit auch Georg von Sodenstern, den Chef des Stabes der Heeresgruppe B. Hier unternahm er den ers-

»Es kann so nicht weitergehen": Generäle wie Adolf Heusinger, Friedrich Paulus oder Georg von Sodenstern (von links) konnten sich nicht zu einem aktiven Vorgehen gegen den Diktator entschließen.

ten Versuch, einen bedeutenden General zum Handeln gegen Hitler zu bewegen. In der nicht an der Front eingesetzten Führung des Heeres gebe es den Willen, so Stauffenberg, dem verbrecherischen Treiben des NS-Regimes Einhalt zu gebieten, Hitler zu stürzen und Verhandlungen mit den Westmächten aufzunehmen. Er appellierte an die gemeinsame ideelle Grundlage, die Auffassung vom Soldatentum, und fragte Sodenstern, ob er zur Verfügung stehe. Doch alle eindringlichen Appelle nutzten nichts. Sodenstern war nicht bereit, sich aktiv an einem Umsturz zu beteiligen. Mit seiner Auffassung von der Ethik des Soldaten sei meutern im Angesicht des Feindes unvereinbar. Die Verbände der Heeresgruppe würden nach einem Regierungswechsel, gleichgültig, auf welche Weise er erfolge, weiterhin ihre Pflicht erfüllen. Wenn er in die Heimat versetzt werden würde, könne seine Antwort möglicherweise anders ausfallen. Sodenstern war also bereit, den Staatsstreich zu dulden, in seiner derzeitigen Position an der Front wollte er sich daran aber nicht beteiligen. Er knüpfte auch später keine näheren Beziehungen zu den Verschwörern, auch dann nicht, als er im Sommer 1943 Oberbefehlshaber der 19. Armee in Südfrankreich wurde und hier weitab von den Brennpunkten des Krieges seinen Dienst versah.

Während seiner Frontreise in den Kaukasus traf Stauffenberg außerdem mit dem Kommandeur des XXXX. Panzerkorps, General Geyr von Schweppenburg, zusammen und versuchte ihn in gleicher Weise wie Sodenstern zu gewinnen. Doch auch hier hatte er keinen Erfolg.

Die Reise endete für Stauffenberg somit mit einer herben Enttäuschung. Die Kritik an Hitler war weit verbreitet, doch handeln wollte offenbar niemand. Als er am 26. September 1942 nach seiner Rückkehr eine Besprechung über die Probleme bei der Aufstellung neuer Divisionen hatte, sprang Stauffenberg plötzlich erregt auf und rief: »Hitler ist der eigentliche Verantwortliche; eine grundsätzliche Änderung ist nur möglich, wenn er beseitigt wird. Ich bin bereit, es zu tun!« Damit war es zum ersten Mal ausgesprochen! Stauffenberg bekundete seinen Willen, notfalls selbst den Tyrannenmord zu verüben, nachdem andere dazu offenbar nicht den Mut aufbrachten.

Nun ging er entschlossen den einmal eingeschlagenen Weg voran und suchte nach Möglichkeiten der Ausführung. Stauffenberg kannte einige hohe Offiziere im Generalstab des Heeres, die regelmäßig an den Lagebesprechungen mit Hitler teilnahmen und ihn ohne weiteres hätten mitnehmen können. Aber auch bei diesen konnte er nichts erreichen – niemand war willens, Stauffenberg in die Nähe Hitlers zu lassen. Der Zugang zum Diktator blieb ihm verwehrt.

Im Herbst 1942 wurde Stauffenbergs Situation immer prekärer. Wie oft hatte er mit Kollegen und Kameraden davon gesprochen, dass Hitler beseitigt werden müsse; zuletzt hatte er sogar gesagt, dass er selbst dieses Risiko auf sich nehme. Es war aber nicht gelungen, eine zur Tat bereite Gruppe zu formen. Hätte die Gestapo von einer seiner kompromittierenden Äußerungen Wind bekommen, so wäre er sofort verhaftet worden. Allmählich wurde der Boden im OKH für ihn zu heiß, und er bemühte sich, wieder an die Front versetzt zu werden. Stauffenberg wollte sich damit von der seelischen Anspannung befreien, weit reichende Einsichten zu haben, aber nicht danach handeln zu können. Außerdem dachte er an die vielfältigen Erfahrungen, die seine Kameraden an der Front mittlerweile gemacht hatten.

Die ersehnte Abkommandierung ließ jedoch noch auf sich warten. Am 26. Januar 1943 besuchte Stauffenberg Feldmarschall Erich von Manstein, den Oberbefehlshaber der Heeresgruppe Don, in seinem Hauptquartier. Manstein

Es kann nicht so weitergehen. Es wird höchste Zeit.

Stauffenberg am 15. November 1942

Als Mensch glaube ich, dass der Himmel denen gnädig ist, die in der Erfüllung ihrer Aufgabe alles opfern.

Brief Stauffenbergs vom 25. Dezember 1942

»Er hat mir weismachen wollen, der Krieg sei verloren«: Feldmarschall Erich von Manstein wollte von Stauffenbergs Plänen nichts wissen.

galt als der fähigste deutsche General, als ein Meister militärischer Operationsführung, der 1940 den genialen Plan zum Angriff auf Frankreich entworfen hatte. Stauffenberg, der gerade zum Oberstleutnant befördert worden war, sprach zunächst im dienstlichen Auftrag über den personellen Ersatz für die Truppen Mansteins und bat anschließend um eine persönliche Aussprache. Dabei wies Stauffenberg den Feldmarschall auf seine Sorgen über die Führungsfehler Hitlers hin. Doch er war nicht zu Manstein ge-

Ich hatte den Eindruck, dass Stauffenberg auf dieses Gespräch sorgfältig vorbereitet war. Ich hatte den Eindruck, dass er mit diesem Gespräch einen Versuch machen wollte, Manstein in seinen Gedankenkreis hineinzuziehen. Manstein seinerseits war absolut nicht geneigt, die Stauffenbergschen Konsequenzen mitzumachen. Manstein dachte Hitler gegenüber völlig loyal. Für ihn war der Oberste Befehlshaber, dem er seinen Eid geleistet hatte, tabu, schied die Möglichkeit, mit so etwas wie Gewalt oder auch nur Gewaltsamkeit in die Führungsspitze einzugreifen, völlig aus.
Alexander Stahlberg, damals Ordonnanzoffizier Mansteins

kommen, um lediglich über eine Änderung der Spitzengliederung der Wehrmacht, also konkret über die Ernennung eines Generalstabschefs der Wehrmacht oder zumindest eines Oberbefehlshabers Ost, zu sprechen. Ihm ging es zu diesem Zeitpunkt längst um viel mehr. Der Staatsstreich war der einzige Ausweg, und er suchte einen berühmten General, der die Führung der Verschwörung übernehmen konnte. Manstein wäre aufgrund seines legendären Rufs hierfür prädestiniert gewesen. Doch der Feldmarschall wollte nichts davon hören. »Wenn Sie nicht sofort mit diesen Sachen aufhören, lasse ich Sie verhaften«, entgegnete er Stauffenberg erregt. Enttäuscht flog dieser nach Ostpreußen ins OKH zurück. Mansteins Antwort war nicht die Antwort, die man von einem Feldmarschall erwarte, sagte er später seiner Frau. Alle seine Hoffnungen, dass die Generalität doch noch etwas gegen Hitler unternehmen würde, waren vergebens gewesen. »Die Kerle haben ja die Hosen voll oder Stroh im Kopf, sie wollen nicht«, bemerkte er resignierend. Alle sähen sie ein, dass es so nicht weitergehen könne und dass etwas geschehen müsse. Aber keiner sei bereit und wolle vorangehen. Nach gelungenem Staatsstreich indes wollten sie der neuen Führung Gehorsam geloben. Sein Freund Diez von Thüningen notierte in diesen Tagen über seinen Besuch bei Stauffenberg in sein Tagebuch: »Claus war nun völlig von der nicht mehr zu vermeidenden Katastrophe überzeugt und tief niedergeschlagen. Mehr denn je war er der Meinung, dass ›Er‹ verschwinden müsse.«

Als er ankam, wollte er zunächst alle Truppenführer bis hinunter zum Kompaniechef kennen lernen. Alle, die ich hinterher sprach, waren begeistert von ihm.
Klaus Burk, damals Ordonnanzoffizier von Stauffenberg bei der 10. Panzerdivision

Am 3. Februar 1943 erreichte Stauffenberg während eines Kurzurlaubs in Berlin die Nachricht, dass er als Erster Generalstabsoffizier (Ia) zur 10. Panzerdivision nach Tunesien kommandiert sei, die hier gegen die alliierten Truppen kämpfte,

»Ein fabelhafter Kerl«: Stauffenberg mit seinem Divisionskommandeur Friedrich von Broich in Afrika.

Ich habe ihn 1943 im Lazarett besucht. Das Gespräch ist nicht gut gelaufen. Er hat mich nach meinen militärischen Ambitionen gefragt, die waren sehr gering, und wir kamen eigentlich nicht recht zueinander. Ich ging hinterher zu meinem Vater sagte: »Der Mann kann ja interessant sein, aber ich halte ihn für einen Nazi.« Mein Vater meinte nur: »Na, wenn du dich dabei nicht täuschst.«
Karl-Otmar Freiherr von Aretin, Freund der Familie Stauffenberg

die im November 1942 in Algerien und Marokko gelandet waren. Stauffenberg besuchte vor seiner Abreise noch einige Freunde in Berlin, verbrachte noch eine Woche mit seiner Frau und flog dann über München und Neapel nach Tunis. Am 14. Februar traf Stauffenberg im Gefechtsstand seiner Division ein, die gerade im Begriff war, zu einer Gegenoffensive in Zentraltunesien anzutreten. Stauffenberg, der seit zweieinhalb Jahren nicht mehr an der Front gewesen war, wirkte in seiner frischen Afrikauniform zunächst wie ein Neuling. Sein schwer verwundeter Vorgänger gab ihm noch den dringenden Rat, in dem deckungslosen afrikanischen Gelände auf die feindlichen Tiefflieger Acht zu geben. Stauffenberg lebte sich freilich bald in seine neue Aufgabe ein und gewann rasch Vertrauen und Sympathie in der ganzen Division. Unermüdlich ließ er sich in seinem Kübelwagen an die Front fahren, um sich persönlich einen Überblick über die Lage zu verschaffen und mit den Offizieren vor Ort zu sprechen. Ungezwungen ging er auch mit den einfachen Soldaten um, kümmerte sich sogar um die Melder, die zu ihm in den Gefechtsstand kamen. Leutnant Burk, einer von Stauffenbergs Ordonnanzoffizieren, schrieb Ende März 1943 an seinen Bruder: »Der Kommandeur und der Ia sind prima!«

Als Erster Generalstabsoffizier war Stauffenberg für die Operationsführung der Division zuständig. Stundenlang konnte er in seinem Befehlsbus, die rechte Hand in der Hosentasche, auf und ab gehen und seinem Schreiber die Anweisungen für die einzelnen Einheiten diktieren. Nachdem das Tageswerk verrichtet war, saß er mit seinem Divisionskommandeur, Generalmajor Friedrich von Broich, oft noch bis nach Mitternacht bei tunesischem Wein zusammen. Broich war froh, Stauffenberg in seinem Stab zu haben, weil er ein aufrechter Mensch, ein Antinazi und ein sehr tüchtiger Generalstabsoffizier war. »Ein fabelhafter Kerl«, bemerkte er später über ihn. Als er in der Gefangenschaft die Nachricht von Stauffenbergs Attentat am 20. Juli 1944 erhielt, rief er spontan aus: »Herrgott, der Stauffenberg! Keinem anderen hätte ich das zugetraut! Ich sage, der Stauffenberg ist ein aufrechter Mann, der ist der Erste, der es selber tut. Ach, und der war so ein reizender Kerl.«

Beide verband bald eine persönliche Freundschaft, und sie sprachen nicht nur über Literatur und Philosophie, sondern auch ganz offen über Politik und die Möglichkeit, das NS-Regime gewaltsam zu stürzen. Nur mithilfe und unter Führung des Militärs sei eine Änderung möglich, gab Stauffenberg Broich zu verstehen. Aufgrund seiner persönlichen Kenntnis des Hauptquartiers glaube er, dass Hitler und sein verbrecherisches Regime nie freiwillig auf ihre Macht verzichten würden. Man müsse also eine gewaltsame Änderung erzwingen, und wenn diese nicht bald stattfinde, sei Deutschland verloren. Die Erkenntnis, dass nur mit der Ermordung Hitlers eine wirkliche Änderung erzwungen werden konnte, belastete den überzeugten Christen und Katholiken Stauffenberg schwer. Die Bedeutung Stauffenbergs für den Widerstand war Broich sehr wohl bewusst. Beide vereinbarten Anfang April, dass er kurz vor Beendigung der Kämpfe in Afrika mit dem Flugzeug herausgeflogen werden solle, weil man ihn in Deutschland zweifellos dringender bräuchte als in Afrika.

Nach kurzer Zeit war er in der Division sehr beliebt und geschätzt wegen seiner Tüchtigkeit, Zuverlässigkeit und Einsatzbereitschaft und nicht zuletzt wegen seiner herzlichen, offenen Art und seiner Hilfsbereitschaft.

Friedrich Freiherr von Broich, Divisionskommandeur der 10. Panzerdivision

Ich weiß, dass er mit unserem Divisionskommandeur ganz offen gesprochen hat – nicht über Pläne eines Attentats, aber er hat gesagt, es müsse etwas geschehen.

Horst von Oppenfeld, damals Ordonnanzoffizier von Stauffenberg

Die politische Einstellung des Ersten Generalstabsoffiziers war im Divisionsstab jedermann bekannt, da er aus seiner Meinung wahrlich kein Geheimnis machte. Major Schönfeldt berichtet etwa von einer Lagebesprechung im März 1943, als Stauffenberg am Ende für alle Teilnehmer hörbar und erkennbar auf Hitler gemünzt bemerkte: »Man müsste den Kerl doch umbringen!« Die chaotische Führungsorganisation, die er bereits im Oberkommando des Heeres zur Genüge kennen gelernt hatte, begegnete ihm nun auch wieder in Tunesien. In tiefem Misstrauen gegen die Heeresgeneralität befangen, griff Hitler immer wieder unheilvoll in die Operationen vor Ort ein. »Es ist unglaublich, dass die Räumung eines albernen Kafferndorfes nicht von uns und nicht von der Führung in Afrika entschieden werden kann, sondern dass das über Rom und ›Führer‹-Hauptquartier gehen und auf demselben Weg zurückkommen muss.« Stauffen-

Bald nach seiner Ankunft sagte er im engen Kreise, dass der Krieg nicht zu gewinnen sei.

Klaus Burk, damals Ordonnanzoffizier von Stauffenberg bei der 10. Panzerdivision

»Der Tod lauerte überall«: Alliierte Jagdbomberangriffe in der deckungslosen Wüste wurden immer wieder deutschen Fahrzeugen und Kolonnen zum Verhängnis.

berg hatte sich bereits vor seinem Abflug nach Nordafrika keine Illusionen über die militärischen Möglichkeiten der deutschen Truppen dort gemacht. Nun, vor Ort, wurde ihm rasch bewusst, dass über kurz oder lang Tunesien nicht gehalten werden konnte, weil die Alliierten binnen kurzer Zeit eine ungeheure Materialübermacht aufbauten.

Nachdem zwei deutsche Offensiven im Februar und März 1943 gescheitert waren, gingen die Alliierten ihrerseits mit überlegenen Kräften zum Angriff über. Auch die 10. Panzerdivision wurde zurückgedrängt, sodass am Morgen des 7. April 1943 der Divisionsgefechtsstand weiter nach hinten verlegt werden musste. Stauffenberg meldete sich ab, um den Rückzug der Division zu leiten. Broich warnte ihn noch vor den feindlichen Tieffliegern, die in dem deckungslosen Gelände erbarmungslos Jagd auf alle Fahrzeuge der Division machten. In einer Stunde, wenn das letzte Bataillon abgerückt sei, werde er nachkommen. Unterdessen fuhr Stauffenberg mit seinem Kübelwagen los und erlebte ein Inferno: Die Kolonnen der Division wurden immer wieder von Jagdbombern attackiert, Munition explodierte und LKWs brannten. Schließlich wurde auch er zur Zielscheibe: Ein Tiefflieger griff seinen Wagen von vorne an, Stauffenberg warf sich zu Boden und wurde getroffen. Zwei, drei Mann waren sofort bei ihm und riefen nach einem Sanitätswagen. Zufällig kam gerade Dr. Keysser, ein Assistenzarzt einer anderen Einheit, vorbei, der den Schwerverwundeten verband und ihn zum nächsten Hauptverbandsplatz schickte. Als Broich kurze Zeit später am Ort des Geschehens erschien, fand er nur den leeren, zerschossenen Kübelwagen von Stauffenberg vor. Der kam bald ins Feldlazarett, wo ihm die zerschossene rechte Hand über dem Gelenk abgenommen wurde. Der kleine und der Ringfinger der linken Hand sowie sein linkes Auge mussten ebenfalls amputiert werden. Nach weiteren drei Tagen brachte man ihn ins Kriegslazarett nach Tunis. Übersät mit eiternden Splitterverletzungen, muss Stauffenberg hier Höllenqualen durchlitten haben. Noch war nicht klar, ob er die schwere Verwundung überhaupt würde überleben können. Seine Familie erfuhr zunächst nichts von den Vorfällen. Erst am 12. April bekam sein Bruder Berthold in seiner Dienststelle bei der Seekriegsleitung die Nachricht, dass Claus schwer verwundet worden und noch nicht transportfähig sei. Wenige Tage später wurde er dann doch auf eines der letzten Lazarettschiffe verlegt, dem es gelang, die von alliierten Schiffen und Flugzeugen kontrollierte Straße von Sizilien unbehelligt zu durchqueren. Über Livorno und Rom wurde er in ein Lazarett nach München gebracht. Hier konnte ihn seine Frau erstmals wieder besuchen. Am 26. April musste er eine Mittelohroperation über sich ergehen lassen, wenig später noch einen chirurgischen Eingriff am vereiterten Kniegelenk, bei dem lebensgefährliche Tetanusbazillen festgestellt wurden. Nach allem, was er bis dahin durchgemacht hatte, war nun aber doch klar, dass er seine schwere Verwundung überlebt hatte. Bald schon traf ein ganzer Strom von Telegrammen ein, in denen seine Kameraden und Freunde die besten Genesungswünsche ausdrückten. Zahllose Besucher machten sich auf den Weg zu ihm, um ihm Mut zuzusprechen. General Zeitzler, der neue Generalstabschef des Heeres, überbrachte ihm persönlich das Goldene Verwundetenabzeichen, Oberst Helmuth Stieff, sein letzter Chef in der Organisationsabteilung des OKH, kam, auch Geyr von Schweppenburg ließ sich blicken und wollte ihn als Chef des Stabes für seine neue Panzergruppe West gewinnen.

Wir wussten, was passiert war, und fürchteten das Schlimmste.

Friedrich Freiherr von Broich, Divisionskommandeur der 10. Panzerdivision, zu Stauffenbergs Verwundung

Trotz Schmerz und Verzweiflung war sein Geist ungebrochen.

Georg Freiherr von Fritsch zu Stauffenbergs Verwundung

Mit eiserner Disziplin arbeitete er daran, möglichst bald wieder »einsatzfähig« zu werden, und übte schon kurze Zeit später das Schreiben mit den drei Fingern seiner linken Hand. Trotz seiner schweren Verwundung

Ich habe selbst erlebt, wie er sich bemüht hat, alles das, was er vorher mit zwei Händen gemacht hat – Krawatte binden, Schuhe zubinden –, mit einer zu machen.
Berthold Graf Schenk von Stauffenberg, Sohn von Claus Graf Schenk von Stauffenberg

war sein Wille zur Tat nicht gebrochen – im Gegenteil: Auf seine engen Freunde wirkte er nun noch entschlossener. Ende Juni bemerkte er: »Die Generäle werden nicht handeln, wir müssen das tun.« Schließlich sagte er auch seinem Onkel Nikolaus Graf Uexküll zu, sich dem bestehenden Verschwörerzirkel anzuschließen. Allerdings dürfte Stauffenberg es wohl schwer gefallen sein, sich mit den Folgen seiner Verwundung abzufinden. Deshalb trachtete er auch danach, wieder an die Front zu kommen. Zeitzler akzeptierte diesen Wunsch, wollte dem Kriegsversehrten aber noch Zeit geben, seine Blessuren auf einer Dienststelle in der Heimat auszukurieren. Seine Bemühungen, für Stauffenberg eine geeignete Verwendung zu finden, überschnitten sich mit den Überlegungen von Tresckow und Olbricht – die gute Kontakte zum Heerespersonalamt hatten –, Stauffenberg als zentrale Figur der Verschwörung aufzubauen und ihm einen Posten zu verschaffen, von dem aus er den Umsturz organisieren und führen konnte. Sobald er wieder dienstfähig war, sollte er Chef des Stabes des Allgemeinen Heeresamts werden. Obgleich ihm die Verschwörer oft als allzu zögerlich erschienen und es um die Erfolgschancen des ganzen Komplotts nicht gut stand, entschloss er sich nun fest dazu, mitzumachen und alles in seiner Macht Stehende zu unternehmen, um Hitler zu töten und das NS-Regime zu beseitigen.

Nach drei Monaten im Lazarett wurde er Anfang Juli 1943 nach Hause auf das Familienanwesen in Lautlingen entlassen, wo seine Frau ihn liebevoll pflegte. Langsam kam er wieder zu Kräften und lernte, mit den ihm verbleibenden Fingern der linken Hand den Alltag zu meistern. Im August fuhr er erstmals wieder zu einem Kurzbesuch nach Berlin und traf hier mit Tresckow und Olbricht zusammen, die ihn von den Misserfolgen der Verschwörer berichteten. Zwei Anschläge auf Hitler waren im März 1943 ge-

Ich erinnere mich, wie ich ihn in München am Krankenbett besuchte und er sagte: »Es wird Zeit, dass ich das Deutsche Reich rette!« Und ich habe ihm geantwortet: »Dazu bist du jetzt in deinem Zustand der Richtige!« Ich habe diesen Satz gewissermaßen als Witz abgetan, aber es war wohl der Moment, als der Entschluss in ihm reifte, selber aktiv einzugreifen.
Nina Gräfin Schenk von Stauffenberg

»Sein Geist war ungebrochen«: Stauffenberg nach seiner schweren Verwundung mit seinen eigenen Kindern und denen seines Bruders Berthold in Lautlingen.

scheitert, Generalmajor Hans Oster, einer der maßgeblichen Köpfe, war von der Gestapo verhaftet worden und damit ausgefallen. Nach seiner Rückkehr nach Lautlingen bemerkte seine Frau eine starke Veränderung an ihm und sagte, er spiele wohl »Verschwörerles«. Stauffenberg bejahte, sprach aber nicht über Einzelheiten. Je weniger sie wisse, desto besser sei es für sie.

Auf Veranlassung Olbrichts verschob Stauffenberg seine seit langem geplante Operation, die zur Anpassung einer Prothese der rechten Hand dienen sollte, weil die Verschwörer in den Septembertagen des Jahres 1943 ständig mit der Durchführung eines neuen Attentats rechneten. Der Chef der Organisationsabteilung im OKH, Oberst Stieff, hatte sich bereit erklärt, Hitler bei einer Vorführung neuer Waffen zu töten. Stauffenberg folgte am 9. September dem Drängen Olbrichts, sofort nach Berlin zu kommen, weil er einsah, dass er nicht länger abseits stehen konnte. Er brach seinen Genesungsaufenthalt in Lautlingen ab und zog in die Wohnung seines Bruders in der Tristanstraße Nr. 8 in Berlin-Wannsee.

Wenn ich mit meinem Mann zusammen war, habe ich jeweils sofort gespürt, dass er in etwas Wichtiges, Geheimes verwickelt war, 1939 und 1943. Ich sagte es ihm auf den Kopf zu: »Spielst du Verschwörerles?« Er hat es mir dann bestätigt.

Nina Gräfin Schenk von Stauffenberg

Tresckow hatte gegenüber Stauffenberg bei den ersten Besprechungen im August eingeräumt, dass wohl auch bei einem geglückten Attentat im März 1943 der Sturz des ganzen Regimes nicht gelungen wäre, weil man zu wenig Vorarbeiten geleistet hatte, um die Macht zu übernehmen. Die Ermordung Hitlers, so Tresckow, musste mit einem gut durchdachten Plan verknüpft werden, die NS-Herrschaft insgesamt zu beenden. Das ideale Instrument hierfür war das Ersatzheer. Überall in Deutschland gab es Kasernen, in denen Truppenteile ausgebildet oder neu aufgestellt wurden. Ihrer musste man sich bedienen, um im Augenblick des Attentats die Macht an sich zu reißen. Bereits im Frühjahr 1942 waren Pläne für den Einsatz des Ersatzheeres zur Küstensicherung oder gegen die Landung feindlicher Fallschirmjäger unter dem Decknamen »Walküre« erarbeitet und danach mehrfach verändert worden: So etwa war im Juli 1943 die Aufstellung von Kampfgruppen aus den Ersatz- und Ausbildungstruppenteilen durch die stellvertretenden Generalkommandos vorgesehen, um »innere Unruhen« zu bekämpfen. Bei Auslösung des Befehls hatten die Wehrkreiskommandos sofort Maßnahmen zur Sicherung wichtiger Objekte, wie Brücken, Kraftwerke oder Kommunikationseinrichtungen, zu treffen. Zweifellos ging von den Millionenheeren der nach Deutschland verschleppten Zwangsarbeiter und Kriegsgefangenen eine gewisse Bedrohung aus, auf die man vorbereitet sein musste. Die Verschwörer erkannten die Chance, die »Walküre«-Pläne zu instrumentalisieren, sie nach ihren Bedürfnissen zu modifizieren und so ihren Putschvorbereitungen einen ganz legalen Anstrich zu verpassen. Regelmäßig hatten die stellvertretenden Generalkommandos und die Wehrkreiskommandos zu melden, welche Truppenteile bei der Auslösung des »Walküre«-Befehls zur Verfügung standen. Man gewann so einen genauen Einblick in die Verteilung der Truppenteile im Reichsgebiet und wäre auf diese Weise in der Lage gewesen zu entscheiden, welche zuverlässigen Einheiten man gegen die SS- und Parteieinrichtungen ansetzen konnte, die ja nicht der Befehlsgewalt der Wehrmacht unterstanden. Zudem wurde unter dem »Walküre«-Deckmantel ein detaillierter Plan ausgearbeitet, wie man in Berlin die Macht übernehmen wollte. Demnach sollten die Verbände der Panzertruppenschule Krampnitz, der Infanterieschule Döberitz, der Fahnenjunkerschule Potsdam sowie der Unteroffiziersschule Potsdam den Objektschutz in Berlin übernehmen – was nichts anderes bedeutete, als dass sie das Regierungsviertel abzuriegeln und alle obersten Reichsbehörden, die SS-Ämter und Rundfunkstationen zu besetzen hatten. Der ganze Plan hing entscheidend vom Befehlshaber der Heeresrüstung und des Ersatzheeres,

»Wichtige Schlüsselposition«: Die Verschwörer waren auf Generaloberst Friedrich Fromm (links), den Befehlshaber des Ersatzheeres, angewiesen.

Generaloberst Fromm, ab. Beteiligte er sich an dem Umsturz, löste er die »Walküre«-Maßnahmen aus, so konnte für die entscheidenden Stunden der Schein der Legalität gewahrt bleiben. Verschloss er sich, so stand der Plan auf wackligen Füßen, weil man in den Wehrkreiskommandos dann merken konnte, dass man für einen Staatsstreich instrumentalisiert werden sollte.

Seit seiner Ankunft in Berlin Anfang September 1943 wurde Stauffenberg von Tresckow in die Staatsstreichvorbereitungen eingeführt. Fortan trafen sie sich häufig und widmeten sich unter strengster Geheimhaltung den »Walküre«-Planungen, verfassten Befehle und entwarfen Aufrufe. Der größte Teil der Arbeit wurde auf langen Spaziergängen im Grunewald und an der Havel erledigt, Post und Telefon mieden sie wegen der erhöhten Kompromittierungsgefahr. Die Schreibarbeiten hatte zunächst die Frau Tresckows übernommen, später gewann man Margarethe von Oven, die mit Tresckow befreundet war. Sie tippte die Entwürfe in ihrer Privatwohnung ins Reine, wobei Stauffenberg sie dazu anhielt, während dieser Tätigkeit immer Handschuhe zu tragen und eine geliehene Schreibmaschine zu verwenden. Alte Schriftstücke musste sie heimlich verbrennen, bei Flie-

Ich könnte den Frauen und Kindern der Gefallenen nicht in die Augen sehen, wenn ich nicht alles täte, dieses sinnlose Menschenopfer zu verhindern.

Stauffenberg, Sommer 1943

geralarm nahm sie alles belastende Material mit in den Luftschutzkeller. Alle drei waren sich darüber im Klaren, dass die Gestapo ihnen durch eine Unachtsamkeit jederzeit auf die Schliche kommen konnte. An einem Septembertag begleitete sie die beiden Offiziere nach ihren Besprechungen, sämtliche Aufzeichnungen trug sie dabei unter dem Arm. In der Trabener Straße, nahe dem S-Bahnhof Grunewald, kam plötzlich ein Mannschaftswagen der SS herangesaust und hielt direkt neben ihnen. »Als die SS-Leute hinabsprangen, hielt jeder der Verschwörer sich für entdeckt und sich selber im nächsten Augenblick für verhaftet. Aber die SS-Leute achteten nicht auf die drei Personen und verschwanden in einem Haus. Selbst die beiden kriegsgewohnten Offiziere waren leichenblass geworden«, beschreibt Frau von Oven die brenzlige Situation.

Am 15. September war Stauffenberg zum Chef des Stabes des Allgemeinen Heeresamts ernannt worden. Tresckow musste wenige Wochen später als Regimentskommandeur an die Front und war, wie seine Frau sagte, froh, dass in der Heimat endlich jemand saß, der die Dinge tatkräftig in die Hand nahm und nicht alles wie bisher »in tausend Kanälen versickern ließ«. Stauffenberg übernahm infolge seiner neuen Aufgabe die zentrale Rolle für die Koordinierung des Staatsstreichs, da er nunmehr dienstlich für die »Walküre«-Planungen zuständig war. Zusammen mit Tresckow hatte er die ersten Entwürfe für die Aufrufe verfasst, die nach einem Attentat die verschiedenen Dienststellen und die Öffentlichkeit über die Machtübernahme informieren sollten. Diese Texte wurden später von seinem Freund Fahrner und seinem Bruder Berthold immer wieder überarbeitet und mit dem letzten Schliff versehen. Stauffenberg war sich bewusst, dass im entscheidenden Moment alles auf des Messers Schneide stehen und das Gelingen des Umsturzes insbesondere davon abhängig sein würde, ob die Wehrkreiskommandos die »Walküre«-Befehle befolgten. Er versuchte daher für jeden Wehrkreis einen Offizier zu gewinnen, der als Vertrauensmann der Verschwörer fungierte. Dank seiner Überzeugungskraft, seiner natürlichen Autorität und der klaren Argumente schaffte er es nach und nach, für 15 der 17 Wehrkreise Verbindungsoffiziere zu finden. Stauffenberg hatte offenbar nichts von seiner Ausstrahlung verloren: »Obwohl er beim Tunisfeldzug ein Auge und eine Hand verloren hatte, wirkte er schön und kraftvoll wie ein junger Kriegsgott. Mit seinem gelockten dunklen Haar, dem kräftig-ebenmäßigen Gesicht, dem hohen Wuchs und der gebändigten Leidenschaft seines Wortes nahm er uns sehr gefangen«, schrieb später Albrecht von Kessel, der ihn damals erlebte. Gegenüber dem Major Freiherr von Leonrod erklärte Stauffenberg Mitte Dezember 1943, dass der »Führer« nicht mehr zu halten sei und beseitigt werden müsse. Auf Leonrods Einwand, dass er einen Eid auf Hitler geleistet habe, entgegnete Stauffenberg, dass der Eid grundsätzlich heilig sei, er aber in dieser Notlage nicht mehr gültig sein könne. Leonrod sei aufgrund der politischen und militärischen Lage geradezu verpflichtet, gegen den Eid zu handeln. Der Major erklärte sich schließlich zur Mitarbeit im Wehrkreiskommando München bereit. Ähnlich verliefen die Gespräche mit den anderen Offizieren. Sie alle konnten sich seinem Charme und der Kraft seiner Argumente nicht verschließen.

Als Anthony Eden im Sommer 1943 Bischof Bell entgegenhielt, der deutsche Widerstand sei bislang, im Unterschied zum Widerstand in den unterworfenen Ländern, den Beweis seiner äußersten Entschlossenheit schuldig geblieben, antwortete Bell, den anderen Völkern habe man die Befreiung in Aussicht gestellt, den Deutschen dagegen die bedingungslose Kapitulation.

Joachim Fest, Publizist

Stauffenberg bemühte sich darüber hinaus darum, immer mehr Mitverschwörer in seinem Umfeld zu sammeln. Lange Gespräche führte er etwa mit Oberstleutnant i. G. Peter Sauerbruch, einem alten Freund aus den Tagen bei der Bamberger Kavallerie, den er im Dezember 1943 ins Allgemeine Heeresamt versetzen ließ. Ihm gegenüber sprach er davon, dass der Krieg verloren sei und selbst die neu entwickelten Fernraketen V1 und V2 das Blatt nicht mehr wenden könnten. Ein Separatfrieden mit den Westmächten sei nicht in Aussicht. Die Alliierten hätten sich auf ihr Ziel der bedingungslosen Kapitulation Deutschlands versteift und seien auch mittels diplomatischer Manöver nicht mehr auseinander zu dividieren.

Die Außenpolitiker des Widerstandes, zum Beispiel Trott, haben sich bemüht, mit den Alliierten Verbindungen aufzunehmen, um einen für Deutschland erträglichen Frieden herbeizuführen. Das große Problem war der alliierte Beschluss, nur die bedingungslose Kapitulation Deutschlands zu akzeptieren. Dies hätte die friedliche Wiedereingliederung Deutschlands in ein neues Europa praktisch verhindert oder jedenfalls sehr erschwert. Diese Bemühungen, die Formel »bedingungslose Kapitulation« zu verändern, sind leider gescheitert, weil sowohl Churchill als auch Roosevelt es absolut abgelehnt haben, darüber zu verhandeln.

Ulrich Sahm, Schwager des Verschwörers Ulrich-Wilhelm Graf von Schwerin von Schwanenfeld

Der einzige Hoffnungsschwimmer bestehe darin, dass Briten und Amerikaner bald in Frankreich landen würden und verhinderten, dass die Sowjetunion zu weit nach Mitteleuropa vordringe. Die Generäle seien fast ganz unpolitisch und hätten sich von Hitlers Erfolgen blenden lassen. Die Oberbefehlshaber der Heeresgruppen, die Hitlers Unfähigkeit und den drohenden Zusammenbruch Deutschlands erkannten, seien schwankend und resigniert, also müsse die jüngere Generation handeln. Wer einsehe, dass die zur Fortsetzung des Krieges gebrachten Opfer sinnlos seien, könne deren Angehörigen nicht in die Augen sehen, wenn er nicht alles tue, den Kampf zu beenden. Sauerbruch war von seinen Worten sichtlich beeindruckt und spielte eine Zeit lang selbst mit dem Gedanken eines Attentats auf Hitler, traute sich den Coup letztlich aber nicht zu. Ende März 1944 wurde er wieder zur Front beordert und war an den weiteren Vorbereitungen nicht mehr beteiligt.

Bald nach seiner Abkommandierung nach Berlin lernte Stauffenberg auch die führenden Köpfe der zivilen Opposition kennen. Ein Treffen mit dem charismatischen SPD-Politiker Julius Leber kam im Herbst 1943 zustande. Rasch gewannen die beiden Vertrauen zueinander. Der katholisch geprägte Leber war im Ersten Weltkrieg vier Jahre an der Front im Einsatz gewesen, zum Offizier aufgestiegen und hatte sich während der Weimarer Zeit mit seiner pragmatischen Haltung in innenpolitischen Fragen her-

»Rasch Vertrauen gewonnen«: Mit dem ehemaligen SPD-Politiker Julius Leber verband Stauffenberg bald eine herzliche Freundschaft.

vorgetan. Beide verband die Sorge um die Arbeiterschaft und die einfachen Soldaten, die – je länger der Krieg dauerte – sinnlos geopfert wurden. Stauffenberg kam weiterhin mit Carl Friedrich Goerdeler, Ulrich von Hassell, Johannes Popitz, Wilhelm Leuschner und vielen anderen zusammen. Dabei machte er sich auch Gedanken um die Zusammensetzung einer Übergangsregierung, wobei er sich gegen Goerdeler als Reichskanzler aussprach. Ihm schwebte vielmehr ein Mann der Arbeiterbewegung, Leber oder Leuschner, vor, die sich allerdings bedeckt hielten. Sie wollten zwar Einfluss auf den künftigen Aufbau des Staates ausüben, gedachten aber nicht den Fehler von 1918 zu wiederholen. Noch einmal wollte die Linke die Verantwortung für die Beendigung des Krieges nicht übernehmen.

Mit Helmuth James Graf von Moltke, einem der herausragenden Köpfe der zivilen Opposition, führte Stauffenberg zunächst nicht viel zusammen. Gewiss, sie lehnten beide das NS-Regime ab, lebten aber doch in einer vollkommen anderen Welt. Moltke, ein Urgroßneffe des berühmten Feldmarschalls der Bismarck-Zeit, hatte Jura in Berlin und Oxford studiert und war als Fachmann für Völkerrecht beim Amt Ausland/Abwehr tätig. 1940 gruppierte sich um ihn und Peter Yorck von Wartenburg ein überaus facettenreicher Kreis von Oppositionellen, dem die Gestapo später nach dem schlesischen Familiengut der Moltkes den Namen »Kreisauer Kreis« gegeben hat, obwohl nur zwei oder drei ihrer Treffen hier stattfanden. Moltke, der tief von der Jugendbewegung und den Wirren der Weimarer Zeit geprägt worden war, hatte sich von Anbeginn an als ein überzeugter Gegner des Nationalsozialismus erwiesen. Als 1938 die Halder-Gruppe den Staatsstreich vorbereitete, war er zusammen mit anderen jüngeren Mitgliedern der Opposition der Ansicht, dass man nicht zu den alten gesellschaftlichen Verhältnissen zurückkehren könne, sondern einen grundlegenden Neuanfang versuchen müsse. Nachdem der Umsturz im Sande

> *In Kreisau haben nur drei große Zusammenkünfte stattgefunden. Die meisten der Hunderte von kleineren Zusammenkünften zu zweit oder zu dritt haben in Berlin stattgefunden, wenige auch in München. Als unser Freund, der Sozialdemokrat Theo Haubach, verhört wurde, hat er wohl zum ersten Mal von unserer Gruppe, die keinen Namen hatte, vom Kreisauer Kreis gesprochen, und diesen Namen haben dann die Nazis übernommen.*
> Freya von Moltke, Witwe von Helmuth James Graf von Moltke

»Pläne für ein Nachkriegsdeutschland«: Das Domizil der Familie Moltke im schlesischen Kreisau war mehrmals Treffpunkt der Mitglieder des »Kreisauer Kreises«.

»Totale Ablehnung der Nazis«: Peter Graf Yorck von Wartenburg, einer der Initiatoren des »Kreisauer Kreises«.

»Keine neue Dolchstoßlegende schaffen«: Helmuth James Graf von Moltke (hier mit seinem Sohn Helmuth Caspar) hatte andere Vorstellungen von der Zukunft Deutschlands als Stauffenberg.

Es ergab sich aus der Natur der politischen Situation, dass nur das Militär dieses System überwinden konnte. Deswegen wehre ich mich gegen die einseitige Betrachtungsweise des militärischen Widerstands. Hinter dem militärischen Widerstand stand natürlich ein breit gefächerter und alle Gesellschaftsgruppen umfassender ziviler Widerstand. Aber nur die Militärs konnten handeln.

Alfred von Hofacker, Sohn des Verschwörers Cäsar von Hofacker

Es ist unsere Pflicht, das Widerliche zu erkennen, es zu analysieren und in einer höheren synthetischen Schau zu überwinden und damit für uns nutzbar zu machen.

Helmuth James Graf von Moltke, Brief an seine Frau, 1. Juni 1940

verlaufen war, konkretisierten Moltke und Yorck noch unabhängig voneinander ihre Überlegungen. Als sie sich im Frühjahr 1940 trafen, war dies der entscheidende Durchbruch zur Bildung eines oppositionellen »think tanks«.

Zunächst sondierten sie ihre weit gespannten Freundeskreise nach Gleichgesinnten. Über Bekannte stießen dann rasch immer mehr intellektuelle Köpfe hinzu. Adam von Trott zu Solz, Hans Bernd von Haeften, der Bruder von Stauffenbergs Adjutant, Horst von Einsiedel, ein ehemaliger Harvard-Student und Fachmann für Wirtschaftsfragen, und andere sind hier zu nennen. Insgesamt können etwa 40 Männer zum engeren Umfeld des Kreisauer Kreises gerechnet werden. In ständig wechselnden Gesprächskreisen und Arbeitsgruppen wurden Vorschläge für den Aufbau eines Nachkriegsdeutschlands erarbeitetet, wobei man sich ab Anfang 1943 vor allem im Berliner Haus von Peter Yorck von Wartenburg traf. Um diese Pläne auf eine möglichst breite Basis zu stellen, wurden Kontakte zu fast allen gesellschaftlichen Gruppen aufgenommen. Aus Kreisen der Kirchen sind der katholische Berliner Bischof Konrad Graf von Preysing, der Jesuiten-Provinzial Augustinus Rösch sowie der evangelische Pfarrer Harald Poelchau zu nennen, von der Sozialdemokratie Theodor Haubach und Carlo Mierendorff, die Ende 1941 zum Kreisauer Kreis stießen.

Ausgangspunkt der Debatten war die Überzeugung, dass die moderne Massengesellschaft in eine tiefe Krise geraten sei, deren schlimmstes Ergebnis Nationalsozialismus und Kommunismus waren. Es reiche also nicht aus, Hitler zu stürzen und dann in den gewohnten Bahnen einen neuen, bürgerlich-konservativ ausgerichteten Staat aufzubauen, wie es die Gruppe um den ehemaligen Leipziger Oberbürgermeister Goerdeler vorhatte. Die Kreisauer wollten, dass aus den Ruinen des Reiches etwas vollkommen Neues, etwas Besseres entstand. Ihre christlich-sozialistisch geprägten Neuordnungspläne hatten freilich etwas Utopisches an sich. Sie forderten die Rückbesinnung auf die europäischen Grundwerte, auf die gemeinsame Geschichte, Tradition und Lebensform. Es müsse Schluss sein, den Nachbarn

Wenn es um die Frage ging, ob Hitler mit Gewalt beseitigt werden sollte, stand er eindeutig auf der Seite der Befürworter.

Alexander Graf von Yorck, Neffe von Peter Graf Yorck von Wartenburg

nur als Bedrohung zu sehen, vielmehr gelte es, den Reiz des »andersartig Gleichen« zu erkennen. So plädierte Moltke für die Auflösung der europäischen Nationalstaaten und stattdessen für den Aufbau eines europäischen Einheitsstaates, der viele regionale Selbstverwaltungseinheiten verbinden sollte und für diese die klassischen Souveränitätsrechte wahrnahm. Die Mehrheit der Kreisauer wollte die Konturen Deutschlands freilich erhalten, im Inneren mit Einheiten von rund fünf Millionen Einwohnern aber vollkommen neue Strukturen schaffen. Ihnen dürfte jedoch bewusst gewesen sein, dass es sich bei ihren politischen Plänen um die Gedanken einer international vernetzten intellektuellen Elite handelte, die von der Masse der Deutschen möglicherweise nicht voll mitgetragen werden würden. Aufgrund der, wie es hieß, politischen Verdorbenheit und der politischen Unmündigkeit vieler Deutscher wollten sie daher ein direktes Wahlrecht nur für die Selbstverwaltungsgremien von Gemeinde und Kreis zulassen. Diese Gremien würden dann auch Landtage und den Reichstag wählen.

Mein Mann war der Meinung, dass Hitler sich selber vernichten muss, sonst ergeht es den Deutschen so wie nach dem Ersten Weltkrieg. Damals entstand die berühmte Dolchstoßlegende, nach der die Politik die militärische Seite verraten hätte, obwohl der Krieg noch gar nicht verloren gewesen sei. Das wollte er vermeiden. Er war der Meinung, dass Hitler sich selbst vernichten müsste, wenn das deutsche Volk nicht sähe, dass Hitler das Volk und sich selbst zugrunde richtete.

Freya von Moltke, Witwe von Helmuth James Graf von Moltke

Helmut Moltke war im Grunde genommen kein Freund eines Attentats auf Hitler. Er war immer der Auffassung, dass dieses Geschwür sich ausbluten müsse und die Deutschen das ertragen müssten bis zum bitteren Ende. Er hat dann erst 1944 seine Meinung geändert.

Klaus von Dohnanyi, Sohn des Verschwörers Hans von Dohnanyi

Die Mehrheit der Kreisauer lehnte ein Attentat auf Hitler ab. Hierbei spielte einerseits ihre tief verwurzelte christliche Überzeugung eine herausragende Rolle, andererseits waren viele der Meinung, dass nur aufgrund der Katastrophe einer vollständigen Niederlage ein so umfassender Neuaufbau von Staat und Gesellschaft gelingen konnte. Dennoch war der Kreisauer Kreis weit mehr als ein theoretischer Debattierklub. Mittels außenpolitischer Sondierungen versuchte er einen Beitrag zum Umsturz zu leisten. Überdies bereitete er Pläne für ein Übergangsgremium nach Hitlers Ermordung vor, das von dem Militärbefehlshaber in Belgien und Nordfrankreich, General Alexander von Falkenhausen, geleitet werden sollte. Über die Kreisauer liefen auch die Kontaktaufnahmen zu den Kommunisten.

Stauffenberg hatte etliche gute Kontakte zur Gruppe um Moltke und Yorck. Zu Moltke selbst war das Verhältnis aber reserviert. Dieser war nämlich von den Möglichkeiten des gewaltsamen Umsturzes lange Zeit nicht überzeugt, weil die Militärs ja doch nicht die letzte Entschlossenheit zur Tat aufbringen würden. Er konzentrierte sich zunächst ganz auf seine Zukunftsentwürfe, von denen er glaubte, dass sie in einem befreiten Nachkriegsdeutschland von den Alliierten berücksichtigt werden würden. Seine indifferente Einstellung gegenüber dem Deutschen Reich, das Stauffenberg zumindest noch 1943 durch die Verschwörung zu retten gedachte, tat ein Übriges, um die beiden inhaltlich voneinander zu trennen. Doch als Moltke die Tatkraft Stauffenbergs erlebte, lösten sich seine Vorbehalte gegen das Attentat mehr und mehr auf, und er begann den schwer kriegsversehrten Oberstleutnant zu schätzen. Letztlich konnte Stauffenberg für den kühl und arrogant wirkenden Moltke aber keine Sympathien aufbringen. Einmal meinte er sogar: »Ich kann diesen Menschen nicht ertragen, diesen Helmuth Moltke.« Er unterrichtete ihn mehrfach über die beabsichtigten politischen Maßnahmen nach dem Umsturz und über die Persönlichkeiten der Übergangsregierung. Wenngleich Stauffenberg nicht bereit war, sich aus den politischen Aspekten des Umsturzes herauszuhalten, so akzeptierte er schließlich doch Goerdeler als Führer der zivilen Opposition und hielt ihn stets über den Gang der militärischen Vorbereitungen auf dem Laufenden.

Die Gliederung des Widerstands in verschiedene Gruppen ist im Wesentlichen ein Hilfsmittel der Gestapo gewesen, um Vernehmungen zuzuordnen. Namen wie zum Beispiel Kreisauer Kreis stammen nicht von den Männern des Widerstands selbst, sondern von der Gestapo. Das ist irreführend, weil es sich um Freundeskreise handelte, die überlappend miteinander gearbeitet haben. Mein Vater hat auf der einen Seite mit der älteren Generation zusammengearbeitet, nämlich mit Beck und Goerdeler, die 20 Jahre älter waren als er selbst und entsprechend eine ganz andere Lebens- und Berufserfahrung hatten – unter anderem die Erfahrung von Verantwortung in Staatsämtern: Beck als Chef des deutschen Generalstabs, Goerdeler als Oberbürgermeister von Leipzig, Popitz als preußischer Finanzminister. Auf der anderen Seite stand die junge Generation, die sich im Kreisauer Kreis formierte. Viele dieser Männer, die dort miteinander sprachen und die sich überlegten, wie Deutschland und Europa nach dem Krieg aussehen sollten, waren persönliche Freunde von ihm. Der dritte Pol für meinen Vater war ab September 1943 Stauffenberg, mit dem er sich offensichtlich sehr schnell angefreundet hat.

Detlef Graf von Schwerin von Schwanenfeld, Sohn des Verschwörers Ulrich-Wilhelm Graf von Schwerin von Schwanenfeld

Stauffenberg war nach seiner Ankunft in Berlin im September 1943 binnen kurzem zum Kopf der Verschwörung aufgestiegen. Rasch hatte er sich mit den wichtigsten Persönlichkeiten des Widerstands in Verbindung gesetzt und sie trotz mancher Meinungsverschiedenheit auf das gemeinsame Ziel eingeschworen. Ihm war es wichtig, dass die Militärs nicht allein handelten, sondern im Hinblick auf ein Deutschland nach Hitler alle Gruppen der Verschwörung zusammenarbeiteten. So befürwortete er im Sommer 1944 auch ein Treffen der Sozialdemokraten Leber und Reichwein mit den Kommunisten Anton Saefkow und Franz Jacob, die er in die bürgerlich-sozialdemokratische Allianz einbinden wollte. Die Zusammenkunft fand am 22. Juni 1944 im Haus eines Berliner Arztes statt, und man vereinbarte die Absicht zur Zusammenarbeit. Ein gleichfalls anwesender Spitzel der Gestapo verriet das Treffen, worauf Reichwein und Leber verhaftet wurden. Den NS-Schergen war damit der lang angestrebte Einbruch in den engen Kreis der Verschwörung gelungen.

Bis zu einem gewissen Grad war mein Mann die treibende Kraft des Attentats. Er selber hat sich allerdings nicht so gesehen, sondern Männer wie Beck und Olbricht als führende Köpfe betrachtet.

Nina Gräfin Schenk von Stauffenberg

Der Führer ist nicht mehr zu halten, er muss daher beseitigt werden.

Stauffenberg, Dezember 1943

Saefkow und Jacob hatten aus ihrer Überzeugung keinen Hehl gemacht, dass die Besetzung Deutschlands durch die Rote Armee nicht mehr aufzuhalten sei. Sie gaben damit einer Horrorvorstellung fast aller Verschwörer Ausdruck, die natürlich die nationalsozialistische Diktatur nicht durch eine kommunistische ersetzen wollten. Auch Stauffenberg hatte ähnlich wie Goerdeler, Hassell und sein außenpolitischer Berater Adam von Trott zu Solz noch lange darauf gehofft, nach der Beseitigung Hitlers zumindest noch einen Verhandlungsfrieden erreichen zu können, da die Fronten in Ost und West noch hielten. Im Frühjahr 1944 gab er auch diese Hoffnung auf und erkannte, dass das Reich keinen außenpolitischen und erst recht keinen militärischen Handlungsspielraum mehr besaß. Die Kapitulation und die Besetzung des Reiches waren nicht mehr aufzuhalten. Gleichwohl wollte er das Land niemals der Sowjetunion ausliefern. Wenn man schon die Fahnen streichen musste, dann sollten die Westalliierten Deutschland besetzen und es so vor der Rache der Roten Armee bewahren. Stauffenberg hielt an dieser unrealistischen Hoffnung auf Zusammenarbeit mit den Westalliierten, insbesondere den Briten, bis zum Sommer 1944 fest. Auch Trott vermochte es

Die Alliierten hatten entschieden, dass der Krieg nur durch die bedingungslose Kapitulation beendet werden könnte. Das war für den deutschen Widerstand natürlich eine schwere Enttäuschung.

Freya von Moltke, Witwe von Helmuth James Graf von Moltke

»Der längste Tag«: Landung der Alliierten in der Normandie.

zunächst nicht, ihn hiervon abzubringen und die bittere Erkenntnis zu akzeptieren, dass weder Washington noch London bereit wären, mit den Deutschen gemeinsame Sache gegen Moskau zu machen. Erst nach der geglückten Landung der Alliierten in der Normandie erkannte Stauffenberg, dass an der bedingungslosen Kapitulation kein Weg mehr vorbeiführen werde. Das Attentat konnte »nur« noch dazu dienen, das sinnlos gewordene Blutvergießen zu beenden, was allemal besser sei, so Stauffenberg, als »der Schande und dem lähmenden Zwang tatenlos zu verfallen«.

Das Hauptproblem des ganzen Umsturzes war zweifellos das Attentat selbst. Hitler hielt sich 1944 fast nur noch in seinen hermetisch abgeriegelten »Führer«-Hauptquartieren auf. Nur ein kleiner, erlesener Personenkreis von Vertrauten und hohen Militärs hatte hier überhaupt Zugang zum Diktator. Von den Verschwörern nahm lediglich der Chef der Organisationsabteilung des OKH, Oberst Stieff, gelegentlich an Lagebesprechungen in der »Wolfsschanze« oder dem »Berghof« bei Berchtesgaden teil. Stieff erklärte sich anfangs zu einem Bombenanschlag bereit, brachte dann aber nicht die Nervenstärke zur Durchführung auf. Hitler außerhalb seiner Machtzentralen zu fassen war freilich fast unmöglich, weil er sich kaum

»Jeder Mensch ist auch feige«: Helmuth Stieff hatte sich zunächst selbst zu einem Attentat auf Hitler bereit erklärt, doch dann versagten ihm die Nerven.

noch in der Öffentlichkeit zeigte und auch Frontbesuche nur noch ungern vornahm. Als die Verschwörer erfuhren, dass Hitler eine Reihe neuer Uniformen vorgeführt werden sollte, konnte Stauffenberg mit Axel von dem Bussche einen hochdekorierten Frontoffizier gewinnen, der bereit war, sich mit Hitler bei dieser günstigen Gelegenheit in die Luft zu sprengen. Während eines britischen Luftangriffs verbrannten jedoch die Uniformen, die Vorführung wurde bis in den Sommer 1944 hinein immer wieder verschoben und fand erst am 7. Juli 1944 statt. Axel von dem Bussche hatte mittlerweile eine schwere Verwundung erlitten, und Oberst Stieff war nicht mehr willens, das Attentat durchzuführen. Im Frühjahr 1944 konnten noch einige junge Offiziere gewonnen werden, die bereit waren, Hitler zu töten. Doch keiner dieser Attentäter hatte Erfolg. Entweder verließ sie vor der entscheidenden Gelegenheit der Mut, oder die sorgsam geplante Aktion kam aus irgendeinem Zufall nicht zustande. Im März 1944 musste Stauf-

Jeder Mensch ist auch feige. Etwas zu denken und es dann zu tun, das ist ein himmelweiter Unterschied. Denn auch der Tyrannenmord ist ja eine kriminelle Tat, darüber gibt es keinen Zweifel. Wie darüber geurteilt wird, zulässig oder nicht zulässig, das ist eine andere Frage, aber es ist Mord. Ich kann Stieff trotzdem nicht verabscheuen.

Albrecht von Hagen, Sohn des Verschwörers Albrecht von Hagen)

Ein großes Problem für die Verschwörer war die Frage: Wie wird sich das Volk verhalten im Falle eines Sieges der Putschisten? Das war eine absolute Unbekannte, und die Aussichten wurden eher skeptisch beurteilt. Denn die Mehrheit der Deutschen stand bis zuletzt hinter Hitler.

Ralph Giordano, Publizist, lebte damals in Hamburg

Die Obristen wollten gar nicht putschen, sondern Stauffenberg hat sie zum Putsch gezwungen, indem er gesagt hat: Ich tu's. Alle anderen waren letztlich dankbar, dass er es machte und sie es nicht machen mussten. Es gibt drei, vier andere, die sich zur Verfügung gestellt haben, aber letztlich waren sie doch auch froh, dass sie nicht mussten.

Albrecht von Hagen, Sohn des Verschwörers Albrecht von Hagen

fenberg resigniert eingestehen, dass alle Versuche, an Hitler heranzukommen, gescheitert waren und zunächst auch keinem der Verschwörer Zugang zum »Führer« verschafft werden konnte. Man trat auf der Stelle und konnte nichts anderes tun, als auf eine glückliche Fügung hoffen.

Doch auf einmal schienen die Verschwörer Glück zu haben: Mitte Mai 1944 war durchgesickert, dass Stauffenberg demnächst zum Chef des Stabes beim Befehlshaber des Ersatzheeres ernannt werden würde. In dieser Eigenschaft war er für den gesamten Personalersatz des Feldheeres zuständig, für die Auffrischung abgekämpfter Einheiten und die Aufstellung neuer Divisionen. Stauffenberg würde in der neuen Dienststellung gelegentlich vor Hitler referieren müssen, so viel stand bereits jetzt fest, und er war entschlossen, sich diese Gelegenheit nicht entgehen zu lassen. Oberst Stieff hatte noch immer den erbeuteten englischen Sprengstoff in seiner ostpreußischen Wohnung gelagert, mit dem er das Attentat hatte ausführen sollen. Am 25. Mai 1944 brachten zwei eingeweihte Offiziere die Sprengmittel in Stauffenbergs Berliner Dienstzimmer in der Bendlerstraße. Auf die Frage nach dem Verwendungszweck antwortete er ihnen: »Ich habe einen Anschlag auf den Führer und seine nähere Umgebung vor. Dies ist nötig, weil sonst der Krieg bestimmt verloren geht.« Die Realisierung des Attentats durch Stauffenberg war freilich nicht ganz unproblematisch, weil er als charismatischer Führer des ganzen Umsturzes im entscheidenden Zeitpunkt in Berlin fehlen würde. Stauffenberg gelang es jedoch, den Oberst im Generalstab Mertz von Quirnheim – den alten Freund aus den Tagen der Kriegsakademie – zu seinem Nachfolger zu bestimmen. Dieser wollte eigentlich viel lieber an der Front bleiben, überwand seine berufliche Enttäuschung jedoch sehr bald, nachdem ihn Stauffenberg in die Verschwörung eingeweiht hatte. Damit schien das Problem der Doppelbelastung gelöst zu sein: Mertz würde den Umsturz leiten, während Stauffenberg versuchte, Hitler zu töten.

Am 7. Juni, einen Tag nach der Landung der Alliierten in der Normandie, wurde Stauffenberg zum ersten Mal mit Generaloberst Fromm zu Hitler auf den »Berghof« zitiert. Reichsmarschall Göring, der Reichsführer SS Himmler, Feldmarschall Keitel und Rüstungsminister Speer waren ebenfalls anwesend. Er beschrieb die Atmosphäre als »faul und verrottet, als bekäme man keine Luft«, und mit Ausnahme Speers erschienen ihm die Paladine Hitlers wie Psychopathen, die völlig in dessen Bann geraten waren. Ganz bewusst ging Stauffenberg auf die Situation ein und prüfte, ob er eine besondere Wirkung verspürte. Zigmal hatte er die Erfahrung gemacht, dass sich gestandene Offiziere und Generäle in Hitlers Nähe in willfährige Lakaien verwandelten. Stauffenberg blieb freilich unbeeindruckt. Hitlers Augen seien wie verschleiert gewesen, beim Vortrag blieben einzig er und Oberst Brandt von der Operationsabteilung nüchtern und fest, während die anderen ins Schwimmen gerieten.

Es gibt keine Hinweise darauf, dass Stauffenberg bereits bei diesem Besuch die Bombe mit sich führte. Er lotete aber aufmerksam die praktischen Möglichkeiten eines Anschlags aus und gelangte zu dem überraschenden Ergebnis, dass man in unmittelbarer Nähe des »Führers« recht zwanglose Bewegungsmöglichkeiten hatte.

Mertz von Quirnheim war mein direkter Vorgesetzter. Er war sehr intelligent und ungewöhnlich rasch in der Auffassungsgabe. Er führte am langen Zügel und ließ den Mitarbeitern viel Freiheit. Er war auch sehr selbstkritisch. Gegenüber Vorgesetzten war er unbekümmert, bis hin zur Frechheit. Dies zeigten sein selbstständiges Denken und seine Unabhängigkeit. Wenn er eine Schwäche hatte, war es, dass er Wärme weniger zeigte – im Gegensatz zu seinem Freund Stauffenberg.

Ulrich de Maizière, damals Generalstabsoffizier

Stauffenberg wäre bestimmt dazu bereit gewesen, sich mit Hitler in die Luft zu sprengen, wenn er nicht gleichzeitig die Position beim Befehlshaber des Ersatzheeres, von dem aus der Umsturz geleitet werden sollte, innegehabt hätte. Er sollte die militärische Leitung des Umsturzes in den Fingern behalten.

Ulrich de Maizière

Obgleich er eigentlich zum Handeln entschlossen war, kamen ihm angesichts der erfolgreichen alliierten Landung in der Normandie nun doch Zweifel, ob jetzt ein Umsturz überhaupt noch Sinn machte, da der Ausgang des Krieges nunmehr endgültig feststand. Er erkundigte sich nach Tresckows Meinung und erhielt eine klare Antwort: »Das Attentat auf Hitler muss erfolgen, um jeden Preis. Sollte es nicht gelingen, so muss trotzdem der Staatsstreich versucht werden. Denn es kommt nicht mehr auf den praktischen Zweck an, sondern darauf, dass die deutsche Widerstandsbewegung vor der Welt und vor der Geschichte unter Einsatz des Lebens den entscheidenden Wurf gewagt hat. Alles andere ist daneben gleichgültig.« Diese Worte, die in die Geschichte eingingen, verfehlten ihre Wirkung auf Stauffenberg nicht. Es musste also gehandelt werden, koste es, was es wolle. Es ging nun nicht mehr darum, das Reich zu retten, so wie ihm dies lange vorschwebte, sondern nur noch darum, weiteren

»Soll man nicht doch handeln?«: Die Verschwörer planten ursprünglich, mit Hitler auch seine Paladine Göring und Himmler umzubringen.

Schaden vom Volk abzuwenden und die eigene Ehre zu bewahren. Fieberhaft überprüfte er die Vorbereitungen, ging die »Walküre«-Planungen durch, redigierte nochmals die Aufrufe, die in der Stunde der Entscheidung verbreitet werden sollten.

Dabei wurde einmal mehr klar, dass der Umsturz natürlich nicht generalstabsmäßig bis ins kleinste Detail vorbereitet werden konnte. Alles musste mit größter Vorsicht ablaufen, vieles konnte nur angedacht werden, und Stauffenberg war schon durch den alltäglichen Dienstbetrieb mehr als ausgelastet. Er musste sich letztlich darauf verlassen, im entscheidenden Moment die richtigen Leute um sich zu haben. Freilich hatten die Verschwörer mittlerweile infolge etlicher personeller Veränderungen in den wichtigen Dienststellungen einige gravierende Rückschläge hinnehmen müssen. Generalmajor Hans-Günther von Rost war als Chef des Stabes des Befehlshabers im Wehrkreis III (Berlin) bis dahin der Garant für die Machtübernahme in der Reichshauptstadt gewesen. Die von den Verschwörern verfassten Befehle ermöglichten den Wehrkreiskommandos nämlich im Falle eines Notstandes, die »Walküre«-Maßnahmen selbstständig auszulösen und Alarmeinheiten aufzustellen. Im entscheidenden Augenblick konnte man also, ohne Verdacht zu erregen, Truppen in Marsch setzen, die alle Machtzentralen in Berlin abriegeln würden. Am 1. Mai war Rost jedoch an die Front versetzt worden, und obgleich man seinen Nachfolger, Generalmajor Otto Herfurth, mit zuverlässigen Offizieren umgab, blieb es fraglich, wie er sich im Ernstfall verhalten würde. Mit dem Abgang Rosts fiel das Wehrkreiskommando Berlin als eigenständiger Faktor zur Auslösung der »Walküre«-Maßnahmen aus. Sie konnten nunmehr nur noch vom Oberkommando der Wehrmacht – und dieses schied von vornherein aus – und vom Befehlshaber des Ersatzheeres ausgelöst werden. Man brauchte also Generaloberst Fromm oder – wenn dieser sich nicht zum Handeln würde entschließen können – zumindest seinen Chef des Stabes Stauffenberg. Hinzu kam, dass die Verschwörer die Truppenteile nicht sicher in ihrer Hand hatten, die am ehesten für die Machtübernahme im Zentrum Berlins infrage kamen: die Panzertruppenschule in Krampnitz bei Potsdam und vor allem das Wachbataillon, das mit Major Remer einen überzeugten Nationalsozialisten als neuen Kommandeur erhalten hatte.

Am 6. Juli 1944 war Stauffenberg wieder bei zwei Sonderbesprechungen auf dem »Berghof« zugegen und trug Hitler über die (offiziellen) »Walküre«-Planungen vor. Diesmal hatte er den Sprengstoff dabei und hoffte offenbar darauf, dass Stieff das Attentat durchführen würde. Als dieser die Bombe sah, raunte er Stauffenberg jedoch zu: »Lassen Sie gefälligst die Finger davon!« Damit war endgültig klar, dass er es selber machen musste. Bereits fünf Tage später, am 11. Juli, einem Dienstag, war Stauffenberg erneut auf dem »Berghof«. Diesmal sollte der Coup gewagt werden. Die Rote Armee hatte in den letzten 14 Tagen die Heeresgruppe Mitte überrollt und drang unaufhaltsam in Richtung Ostpreußen vor. Wollte man zumindest den Einbruch der Sowjets nach Deutschland verhindern, so musste endlich etwas geschehen. Außerdem waren wenige Tage zuvor die eingeweihten Verschwörer Reichwein und Leber von der Gestapo verhaftet worden, und niemand konnte wissen, ob sie der Folter würden standhalten können. Es durfte also keine Zeit mehr verloren werden. Die Nachricht von dem bevorstehenden Attentat wurde von Person zu Person weitergegeben. Alles

Wir wussten, dass etwas in der Luft liegt und dass mein Bruder Ludwig immer auf Abruf bereit war, in die Bendlerstraße zu kommen, um beim Umsturz mitzuwirken.

Franz von Hammerstein, Sohn des Hitler-Gegners Kurt von Hammerstein-Equord war bereit, als Stauffenberg nach Oberbayern flog. Der Sprengstoff befand sich erneut in seiner Aktentasche. Doch noch bevor die »Morgenlage« kurz nach 13.00 Uhr begann, wurde bekannt, dass weder Himmler noch Göring an der Besprechung teilnehmen würden! Beck, Olbricht, Mertz und andere hatten aber die Tötung dieser beiden mächtigen Paladine Hitlers gefordert, weil der Umsturz ansonsten auf zu große Schwierigkeiten stoßen würde. Nur wenn sie zusammen mit Hitler starben, wäre dem NS-Regime wirklich das Haupt abgeschlagen worden. Als Stauffenberg Olbricht informierte, entschieden sie sich, den Alarm abzubrechen. Unentschlossen hatte er noch Stieff gegenüber gezweifelt: »Herrgott, soll man nicht doch handeln?«

Am 14. Juli zog Hitler vom »Berghof« nach Ostpreußen in die »Wolfsschanze« um. Bereits für den 15. Juli wurden Fromm und Stauffenberg zum Vortrag bestellt, um über die Aufstellung neuer Volksgrenadierdivisionen für die Ostfront zu berichten. Die Verlegung des Hauptquartiers kam für ihn vollkommen überraschend. Er war im Herbst 1942 das letzte Mal dort gewesen und mit den Örtlichkeiten nicht mehr vertraut, kannte insbesondere die neu gebaute Lagebaracke nicht. Doch darauf konnte nun keine Rücksicht mehr genommen werden. Mit dem Sprengstoff in seiner Aktentasche flog er am Morgen des 15. Juli von Berlin nach Rastenburg. Diesmal musste es gelingen, den Diktator zu töten. Dies mag Außenstehenden freilich einfacher erscheinen, als es tatsächlich war. Die Bombe hatte einen Zeitzünder, der nach dem Scharfmachen binnen 30 Minuten den Sprengstoff zur Detonation brachte. Der komplizierte Zündmechanismus musste also vor der Besprechung von dem schwer kriegsversehrten Stauffenberg in Gang gesetzt werden, wobei er sich natürlich zu vergewissern hatte, dass Hitler zum Zeitpunkt der Detonation auch anwesend war. Da in der Aktentasche neben der Bombe keine Unterlagen mehr Platz fanden, war zudem darauf zu achten, dass er am Beginn der Besprechung nicht selbst vortragen musste. Natürlich wäre es auch denkbar gewesen, dass er den Vortragsraum kurz verließ und von einem Helfer die scharf gemachte Bombe übernahm. Dies hätte eigentlich nur Stieff erledigen können, der in den entscheidenden Tagen aber nicht mehr die Nerven für das Komplott aufbrachte.

Als Stauffenberg am Vormittag des 15. Juli in der »Wolfsschanze« eintraf, wusste er, dass ihm niemand zur Seite stehen würde – und er war entschlossen, diesmal alles zu wagen, völlig gleichgültig, ob Göring und Himmler anwesend waren oder nicht. Mertz von Quirnheim hatte daher

»Keine Möglichkeit zum Attentat«: Stauffenberg (links) am 15. Juli 1944 in der »Wolfsschanze«.

im Moment seines Abfluges den »Walküre«-Befehl an die Heerestruppenschulen in der Nähe Berlins herausgegeben und den Zustand höchster Alarmbereitschaft angeordnet. Der erste Dominostein für den Umsturz war gefallen. Doch nun passierte das Unfassbare: Als Stauffenberg kurz nach seiner Ankunft im Hauptquartier mit Stieff und Fellgiebel telefo-

Einige Leute vom OKH, darunter General Stieff, General Fellgiebel und General Wagner, sprachen von einem Patienten, der sehr krank sei und voraussichtlich dann und dann sterben sollte. Das Wort »Hitler« oder »der Führer« ist nie gefallen, sondern es wurde eben immer nur von dem Patienten gesprochen, der in höchster Lebensgefahr schwebte.

Alfons Schulz, Telefonist in der »Wolfsschanze«

Plötzlich ist eine Besprechung angesetzt worden, bei der ich selbst vortragen musste, sodass ich keine Möglichkeit gehabt habe, das Attentat zu verüben.

Stauffenberg zu seinem Bruder Berthold, 15. Juli 1944

nierte, teilten diese ihm unmissverständlich mit, dass die Generäle der Verschwörung in Berlin, Beck, Olbricht, Hoepner und auch Eduard Wagner, die Anordnung gaben, das Attentat auf keinen Fall durchzuführen, wenn Himmler nicht anwesend war – und am 15. Juli hielt sich der Reichsführer SS zwar in der »Wolfsschanze« auf, nahm aber nicht an der Lagebesprechung teil. Stauffenberg war verzweifelt: Was sollte er nun tun? Er wusste, dass Mertz die Maßnahmen zum Umsturz bereits in die Wege geleitet hatte. Außerdem war mittlerweile durchgesickert, dass die Panzerlehrtruppen aus Krampnitz, auf die man die ganzen Hoffnungen setzte, in wenigen Tagen an die Ostfront verlegt werden würden. Als die Besprechung begann und Stauffenberg die Gewissheit hatte, dass Himmler diesmal nicht mit dabei war, rief er noch einmal in der Bendlerstraße an, um sich doch noch freie Hand geben zu lassen, konnte die Generäle aber nicht überzeugen. Sie blieben bei ihrem »Nein«. Daraufhin telefonierte er mit Mertz und sagte, dass jetzt sie beide entscheiden müssten. Mertz antwortete: »Tu's.« Doch mittlerweile war die Chance vertan – Hitler hatte die »Lage« bereits beendet und berief plötzlich eine Sonderbesprechung ein, bei der Stauffenbergs Vortrag im Mittelpunkt stand und er deshalb das Attentat nicht durchführen konnte. Enttäuscht kehrte er nach Berlin zurück und besprach sich mit seinem Freund Mertz. Beide waren sich einig, dass bei der nächsten Gelegenheit auf die Haltung der Generäle keine Rücksicht mehr genommen werden sollte. Es ging nur noch darum, die Tat auszuführen, auch wenn der Umsturz scheitern würde, zumal irgendeine Alternative zum Attentat – etwa die Öffnung der Westfront, um den Alliierten die Besetzung Deutschlands zu ermöglichen – nicht in Sicht war.

Olbricht war unterdessen zu den bereits alarmierten Verbänden um Berlin geeilt und erklärte, dass die »Übung« ganz hervorragend funktioniert habe. Man müsse schließlich immer darauf gefasst sein, dass es in Berlin durch die zahlreichen Fremdarbeiter zu Unruhen komme. Er ließ die Kampftruppen an sich vorbeifahren und hob dann den Alarm auf – freilich dämmerte den Kommandeuren, dass nicht alles mit rechten Dingen zugegangen war und der »Walküre«-Befehl eigentlich vom Befehlshaber des Ersatzheeres, Fromm, oder Stauffenberg ausgehen musste und nicht von dem ihm unterstellten Olbricht als Chef des Allgemeinen Heeresamtes.

Der Ablauf des 15. Juli hatte einmal mehr deutlich werden lassen, dass von den Verschwörern nur Stauffenberg die notwendige Charakterstärke und Tatkraft aufbringen würde, um den Umsturz in Berlin zu führen. Und dass er eine Doppelrolle als Attentäter und als Führer des Umsturzes einnehmen musste, weil es Olbricht an Entschlossenheit mangelte, Mertz aufgrund seines Amtes zu wenig Autorität hatte und mit Fromm ohnehin nicht sicher gerechnet werden konnte. Als am Nachmittag des 15. Juli in der Bendlerstraße die Nachricht eintraf, dass das Attentat nicht stattgefunden habe, wirkten alle Eingeweihten erleichtert, eine »irgendwie fast euphorische Stimmung« breitete sich aus, so, als sei man noch einmal davongekommen.

Für Stauffenberg gab es freilich kein Zurück mehr. Nach all den Fehlversuchen war nun der Rubikon überschritten. Am 18. Juli 1944 erhielt Stauffenberg die Mitteilung, dass er in zwei Tagen erneut zur Lagebesprechung in der »Wolfsschanze« zu erscheinen habe. Der nächste Versuch musste den Erfolg bringen – oder alles wäre vergeblich gewesen.

Das Attentat

> **Das Attentat war enorm wichtig. Es musste um der damaligen Gegenwart und der späteren Zukunft willen ohne Rücksicht auf den Erfolg unbedingt versucht werden.**
>
> Richard von Weizsäcker, damals Offizier der Wehrmacht

Am 19. Juli 1944 wies Oberst Claus Graf Schenk von Stauffenberg gegen 19 Uhr seinen Fahrer an, den Wagen an einer Kirche im Berliner Stadtteil Steglitz anzuhalten. Einige Gemeindemitglieder, meist ältere Menschen, betraten soeben das Gotteshaus zur Abendandacht. Nur wenige schenkten dem hoch gewachsenen Generalstabsoffizier Beachtung, der sich in einer Kirchenbank zum stillen Gebet niedersetzte. Stauffenberg hatte am frühen Abend seinen Freund Adam von Trott zu Solz getroffen, ein Mitglied des »Kreisauer Kreises«, der seit Sommer 1940 auf dem schlesischen Gut Kreisau des Grafen Moltke zusammenkam, um über die politische und soziale Neuordnung Deutschlands für die Zeit nach Hitler zu diskutieren. Auf dem Heimweg von Charlottenburg in die Tristanstraße 8 am Wannsee war Stauffenberg an der Kirche vorbeigekommen. Dem gläubigen Katholiken muss es an diesem Abend ein besonderes Bedürfnis gewesen sein, Zwiesprache mit seinem Schöpfer zu halten. Am nächsten Tag würde Oberst Claus Graf Schenk von Stauffenberg das scheinbar Unmögliche wagen: die Rettung Deutschlands vor dem totalen Untergang, die Beendigung des verbrecherischen Krieges, des Sterbens an den Fronten und des millionenfachen Mordens in den Konzentrationslagern. Stauffenberg wollte Hitler töten.

»Das muss für Stauffenberg ein ganz schwerer Entschluss gewesen sein«, meint Ulrich de Maizière, der Stauffenberg 1942 im Generalstab kennen gelernt hatte, »auch vor dem Hintergrund seiner Religiosität. Aber auch vor dem Hintergrund des Bewusstseins, dass mit dem Attentat ja nicht nur Hitler sterben würde, sondern auch andere im Raum anwesende Menschen, denen man nicht das gleiche Maß an Schuld zumessen kann und die das Ende nicht verdient hätten. Diese Entscheidung für einen Mann, der religiös ist, der feste Wertvorstellungen hat, zu einem Attentat

Die Menschen, die sich letztlich durchgerungen haben, das Attentat durchzuführen, waren selber schon gar nicht mehr davon überzeugt, dass der Staatsstreich glücken könnte. Sie lebten aber mit dem Gefühl, dass es getan werden muss für die Ehre unserer Nation.

Wulf von Moltke, Sohn des Verschwörers Helmuth James Graf von Moltke

Der einzige Sinn war, Menschen zu retten. Das war das Hauptbestreben von Stauffenberg, der sagte: Der Krieg ist absolut verloren.

Albrecht von Hagen, Sohn des Verschwörers Albrecht von Hagen

gezwungen zu sein, bei dem man nicht nur den Verbrecher umbringt, sondern auch noch andere Menschen, das ist schon ein sehr schwerer Entschluss.«

Es war spät, als Oberst Claus Graf Schenk von Stauffenberg an diesem Abend die Villa in der Tristanstraße erreichte. Sein älterer Bruder Berthold, mit dem er die Wohnung teilte, erwartete ihn bereits. Man kann sich vorstellen, dass das Gespräch der beiden Männer an diesem 19. Juli 1944 nur um ein Thema kreiste: das bevorstehende Attentat. Der Plan der Verschwörer sah vor, dass Oberst Graf von Stauffenberg am nächsten Morgen in das »Führer«-Hauptquartier »Wolfsschanze« fliegen, die Bombe vor Ort scharf machen, in der Nähe des Tyrannen platzieren und den Tatort noch vor der Explosion verlassen sollte. Es war ein Himmelfahrtskommando. Kaum einer der Verschwörer räumte der Aktion große Chancen ein. Berthold Graf Schenk von Stauffenberg hatte noch am 14. Juli 1944 geäußert: »Das Furchtbarste ist, zu wissen, dass es nicht gelingen kann und dass man es dennoch für unser Land und unsere Kinder tun muss.« Selbst Henning von Tresckow, bis Ende 1943 die treibende Kraft der militärischen Opposition, zweifelte an dem Gelingen des Attentats und befürchtete, dass es »mit der allergrößten Wahrscheinlichkeit schief gehen« werde. Auch Stauffenberg muss damit gerechnet haben, dass er den 20. Juli 1944 nicht überleben würde. Dennoch war er von der zwingenden Notwendigkeit seines Handelns überzeugt: »Es ist Zeit, dass etwas getan wird«, hatte er seinem Freund Peter Sauerbruch, dem Sohn des berühmten Chirurgen Ferdinand Sauerbuch, noch wenige Tage zuvor erklärt. »Derjenige allerdings, der etwas zu tun wagt, muss sich bewusst sein, dass er wohl als Verräter in die deutsche Geschichte eingehen wird. Unterlässt er jedoch die Tat, dann wäre er ein Verräter vor seinem eigenen Gewissen.« Das Bombenattentat sollte nicht nur die Diktatur Hitlers beenden, sondern auch Initialzündung sein für einen lange vorbereiteten Staatsstreich. Auch wenn die Chancen für ein Gelingen des Bombenanschlags schlecht standen, so waren sich die Verschwörer einig, dass es längst um mehr ging als um den praktischen Zweck der Tat. »Das Attentat auf Hitler muss erfolgen, um jeden Preis«, hatte Henning von Tresckow Anfang Juni 1944 erklärt. »Denn es kommt... darauf an, dass die deutsche Wider-

»Große Sicherheitsvorkehrungen«: Der Wagen des Diktators passiert die Schranke am Sperrkreis 1 der »Wolfsschanze«.

standsbewegung vor der Welt und vor der Geschichte unter Einsatz des Lebens den entscheidenden Wurf gewagt hat. Alles andere ist daneben gleichgültig.« Alles andere – das schloss auch das eigene Leben mit ein, die Familie, die Kinder.

Am Abend des 19. Juli 1944 versuchte Stauffenberg noch einmal mit seiner Frau Nina zu telefonieren. Sie war am 18. Juli mit den Kindern zum Stammsitz der Familie ins schwäbische Lautlingen zurückgekehrt. Stauffenberg hatte seine Frau, die im vierten Monat schwanger war, noch gebeten, in Berlin zu bleiben und nicht zu fahren. Doch Nina hatte bereits Fahrkarten besorgt, und Stauffenberg wagte nicht, ihr den wahren Grund seiner Bitte zu nennen. Um seine Familie zu schützen, hatte Stauffenberg seine Frau nicht in Details der Verschwörung eingeweiht. Je weniger sie wisse, desto besser sei es für sie, hatte er einmal zu ihr gesagt. Doch als er am Abend des 19. Juli mit ihr sprechen wollte, wohl um ein letztes Mal ihre Stimme zu hören, kam die Verbindung nicht mehr

Man muss sich einmal vorstellen, was tagelang vorher in Stauffenberg vorgegangen sein muss. Und doch muss es sein, der Kerl muss weg, egal wie. Diese elf Leute in der Lagebesprechung hätten getötet werden können, aber fünf Millionen hätten dadurch gerettet werden können.

Albrecht von Hagen, Sohn des Verschwörers Albrecht von Hagen

zustande. In Ebingen, einem Nachbarort von Lautlingen, hatte es einen Bombenangriff der Alliierten gegeben, die Leitungen waren gesperrt.

Der 20. Juli 1944 versprach ein heißer Tag zu werden. Gegen sechs Uhr morgens verließen die Brüder Stauffenberg die Villa am Wannsee. Berthold Graf Schenk von Stauffenberg begleitete seinen jüngeren Bruder Claus zum Flugplatz nach Rangsdorf südlich von Berlin, wo sie bereits von zwei Mitverschwörern, Generalmajor Helmuth Stieff und Oberleutnant Werner von Haeften, erwartet wurden. Gegen acht Uhr hob die Kuriermaschine vom Typ Ju 52 ab – wegen Frühnebels hatte das Flugzeug erst eine Stunde später als vorgesehen starten können. 585 Kilometer Flugstrecke lagen zwischen Berlin und dem »Führer«-Hauptquartier »Wolfsschanze« bei Rastenburg in Ostpreußen, die Flugzeit betrug rund zwei Stunden. Die Nerven der Männer an Bord waren angespannt, die Zeit drängte. Die Lagebesprechung, bei der die Bombe explodieren sollte, war für 13 Uhr angesetzt. Nach der Landung in Rastenburg blieben den Verschwörern somit nur knapp drei Stunden, um den Sprengstoff vorzubereiten und die Zünder scharf zu machen. Selbst für einen unversehrten Mann war dies ein schwieriges Unternehmen – umgeben von Wachkommandos und dem persönlichen SS-Begleitschutz des »Führers«. Doch Stauffenberg fehlten seit einer schweren Kriegsverletzung im April 1943 die rechte Hand, zwei Finger der linken und das linke Auge. »Aus meiner Sicht heraus war es völlig idiotisch, dass ein einarmiger Mann das Attentat machen sollte, der auch noch selber die Aktentasche öffnen, zwei Zünder scharf machen sollte, und das innerhalb kürzester Zeit. Das war für meine Begriffe eine Fehlentscheidung«, meint Albrecht von Hagen, Sohn des gleichnamigen Widerstandskämpfers, der den Sprengstoff für das Attentat besorgte. »Aber letztlich musste sie getroffen werden, weil niemand anders da war.« Tatsächlich hatte bis zum Juni 1944 wohl keiner der Verschwörer daran gedacht, dass Stauffenberg selbst Hitler töten könnte. Das Einsetzen und Scharfmachen der Zünder setzte einiges Geschick voraus – der Kriegsversehrte schied somit scheinbar aus. Überdies besaß Stauffenberg zu diesem Zeitpunkt keinen Zugang zu Hitler und wurde dringend in Berlin gebraucht. Nach dem Attentat auf Hitler sollte »Walküre« ausgelöst werden – ein alter Plan zur Niederwerfung innerer Unruhen, den die Verschwörer so geschickt umgearbeitet hatten, dass die Gegner des Putsches im Sinne der Verschwörer handeln würden. Stauffenberg sollte den Staatsstreich in Berlin leiten, seine Tatkraft und Entschlossenheit machten ihn für den Putsch unentbehrlich. Er habe die Fähigkeit besessen,

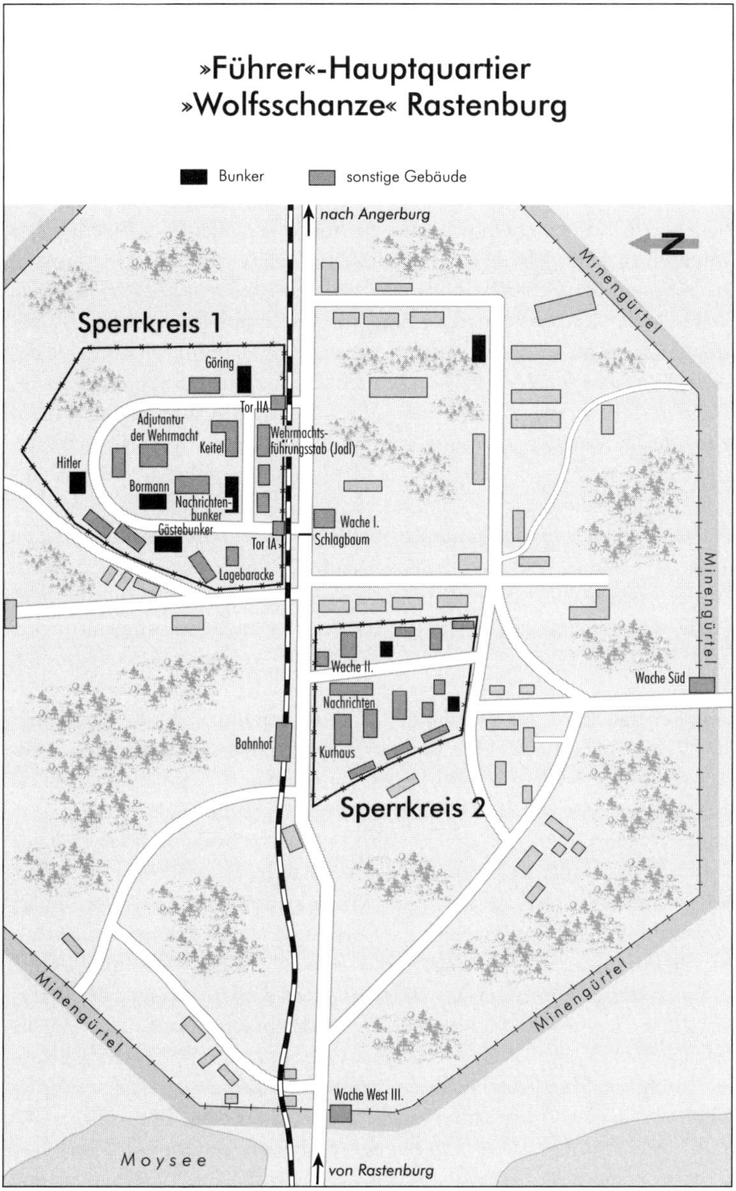
»Führer«-Hauptquartier
»Wolfsschanze« Rastenburg
Bunker
sonstige Gebäude
nach Angerburg
Z
Minengürtel
Sperrkreis 1
Göring
Tor IIA
Adjutantur der Wehrmacht
Keitel
Wehrmachts-führungsstab (Jodl)
Hitler
Bormann
Nachrichten-bunker
Gästebunker
Tor IA
Wache I.
Schlagbaum
Lagebaracke
Minengürtel
Wache II.
Wache Süd
Nachrichten
Bahnhof
Kurhaus
Sperrkreis 2
Minengürtel
Minengürtel
Wache West III.
Moysee
von Rastenburg

kühl zu kalkulieren und trotzdem eine enorme innere Bereitschaft, schildern damalige Mitverschwörer Stauffenbergs dessen Charaktereigenschaften. Er sei im besten Sinne ein großer Patriot gewesen, der sein eigenes Leben gering einschätzte für die Möglichkeit, im Sinne des Umsturzes etwas zu tun.

Alle Versuche, Hitler zu töten, waren bis dahin gescheitert. Unruhe und Zweifel hatten viele der Verschwörer erfasst. Je länger sich das Attentat verzögerte, desto mehr musste man die Aufdeckung der Verschwörung befürchten. Etliche Mitglieder des militärischen Widerstands wurden seit langem von der Gestapo überwacht, aus den zivilen Widerstandskreisen waren in den letzten Monaten einige Mitglieder verhaftet worden. Als mit der Landung der Alliierten in der Normandie am 6. Juni 1944 das Ende des Krieges absehbar schien, musste schließlich der Sinn eines Umsturzes infrage gestellt werden – auch wenn die treibenden Kräfte der Verschwörung den Einsatz zur »Rettung von Hunderttausenden von Menschenleben und zur inneren Reinigung und Rettung der Ehre« forderten. Es schien, als sei die Verschwörung in eine Sackgasse geraten. Mitte Juni deutete sich jedoch eine Lösung der Probleme an: Stauffenberg wurde zum Chef des Stabes des Ersatzheeres ernannt, damit erhielt er Zugang zu Hitler. Anfang Juli schrieb Werner von Haeften, der Adjutant Stauffenbergs, an einen Freund: »Claus denkt daran, die Sache selbst zu machen.«

Es war gegen 10.15 Uhr am 20. Juli 1944, als die Maschine mit den Attentätern an Bord auf dem Flugfeld bei Rastenburg landete. Ein Fahrer der Kommandantur brachte Oberst Graf Stauffenberg in das rund sechs Kilometer entfernte »Führer«-Hauptquartier. Stieff ließ sich zum OKH-Hauptquartier nach »Mauerwald« fahren, Haeften begleitete ihn – er sollte seinen Chef erst gegen zwölf Uhr wieder in der »Wolfsschanze« treffen. Diese Schaltzentrale der Macht war in mehrere Sicherheitszonen, so genannte Sperrkreise, eingeteilt. Die gesamte Anlage umfasste einige Quadratkilometer, im Westen befand sich der Haupteingang. Eine Hauptstraße durchquerte die Anlage von West nach Ost, parallel dazu verlief eine Eisenbahnstrecke. Im Sperrkreis 2 waren die Unterkünfte der Wehrmachtsteile und Nachrichtendienste untergebracht, ein Kasino für die Mannschaften, ein Krankenrevier und eine Sauna. Im Sperrkreis 1 befanden sich die Hauptstellen, die persönliche Adjutantur Hitlers und der »Führer«-Bunker. Hier hatten auch Göring, Himmler, Bormann, Keitel und Speer ihre Quartiere. Ein kleiner, besonders gesicherter Bezirk, der »Führer«-Sperrkreis oder Sperrkreis 1a, umfasste den Gästebunker und eine schlichte Baracke, in der seit einiger Zeit die täglichen Lagebesprechungen stattfanden. Hitler hatte Mitte Juli sein Hauptquartier vom oberbayerischen »Berghof« in die »Wolfsschanze« verlegt. Die Umbauarbeiten, die vor allem den Nachrichten- und »Führer«-Bunker betrafen, waren zu diesem Zeitpunkt noch nicht beendet. Kurt Salterberg, Wachposten am »Führer«-Sperrkreis, erinnert sich: »Weil sein Bunker noch im Umbau war, wohnte Hitler im Gästebunker. Der Gästebunker selbst war nicht so groß, generell waren die Bunker in der ›Wolfsschanze‹ eher behelfsmäßig, es gab kaum große Wohnräume, alles war sehr eng. Lagebesprechungen mit 10, 20 Personen wären darin gar nicht möglich gewesen.«

In der Lagebaracke wurden die Lagebesprechungen durchgeführt. Es war eine einfache Holzbaracke, wie wir sie vom Arbeitsdienst und von der Wehrmacht kannten. Innen im Flur befand sich ein Telefon. Links waren zwei Räume, die ich selbst nie betreten habe. Im rechten Raum stand der große Kartentisch und sonst nur einige Stühle.

Kurt Salterberg, damals Wachposten in der »Wolfsschanze«

Ich war in der »Wolfsschanze« als Offizier bekannt und kam überall ohne irgendwelche Schwierigkeiten durch. Ich habe mich lediglich angemeldet, und es wurden alle Schleusen sofort aufgemacht. Ich bin auch mit umgeschnallter Pistole am »Führer«-Tisch gewesen, an dem die Lage vorgetragen wurde.

Günter Reichhelm, damals Generalstabsoffizier

Auch am 20. Juli 1944 sollte die »große Mittagslage« in der Baracke im Sperrkreis 1a stattfinden. Doch Stauffenberg ließ sich zunächst in das Kasino im Sperrkreis 2 bringen, das im »Kurhaus Görlitz« untergebracht war. Vor dem Gebäude war an diesem heißen Julimorgen unter einer Eiche ein Tisch gedeckt worden, an dem auch Stauffenberg Platz nahm. Gemeinsam mit Angehörigen des Stabes des Kommandanten nahm er ein Frühstück ein, trank Kaffee und telefonierte hin und wieder. Keiner der Anwesenden gab später zu Protokoll, dass Stauffenberg besonders nervös gewesen sei.

Gegen elf Uhr fand im Sperrkreis 1 bei General Buhle in der Baracke des Wehrmachtsführungsstabs eine erste Besprechung statt, an der auch Stauffenberg teilnahm. Um 11.30 Uhr suchte man gemeinsam die Amtsbaracke des Generalfeldmarschalls Keitel, Chef des OKW, auf, um noch einmal

Wir mussten jeden kontrollieren. Es gab nur einige Ausnahmen, zum Beispiel diejenigen Personen, die mit Keitel kamen. Sonst wurde jeder kontrolliert, ganz gleich, ob er Minister oder eine sonstige höher gestellte Person war.
Wir machten nur eine reine Personenkontrolle. Was in den Aktentaschen war, wurde nicht kontrolliert; Pistolen oder Säbel durften die Besucher behalten.
Kurt Salterberg, damals Wachposten in der »Wolfsschanze«

»Claus denkt daran, die Sache selbst zu machen«: Stauffenbergs Adjutant Werner von Haeften.

»Der Patient wird bald sterben«: General Erich Fellgiebel war der Kontaktmann der Verschwörer in der »Wolfsschanze«.

Hitlers mögliche Fragen in der bevorstehenden Lagebesprechung durchzugehen. Oberleutnant Werner von Haeften war inzwischen wieder in die »Wolfsschanze« zurückgekehrt, er nahm jedoch nicht an den Besprechungen teil, sondern lief unruhig in der Baracke hin und her. Ein seltsames, mit Tarnzeltplane umwickeltes Päckchen auf dem Fußboden des Flures erregte plötzlich die Aufmerksamkeit des Oberfeldwebels Vogel aus Keitels Stab. Als er Haeften fragte, was es mit dem Paket auf sich habe, gab dieser ihm zur Antwort: »Oberst Graf Stauffenberg braucht es zu seinem Vortrag beim Führer.«

Gegen zwölf Uhr ging bei Generalfeldmarschall Keitel ein Anruf ein. Hitlers Diener, SS-Hauptsturmführer Heinz Linge, rief an, um daran zu erinnern, dass die Lagebesprechung von 13 Uhr auf 12.30 Uhr vorverlegt worden war, weil man den italienischen Staatschef Mussolini am frühen Nachmittag erwartete. Als um 12.25 Uhr die Ankunft Generalleutnant Heusingers gemeldet wurde, drängte Keitel schließlich zum Aufbruch. Stauffenberg blieben somit nur noch Minuten, um die Bombe scharf zu machen. Beim Hinausgehen fragte er den Adjutanten Keitels, wo er sich vor der Lagebesprechung frisch machen und sein Hemd wechseln könne. Mit Haeften zog er sich in einen schmalen Aufenthaltsraum zurück, wo die beiden – wie Oberfeldwebel Vogel beim Vorübergehen beobachtete – mit einem »Gegenstand« zu hantieren begannen. Stauffenberg und Haeften hatten zwei Pakete Plastiksprengstoff deutscher Herstellung von jeweils rund einem Kilo in der Aktentasche versteckt. Das Zusammensetzen der Bombe war ein äußerst komplizierter Vorgang: Zunächst musste die Sprengladung mit einem Zünder versehen werden. Dann folgte der heikelste Schritt, das Aktivieren des Zünders. Mit einer Flachzange, die speziell für diesen Zweck so gebogen worden war, dass Stauffenberg sie mit drei Fingern bedienen konnte, musste er die Kupferhülse des Zünders zusammenpressen. Dadurch wurden die Säureampullen, die in der Hülse steckten, zerbrochen, die Säure trat aus und zerfraß die Spanndrähte, die den Schlagbolzen hielten. Dabei musste Stauffenberg mit großer Vorsicht vorgehen. Wurden die Spanndrähte beim Hantieren geknickt, war der Zündmechanismus defekt. Durch ein kleines Loch prüfte Stauffenberg anschließend, ob die Feder mit dem Zündbolzen noch gespannt war. Dann zog er den Sicherheitsstift der Sprengladung ab – die Bombe war scharf. Die Zeitverzögerung des chemisch-mechanischen Zünders war auf maximal 30 Minuten berechnet, bei warmem Wetter jedoch konnte die Bombe bereits nach 15 bis 20 Minuten explodieren. Allerdings hatte der gleiche Zündertyp schon einmal im März 1943 versagt. Um die Zündsicherheit zu erhöhen, musste Stauffenberg also nicht nur einen, sondern zwei oder drei Zünder in Gang setzen. Doch bevor es den Verschwörern gelang, einen zweiten Sprengsatz scharf zu machen, stieß jemand die Tür zum Aufenthaltsraum auf. Der General der Nachrichtentruppe Erich Fellgiebel, ein Mitverschwörer, hatte bei Keitel angerufen und Stauffenberg sprechen wollen. Oberfeldwebel Vogel war daraufhin losgeschickt worden, um Stauffenberg zu holen und zur Eile aufzufordern. Als er das Zimmer betrat, stieß er an Stauffenbergs Rücken und sah, dass dieser und Haeften sich über einen Gegenstand beugten. Vogel meldete irritiert: »Telefon für Oberst Stauffenberg«, Stauffenberg antwortete erregt: »Ich komme gleich!« Blitzschnell ließ er dabei die scharfgemachte Sprengladung in seine Aktentasche gleiten. Die zweite, nicht aktivierte Bombe, nahm Haeften in der Verwirrung an sich – ein fataler Fehler. Bei der Detonation der ersten Sprengladung wäre auch die zweite Packung hochgegangen, trotz des fehlenden aktiven Zünders. Die Sprengung beider Packungen hätte nach Meinung von Fachleuten ausgereicht, um alle Anwesenden in der Lagebaracke zu töten.

Warum Stauffenberg, der sich über die technische Wirkungsweise der Bombe bewusst sein musste, es unterließ, den zweiten Sprengsatz in seine Aktentasche zu stecken, ist bis heute ungeklärt. Vielleicht war es eine menschliche, allzu menschliche Fehlleistung, führt man sich Stauffenbergs Situation vor Augen: Er stand kurz davor, den obersten Befehlshaber und »Führer« des Reiches zu töten, der sein Volk in einen Krieg ungeheuren Ausmaßes geführt hatte. Sein Tod sollte das Leben Hunderttausender retten, das millionenfache Morden beenden, Deutschland vor dem endgültigen Untergang bewahren. Unzählige Versuche, den Tyrannen zu ermorden, waren bis dahin gescheitert. Jetzt hing alles von Stauffenberg ab – und dieser wurde ausgerechnet beim Scharfmachen der Bombe gestört. Das zweite Sprengstoffpäckchen nicht in die Aktentasche zu stecken gehörte zweifellos zu einer verhängnisvollen Kette von Fehlentscheidungen, die den Lauf der Geschichte an diesem Tag auf tragische Weise bestimmen sollten.

Während Stauffenberg versuchte, Keitel und seine Begleiter, die bereits vorausgegangen waren, einzuholen, eilte Haeften davon, um einen Wagen zu besorgen, der beide später zum Flugplatz bringen sollte. Auf dem Weg zur Lagebaracke bot Keitels Adjutant John von Freyend dem einarmigen Oberst an, die schwere Aktentasche zu tragen. Doch Stauffenberg riss die Tasche förmlich an sich und fuhr Freyend barsch an. Kurz nach 12.30 Uhr erreichte die Gruppe den »Führer«-Sperrkreis. Wachposten Kurt Salterberg versah dort an diesem Tag seinen Dienst: »Ich stand am Posten 1, im Sperrkreis selbst war noch ein zweiter Posten, ein so genannter Laufposten, der in der Umzäunung rundging und etwa jede halbe Stunde bei mir vorbeikam. Meine Aufgabe war es, jeden zu kontrollieren, der den Sperrkreis 1a betrat oder ihn wieder verließ. Es gab nur einige Ausnahmen. Die Personen, die mit Keitel kamen, brauchten wir nicht zu kontrollieren. Am 20. Juli kam Keitel mit einer größeren Gruppe. Auch Stauffenberg war dabei, er fiel mir wegen seiner Augenbinde auf.« Kurz bevor die Gruppe die Lagebaracke erreichte, richtete sich Stauffenberg plötzlich mit einer Bitte an Major John von Freyend: »Könnten Sie mich bitte möglichst nahe beim Führer platzieren, damit ich für meinen Vortrag nachher alles mitbekomme?« Anschließend überließ er dem überraschten Major seine Aktentasche.

Ich habe Stauffenberg am 20. Juli zum ersten Mal gesehen. Er fiel mir durch seine Augenbinde auf, als er gemeinsam mit Keitel kam. Die Aktentasche hatte er unter seinen Arm geklemmt. Ich musste keine Kontrolle machen, denn er ging mit Keitel in den Sperrkreis.

Kurt Salterberg, damals Wachposten in der »Wolfsschanze«

Die Lagebesprechung hatte bereits begonnen, General Heusinger trug eben über die Lage an der

Lagebesprechung im »Führer«-Hauptquartier (FHQ) »Wolfsschanze« Rastenburg am 20. Juli 1944

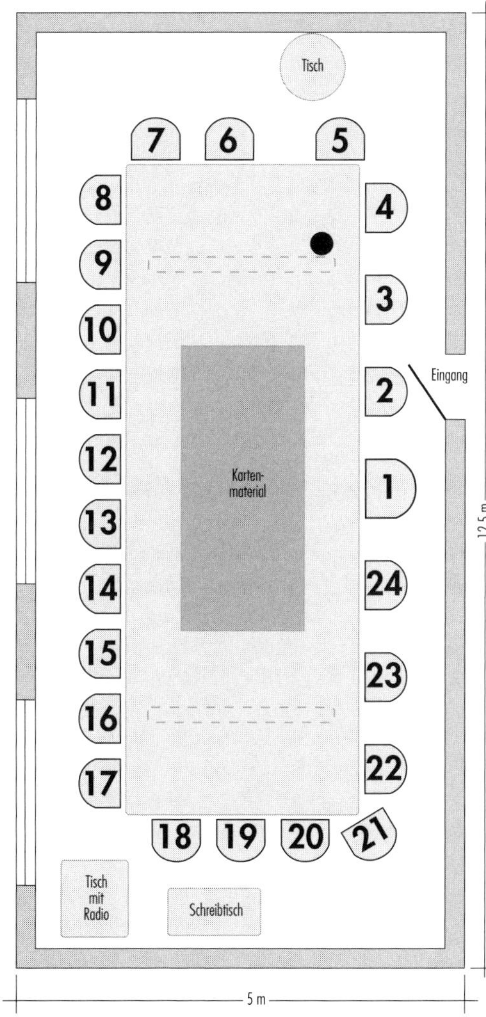

● Bombe in der Aktenmappe unterm Tisch

1. Adolf Hitler
2. Generalleutnant Heusinger, Chef der Operationsabteilung des Generalstabes des Heeres und Stellvertreter des Chefs des Generalstabes des Heeres
3. General der Flieger Korten, Chef des Generalstabes der Luftwaffe; seinen Verletzungen erlegen
4. Oberst i. G. Brandt, Erster Generalstabsoffizier, Heusingers Stellvertreter; seinen Verletzungen erlegen
5. General der Flieger Bodenschatz, Verbindungsoffizier des Oberbefehlshabers der Luftwaffe im FHQ; an den Beinen schwer verletzt
6. Generalleutnant Schmundt, Chefadjutant der Wehrmacht beim »Führer« und Chef des Heerespersonalamtes; seinen Verletzungen später erlegen
7. Oberstleutnant i. G. Borgmann, Adjutant des »Führers«; schwer verletzt
8. Konteradmiral v. Puttkamer, Marineadjutant des »Führers«; leicht verletzt
9. Stenograph Berger, auf der Stelle getötet
10. Kapitän z. See Aßmann, Admiralstabsoffizier im Wehrmachtführungsstab
11. Generalmajor Scherff, Sonderbeauftragter des »Führers« für die milit. Geschichtsschreibung OKW; leicht verletzt
12. General Buhle, Chef des Heeresstabes beim OKW; leicht verletzt
13. Konteradmiral Voss, Vertreter des Oberbefehlshabers der Kriegsmarine im FHQ
14. SS-Gruppenführer Fegelein, Vertreter der Waffen-SS im FHQ
15. Oberst d. G. v. Below, Luftwaffenadjutant des »Führers«
16. SS-Hauptsturmführer Günsche, Adjutant des »Führers«
17. Stenograph Hagen
18. Oberstleutnant d. G. v. John, Adjutant Keitels
19. Major d. G. Büchs, Adjutant Jodls
20. Oberstleutnant d. G. Waizenegger, Adjutant Keitels
21. Ministerialrat v. Sonnleithner, Vertreter des Auswärtigen Amtes im FHQ
22. General Warlimont, stellvertretender Chef des Wehrmachtsführungsstabes
23. Generaloberst Jodl, Chef des Wehrmachtsführungsstabes; leicht verletzt
24. Generalfeldmarschall Keitel, Chef des Oberkommandos der Wehrmacht (OKW)

Ostfront vor, als die Gruppe den Raum betrat. Hitler und General Warlimont sahen sich nach Stauffenberg um, Warlimont erinnerte sich später: »Das klassische Bild des Kriegers durch alle geschichtlichen Zeiten. Ich kannte ihn kaum, aber wie er dort stand, das eine Auge durch eine schwarze Binde verdeckt, einen verstümmelten Arm in einem leeren Uniformärmel, hoch aufgerichtet, den Blick geradeaus auf Hitler gerichtet, der sich nun auch umgedreht hatte, bot er, wie gesagt, ein stolzes Bild, wie man es von dem Generalstabsoffizier, dem deutschen Generalstabsoffizier jener Zeit, gewöhnt war.«

Stauffenberg wurde von Keitel zum Vortrag gemeldet, Hitler reichte ihm anschließend »mit dem üblichen prüfenden Blick wortlos« die Hand. John von Freyend bat einen Teilnehmer, seinen Platz dem schwer beschädigten Stauffenberg zu überlassen. An jeder Längsseite des Tisches konnten nur sechs Personen bequem stehen; Stauffenberg schob sich hinter General Heusinger, der nun zwischen ihm und Hitler zu stehen kam. Die Aktentasche wurde direkt vor Stauffenberg platziert, der sie so dicht wie möglich an Hitler heranschob. Doch ein massiver Tischsockel verhinderte, dass die Tasche direkt vor Hitler liegen blieb. Wahrscheinlich ragte die Aktentasche ein wenig unter dem Tisch hervor, Oberst Brandt soll sie kurz vor der Explosion mit dem Fuß weiter unter den Tisch geschoben haben.

Wenig später verließ Stauffenberg den Raum – er müsse noch rasch ein Telefonat erledigen, entschuldigte er sich. Von diesem Augenblick an war der Attentäter auf der Flucht. Doch keiner der Anwesenden nahm von seinem Weggang große Notiz; während der Lagebesprechungen war es üblich, dass Teilnehmer hinausgerufen wurden und kurz den Raum verließen. Wachposten Salterberg sah Stauffenberg die Baracke verlassen: »Er kam ganz ruhigen Schrittes aus der Baracke heraus, nicht schnell, sondern ganz normal. Aber er war ohne Koppel und Mütze. Ich hatte den Eindruck, dass er vielleicht irgendetwas vergessen hatte, das kam öfter vor. Ich wusste ja nicht, zu welchem Anlass der Mann da war, ich kannte ihn ja nicht. Ich dachte, der geht nur und muss noch irgendwelche Unterlagen holen. Ich habe ihm dann den Ausweis abgenommen, dann ging er weg.«

Stauffenberg wirkte kein bisschen nervös. Ganz ruhigen Schrittes lief er an mir vorbei. Ich hätte nie darauf getippt, dass er der Attentäter war.
Im Moment der Explosion habe ich sofort per Telefon an die Hauptwache Alarm ausgelöst. Im gleichen Moment kam schon der zweite Posten angelaufen und die ersten Sanitäter.

Kurt Salterberg, damals Wachposten in der »Wolfsschanze«

Stauffenberg eilte auf das Gebäude der Adjutantur der Wehrmacht zu, wo er Haeften mit dem

Wagen zu treffen hoffte. Es war kurz nach 12.40 Uhr. Wachposten Kurt Salterberg erinnert sich: »Normalerweise war ja, sobald die Lagebesprechung begonnen hatte, Ruhe, und der Nachrichtenoffizier, der in der Baracke Dienst hatte, kam dann oft an die Tür, um frische Luft zu schnappen. So war es auch an diesem Tag. Wir haben uns zugewunken, und in diesem Augenblick erfolgte die Explosion. Die Fenster der Lagebaracke hatten wegen der Hitze offen gestanden, und durch die Explosion wurden Trümmer und Papiere durch die Fenster geschleudert, auch Leute flogen raus oder sprangen. Es gab natürlich eine gewaltige Staubwolke, im ersten Moment konnte man gar nicht viel erkennen, aber man hörte lautes Schreien und Stöhnen – also, es war eine Aufregung, das kann man sich gar nicht vorstellen.«

Auch Stauffenberg, der mit Haeften, General Fellgiebel und dem Wehrmachtsnachrichtenoffizier Oberstleutnant Sander zusammenstand, hörte die ohrenbetäubende Explosion, er zuckte heftig zusammen. Sander versuchte die Detonation zu erklären und meinte, so etwas komme öfter vor, Tiere würden immer wieder auf den Minengürtel treten, der die »Wolfsschanze« umgab. Haeften und Stauffenberg warfen sich einen kurzen Blick zu, dann bestiegen sie den Wagen und fuhren los. Als sie an der Lagebaracke vorbeikamen, wies Stauffenberg den Fahrer an, langsam zu fahren. »Nach dem Attentat, die Explosion war eben erfolgt, da habe ich Stauffenberg noch einmal gesehen«, erinnert sich Kurt Salterberg. »Er fuhr in einem PKW vorbei, dabei stand er aufrecht im Wagen und blickte in Richtung Lagebaracke.« Bis heute ist ungeklärt, was Stauffenberg in diesem Moment gesehen hat. Sah er wirklich, wie Fellgiebel später behauptete, wie ein »unter dem Umhang des Führers liegender Verletzter heraus-

Während wir uns auf unser Mittagessen vorbereiteten, gab es plötzlich eine Explosion. Das war erst einmal nichts Besonderes, keiner hat darauf reagiert, denn es gab einen Minengürtel innerhalb des Hauptquartiers, da lief schon mal ein Reh drauf, und dann ging das Ding in die Luft. Außerdem arbeitete die »Organisation Todt« damals noch am »Führer«-Bunker, und die gebrauchte bei ihren Umbauten ebenfalls Sprengstoffe, sodass also kleinere Explosionen an der Tagesordnung waren und nichts Besonderes darstellten. Doch diesmal kam vielleicht zwei oder drei Minuten später der Wachtmeister Adam angelaufen und rief: »Attentat auf den Führer! Der Führer lebt!« Erst danach ging auch der Alarm los.

Alfons Schulz, damals Telefonist in der »Wolfsschanze«

Oben: »Mein Führer! Sie leben!«: Hitler kurz nach dem Attentat in seinem Bunker in der »Wolfsschanze«. Neben ihm mit verbundenem Kopf: Generaloberst Alfred Jodl.
Unten: »Rauchender Trümmerhaufen«: Hitler besichtigt mit Mussolini die zerstörte Lagebaracke.

Die zerfetzte Hose eines Teilnehmers der Lagebesprechung.

getragen wurde«, woraus er geschlossen habe, dass Hitler tot sei? Kurt Salterberg, Augenzeuge des Geschehens, hält dies für unmöglich: »Es war ja noch so viel Staub in der Luft, die Staubwolke hatte sich ja noch gar nicht richtig verzogen. Er hat vielleicht die Verwundeten auf dem Rasen gesehen und ihr Schreien gehört. Aber ein endgültiges Bild, was passiert war, konnte er sich in diesem Augenblick nicht verschaffen. Er konnte auch nicht feststellen, ob der Führer tot war oder nicht.«

Er war nicht tot. Der Mann, dem der Anschlag gegolten hatte, war nur leicht verletzt: Ein paar Kratzer und Prellungen, einige Haare waren versengt, seine Hose war zerrissen. »Mein Führer! Sie leben!«, hatte Generalfeldmarschall Keitel erleichtert ausgerufen und den noch benommenen Diktator stürmisch umarmt. Gestützt von seinem persönlichen Adjutanten Julius Schaub und seinem Diener Heinz Linge, verließ Hitler die Lagebaracke. »Er war blutig an den Händen und im Gesicht, seine Hose war bis über die Oberschenkel zerfetzt«, schildert Kurt Salterberg diesen Augenblick, »Hitler ging ganz nach vorne geneigt und ließ sich stützen. Nach einigen Metern blieb er plötzlich stehen, drehte sich um und blickte ganz eingehend auf die Baracke.« Die glich nach der Detonation einem rauchenden Trümmerhaufen. Der große Eichentisch war zusammengebrochen, Glasscherben, Holzsplitter und Reste der zerstörten Wand- und Deckenverkleidung bildeten ein wüstes Durcheinander. Dort, wo die Aktentasche mit dem Sprengstoff gestanden hatte, klaffte ein großes Loch im Boden. Die Druckwelle hatte fast alle Teilnehmer der »Mittagslage« niedergeworfen und ihre Trommelfelle zerrissen. Doch die Bombe hatte ihre Wirkung wegen des massiven Tischsockels nur einseitig entfalten können. Die Männer, die direkt neben dem Tischbock gestanden hatten, erlitten schwere Verletzungen. Aber Hitler, der sich, als die Bombe explodierte, gerade weit über den Tisch beugte, und all jene, die der Tischbock von der Druckwelle abschirmte, blieben verschont. Von den 24 Anwesenden wurden nur sieben ernsthaft verletzt, vier starben später an ihren Wunden.

Hitler kam dann wieder aus dem Bunker. Er hatte eine neue Uniform an, ging mit 15 bis 20 Personen zum Bahnhof und hat Mussolini abgeholt. Er kam mit Mussolini zurück, und sie haben sich sehr lange vor der Baracke aufgehalten und alles angesehen, ehe sie im Gästebunker verschwanden.
Kurt Salterberg, damals Wachposten in der »Wolfsschanze«

Von all dem kann Stauffenberg nichts gewusst haben. Als er an der qualmenden Baracke vorüberfuhr, erkannte er, dass die Bombe erheblichen Schaden angerichtet hatte. Stauffenberg war fest davon überzeugt, dass Hitler das Attentat nicht überlebt hatte. Er und Haeften mussten nun so schnell wie möglich nach Berlin zurückkehren, um dort den Staatsstreich voranzutreiben.

Ich fand Hitler in seinem Arbeitsraum sitzend vor. Als ich eintrat, zeigte er den lebhaften, fast frohen Gesichtsausdruck eines Menschen, der etwas Schweres erwartet hat, das er aber glücklich überstand.

Nicolaus von Below, Luftwaffenadjutant Hitlers

»Es ist ja oft darüber diskutiert worden, warum Stauffenberg Hitler an Ort und Stelle nicht einfach totgeschossen hat«, erklärt Altbundespräsident Richard von Weizsäcker, der den Attentäter persönlich kannte. »Aber bei Stauffenberg muss man unbedingt mit einbeziehen, dass er verantwortlich an die Folgen eines erfolgreichen Attentats denken musste: In welcher Weise wird es in der Bevölkerung verstanden, wie können wir es fertig bringen, zu einem raschen Ende des Krieges unter halbwegs würdigen Bedingungen mit den Kriegsgegnern zu kommen? Mit anderen Worten, er hatte eben eine doppelte Verantwortung, und es gab außer ihm damals keinen anderen, der diese doppelte Verantwortung miteinander verbinden konnte. Einerseits hatte er Zugang zu Hitler, und andererseits stellte er eine Schlüsselfigur, um nicht zu sagen, *die* Schlüsselfigur für die Folgen dieses Attentats dar.«

Stauffenbergs Fahrt zum Flugplatz bei Rastenburg gestaltete sich äußerst schwierig. Wegen der starken Explosion waren sämtliche Ausfahrten gesperrt. Alarmzustand war ausgelöst worden. An der ersten Sperre ließ man den kriegsversehrten Oberst, der gültige Ausweise vorzeigen konnte, noch passieren. Doch an der Außenwache Süd verweigerte der Dienst habende Oberfeldwebel die Durchfahrt. Stauffenbergs Kaltblütigkeit und Scharfsinn retteten die Situation, scharf wies er den Wachhabenden an, ihn mit Rittmeister von Möllendorf von der Kommandantur zu verbinden. Rittmeister von Möllendorf war mit Stauffenberg bekannt, noch wusste er nicht, dass ein Bombenattentat stattgefunden hatte, und sah daher keinen Anlass, Stauffenberg nicht weiterfahren zu lassen. Von dem Anruf bei einem vorgesetzten Offizier ließ sich der wachhabende Oberfeldwebel schließlich beeindrucken. »Schlagbaum öffnen«, wies er den Posten an.

Die gut sechs Kilometer lange Strecke zum »Kurierflugplatz« Wilhelmsdorf war eng und kurvenreich. Dennoch trieb Stauffenberg den Fahrer, Leutnant Erich Kreutz, zur höchsten Eile an. Schon kurz nach der Detonation hatte Kreutz ersten Verdacht geschöpft, als Stauffenberg das

Er musste beschleunigt aus dem »Führer«-Hauptquartier herauskommen, um den Umsturzplan in Aktion zu setzen, das ging nur mit seiner Unterschrift.

Philipp von Boeselager, Mitverschwörer des 20. Juli 1944

Fahrzeug ohne Mütze und Koppel bestieg. Nun beobachtete er im Rückspiegel, dass Haeften ein Päckchen aus dem offenen Wagen warf. Dennoch brachte er die Verschwörer zum Flugfeld, erst später meldete er seine Beobachtungen. Tatsächlich wurde an der schmalen Straße das zweite Sprengstoffpäckchen gefunden, das Stauffenberg nicht mehr hatte scharfmachen können.

Kurz nach der Detonation war die Suche nach dem Täter angelaufen. Zunächst hatte man Zwangsarbeiter in Verdacht, die an den Umbauten der Bunkeranlagen arbeiteten. Doch schon bald richteten sich die Vermutungen gegen Oberst Graf Stauffenberg. Zwischen 14 und 15 Uhr wurden schließlich Maßnahmen zu seiner Ergreifung in Gang gesetzt. Doch da waren die Verschwörer bereits in der Luft. Gegen 15.45 Uhr landeten Stauffenberg und Haeften unbehelligt in Rangsdorf bei Berlin. Noch vom Flugplatz aus rief Haeften bei General Olbricht in der Bendlerstraße, Sitz des Kriegsministeriums, an und meldete Hitlers Tod. Zum ersten Mal hörten die Mitverschwörer in Berlin diese Nachricht. Erst jetzt löste Olbricht – mit stundenlanger Verzögerung – »Walküre« aus.

Die Nachrichtenverbindungen spielten am 20. Juli 1944 eine große Rolle. General Fellgiebel sollte dafür sorgen, dass nach dem Attentat keine Meldungen aus der »Wolfsschanze« nach außen drangen. Schon vor der Explosion hatte er alle Maßnahmen zur nachrichtentechnischen Sperre getroffen. Doch die vollständige Isolierung des »Führer«-Hauptquartiers war technisch schlichtweg unmöglich. »Wir waren mit zwei Verstärkerämtern verbunden«, schildert Alfons Schulz, damals Telefonist in der »Wolfsschanze«, »wenn das eine in Rastenburg ausfiel, ging automatisch der Verstärker in Angerburg an, und wir hatten eine Ersatzzentrale im Sperrkreis 2.

Auf Oberwachtmeister Schneider aus der Telefonzentrale fiel der erste Verdacht, weil er an diesem Tag die Telefonapparate kontrolliert hatte. Und die Explosion war in dem Augenblick erfolgt, als einer der Teilnehmer an der Lagebesprechung den Hörer hochgehoben hatte und ein Gespräch führen wollte. Sodass der Verdacht bestand, es wäre eine Zündung eingebaut worden. Doch Schneider wurde schnell durch Hitlers Leibwächter Linge entlastet.

Alfons Schulz, damals Telefonist in der »Wolfsschanze«

»Vollständige Isolierung nicht möglich«: Die Nachrichtenverbindungen der »Wolfsschanze« blieben nach dem Attentat weitgehend intakt.

Außerdem gab es eine Direktleitung vom Bunker Martin Bormanns bis ins Reichspropagandaministerium, sodass eine totale Blockade überhaupt nicht möglich gewesen wäre. Man hätte uns vielleicht für ein, zwei Minuten ausschalten können, aber dann wäre der Betrieb weitergeführt worden.«

Gegen 13 Uhr war in der Bendlerstraße die Mitteilung über das Attentat auf Hitler eingegangen. Kurz zuvor hatte General Fellgiebel erfahren, dass der Diktator überlebt hatte. Telefonist Alfons Schulz erinnert sich: »Als der Wachtmeister Adam hereinkam und sagte: ›Der Führer lebt!‹, da sank Fellgiebel mit seinem Kopf vornüber auf den Schreibtisch, und wir dachten, der ist ja tief ergriffen, dass hier im Führerhauptquartier auf den Führer ein Attentat stattgefunden hat.« Fellgiebel war nicht ergriffen – er war entsetzt. Wenig später nahm er mit der Verschwörerzentrale in Berlin telefonische Verbindung auf, um sie darüber zu informieren, dass die Bombe zwar explodiert sei, Hitler aber überlebt habe. Doch drängte Fellgiebel darauf, dass der geplante Staatsstreich unter allen Umständen anlaufen sollte. General Fritz Thiele jedoch, der das Gespräch im Bendlerblock entgegennahm, reagierte wie gelähmt. Er sollte an diesem Tag der

Kurz nach dem Attentat kam der Befehl, die Telefonanlage sofort abzuschalten. Der Hauptschalter wurde umgelegt, wir mussten alle Stöpsel herausziehen und uns vor der Anlage aufstellen. Doch schon nach wenigen Minuten wurde alles wieder rückgängig gemacht, sodass die »Wolfsschanze« also nur für diese paar Minuten nicht erreichbar war.

Alfons Schulz, damals Telefonist in der »Wolfsschanze«

Aus der »Wolfsschanze« kamen zunächst überhaupt keine Meldungen, nichts. Sie hätten ja melden können, dass das Attentat stattgefunden hatte und dass Hitler lebt. Doch es kam nichts.

Erwin Schenzel, damals Fernschreiboffizier im Bendlerblock

erste der eingeweihten Offiziere sein, die angesichts des missglückten Attentats »umfielen«. Auch General Olbricht stand zunächst unter Schock. Die Verschwörung war auf den Tod Hitlers aufgebaut – für den Fall seines Überlebens hatte man keine Vorsorge getroffen. Angesichts der unsicheren Nachrichtenlage beschlossen die Männer, vorerst »Walküre« nicht auszulösen. Statt zu handeln, gingen sie zum Mittagessen, als sei nichts geschehen.

Erst nach Haeftens Anruf vom Flugfeld Rangsdorf und mit der Mitteilung, dass Hitler nicht überlebt habe, geriet die Verschwörung in Bewegung. Während Mertz von Quirnheim, Stauffenbergs Nachfolger als Chef des Stabes, die leitenden Offiziere des Heeresamts darüber informierte, dass Hitler bei einem Attentat getötet worden sei, holte Olbricht die Einsatzbefehle für »Walküre« aus dem Panzerschrank. Der Plan sah vor, die Truppen des Ersatzheeres zu mobilisieren und die Schlüsselstellen der Führung zu besetzen. Ein Teil der Panzertruppenschule sollte den Schutz des Bendlerblocks übernehmen, das Wachbataillon »Großdeutschland« die Besetzung der Regierungsgebäude in Berlin. Fünf Tage zuvor, am 15. Juli 1944, hatte Oberst Mertz von Quirnheim, Freund und Mitverschwörer Stauffenbergs, schon einmal »Walküre«-Marschbereitschaft ausgelöst. Doch Stauffenberg war es an diesem Tag nicht gelungen, die Bombe in der »Wolfsschanze« zu zünden. Nur mit Mühe konnte Mertz von Quirnheim die Aktion im Nachhinein als »Übung« tarnen.

Doch im Gegensatz zum 15. Juli war an diesem Tag Generaloberst Friedrich Fromm, Befehlshaber des Ersatzheeres, anwesend. Die »Walküre«-Pläne mussten ihm zur Unterschrift vorgelegt werden. Zwar war Fromm wohl von dem Komplott in Kenntnis gesetzt worden, er hatte es jedoch bis dahin vermieden, eindeutig Stellung zu beziehen. Nun musste er sich entscheiden. Olbricht berichtete Fromm von dem Attentat. Doch Fromm blieben Zweifel an Hitlers Tod. Außerdem hatte er sich wegen des Fehlalarms am 15. Juli einen »Anschiss« von Keitel eingehan-

Fellgiebel ist am nächsten Tag zu Bormann befohlen worden. Dort rissen ihm die Beauftragten des Sicherheitsdienstes die Schulterstücke von der Uniform und schrien: »Sie Schwein, Sie haben den Führer verraten!« Dann wurde er in Handschellen abgeführt.

Alfons Schulz, damals Telefonist in der »Wolfsschanze«

delt. Beim Stichwort »Walküre« wurde er stutzig. Er ließ sich mit der »Wolfsschanze« verbinden. Da die Nachrichtensperre zu diesem Zeitpunkt bereits teilweise aufgehoben war, gelang es ihm, mit Keitel selbst zu sprechen. Zeugen des Telefonats erinnern sich, dass Keitel Fromm gesagt habe, dass Hitler am Leben sei. Fromm soll Keitel daraufhin erwidert haben: »Also, Herr Feldmarschall, ich kann mich darauf verlassen, der Führer lebt.« Damit war für Fromm die Entscheidung gefallen.

Es herrschte ein fürchterliches Durcheinander, Unklarheit auf der ganzen Linie. Ich hatte den Eindruck, dass niemand recht wusste, was eigentlich geschehen sollte.

Erwin Schenzel, damals Fernschreiboffizier im Bendlerblock

Er weigerte sich, den »Walküre«-Befehl zu unterschreiben. Mertz von Quirnheim hatte jedoch inzwischen die Dinge weiter vorangetrieben. Schon vor 14 Uhr hatte er einige Alarmbefehle herausgegeben und so versucht, den zaudernden Olbricht zum Handeln zu zwingen. Schließlich unterschrieb er die Befehle selbst. »Der Mertz hat mich überspielt«, beschwerte sich Olbricht später darüber. Doch die Verschwörer mussten nun alles auf eine Karte setzen. Kurz vor 16 Uhr wurde endlich das Stichwort »Walküre« an alle Wehrkreise, Lehr- und Ersatztruppen ausgegeben. Zusätzlich erhielt Hauptmann Friedrich Karl Klausing den Befehl, ein wichtiges Fernschreiben abzusetzen: »Der Führer ist tot! Eine gewissenlose Clique frontfremder Parteiführer hat es unter Ausnutzung dieser Lage versucht, der schwer ringenden Front in den Rücken zu fallen und die Macht zu eigennützigen Zwecken an sich zu reißen. In dieser Stunde höchster Gefahr hat die Reichsregierung zur Aufrechterhaltung von Recht und Ordnung den militärischen Ausnahmezustand verhängt und mir gleichzeitig mit dem Oberbefehl über die Wehrmacht die vollziehende Gewalt übertragen.« Es folgte eine lange Reihe von Befehlen über Machtbefugnisse und Vollzugsgewalten. Unterzeichnet war das Schreiben mit dem Namen des Generalfeldmarschalls Erwin von Witzleben, der sich bereit erklärt hatte, nach einem gelungenen Staatsstreich den Oberbefehl der Wehrmacht zu übernehmen.

Mein Wachtmeister kam zu mir ins Zimmer rief: »Der Führer ist tot!« Dann gab er mir den Befehl von Olbricht zur Auslösung von »Walküre«, den wir an alle militärischen Dienststellen, Wehrkreiskommandos und die Oberbefehlshaber der einzelnen Armeen als Fernschreiben weitergeben sollten.
Erwin Schenzel, damals Fernschreiboffizier im Bendlerblock

»Mertz hat mich überspielt«: Weil Generaloberst Fromm sich weigerte, die entsprechenden Befehle zu unterzeichnen, löste Stauffenbergs Vertrauter Mertz von Quirnheim »Walküre« aus.

Klausing hatte dem Leiter des Nachrichtenbetriebs im Bendlerblock, Leutnant Röhrig, die Unterlagen mit den Worten »Sofort absetzen!« übergeben, als dieser feststellte, dass sie keinerlei Angaben über Geheimhaltungsgrad und Dringlichkeitsstufe enthielten. Röhrig rannte Klausing, der sich schon im Flur befand, hinterher, und fragte, ob der Text denn keine »Geheime Kommandosache« sei. Klausing bejahte – sicher ohne die Folgen abzusehen. Texte mit höchster Geheimhaltungsstufe mussten verschlüsselt von so genannten »Geheimschreibern« durchgegeben werden. Dazu standen im Bendlerblock gerade einmal vier Schreibkräfte zur Verfügung. Zum Absetzen des vollständigen Funkspruchs – einer äußerst langwierigen Prozedur, bei der jede Seite einzeln abgesetzt werden musste – benötigten sie allein drei Stunden. Ohne Geheimhaltungsstufe hätte das Fernschreiben mittels einer Konferenzschaltung an 20 Empfänger gleichzeitig durchgegeben werden können, was den Vorgang erheblich beschleunigt hätte. Durch die Einstufung als »Geheime Kommandosache« ging die wichtige Meldung an manchen Stellen erst nach Dienstschluss ein und war inzwischen von Rundfunkmeldungen entkräftet worden.

Gegen 16.30 Uhr, also mehr als vier Stunden nach dem Attentat, trafen endlich Stauffenberg und Haeften in der Bendlerstraße ein. In Stauffen-

»Unter diesen Umständen betrachte ich mich außer Kurs gesetzt«: Generaloberst Friedrich Fromm am Schreibtisch seines Arbeitszimmers im Bendlerblock.

bergs Arbeitszimmer warteten bereits Berthold Schenk Graf von Stauffenberg, Fritz-Dietlof Graf von der Schulenburg, Oberleutnant Ewald Heinrich von Kleist und zwei weitere Mitstreiter auf sie. »Er ist tot«, sagte Stauffenberg beim Eintreten schlicht und berichtete anschließend über den Hergang des Attentats: »Ich habe alles von außen gesehen. Da ist eine Explosion in der Baracke erfolgt, und da habe ich nur noch gesehen, wie eine große Anzahl Sanitäter herübergelaufen sind, Wagen hingebracht worden sind. Diese Detonation war so, als ob eine 15-Zentimeter-Granate hineingeschlagen hätte: Da kann kaum noch jemand am Leben sein.« Mit Stauffenbergs Erscheinen und der Versicherung, dass Hitler tot sei, schien die Lähmung, die von den Verschwörern zwischenzeitlich Besitz ergriffen hatte, abzufallen. Stauffenberg sei am 20. Juli die entscheidende Figur gewesen, erinnern sich Augenzeugen. Es sei faszinierend gewesen zu sehen, wie alle immer auf ihn zukamen und fragten, was zu tun sei, wie sich Stauffenberg in einer unerhörten Erregung befunden habe, aber äußerlich vollkommen ruhig und beherrscht und von größter Höflichkeit geblieben sei. Nur an seinem Atem habe man seine Erregung bemerkt. Auf ihm habe ein ungeheuerlicher Druck gelastet – er aber habe ruhig bleiben müssen, um die notwendigen Entscheidungen zu treffen.

Bevor Stauffenberg da war, wusste niemand, was wirklich los war. Wir hatten ja keinerlei Meldungen gekriegt von der »Wolfsschanze«.

Erwin Schenzel, damals Fernschreiboffizier im Bendlerblock

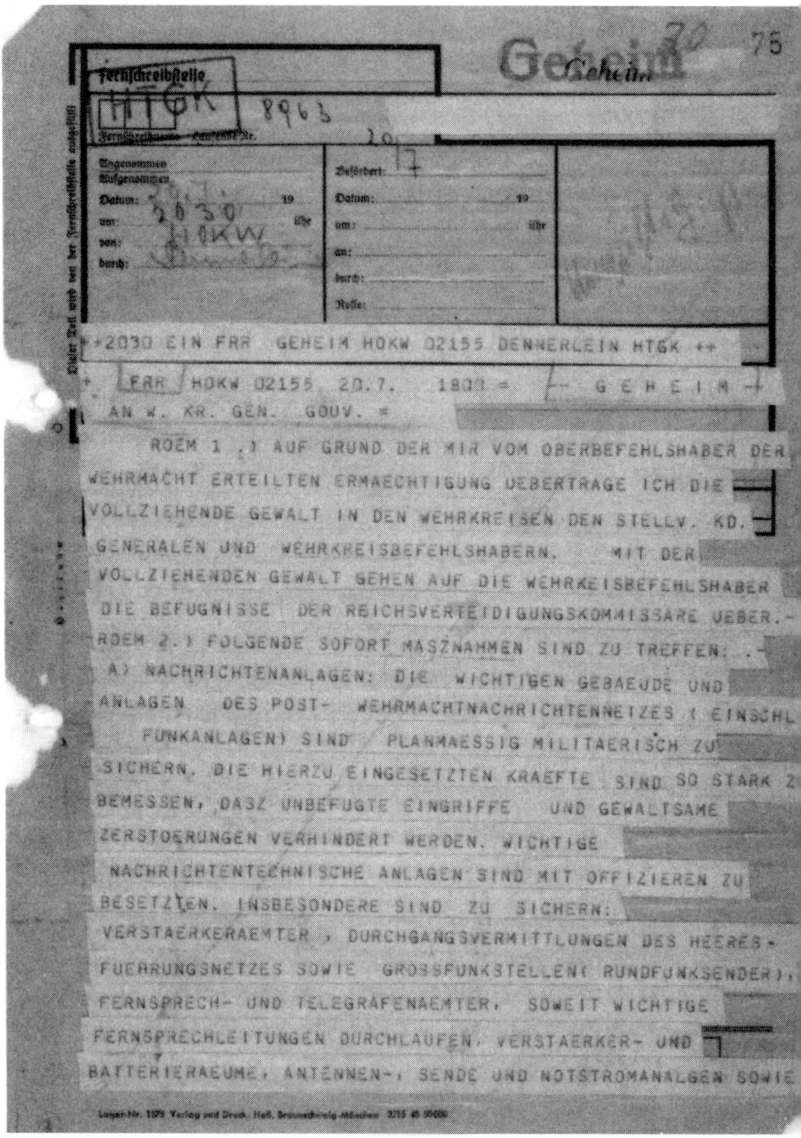

Geheim 75

Fernschreibstelle HTGK 8963

Fernschreibname Laufende Nr.

Angenommen Aufgenommen Datum: 20. 7. 19 um: 2030 Uhr von: HOKW durch:

Befördert: Datum: 19 um: Uhr an: durch: Rolle:

+2030 EIN FRR GEHEIM HOKW 02155 DENNERLEIN HTGK ++

+ FRR HOKW 02155 20.7. 1800 = -- G E H E I M --

AN W. KR. GEN. GOUV. =

ROEM 1.) AUF GRUND DER MIR VOM OBERBEFEHLSHABER DER WEHRMACHT ERTEILTEN ERMAECHTIGUNG UEBERTRAGE ICH DIE VOLLZIEHENDE GEWALT IN DEN WEHRKREISEN DEN STELLV. KD. GENERALEN UND WEHRKREISBEFEHLSHABERN. MIT DER VOLLZIEHENDEN GEWALT GEHEN AUF DIE WEHRKEISBEFEHLSHABER DIE BEFUGNISSE DER REICHSVERTEIDIGUNGSKOMMISSARE UEBER.-

ROEM 2.) FOLGENDE SOFORT MASZNAHMEN SIND ZU TREFFEN: .-

A) NACHRICHTENANLAGEN: DIE WICHTIGEN GEBAEUDE UND ANLAGEN DES POST- WEHRMACHTNACHRICHTENNETZES (EINSCHL FUNKANLAGEN) SIND PLANMAESSIG MILITAERISCH ZU SICHERN. DIE HIERZU EINGESETZTEN KRAEFTE SIND SO STARK Z BEMESSEN, DASZ UNBEFUGTE EINGRIFFE UND GEWALTSAME ZERSTOERUNGEN VERHINDERT WERDEN. WICHTIGE NACHRICHTENTECHNISCHE ANLAGEN SIND MIT OFFIZIEREN ZU BESETZTEN. INSBESONDERE SIND ZU SICHERN: VERSTAERKERAEMTER, DURCHGANGSVERMITTLUNGEN DES HEERES-FUEHRUNGSNETZES SOWIE GROSSFUNKSTELLEN (RUNDFUNKSENDER), FERNSPRECH- UND TELEGRAFENAEMTER, SOWEIT WICHTIGE FERNSPRECHLEITUNGEN DURCHLAUFEN, VERSTAERKER- UND BATTERIERAEUME, ANTENNEN-, SENDE UND NOTSTROMANLAGEN SOWIE

Lager-Nr. 1575 Verlag und Druck: Heß, Braunschweig-München 3215 43 50000

»Der Führer ist tot!«: Eines der Fernschreiben, die im Rahmen von »Walküre« von den Verschwörern verschickt wurden.

»Zentrale des Umsturzversuchs«: Im so genannten Bendlerblock liefen die Fäden der Verschwörung zusammen.

Als Stauffenberg erfuhr, dass »Walküre« erst kurz zuvor ausgelöst worden war und Fromm seine Unterschrift verweigerte, handelte er umgehend: Mit Olbricht suchte er den Oberbefehlshaber des Ersatzheeres auf und bekräftigte noch einmal, dass Hitler tot sei. Fromm meinte, dass »irgendjemand aus der Umgebung des Führers dabei beteiligt gewesen sein« müsse. Stauffenberg bestätigte ruhig: »Ich habe es getan.« Irritiert entgegnete Fromm, dass Keitel ihm eben noch versichert habe, dass Hitler lebe. Stauffenberg antwortete barsch: »Der Feldmarschall Keitel lügt wie immer, ich selbst habe gesehen, wie man Hitler tot hinausgetragen hat.« Bis heute ist ungeklärt, was Stauffenberg zu dieser Behauptung veranlasste. Dass er tatsächlich beobachtete, wie jemand aus der Baracke getragen wurde, den er für Hitler hielt, scheint nach den vorliegenden Berichten und Fakten unwahrscheinlich. Doch war Stauffenberg nach allem, was er in der »Wolfsschanze« gesehen und gehört hatte, überzeugt, dass Hitler nicht überlebt haben konnte. Im festen Glauben, dass das Attentat gelungen war, dass es gelungen sein *musste*, trieb er den Umsturz nun energisch voran. Es sei ihm gar nichts anderes übrig geblieben, als an der These, dass Hitler tot war, festzuhalten, meinen überlebende Verschwörer rückblickend. Doch habe es immer mehr Angsthasen im Bendlerblock gegeben, die ihre Beteiligung am Putsch zurückzogen.

Als Olbricht erklärte, dass man inzwischen »Walküre« ausgelöst habe, verlor Fromm die Beherrschung. Er schlug mit der Faust auf den Tisch und schrie, das sei Revolution und Hochverrat, darauf stehe die Todesstrafe. Dann fragte er Olbricht, wer den Befehl gegeben habe. Mertz von Quirnheim wurde herbeigeholt, Kleist und Haeften begleiteten ihn. Als die Männer in das Zimmer traten, entspann sich ein bühnenreifes Szenario. Fromm erklärte alle für verhaftet, doch Stauffenberg erwiderte gelassen: »Sie verkennen die Situation, Herr Generaloberst, Sie sind verhaftet.«

Hitler hat ein Fernschreiben an Olbricht gerichtet und hat ihn beauftragt, die Nachfolge von Fromm als Chef des Ersatzheeres anzutreten. Fromm war nicht zu erreichen, weil die Verschwörer ihn eingesperrt hatten. Mit diesem Fernschreiben in der Hand bin ich zum Olbricht gegangen und habe ihm gesagt: »Herr General, ich habe hier ein Fernschreiben vom Führer.« Er sah mich an und sagte: »Vom Führer? Der ist doch tot.« Er war fest davon überzeugt, dass Hitler tot sei, weil Stauffenberg ihm das gemeldet hatte.

Erwin Schenzel, damals Fernschreiboffizier im Bendlerblock

Fromm sei ein Opportunist gewesen, meinen Mitverschwörer im Rückblick. Er war nie wirklich eingeweiht worden, obwohl er gewusst habe, dass die Dinge schlecht standen. Man habe Fromm »Witterung« gegeben, dass etwas geschehen werde. Fromm habe stillschweigend zu erkennen gegeben, dass, wenn alles gut liefe, er mitmachen beziehungsweise keine Schwierigkeiten machen würde. Am 20. Juli sei er jedoch umgekippt. Er habe so getan, als ob er von gar nichts wisse, und soll zu Stauffenberg gesagt haben: »Das Attentat ist fehlgeschlagen, Sie müssen sich sofort erschießen!«

Doch Stauffenberg dachte gar nicht daran, Selbstmord zu begehen, kühl lehnte er die Aufforderung Fromms ab. Daraufhin ging dieser mit erhobenen Fäusten auf ihn los. Nur mit vorgehaltener Pistole gelang es den Offizieren Kleist und Haeften, den aufgebrachten Generaloberst wieder zur Räson zu bringen. »Unter diesen Umständen betrachte ich mich außer Kurs gesetzt«, resignierte Fromm verbittert. Doch er schäumte vor Wut. Von seinen Untergebenen so behandelt zu werden, empfand der Generaloberst als Demütigung. Fromm schwor Rache und hoffte, dass seine Stunde an diesem Tag noch kommen werde.

Wenig später erschien Generaloberst Erich Hoepner bei Fromm. Hoepner war von Olbricht zum »Oberbefehlshaber im Heimatkriegsgebiet« ernannt worden, damit übernahm er Fromms Stelle als Befehlshaber. Hoepner hatte – Staatsstreich hin oder her – auf einer Ernennungsurkunde bestanden und wollte nun dem Vorgänger ganz offiziell sein Bedauern über die Vorgänge aussprechen. »Ich muss jetzt Ihre Amtsräume beziehen«, verkündete Hoepner mit einer leichten Verneigung. »Ja, Hoepner, tut mir Leid, aber ich kann nicht mittun. Meiner Ansicht nach ist der Führer nicht tot, und Sie irren«, entgegnete Fromm scheinbar gefasst.

Inzwischen hatten die Verschwörer in der Bendlerstraße Verstärkung erhalten. Jüngere Offiziere, die eingeweiht waren, sollten sich nützlich machen. Auch einige Zivilisten, die nach dem Umsturz für die Übernahme politischer Führungsaufgaben vorgesehen waren, gesellten sich zu den Militärs. So erschien der evangelische Theologe Eugen Gerstenmaier – ausgerüstet mit Bibel und Pistole. Wenn man schon Revolution mache, dann müsse auch geschossen werden, meinte der wackere Kirchenmann. Auch er zählte zum »Kreisauer Kreis«, dessen Spektrum vom Sozialisten bis zum Nationalkonservativen reichte. Jan von Haeften, Sohn des Widerstandskämpfers Hans Bernd von Haeften, erläutert: »Es war ein breites Bündnis gegen den Terror dieser Diktatur. Ich erinnere ein Wort, was ich später nie wieder gehört habe, was die Freunde meines Vaters untereinan-

»Ich muss jetzt Ihre Amtsräume beziehen«: Generaloberst Erich Hoepner (rechts), der neu ernannte »Oberbefehlshaber im Heimatkriegsgebiet«.

der benutzten, das hieß ›bundesgenössisches Handeln‹. Sie waren Bundesgenossen, gegen die Diktatur, gegen den Mord der Nazis. Aber sie waren nicht unbedingt alle in dem Sinn Parteifreunde, sie dachten nicht in einer parteipolitischen Richtung, sondern sie waren aus vielen Gruppierungen zusammengekommen in diesem Bewusstsein der gemeinsamen Verantwortung für ein rechtsstaatliches Deutschland.«

Seit geraumer Zeit hatte der militärische Widerstand Kontakt zum Kreisauer Kreis aufgenommen. Viele der Mitglieder waren miteinander befreundet oder sogar verwandt. Zwar ließen sich die politischen Vorstellungen der einzelnen Widerständler kaum auf einen Nenner bringen, doch in einem waren sich alle einig: Hitler als der »Vollstrecker des Bösen« musste beseitigt werden. Dafür waren sie bereit, ihr Leben zu opfern. »Es gab ja in diesem Kreisauer Kreis Mitglieder, denen es nicht im Geringsten an Mut und Einsatzbereitschaft fehlte und die dennoch der Meinung waren, man dürfe nicht mit einem Attentat so etwas wie einen moralisch gerechtfertigten Mord begehen. Diese Auseinandersetzungen gab es, und die wurden ernsthaft geführt. Aber schließlich blieb doch am Ende der Überlegungen zu sagen, mit jedem Tag verlieren Tausende von Menschen an allen Fronten, in der Heimat, in den Konzentrationslagern und überall ihr Leben, es kommt schließlich gar nicht mehr darauf an, ob man verständlich zu machen weiß, warum – es kommt nur darauf an, diesen Morden endlich ein Ende zu machen«, erläutert Richard von Weizsäcker. Auch Jan von Haeften bestätigt: »Mein Vater hat sich sehr mit der Frage des Tyrannenmordes beschäftigt, denn wenn Sie einen neuen Rechtsstaat aufbauen wollen und Sie fangen an mit einem Mord, dann ist das eine sehr kritische Geschichte. Und es steht eben nicht in den zehn Geboten: ›Du sollst nicht töten, es sei denn den Tyrannen‹; diesen Zusatz gibt es leider

»Für mich ist Hitler tot«: Ludwig Beck war die Integrationsfigur des militärischen Widerstands.

Es ist die Pflicht von Männern, die ihr Vaterland wirklich lieben, jetzt für dieses Ziel die letzte Kraft einzusetzen. Wenn uns das nicht gelingt – nun, dann haben wir wenigstens unsere Schuldigkeit getan .

Generaloberst Ludwig Beck am 20. Juli 1944

nicht. Insofern war das eine schwierige Frage. Doch dann haben sie erkannt: Wir müssen im Namen Deutschlands handeln und uns selbst von diesem Tyrannen befreien. Die Militärs waren der Meinung, dass es eine Möglichkeit, Hitler gefangen zu nehmen, nicht mehr gab.«

Im früheren Generaloberst Ludwig Beck fand sich eine Integrationsfigur des deutschen Widerstands. Er hatte schon 1938 versucht, den bevorstehenden Krieg zu verhindern. Nach dem Putsch sollte Beck als neues Staatsoberhaupt fungieren. Als er am 20. Juli kurz nach 17 Uhr in der Bendlerstraße eintraf und sich von dem bisherigen Geschehen und dem zweifelhaften Ausgang des Attentats unterrichten ließ, reagierte der alte General unerschrocken: »Für mich ist dieser Mann tot«, sagte er zu Olbricht, »davon lasse ich mein weiteres Handeln bestimmen.« An den Kampfgeist seiner Gefährten appellierend, fügte er hinzu: »Von dieser Linie dürfen wir nicht abweichen, sonst bringen wir unsere eigenen Reihen in Verwirrung.«

Verwirrung herrschte indes bei den Berliner Adressaten von »Walküre«. Der Plan war, wenn auch schleppend, angelaufen. »Ordonnanz, eine Flasche Schampus, das Schwein ist tot!«, hatte der Standortälteste der Panzertruppenschule in Krampnitz ausgerufen, als die Bendlerstraße Hitlers Tod durchgab. Bald darauf rollten schwere Kettenfahrzeuge auf der Ost-West-Achse durch den Berliner Tiergarten. Am Großen Stern an der Siegessäule bezogen die Truppen Warteposition.

In der »Wolfsschanze« hatte man inzwischen erkannt, dass der Sprengstoffanschlag Auftakt zu einem lange geplanten Umsturz gewesen war. Durch einen Fehler waren die Fernschreiben aus dem Nachrichtenzentrum des Bendlerblocks auch in Hitlers Hauptquartier eingegangen. Keitel hatte sofort Weisung gegeben, die Befehle aus der Verschwörerzentrale zu ignorieren. »Der Führer lebt! Völlig gesund!«, ließ er an die Wehrkreise durchgegeben. Wegen der Geheimhaltungsstufe, die Klausing angeordnet hatte, traf mancherorts das Fernschreiben Keitels vor dem Funkspruch aus der Bendlerstraße ein. Um dem Durcheinander Herr zu werden, diktierte Beck in der Verschwörerzentrale indes eine Erklärung, die über den Rundfunk ausgestrahlt werden sollte. »Es ist höchst gleichgültig, ob Hitler tot ist oder lebt. Ein

Die glückliche Rettung des Führers bedeutet zugleich die Rettung Deutschlands.

Fernschreiben von Reichsleiter Martin Bormann, 20. Juli 1944

Oben: »Erst einmal abwarten«: Einheiten der Infanterieschule in Döberitz sollten im Rahmen von »Walküre« in Berlin eingesetzt werden, blieben dann aber in ihren Quartieren.
Unten: »Warum haben sie das Funkhaus nicht besetzt?«: Das Gebäude des Reichsrundfunks in der Berliner Masurenstraße blieb in der Hand der Hitler-Anhänger.

Warum haben sie nicht das Funkhaus besetzt und die tollsten Lügen verbreitet? Nicht einmal mein Telefon haben sie stillgelegt! ... Was für Anfänger!

Joseph Goebbels (nach den Memoiren von Albert Speer)

Führer, in dessen engster Umgebung solche Gegensätze aufklaffen, dass gegen ihn ein Bombenattentat unternommen wird, ist moralisch tot.« Der Putschplan der Verschwörer sah vor, sich der Radiosender zu bemächtigen, um dem NS-Regime das Informationsmonopol zu entreißen. Einheiten der Infanterieschule in Döberitz sollten das Funkhaus in der Berliner Masurenstraße besetzen, alle Sendungen sollten eingestellt, die Schaltanlagen abgestellt werden. Major Jakob erhielt den Auftrag, mit einer Hand voll Offiziere die Aktion durchzuführen. Die Besetzung des Funkhauses schien keine Schwierigkeiten zu bereiten, Jakob und seine Männer stießen auf wenig Widerstand. Der Intendant des Funkhauses sicherte zu, alle Sendungen sofort zu stoppen. Anschließend ließ er Jakob in den Hauptschaltraum führen, wo man ihm bedeutete, dass alles abgeschaltet worden sei. Doch der Major war kein Fachmann in Fragen der Rundfunktechnik – er konnte nicht überprüfen, ob seinen Weisungen tatsächlich Folge geleistet wurde. In Wahrheit wurde Jakob getäuscht, der Sendebetrieb zu keinem Zeitpunkt unterbrochen. Seit den schweren Bombenangriffen der Alliierten auf die Reichshauptstadt war der zentrale Schaltraum in einen Bunker verlegt worden, ebenso die Sprecherstudios. Der »Hauptschaltraum«, den man Jakob vorgeführt hatte, war also nichts weiter gewesen als eine Attrappe. In diesen Stunden verlor die Verschwörung den Kampf um die Ätherwellen und damit die Möglichkeit, auf die Bevölkerung entscheidenden Einfluss auszuüben.

Die Verschwörer in der Berliner Bendlerstraße kämpften indes einen verzweifelten Kampf. Seit 18 Uhr telefonierte Stauffenberg mit Kommandostellen des Ersatzheeres in ganz Deutschland. In zwei Hörer gleichzeitig sprechend, versuchte er die Halbherzigen anzuspornen, ihnen Mut zu machen und sie aus ihrer Lethargie zu reißen. Doch um 18.28 Uhr wurde seine Überzeugungsarbeit jäh zunichte gemacht. Der Reichsrundfunk verbreitete eine Sondermeldung des Senders Königsberg: »Auf den Führer wurde ein Sprengstoffanschlag verübt. Der Führer selbst hat außer leichten Verbrennungen und Prellungen keine Verletzungen erlitten. Er hat unverzüglich darauf seine Arbeit wieder aufgenommen und – wie vorgesehen – den Duce zu einer längeren Aussprache empfangen.« Der Rundfunk wiederholte diese Meldung um 18.38 und um 18.42 Uhr. Die Sender wurden also nirgendwo tatsächlich von den Aufständischen kontrolliert.

Die Nachricht vom Attentat auf Hitler löste in der deutschen Bevölke-

»Außer leichten Verbrennungen und Prellungen keine Verletzungen erlitten«: Hitler verabschiedet sich von Mussolini.

rung die unterschiedlichsten Reaktionen aus. Nicht wenige zeigten sich entsetzt. »Ja, ich dachte wirklich, wie kann man nur unseren geliebten Führer zu töten versuchen, jetzt, wo wir alle Kräfte brauchen, um diesen Krieg siegreich beenden zu können? Ich war richtig geschockt«, erinnert sich Gottfried Schröter, damals Soldat. »Wir waren froh, dass Hitler lebte«, erzählt Ernst Mayer, Jahrgang 1927. »Wir Jungen haben uns doch mit dem Regime identifiziert.« Auch der spätere Bundeskanzler Helmut Schmidt, 1944 als Luftwaffenoffizier in Berlin, ist überzeugt: »Insbesondere bei den jüngeren Leuten, im Alter zwischen 20 und 40 Jahren, gab es viele, die zu blindem Gehorsam erzogen worden waren und für die der Tyrannenmord ein unvorstellbares Verbrechen darstellte. Es gab andere, die ähnlich wie ich leise, aber ohne es laut zu sagen, bedauert haben, dass es nicht funktioniert hat.«

Auch Ralph Giordano gehörte zu dieser Gruppe. Der Hamburger Jude und seine Familie zählten zu den Verfolgten des Terrorregimes. Die Nachricht vom Attentat auf Hitler war am 20. Juli 1944

Die Offiziere an der Front empfanden das Attentat als einen Mord am obersten Befehlshaber, hinter dem Rücken der Front. Man muss dies aber immer aus ihrem Blickwinkel und aus ihrem Verantwortungsbereich sehen. Die an der Front kämpfenden Offiziere hatten zunächst jedenfalls kein Verständnis dafür.

Ulrich de Maizière, damals Generalstabsoffizier

Ich bin einfach nur in den Wald gelaufen und habe gejubelt und mir gesagt: Gott sei Dank, jetzt rührt sich was bei uns. Das war ein Schlüsselerlebnis.

Hildegard Hamm-Brücher

schon Stunden vor der Rundfunkmeldung durchgesickert. »Ich erinnere mich genau an den 20. Juli 1944. Wir erfuhren vom Attentat im Kreise der Familie, wir mussten damals schon Zwangsarbeit machen, und ein ehemaliger Nachbar kam über einen großen Schuttwall geklettert, um zu uns zu gelangen, und rief leise unterdrückt, obwohl weit und breit keine Menschen zu sehen waren: ›Sieg, Sieg, Sieg!‹« Und wir dachten, ›Sieg, Sieg, Sieg!‹, was bedeutet das? ›Hitler ist getötet worden!‹ Das war am Nachmittag des 20. Juli. Wir erstarrten. Seit elf Jahren lebten wir unter dieser Furcht vor dem jederzeit möglichen Gewalttod, und plötzlich wurde da eine Vision, eine Fata Morgana sichtbar, die eigentlich zu schön war, um wahr zu sein. Aber dieser Nachbar vermittelte uns das Gefühl absoluter Gewissheit: ›Sieg, Sieg, Hitler ist ermordet worden.‹ Doch wenig später wusste jeder in Deutschland, dass das nicht stimmte, dass Hitler davongekommen war, wieder einmal davongekommen war. Also, das war eine ungeheuerliche Enttäuschung. Wir haben an dem Tag auch kein Wort mehr gesprochen, nachdem diese Hoffnung, die da aufgeglimmt war, das Unvorstellbare, wir sind frei, wir brauchen keine Angst mehr zu haben, wie eine Seifenblase zerplatzt war.«

Auch an der Front wurde die Nachricht von einigen Offizieren mit Enttäuschung aufgenommen: »Wir waren damals im Nordabschnitt der Sowjetunion und hörten im Radio, dass es ein Attentat gegeben habe und dass es gescheitert war. Da fiel eine Nacht über einen herein, die einen nicht mehr verlassen hat bis zum Kriegsende«, schildert Altbundespräsident Richard von Weizsäcker seinen damaligen Gemütszustand.

Als wir die Nachricht bekommen hatten, dass Hitler lebt, setzte der Offizier, der für das Personalwesen zuständig war, gleich ein Glückwunschtelegramm an Hitler auf.

Günter Reichhelm, damals Generalstabsoffizier

In den Familien der Verschwörer rief die Rundfunkmeldung böse Ahnungen hervor. »Am Nachmittag des 20. Juli schippte ich gerade Kohlen in meinen Keller in Jannowitz und hörte dabei Radio«, erinnert sich Johanna Rathgens, Ehefrau des Mitverschwörers Oberst Karl Ernst Rathgens, »plötzlich kam im Rundfunk diese Nachricht, da ist es mir furchtbar in die Glieder gefahren. Ich dachte: ›So, jetzt ist es also passiert.‹ Da hatte ich schon eine Vorahnung, natürlich immer mit der

Die Nachricht vom Attentat kam eigentlich gleichzeitig mit der des Überlebens Hitlers. Sehr bald wurden die ersten Namen genannt, und das waren alles Männer, die ich persönlich kannte. So konnte ich mir natürlich ein anderes Bild machen als das, was die offizielle Nachrichtengebung von dem Attentat verbreitete.

Ulrich de Maizière, damals Generalstabsoffizier

Hoffnung, ach, es wird schon irgendwie gut gehen.« Doch es ging nicht gut – Karl Ernst Rathgens wurde am 30. August 1944 von Hitlers Blutrichter Roland Freisler zum Tode verurteilt. Seine Frau Johanna hat ihn nie wieder gesehen.

Die Nachricht von Hitlers Überleben hatte fatale Folgen für den lange geplanten Staatsstreich. Solange Hitler lebte, fühlten sich viele der Offiziere noch immer an ihren Eid gebunden, den sie auf den Tyrannen geleistet hatten: »Ich schwöre bei Gott diesen heiligen Eid, dass ich dem Führer des Deutschen Reiches und Volkes, Adolf Hitler, dem Oberbefehlshaber der Wehrmacht, unbedingten Gehorsam leisten und als tapferer Soldat bereit sein will, jederzeit für diesen Eid mein Leben einzusetzen.« Wer gegen Hitler putschte, brach mit der Tradition des Treueids und des Gehorsams. »Wir standen zwischen dem überlieferten, anerzogenen Bewusstsein der Pflichterfüllung, nicht nur gegenüber dem jeweiligen Staatsoberhaupt, sondern auch gegenüber dem Volk, gegenüber dem Reich, und der wachsenden Erkenntnis der moralischen Fragwürdigkeit der Spitzenpersönlichkeiten, insbesondere Hitlers, sodass man zwar als Soldat seine Pflicht tat, aber oft mit bedrängtem Gewissen«, schildert Ulrich de Maizière, damals selbst Offizier im Generalstab, den inneren Konflikt. Nur Hitlers Tod hätte die Offiziere von dieser Verpflichtung befreit. Viele, die ahnten, dass ein Putsch im Gange war, hätten dann vermutlich für die Verschwörer Partei ergriffen. Doch als der Rundfunk am Abend des 20. Juli meldete, dass Hitler noch am Leben sei, scheuten sich einige Offiziere vor der Teilnahme an einem Umsturz. Überlebende Mitverschwörer schildern, dass viele Offiziere erst einmal abwarten wollten, wie sich die Dinge am 20. Juli entwickelten. Das sei aber für einen Umsturz in dieser Phase tödlich gewesen: Wenn alle erst einmal abwarteten, könne es nicht funktionieren. Wie Recht Kleist mit dieser Behauptung hat, zeigt das Beispiel der Infanterieschule Döberitz. Am Nachmittag war der »Walküre«-Befehl eingegangen, die Truppen waren daraufhin umgehend in Marschbereitschaft versetzt worden. Doch als die Kommandeure die Rundfunkmeldung hörten, zögerten sie, den Befehl zum Ausrücken zu geben. Die marschbereiten Einheiten blieben schließlich in den Kasernen; die Verschwörer verloren damit einen wichtigen Teil ihrer militärischen Verstärkung.

Doch der endgültige Zusammenbruch der Verschwörung erfolgte nicht in Döberitz, sondern im Zentrum Berlins. Olbricht hatte gegen 16 Uhr den Wehrmachtskommandanten von Berlin, Generalleutnant Paul von Hase, angerufen und ihn persönlich davon unterrichtet, dass »Walküre«

»Jawohl, mein Führer«: Major Ernst Remer, der Kommandeur der Berliner Wachbataillons, führte Hitlers Befehle bedingungslos aus.

ausgelöst worden sei. Der Stadtkommandant verfügte neben der Streifenabteilung »Groß-Berlin« vor allem über das Wachbataillon »Großdeutschland«. »Mein Vater war ausgewählt worden, um die Zernierung des Regierungsviertels vorzunehmen und gewissermaßen den Staatsapparat des Dritten Reiches lahm zu legen. Diese Möglichkeit ergab sich aus seiner Stellung, deswegen war er wichtig am 20. Juli«, berichtet sein Sohn Alexander von Hase. Doch war nicht sicher, ob die Verschwörer im Ernstfall mit dem Wachbataillon »Großdeutschland« rechnen konnten: Major Ernst Remer war Anfang Mai zum Kommandeur dieser Einheit ernannt worden. Der Ritterkreuzträger gehörte zu den treuen Anhängern des Hitler-Regimes und war überzeugter Nationalsozialist. Alexander von Hase erinnert sich: »Diskutiert worden war ja die Frage, ob man Remer ersetzen sollte durch einen anderen, aber mein Vater hatte sich damals für die Beibehaltung Remers entschieden. Dieser hatte sich sehr nationalsozialistisch gezeigt. Er war im Juni '44 nach Berlin gekommen und hatte hier gleich an einer Sonnwendfeier teilgenommen, obwohl Berlin gerade stark bombardiert worden war. Dass man nun auch noch eine Sonnwendfeier im Hitlerschen Sinne machte, zeigte ja, wohin bei ihm die Tendenz lief.« Von Hase war jedoch davon überzeugt, dass Remer Befehle ausführen würde »wie jeder andere Major«.

Doch der erfahrene Stadtkommandant ahnte, dass sein eigenes Schicksal und das seiner Familie an einem seidenen Faden hingen: »Am Vorabend des 20. Juli hatte mein Vater uns alle, also meine Mutter, meine Schwester und mich, aufgefordert, auf den Balkon zu kommen, und wir tranken – was ganz ungewöhnlich war – eine Flasche Sekt zusammen, ohne dass ausgesprochen wurde, warum. Man trinkt ja nicht Sekt jeden Abend. Mein Vater sagte nur: ›Wenn wir morgen an dieser Stelle noch einmal zusammen sind, dann können wir uns gratulieren‹«, schildert Alexander von Hase, der damals gerade 18 Jahre alt geworden war, die Situation.

Am Nachmittag des 20. Juli befahl Generalleutnant von Hase Remer zu sich und wies ihn an, das Regierungsviertel mit drei Kompanien zu besetzen. Starke Kräfte sollten insbesondere den Komplex nördlich der Anhalter Straße sichern, wo der Sicherheitsdienst der SS residierte. »Jawohl, Herr Generalleutnant«, antwortete Remer und rief tatsächlich seine Offiziere zusammen, um die Sperrgebiete aufzuteilen. Um 18.30 Uhr waren die Einsatzbefehle ausgeführt, Remer selbst kontrollierte die Absperrungen. Auch Goebbels' Propagandaministerium war umstellt, vor das Haus des Ministers ein Doppelposten beordert worden.

Nach einem Blick aus dem Fenster hatte sich Goebbels in den hinteren Teil des Gebäudes zurückgezogen und sich mit Zyankalikapseln versorgt.

Trotz aller Vorsichtsmaßnahmen der Verschwörer waren inzwischen Gerüchte über einen Putschversuch durchgesickert. »Mir ist nicht geheuer bei der ganzen Sache«, sagte Remer. Allmählich ahnte er, dass es um seinen Kopf ging. Gedrängt von einem Propagandaoffizier, beschloss Remer schließlich, Goebbels aufzusuchen – entgegen dem ausdrücklichen Befehl seines Vorgesetzten von Hase. »Remer, Sie bleiben hier!«, hatte der Stadtkommandant gerufen, doch da war Remer bereits unterwegs zu Goebbels. Als er zwischen 19 und 20 Uhr in der Hermann-Göring-Straße eintraf, berichtete er dem Propagandaminister, dass er Befehl habe, das Regierungsviertel abzuriegeln, weil ein Putsch gegen Hitler im Gange und dieser tödlich verletzt sei. Goebbels erwiderte, er habe eben noch mit dem »Führer« gesprochen. »Sind Sie Nationalsozialist?«, fragte er den Major. Remer antwortete: »Ja, ganz und gar.« Dann stellte er dem Propagandaminister die bange Gegenfrage. In seinem Bericht vom 22. Juli heißt es: »Der Herr Reichsminister bestätigte mir, dass er im Auftrage des Führers handele. Der Führer sei überhaupt nicht verletzt.« Goebbels erklärte dem Major, dass ein Militärputsch im Gange sei, worauf Remer antwortete: »Ich werde auf alle Fälle als anständiger Offizier getreu dem Eide zum Führer meine Pflicht

Wir bekamen plötzlich einen Anruf aus dem Propagandaministerium. Goebbels verlangte eine Verbindung mit Hitler. Daraufhin haben wir den »Führer«-Bunker angerufen: »Mein Führer, der Reichsminister Dr. Goebbels wünscht Sie zu sprechen, darf ich verbinden?« – »Verbinden Sie.« Da obsiegte bei uns natürlich die Neugier, und wir hörten, wie Goebbels kurz die Vorgänge schilderte und dann sagte: »Ich habe hier Major Remer, er hat den Befehl, mich gefangen zu nehmen. Ich habe ihn überzeugt davon, dass Sie leben. Darf ich Major Remer an den Apparat holen?« Hitler stimmte zu und fragte: »Remer, erkennen Sie meine Stimme?« – »Jawohl, mein Führer!« – »Ich gebe Ihnen hiermit den Befehl, das ganze Regierungsviertel abzusperren und jeden Widerstand mit Waffengewalt zu brechen. Jeder, der nicht für mich ist, ist sofort zu liquidieren. Haben Sie mich verstanden?« – »Jawohl, mein Führer!« Remer hat diesen Befehl dann in Berlin ausgeführt.
Alfons Schulz, damals Telefonist in der »Wolfsschanze«

tun.« Doch schien der regimetreue Remer von der Glaubwürdigkeit des Propagandaministers nicht vollständig überzeugt. Ob er mit dem »Führer« sprechen könne, fragte er Goebbels. Der ließ sofort eine Verbindung zur »Wolfsschanze« herstellen. Kurz darauf sprach der Major mit Hitler. Ob er ihn an seiner Stimme erkenne, fragte der Diktator. Remer bejahte dies. »Ich lebe also. Das Attentat ist misslungen«, fuhr Hitler fort. »Eine kleine Clique ehrgeiziger Offiziere wollte mich beseitigen. Aber jetzt haben wir die Saboteure der Front. Wir werden mit dieser Pest kurzen Prozess machen! Sie erhalten von mir den Auftrag, sofort die Ruhe und Sicherheit in der Reichshauptstadt wiederherzustellen, wenn nötig mit Gewalt. Sie werden mir zu diesem Zweck unterstellt, bis der Reichsführer SS in der Hauptstadt eintrifft.« Damit waren für Remer alle Zweifel beseitigt. Sofort hob er die Abriegelung des Regierungsviertels auf und ließ die Truppen stattdessen in der Bendlerstraße aufmarschieren, auch die Stadtkommandantur wurde besetzt. »Die Macht war auf die andere Seite übergegangen«, erinnert sich Alexander von Hase. »Wir waren eingekreist durch Soldaten des Wachbataillons ›Großdeutschland‹, die sollten nun alles in Schach halten. So waren wir alle, auch die Fami-

Es wurde mir sofort Gelegenheit gegeben, den Führer persönlich telefonisch zu sprechen. Der Führer sagte, dass er unverletzt sei, und fragte mich, ob ich ihn an seiner Stimme erkenne. Ich bejahte das. Der Führer wies auf den gemeinen verbrecherischen Anschlag hin und sagte mir, dass ich ihm direkt so lange unterstünde, bis der Reichsführer Himmler eintreffe, den er als Chef des Heimatheeres eingesetzt habe. Ich hätte unter allen Umständen mit allen Mitteln jeglichen Widerstand niederzuhalten.

Bericht von Ernst Remer, Kommandeur des Wachbataillons »Großdeutschland«, 22. Juli 1944

lie meines Vaters, Gefangene des Wachbataillons. Eins war klar, der Aufstand war damit zusammengebrochen.«

Während der Staatsstreich in Berlin umschlug, machten die Meldungen aus Wien, Prag und Paris zunächst Hoffnung.

Als das wichtige Fernschreiben aus der Berliner Zentrale im Wehrkreiskommando Wien einging, herrschte dort längst Dienstschluss. Nur die Offiziere Oberst Heinrich Kodré und Hauptmann Karl Szokoll, die sich noch im Haus aufhielten, lasen den Funkspruch – und handelten ohne lange Umstände. Zur Sicherung der Wehrkreiskommandos ließen sie das Wachbataillon »Groß-Wien« anrücken, Kodré erstellte eine Liste der zu verhaftenden SS-Offiziere und Parteiführer. Doch wollte man nur im Notfall Gewalt anwenden. Die Herren wurden also für 20 Uhr in das Wehrkreiskommando bestellt, wo sich die meisten auch, ohne Misstrauen zu schöpfen, einfanden. Als ihnen der Befehlshaber eröffnete, dass er Befehl habe, sie zu verhaften, und ihnen die Fernschreiben der Verschwörerzentrale zum Beweis vorlegte, fügten sie sich in ihr Schicksal. Bei Cognac und Zigarren ließen sich die »Verhafteten« in vorbereiteten Zimmern »festhalten«. Ihre Pistolen aber durften die Herren behalten.

Der »Deutsche Staatsminister für Böhmen und Mähren«, Karl Frank, nahm gerade an einer Feier zur Eröffnung einer SS-Junkerschule teil, als das Fernschreiben mit den Worten »Der Führer ist tot...« in den Prager Wehrkreiskommandos einging. Der Befehlshaber General Schaal löste umgehend »Odin« aus – die böhmische Entsprechung für »Walküre«. Da der Rundfunk mittlerweile gemeldet hatte, dass Hitler das Attentat überlebt habe, ließ er sich mit der Bendlerstraße in Berlin verbinden und verlangte nach Fromm. Doch anstelle des Generaloberststs war Stauffenberg am Telefon: »Der Führer ist tot, ich bin selbst dabei gewesen«, bestätigte ihm der Attentäter. »Bisheriges und wohl noch weitere Kommuniqués des Rundfunks sind falsch. Eine neue Regierung ist in der Bildung. Befohlene Maßnahmen gegen den SD sind beschleunigt durchzuführen.« General Schaal gehorchte, doch vor der Verhaftung des »Deutschen Staatsministers« Frank schreckte er zurück. Schließlich bereiteten die Gegenbefehle aus der »Wolfsschanze« der Aktion ein Ende.

Ganz anders war hingegen der 20. Juli in Paris angelaufen. Schon seit einigen Jahren bestand die Achse Berlin – Paris zwischen den Verschwörerkreisen, sie wurde vor allem von Cäsar von Hofacker, einem Vetter Stauffenbergs und rechte Hand des Militärbefehlshabers von Frankreich,

»Er hatte eine Schlüsselfunktion«: Cäsar von Hofacker war der Kopf der Opposition in Paris.

»Über Umwege in den Widerstand gekommen«: Carl-Heinrich von Stülpnagel.

General Carl-Heinrich von Stülpnagel, getragen. Cäsar von Hofacker zählte – noch vor Oberst Graf von Stauffenberg – zu den entschiedensten Gegnern Hitlers und bildete den Kopf der Opposition in Paris. »Er war ein Mann des Wortes. Er konnte sehr gut überzeugen. Sein ganzes Gewicht legte er in die Widerstandsbewegung, das war sozusagen die Aufgabe, die ihm regelrecht auf den Leib geschrieben war«, schildert ihn sein Sohn Alfred. Hofackers Überzeugungskraft wirkte schließlich auch auf

Er wurde nicht von einem Tag zum anderen zum aktiven Widerstandskämpfer. Das ist sicherlich ein Prozess, der über eine längere Zeit andauerte. Gerade diese Widersprüche sind für mich so interessant und menschlich. In einem Brief an meine Mutter aus dem Jahr 1944 bringt er das zum Ausdruck, wie froh er sei, dass er sich von dieser schwülen Phase gelöst habe. Also, er hat das sehr bewusst erlebt, dass er geblendet war, dass er irregeführt war. Und er ist dann mit Haut und Haaren in den Widerstand gegangen.

Alfred von Hofacker, Sohn des Verschwörers Cäsar von Hofacker

seinen Chef, General Stülpnagel. Dieser hatte den Attentatsplänen zunächst skeptisch gegenübergestanden, doch empfand er gegenüber seinem alten Vorgesetzten, dem Generalobersten Beck, eine persönliche Verpflichtung. »Beck war ja ein entschiedener Gegner Hitlers. Ich weiß, dass mein Vater große Stücke auf ihn hielt«, erinnert sich sein Sohn Walter von Stülpnagel. Hofacker, der von der Notwendigkeit, Hitler zu töten, überzeugt war, diente als Verbindungsmann zwischen der Verschwörerzentrale in Berlin und der Militäropposition in Paris. »Er hatte eine Schlüsselfunktion«, beschreibt sein Sohn Alfred von Hofacker die Rolle seines Vaters. »Er hatte unter Stülpnagel keine besonders definierte Aufgabe, sondern er war sozusagen freigestellt, von Anfang an. Er war vorgesehen, die Verbindungen mit Berlin zu unterhalten, wo zwei seiner Vettern, darunter Stauffenberg, aktiv im Widerstand standen. Er reiste also sehr häufig hin und her. Seine Rolle in Paris war, diesen ›Walküre‹-Plan, der in Berlin in die Tat umgesetzt werden sollte, parallel in Paris umzusetzen.« Der Militäropposition in Frankreich kam eine wichtige Bedeutung für den geplanten Staatsstreich zu. Die Führung im Westen hatte die Macht, das »Tor zum Reich zu öffnen« und damit das Ende der Hitler-Diktatur herbeizuführen. Seit Sommer 1943 war in Paris die Frage diskutiert worden, ob und wie man die westlichen Alliierten für einen Friedensschluss gewinnen könnte. Doch waren die deutschen Emissäre, die man als »Friedensfühler« ins westliche Ausland geschickt hatte, immer wieder ergebnislos von ihren Reisen zurückgekehrt. Auch Adam von Trott zu Solz, Mitglied des Kreisauer Kreises, hatte diese Erfahrung wiederholt machen müssen: »Das hat meinen Mann sehr deprimiert«, erinnert sich seine Witwe Clarita von Trott zu Solz. »Er hat er ja im Ausland versucht, die Bedingungen zu befördern, unter denen ein Staatsstreich stattfinden könnte. Aber er ist überall abgewiesen worden.« »Unconditional surrender«, die Forderung nach bedingungsloser Kapitulation, beherrschte die Politik der Alliierten.

Es war damals nicht so einfach, Kontakte zu schaffen. Also griff man zunächst einmal auf ein familiäres Umfeld zurück. Auch mein Vater ist über verwandtschaftliche Beziehungen zu den Stauffenbergs mit dem Widerstand in Kontakt getreten.

Alfred von Hofacker, Sohn des Verschwörers Cäsar von Hofacker

Seine letzte Reise nach Berlin war am 18. Juli. Mein Vater hat seine Vettern, insbesondere Claus, gedrängt, jetzt zu handeln. Denn die Widerstandskämpfer standen ja unter Zeitdruck. Die ersten waren ja schon verhaftet worden. Es bestand die große Gefahr, dass das Ganze auffliegen würde. Bei diesem Besuch wurde dann auch endgültig der 20. Juli festgesetzt. Mein Vater ist mit diesem Datum und mit diesem Wissen nach Paris zurückgekehrt.

Alfred von Hofacker

Im Frühjahr 1944 schien sich plötzlich die aussichtslose Lage der Verschwörer dramatisch zu verändern. Der Militäropposition war es gelun-

Die Alliierten vermuteten, dass die Männer des Widerstands, die sich mit ihnen in Verbindung setzten, Agenten sein könnten.

Ulrich Sahm, Schwager des Verschwörers Ulrich-Wilhelm Graf von Schwerin von Schwanenfeld

Mein Mann hat ständig versucht, mit den Alliierten in Kontakt zu treten, aber das ist immer gescheitert. Er fühlte sich sozusagen als Bundesgenosse derjenigen, die gegen die Nazis kämpften. Daher waren auch die Alliierten für ihn keine Feinde, sondern Kämpfer in dem Lager, in dem wir auch standen. Aber die Alliierten haben das niemals anerkannt.

Freya von Moltke, Witwe von Helmuth James Graf von Moltke

gen, Feldmarschall Rommel, einen der populärsten Generäle Hitlers, für sich zu gewinnen. Der als Kriegsheld gefeierte Feldmarschall galt als treuer Anhänger des Regimes, am 1. Januar 1944 war er zum Oberbefehlshaber der Heeresgruppe B im Westen ernannt worden. Doch der »Wüstenfuchs«, in dem viele einen Paladin des Diktators sahen, war schon seit geraumer Zeit davon überzeugt, dass die militärische Lage aussichtslos sei und die Führung Hitlers in einer Katastrophe enden müsse. Im November 1942 hatte Rommel im kleinen Kreis offen über die Notwendigkeit eines Regierungswechsels gesprochen. An seine Frau schrieb er: »Der Krieg ist so gut wie verloren, und schwere Zeiten stehen uns bevor. ... Leider haben wir es oben mit Menschen zu tun, deren Fanatismus dem Wahnsinn gleichkommt.« Über Mittelsmänner und persönliche Vertraute war es der militärischen Opposition gelungen, vorsichtig »Fühlung« zu Rommel aufzunehmen. Nun sollte der Kontakt zwischen Stülpnagel und dem Feldmarschall hergestellt werden.

Eine Taufe bot die passende Gelegenheit. Oberst Kossmann, Mitverschwörer und Chef des Stabes bei Stülpnagel, lud die beiden Generäle als Taufpaten seines Kindes zu einer Feier in der französischen Provinz ein. Bei dem intimen Familienfest am 15. Mai 1944 konnten Stülpnagel und Rommel unauffällig miteinander ins Gespräch kommen. Fotografien aus dem Privatbesitz der Familie zeigen die beiden bei einem Spaziergang. Unter blühenden Kastanienbäumen vereinbarten Stülpnagel und Rommel einen Plan, der vorsah, mit den Westmächten Verhandlungen zu führen und die deutschen Truppen hinter den Westwall zurückzuziehen. »Ich will versuchen, mein Ansehen bei den Alliierten zu nutzen, um einen Waffenstillstand abzuschließen, auch gegen Hitlers Willen«, kündigte Rommel an. Doch einen Sprengstoffanschlag auf Hitler lehnte der Feldmarschall ab: »Mein Vater hat den toten Hitler für gefährlicher gehalten als den lebendigen«, meint Sohn Manfred Rommel, »er war immer gegen ein Attentat.«

Aufgrund seiner hohen Stellung war Rommel die Führung der militärischen Opposition in Frankreich zugekommen, seine Mitgliedschaft im Kreis der Verschwörung zog andere nach. Doch in Rommel eine »heim-

»Er hat mit Rommel gerechnet«: Carl-Heinrich von Stülpnagel (rechts) wollte den Feldmarschall von den Umsturzplänen überzeugen.

liche Vaterfigur des Widerstands« zu sehen, wie in der Vergangenheit oftmals geschehen, wäre sicher falsch. Auch die Behauptung, Rommel sei entschlossen gewesen, Hitler verhaften zu lassen und ihn vor Gericht zu stellen, ist fraglich. Sicherlich war dem Generalfeldmarschall die »innere

Befreiung vom Nazismus« gelungen, doch war er kein aktiver Widerständler, der wie Stauffenberg bereit war, sich für die Rettung Deutschlands zu opfern. Auch wenn Rommel das nationalsozialistische Umfeld ablehnte – Hitler erschien ihm nach wie vor als Lichtgestalt inmitten des braunen Sumpfes. Noch im März 1944 notierte Rommel in sein Kriegstagebuch: »Von wunderbarster Klarheit und überlegenster Ruhe« seien die Ausführungen des »Führers« gewesen. Zu diesem Zeitpunkt war der Feldmarschall längst vom Dilettantismus des Kriegsherrn überzeugt, und er hatte sich verärgert über die unsinnigen Verluste geäußert. Doch in der unmittelbaren Nähe Hitlers schien Rommel immer wieder in den Bann des Diktators zu geraten. »Es ging von diesem Mann eine kaum zu beschreibende, überwältigende, bezwingende Wirkung auf Menschen aus, und es gab nur ganz wenige Menschen, die in der Lage gewesen sind, sich dieser Wirkung zu entziehen, jedenfalls so lange, wie sie ihm gegenüberstanden«, beschreibt der regimekritische Offizier Ulrich de Maizière, der als Ia der Operationsabteilung Hitler selbst begegnete, dieses Phänomen. Alfred von Hofacker, Sohn des Widerstandskämpfers Cäsar von Hofacker, ist hingegen überzeugt: »Rommel war eine sehr gespaltene Person. Und letztlich war die Treue zu Hitler wohl auch in der Situation wichtiger, als sich als ein entschiedener Widerstandskämpfer zu bekennen. Aber man hatte wohl die Hoffnung, dass er einmal bei den Verhandlungen mit den Alliierten eine wichtige Rolle spielen könnte. Auch in den Augen der Widerstandskämpfer hatte er eine starke Symbolkraft.« Rommel war entschlossen, gegen den Willen des Diktators eine »Westlösung« zu erreichen. Die Verschwörer hofften, noch vor der Landung der Alliierten Verhandlungen führen zu können. »Geschlagenen wird diktiert, mit ihnen wird nicht verhandelt«, war sich der Feldmarschall im Klaren. Doch daraus sollte nichts mehr werden.

»Aufgrund einer Schlechtwetterlage ist in den nächsten zwei Wochen mit einer alliierten Aktion nicht zu rechnen«, meldeten die deutschen Meteorologen am 4. Juni 1944. Nicht nur bei der Einschätzung des Wetters täuschte man sich auf deutscher Seite. Am Morgen des 6. Juni begann der alliierte Sturm auf die »Festung Europa«. Mehr als 2,8 Millionen Soldaten, über 3400 Bomber, 5400 Jagdflugzeuge und mehr als 6000 Schiffe der Alliierten hatten sich aufgemacht, die normannische Küste von den deutschen Eroberern zu befreien. Der »D-Day« sollte der Tag der Entscheidung werden. Die Landung der Truppen verbündeter Nationen war Auftakt und Voraussetzung für die Befreiung Europas von der nationalsozialistischen Gewaltherrschaft. »Die Augen der Welt blicken auf euch, die Hoffnungen der freiheitsliebenden Menschen der ganzen Welt begleiten euch«, hatte General Eisenhower in seinem Tagesbefehl an die alliierten Landungstruppen erklärt. Die deutsche Spitzenführung glänzte in den entscheidenden Stunden durch Abwesenheit. Rommel hielt sich in der schwäbischen Heimat auf und feierte den Geburtstag seiner Frau Lucie. Als ihn sein Stabschef über die Landung der Alliierten in der Normandie informierte, eilte der Befehlshaber der Heeresgruppe B unverzüglich in sein Hauptquartier nach La Roche-Guyon, 70 Kilometer nordwestlich von Paris, zurück. Manfred Rommel erinnert sich: »Meinem Vater war es äußerst unangenehm, dass er nicht im Hauptquartier war, er hat über die Marine geschimpft und gesagt, die hätten ihm versichert, der Seegang sei so hoch, dass die Alliierten gar nicht kommen könnten.« Als die Nachricht von der »Invasion« im »Führer«-Hauptquartier eintraf, schlief Hitler – und er hatte befohlen, ihn nicht vor 15 Uhr zu wecken. Seine Paladine gehorchten. Erst am späten Nachmittag erfuhr der Kriegsherr auf dem Obersalzberg von der Landung. Doch er hielt sie für ein Täuschungsmanöver der Alliierten, das von der tatsächlichen »Invasion« an anderer Stelle ablenken sollte. Kategorisch untersagte er den Einsatz von Entlastungskräften; die deutschen Truppen konnten der Übermacht immer neuer Landungstruppen nicht standhalten.

Schon Mitte Juni war die Lage an der Landungsfront äußerst gespannt. Der Oberbefehlshaber West, Feldmarschall von Rundstedt, appellierte dringend an Hitler, nach Westen zu kommen, um sich selbst ein Bild von der Kriegslage zu machen. Tatsächlich erschien der Kriegsherr am 17. Juni 1944 in seinem Hauptquartier »Wolfsschlucht II« bei Margival. Rommel und Rundstedt wurden bestellt, um über die Westfront Bericht zu erstatten. Rommel sah seine letzte Chance gekommen, Hitler zum Einlenken zu bewegen. Schonungslos schilderte der Feldmarschall seinem »Führer« die hoffnungslose Überlegenheit der alliierten Truppen, die nunmehr seit elf Tagen auf dem Kontinent standen. Er kündigte ihm den Zusammenbruch der Westfront an, der den Durchbruch nach Deutschland nach sich zöge, die Auflösung der Italienfront und die außenpolitische Isolierung Deutschlands. Schließlich forderte er Hitler auf, den Krieg zu beenden. Doch der Kriegsherr blieb stur. Ungehalten fuhr er Rommel an: »Kümmern Sie sich nicht um den Weitergang des Krieges, sondern um Ihre Invasionsfront.«

Rommel hatte erneut feststellen müssen, dass sich Hitler weigerte, die Realität zur Kenntnis zu nehmen. Umso entschlossener war er, ohne Zu-

»Der tote Hitler ist gefährlicher als der lebendige«: Erwin Rommel (Mitte), hier im Gespräch mit den Generälen Blaskowitz und Rundstedt, sprach sich stets gegen ein Attentat auf Hitler aus.

stimmung des Diktators den Krieg im Westen zu beenden. Am 15. Juli verfasste er eine ultimative Denkschrift, in der er noch einmal die katastrophale Frontlage schilderte und Hitler aufforderte, den Krieg zu beenden. Doch ein tragisches Ereignis verhinderte, dass das Schreiben den Adressaten erreichte. Der Oberbefehlshaber der Heeresgruppe B fuhr am 17. Juli 1944 nach La Roche-Guyon zurück, als sein Wagen von britischen Tieffliegern angegriffen wurde. Rommels Fahrer erhielt einen Treffer in die linke Schulter und verlor die Kontrolle über das Fahrzeug. Der Feldmarschall wurde, von Splittern getroffen, aus dem Wagen geschleudert und erst eine Stunde später schwer verletzt mit einem Schädelbasisbruch ins Krankenhaus gebracht. »Auch das noch!«, rief Stülpnagel aus, als er von dem Zwischenfall erfuhr. Die Hoffnung Rommel war kurz vor dem geplanten Staatsstreich von alliierten Jägern ausgeschaltet worden. Doch muss bezweifelt werden, ob sich ein gesunder Rommel am 20. Juli an die Seite der Verschwörer gestellt hätte. Cäsar von Hofacker soll den Feldmarschall angeblich schon am 9. Juli über das bevorstehende Attentat informiert haben. Doch seine Frau Lucie bestritt dies immer wieder: »Ich möchte feststellen, dass mein Mann nicht an den Vorbereitungen oder der Ausführung des 20. Juli 1944 beteiligt war, da er es als Soldat ablehnte, diesen Weg zu beschreiten. Er war während seiner Laufbahn immer Soldat und nie Politiker«, erklärte sie im September 1945. Sein Sohn Manfred Rommel jedoch sagt: »Mein Vater hat sicher gewusst, dass es in Berlin eine Gruppe gibt, die sich Gedanken um eine Beendigung des Krieges macht. Er hat auch gewusst, dass es da Überlegungen gibt, eine neue Regierung nach dem Krieg zu bilden, was er auch akzeptiert hat. Ich weiß aber nicht, ob er gewusst hat, dass am 20. Juli ein Attentat auf Hitler stattfindet. Wahrscheinlich ist die Frage des Attentats besprochen worden.« Welche Kenntnis Rommel tatsächlich von dem geplanten Sprengstoffanschlag hatte, ist bis heute fraglich. Doch war die Verschwörung im Westen mit Rommels Verletzung einer der wichtigsten Persönlichkeiten beraubt, auf die man am 20. Juli gezählt hatte. Nun hing das Gelingen des Umsturzes von einem Mann ab, der zwar der Verschwörung seine Unterstützung zugesagt hatte, aber als »glimmender Docht« galt – stets schwankend in seinen Entscheidungen: Feldmarschall Hans Günther von Kluge.

Der »kluge Hans« war vor allem auf Drängen Henning von Tresckows der militärischen Opposition beigetreten. Mitte Juli wurde der Feldmarschall zum Oberbefehlshaber im Westen ernannt, nach Rommels Verletzung übernahm er das Kommando der Heeresgruppe B. Damit kam ihm für den Umsturz im Westen eine wesentliche Rolle zu. Doch wegen der überraschenden Ereignisse war es den Verschwörern nicht mehr gelungen, Kluge über den letzten Stand des geplanten Umsturzes zu informieren. Der Feldmarschall ahnte nicht, dass das Attentat bereits am 20. Juli erfolgen sollte.

Am Vormittag war bei den Verschwörern in Paris das Stichwort »Übung« eingegangen. Damit war klar, dass der Staatsstreich im Gange war. Um 14 Uhr meldete Berlin: »Übung abgelaufen.« Die Verschwörer in Paris wussten nun, dass Stauffenberg die Bombe gezündet hatte. Oberquartiermeister Oberst Finckh hatte daraufhin die Befehle aus seinem Panzerschrank genommen, die ähnlich wie »Walküre« innere Alarmbereitschaft auslösen sollten. Dann war er nach Saint-Germain zum Hauptquartier des Oberkommandos West gefahren, um dem Chef des Stabes zu melden, dass in Berlin ein Putsch der Gestapo stattgefunden habe, Hitler bei einem Attentat getötet und eine neue Regierung mit Beck an der Spitze gebildet worden sei. Obwohl die Nachricht ungeheuerlich klang, schien General Blumentritt keinen Moment lang daran zu zweifeln. »Es ist begrüßenswert, dass die genannten Männer das Steuer ergriffen haben«, sagte er nur und fügte hinzu: »Sie werden bestimmt wegen eines Friedens Fühlung aufnehmen.«

Im Pariser Hotel Majestic, dem Hauptquartier Stülpnagels, wurden inzwischen Fakten geschaffen. Der Militärbefehlshaber Frankreichs hatte seine Mitarbeiter zusammengerufen und den Befehl erteilt, alle SS-Männer sowie ihre Führer festzunehmen und bei Widerstand niederzuschießen. Bei den in Paris stationierten Offizieren und Soldaten schlug diese Nachricht wie eine Bombe ein: »Ich hatte dienstfrei, saß in einem Café«, erinnert sich Karl Wand, damals Oberleutnant. »Plötzlich kommt mein Freund und sagt, wir müssen sofort zurück zum Bataillon, dicke Luft. Dort war alles schon in Bewegung, Voralarm war gegeben worden. Dann, gegen 20 Uhr, verlas unser Hauptmann einen Befehl: ›In der Heimat sind Unruhen ausgebrochen, der SD hat einen Putsch gemacht, Hitler ist tot. Wir haben Befehl, sofort in Paris Gestapo, SS zu verhaften.‹ Das war natürlich ein Schock! Keiner von den Offizieren wusste, was eigentlich passiert war. Und nach einer Stunde waren wir bereit. Es wurde dunkel, dann rollten wir auf LKWs und Panzerspähwagen zu den einzelnen Quartieren der Gestapo.« Auf den mondänen Boulevards von Paris kam es an diesem Abend zu einer der ungewöhnlichsten Szenen des Zweiten Weltkriegs: »Also, es war eine Konfrontation, eine totale Konfrontation zwischen Wehrmacht und SS. Wir hatten jetzt einen Stoßtrupp und stürmten los auf das Hauptquartier«, schildert Karl Wand, »dort standen nur zwei Posten, die haben sofort alles fallen lassen, und wir stürmten rein und sagten: ›Hände hoch, Putsch, alles wird verhaftet!‹« Ohne Gegenwehr ließen sich die SS-Leute abführen, die Festgenommenen wurden in das alte Fort de l'Est in Saint-Denis und nach Fresne gebracht. Auch SS-Gruppenführer Oberg und SS-

»Konfrontation zwischen Wehrmacht und SS«: SS-Gruppenführer Karl Oberg (Mitte), hier mit dem französischen Ministerpräsidenten Laval (links), gehörte zu den Verhafteten des 20. Juli in Paris.

Standartenführer Dr. Knochen wurden an diesem Abend »verhaftet« – die hohen SS-Führer wurden im Hotel Continental in der Rue Castiglione untergebracht. Damit war Paris der einzige Ort, an dem am 20. Juli 1944 der Putschplan der Verschwörer erfolgreich abgelaufen war. »Bis Mitternacht war Paris in unserer Hand. 1200 SD-Stabsleute waren verhaftet. Das war für uns ein kleines Hochgefühl, man war überlegen und sah plötzlich diese hohen SS-Leute waffenlos«, erinnert sich Wand.

War die Verhaftung von SS, SD und Gestapo auch gelungen, so hing der weitere Verlauf des Umsturzes im Westen von Feldmarschall von Kluge ab. Stülpnagel hatte sich, sofort nachdem der Befehl an die Offiziere ergangen war, auf den Weg nach La Roche-Guyon ins Hauptquartier des Oberbefehlshabers im Westen gemacht. Hofacker begleitete ihn. Auf der rund einstündigen Fahrt hatten die Männer Zeit, die bevorstehende Unterredung mit Feldmarschall von Kluge zu besprechen. Wie würde Kluge auf die Nachricht, dass in Paris bereits der Befehl zur Verhaftung von SS und Gestapo ausgegeben worden war, reagieren? Würde er sich der

Oben: »Wenn das Schwein tot wäre«: Generalfeldmarschall Günther von Kluge (rechts) verweigerte sich den Verschwörern.
Unten: »Keinen Sinn für das prachtvolle Ambiente«: Auf Schloss La Roche-Guyon versuchten Hofacker und Stülpnagel, Generalfeldmarschall von Kluge für den Umsturz zu gewinnen.

Verschwörung anschließen? Stülpnagel hatte das Zeichen zum Umsturz gegeben, nun lag es an Kluge, die Führung der Aktion zu übernehmen. Als Stülpnagel und seine Begleiter die alte Festung an der Seine erreichten, dämmerte es bereits. Über eine steinerne Freitreppe erreichten sie den Vorraum von Kluges Arbeitszimmer in einem repräsentativen Saal des Schlosses. Nach einer kurzen Begrüßung nahmen die Männer Platz. Cäsar von Hofacker ergriff als Erster das Wort. In einem fünfzehnminütigen Plädoyer schilderte er zunächst die moralische Notwendigkeit des Attentats, zu dem sich die militärische Opposition entschlossen habe, da angesichts »der Lage an allen Fronten« keine andere Möglichkeit mehr offen geblieben sei. Am Ende seines leidenschaftlichen Vortrags, bei dem die im Schlosssaal Versammelten wie gebannt geschwiegen hatten, appellierte er eindringlich an Kluge, sich von Hitler loszusagen. Nicht was in Berlin geschehe, sondern welche Entschlüsse in Frankreich getroffen würden, sei entscheidend. Hofacker trug Kluge die Führung der Befreiungsaktion im Westen an. »In Berlin ist die Staatsgewalt auf Generaloberst Beck übergegangen, schaffen Sie an der Westfront gleichfalls vollendete Tatsachen! Machen Sie Schluss mit dem blutigen Morden, damit das Ende nicht noch fürchterlicher wird, und verhindern Sie die schrecklichste Katastrophe der deutschen Geschichte!«, rief er.

Kluge zeigte keinerlei Reaktion. Mit versteinerter Miene blickte er von Stülpnagel zu Hofacker – die Spannung im Schlosssaal schien unerträglich. Schließlich, nach schier endlos währenden Minuten des Schweigens, sagte er: »Ja, meine Herren, eben ein missglücktes Attentat.« Der Feldmarschall hatte in den letzten Stunden ein Fernschreiben aus der »Wolfsschanze« erhalten, in dem Keitel die Behauptung, Hitler sei tot, bestritt. Unsicher, wie er sich angesichts dieser Nachricht verhalten sollte, hatte

Nachdem man in Paris die maßgeblichen Leute der SS und Gestapo hinter Schloss und Riegel gesetzt hatte, brauchte man noch die Bestätigung von Generalfeldmarschall von Kluge, der rudimentär von den Widerstandsplänen wusste, aber nie ein offenes Bekenntnis abgegeben hatte. Mein Vater begab sich zusammen mit Stülpnagel in die Residenz von Kluge, um diesem gewissermaßen das Jawort abzuringen. Doch es kam nur zu diesem immer wieder zitierten Satz von Kluge, der natürlich inzwischen wusste, dass das Attentat gescheitert war. Er sagte er nur: »Solange dieses Schwein lebt, kann ich mich nicht gegen ihn stellen.«

Alfred von Hofacker, Sohn des Verschwörers Cäsar von Hofacker

Kluge begonnen zu telefonieren und schließlich mit Generalmajor Stieff persönlich gesprochen. Dieser hatte ihm bestätigt, dass das Attentat fehlgeschlagen war und Hitler nur leichte Verletzungen davongetragen hatte. Das hatte bei Kluge den Ausschlag gegeben. Solange Hitler noch lebte, war der Feldmarschall nicht bereit, den Staatsstreich zu unterstützen, der seiner Meinung nach keine Aussichten auf Erfolg hatte. Für ihn war die Entscheidung gefallen.

Stülpnagel und Hofacker reagierten entsetzt. »Aber Herr Feldmarschall, Sie wussten doch Bescheid«, meinte Stülpnagel entgeistert. »Nein«, entgegnete Kluge, »keine Ahnung habe ich.« Damit verriet er den Widerstand, dem er bereits seine Zusage gegeben hatte, und gab der Versuchung nach, sich dem Gewinner der Situation zu unterstellen. Nun, da das Attentat misslungen war und Hitler lebte, wollte er mit allem nichts mehr zu tun haben. Als sei nichts geschehen, bat er die Herren zu Tisch. Völlig betroffen folgten Stülpnagel und Hofacker der Einladung und begaben sich nach nebenan in ein kleines Esszimmer. An einer weiß gedeckten Tafel nahmen die Männer Platz, Kerzen flackerten in kostbaren Leuchtern, edles Geschirr schimmerte im Schein der Flammen. Doch Stülpnagel und Hofacker hatten keinen Sinn für das prachtvolle Ambiente. Wie gelähmt ließen sie das Essen auf ihren Tellern kalt werden, während Kluge mit scheinbar gutem Appetit den Speisen zusprach. Dabei plauderte der Feldmarschall munter von seinen Erlebnissen an der Front. Schließlich hielt es Stülpnagel nicht länger aus. Gegen Ende der Henkersmahlzeit bat er den Oberbefehlshaber West um ein Gespräch unter vier Augen. In einem Nebenzimmer eröffnete Stülpnagel Kluge, dass er in Paris bereits Anweisungen gegeben hatte, die gesamte SS-Führung zu verhaften. »Ohne Rückfrage oder Meldung bei mir?«, tobte Kluge. »Unerhört!« Der Feldmarschall verlangte, den Befehl sofort rückgängig zu machen. Doch Oberst von Linstow, Chef des Stabes, bedauerte: Die Truppen seien bereits in Marsch gesetzt, die Aktion könne nicht mehr abgebrochen werden. Kluge schien außer sich vor Wut: »Warum haben Sie mich nicht angerufen?«, fuhr er Stülpnagel an. Der General versuchte ruhig zu bleiben; schließlich begab sich die Gesellschaft wieder zu Tisch. In gedrückter Stimmung beendete man das Abendessen. Endlich, gegen 23 Uhr, wurde die Tafel von Kluge aufgehoben. Der Feldmarschall begleitete Stülpnagel an die Freitreppe und trug ihm beim Abschied auf, sofort nach Paris zurückzukehren und die Verhafteten wieder freizulassen. Da platzte es aus Stülpnagel heraus: »Herr Feldmarschall, wir können nicht mehr zurück. Die Tatsachen haben bereits gesprochen!« Auch Hofacker appellierte noch einmal an Kluge, die Opposition jetzt nicht im Stich zu lassen. Doch Kluge blieb bei seiner Entscheidung: »Ja, wenn das Schwein tot wäre!«, brauste er auf und beendete damit jede weitere Debatte. Schließlich enthob er den Militärbefehlshaber Frankreichs seines Dienstes. »Verschwinden Sie in Zivil irgendwohin«, empfahl der »kluge Hans«.

Doch das Schicksal Stülpnagels und Hofackers war besiegelt. Schweigend fuhren die Männer zurück nach Paris. Walter von Stülpnagel ist überzeugt: »Meinem Vater war klar, was ihm blüht. Auf Kluge hatte er gehofft. Rommel fiel aus, und Kluge versagte sich, weil er seine Haut retten wollte. Mein Vater hat sehr gute Nerven gehabt, sonst hätte er das alles gar nicht durchhalten können. Aber ihm war klar, dass es auch schief gehen konnte und dann seinen Kopf kosten würde. Er hat einmal gesagt: ›Es gibt Situationen, in denen der Beste sein Leben hergeben muss.‹«

Stauffenberg hat laufend telefoniert, insbesondere mit dem Westen und mit den Berliner Dienststellen, um die zu bewegen, den Putsch mitzumachen.

Erwin Schenzel, damals Fernschreiboffizier im Bendlerblock

Anruf Oberst Graf Stauffenberg an Chef, 20. 7. 44, 19.55 Uhr. Oberst Graf Stauffenberg teilt Chef mit, dass das Kommunique, nach dem der Führer bei dem Attentat lebend davongekommen sei, nach seinen Informationen nicht den Tatsachen entspricht. Generaloberst Beck hat nunmehr die Bildung einer neuen Regierung übernommen. Generaloberst Hoepner ist Befehlshaber im Heimatkriegsgebiet und Inhaber der vollziehenden Gewalt geworden. Generaloberst Fromm ist weg.

Kriegstagebuch der Heeresgruppe Nord, 20. Juli 1944

Während in Paris noch alles auf des Messers Schneide stand, brach der Umsturz in Berlin endgültig zusammen. Stauffenberg telefonierte unablässig, gab Befehle, drängte und versuchte, die Aktion in Gang zu halten. Es komme jetzt vor allem darauf an, nicht nachzulassen, beschwor er die Mitstreiter. Dies sei die Stunde der Offiziere.

Doch die Tatsachen sprachen allmählich gegen ihn: Weder die Rundfunksender noch das Regierungsviertel waren in der Hand der Verschwörer. Hitler lebte, daran bestand mittlerweile kein Zweifel mehr. Der Kreis derer, die an dem geplanten Staatsstreich festhielten, wurde immer kleiner, auch Generalfeldmarschall Erwin von Witzleben, der als Oberbefehlshaber der Wehrmacht fungieren sollte, wandte sich ab. Nach einer heftigen Auseinandersetzung mit Stauffenberg und Beck verkündete er: »Wir fahren nach Hause.« Nun stand Stauffenberg nur noch eine kleine Gruppe zur Seite, die bereit war, nicht aufzugeben: Mertz von Quirnheim, Yorck, Haeften, Schulenburg, Schwerin von Schwanenfeld, Olbricht, Beck und Gerstenmaier.

Im Bendlerblock selbst wurde die Situation für die Verschwörer zunehmend prekärer. Fromm war es gelungen, in einem unbeobachteten Mo-

»Wir fahren nach Hause«: Mit dem Ausscheiden von Generalfeldmarschall Erwin von Witzleben war der Putsch praktisch zusammengebrochen.

ment mit den Amtschefs des Ersatzheeres Verbindung aufzunehmen und Hilfe anzufordern. Mehrere Einheiten umstellten die Verschwörerzentrale, vor den Eingängen hatten Maschinengewehrposten Aufstellung genommen. General Paul von Hase war von der Gestapo verhaftet worden. Die nicht eingeweihten Offiziere in der Bendlerstraße, die noch am Nachmittag die ihnen erteilten Befehle befolgt hatten, waren misstrauisch ge-

Wir werden uns hier vielleicht noch einige Zeit halten, werden uns hier verteidigen. Vielleicht noch eine Nacht, vielleicht noch zwei, vielleicht sind wir aber auch schon in einer Stunde hier umstellt. Ich werde dann hier als Soldat zu sterben wissen. Ich sterbe dann für eine gute Sache, davon bin ich felsenfest überzeugt. Ich tue nicht mehr, als unendlich viele Offiziere und Generale in diesem Krieg schon getan haben. Ich sterbe für Deutschland. Ich werde nicht allein sterben, wir sind hier zahlreich. Aber es gibt keine andere Möglichkeit. Stauffenberg war der Têten-Reiter, den kann man jetzt nicht im Stich lassen. Es wäre auch sinnlos, das Ende ist so und so das gleiche. Sollen wir jetzt bekennen, dass wir gesündigt haben? Nein, wir haben das Letzte gewagt für Deutschland.

General Friedrich Olbricht, 20. Juli 1944

worden. Allmählich dämmerte ihnen, dass es sich um einen Putschversuch handelte. Auch Adolf Bernt, damals Hauptmann der Reserve im Stab von Fromm, gehörte dazu. »Jetzt belebten sich die stundenlang so leer gewesenen Gänge des Bendlerblocks zusehends. Jemand rief: ›Hitler lebt!‹«, schrieb später Bernt in einem Augenzeugenbericht. Gegen 23 Uhr bewaffneten sich die Offiziere mit Maschinenpistolen und stürmten in das Zimmer von General Olbricht. »General Olbricht saß hinter seinem Schreibtisch, sah auf und trat in die Mitte des Raumes. Der Offizier stellte sich ihm entgegen: ›Herr General, sind Sie für oder gegen den Führer?‹«, schildert Bernt das Geschehen. Noch bevor Olbricht antworten konnte, wurde die Tür aufgerissen, und Stauffenberg erschien zur Überraschung aller im Zimmer. Er schien die Situation sofort zu erfassen, nach einer Schrecksekunde verschwand sein Kopf in der Türöffnung, den Offizieren gelang es nicht, ihn festzuhalten. Stauffenberg, der sich im Bendlerblock gut auskannte, rannte durch die anschließende Zimmerflucht ins Zimmer von Mertz. Als er versuchte, über den Flur sein Arbeitszimmer zu erreichen, fielen Schüsse. Eine Kugel streifte Stauffenbergs linken Oberarm, doch er schaffte es, sich in sein Büro zu retten. Von dort wies er Fromms Sekretärin an, eine telefonische Verbindung zu seinem Cousin Cäsar von Hofacker herzustellen – Paris war seine letzte Hoffnung. Zum ersten Mal an diesem Tag zeigte Stauffenberg Zeichen der Erschöpfung: Er legte die Augenklappe ab. Es wirkte wie eine Geste der Verzweiflung. Die Leitung nach Paris kam nicht zustande. »Sie haben mich alle im Stich gelassen«, sagte Stauffenberg müde zu Fromms Sekretärin.

Fromm war inzwischen aus seiner Dienstwohnung »befreit« worden. Mit einem bewaffneten Gefolge begab sich der Generaloberst unverzüglich zu seinem Arbeitszimmer, wo er seine Widersacher versammelt vorfand. Triumphierend blickte er sich im Raum um – die Stunde seiner Rache war gekommen. Bernt, Augenzeuge dieser Nacht, erinnert sich: »Vorn links ein kleiner Tisch, unter dem mit gelber Flamme einige Papiere brannten. Rechts daneben stand Stauffenberg, die Höhle seines herausgeschossenen Auges durch keine Kappe mehr verdeckt, den einzigen Arm mit den zwei Fingern leicht gebeugt. Wütend und drohend sah er auf Fromm. Rechts vor Stauffenberg stand Mertz von Quirnheim, schweigend und abweisend zu Boden sehend. Rechts an der Wand, etwas weiter hinten, lehnte sich Oberleutnant von Haeften, aufrecht stehend, mit den Händen auf dem Rücken leicht gegen die Wand geneigt. Er sah aus fast geschlossenen Lidern vor sich nieder. … Ganz vorne links, hinter dem Tisch, saß ein älterer Herr in Zivil. Nach längerer Betrachtung entsann ich mich, ein-

»Stauffenberg telefonierte unablässig«: Der Hitler-Attentäter versuchte von seinem Arbeitszimmer im Bendlerblock aus die Befehlshaber in den einzelnen Wehrkreisen auf seine Seite zu ziehen.

mal Bilder von ihm in den Zeitungen gesehen zu haben. Es musste Generaloberst Beck sein. Auch er sah vor sich hin, ohne sich zu rühren. Hinter Stauffenberg stand ein großer Tisch inmitten des Zimmers. Hinter diesem saß General Olbricht. ... Ganz im Hintergrund, neben Fromms Schreibtisch am Fenster, ragte die große Gestalt des Generalobersten Hoepner, von einer Stehlampe von unten hell beschienen.« Fromm genoss den Augenblick. Wie ein Schauspieler die Bühne betrat er das Zimmer und verkündete mit fester Stimme: »So, meine Herren, jetzt mache ich es mit Ihnen so, wie Sie es heute Mittag mit mir gemacht haben.« Dann befahl er den Verschwörern, die Waffen abzugeben, und erklärte sie des Hochverrats überführt. Laut und ohne zu stocken teilte er ihnen mit, dass sie durch ein Standgericht abzuurteilen seien. Der Putschversuch war damit endgültig zusammengebrochen, die Männer des 20. Juli sahen ihrem Tod entgegen.

Eine Weile blieb es still, dann ergriff Beck das Wort: »Mein lieber Fromm, Ihr Urteil mag gerecht und mag auch notwendig sein, aber erschossen werden möchte ich nicht. Denken Sie an die Jahrzehnte unserer gemeinsamen Soldatenzeit, unsere lange Kameradschaft. Ich bitte Sie, mir zu gestatten, dass ich dieses, Ihr Urteil, selbst an mir vollziehe.« Fromm trat an Beck heran, musterte ihn und reichte ihm anschließend seine Pistole. Hauptmann Bernt beschreibt die unwirkliche Szene: »Beck stand aufrecht und betrachtete die Pistole in seiner Hand. Nach einer ganzen Weile entsicherte er sie mit Bedacht. Allmählich hob sich sein Arm so weit, bis die Mündung der Waffe nahe seiner Schläfe stand. Der Arm zitterte. Dann senkte er ihn wieder. In sich versunken, bewegte Beck die Pistole schwankend vor sich her.« Fromm verlor die Geduld. Ungehalten herrschte er Beck an: »Bitte, beeilen Sie sich!« Traurig antwortete Beck: »Das ist nicht so einfach, mein lieber Fromm.« Zum zweiten Mal setzte er die Pistole an seine Schläfe, schloss die Augen – ein Schuss dröhnte durch das Zimmer. Stauffenberg sprang zu dem wankenden Beck und ließ den schlaffen Körper in einen Sessel gleiten. Beck sank in sich zusammen, sein Kopf fiel nach vorne, doch er war nicht tot. Bernt erinnert sich: »Etwas Blut rann aus der linken Stirnseite übers Gesicht. ...Öfter sagte er fantasierend einiges, was man nicht verstehen konnte. Nur einmal habe ich etwas von ›Kameradschaft‹ vernommen.«

Fromm, bestrebt, dem unseligen Geschehen ein Ende zu setzen, wandte sich wieder den Verschwörern zu: »Wenn Sie noch irgendetwas zu sagen oder aufzuschreiben haben, steht Ihnen noch ein Augenblick zur Verfügung.« Während Stauffenberg, Haeften und Mertz keine Anstalten machten, der Aufforderung Fromms nachzukommen, beeilte sich Hoepner zu versichern, dass er mit der ganzen Angelegenheit nichts zu schaffen habe und sich rechtfertigen wolle. Schließlich begann er hastig, etwas aufzuschreiben, auch Olbricht verfasste ein Schreiben. Nach einer halben Stunde drängte Fromm die Männer zur Eile. Er wollte die Erschießung der Putschisten nicht länger hinauszögern, SS-Chef Himmler konnte jeden Moment im Berliner Bendlerblock erscheinen, und Fromm sorgte sich darüber, was die Verhafteten gegen ihn in einem Verhör aussagen könnten. Schließlich hatte er sich anfangs nicht ausdrücklich gegen einen Staatsstreich ausgesprochen, Fromm musste also um seinen eigenen Kopf fürchten.

»Das Komplott der verräterischen Offiziersclique ist zusammengebrochen«: Am 21. Juli 1944 riegeln SS-Verbände den Bendlerblock ab.

»Im Namen des Führers hat ein von mir bestelltes Standgericht das Urteil gesprochen. Es werden der Oberst im Generalstab von Mertz, General Olbricht, der Oberst, den ich mit Namen nicht nennen will, und der Oberleutnant von Haeften zum Tode verurteilt.«

Endlich ergriff Stauffenberg, der die ganze Zeit geschwiegen hatte, das Wort: »Alles, was heute geschehen ist, wurde durch meine Befehle veranlasst. Nur das, was ich sagte, wurde getan. Alle haben als Soldaten, als meine Untergebenen nur auf mich gehört, so wie sie es mussten. Sie trifft überhaupt keine Schuld. Ich bin es allein, der alles zu verantworten hat. Ich allein bin daher schuldig«, versuchte er seine Freunde vor der Erschießung zu bewahren. Fromm erwiderte nichts – doch seine Geste war eindeutig: Er trat zur Seite und gab die Türöffnung frei. Langsam gingen die zum Tode Verurteilten an ihm vorbei. Nur Hoepner blieb zurück. Mit eindringlichen Worten sprach er auf Fromm ein, bis Fromm schließlich einwilligte: »Der Generaloberst Hoepner ist zu bewachen.« Dann befahl er einem Offizier, den noch lebenden Beck zu erschießen. Der Sterbende wurde in ein Nebenzimmer geschleppt, wo man später seine Leiche fand.

Im Hof des Bendlerblocks war inzwischen eine Abteilung des Wachbataillons »Großdeutschland« eingetroffen. Fromm hatte befohlen, ein Erschießungskommando von zehn Mann aufzustellen. Militärfahrzeuge rollten in den Hof, um den Hinrichtungsplatz mit Scheinwerfern zu beleuchten. Hinter den Fenstern zum Geviert des Hofes und in den Toreinfahrten hatten sich etliche Neugierige eingefunden. Die Verurteilten wurden in den Hof geführt. Wegen Bauarbeiten war ein Sandhaufen aufgeschüttet worden, einzeln stellte man sie davor auf. Obergefreiter Rudolf Kuphal, der im Kasino des Bendlerblocks seinen Dienst versah, war Augenzeuge: »Stauffenberg befand sich darunter. Ich erkannte ihn. Ich habe im Krieg sehr viele Tote gesehen, ich habe Erschießungen miterlebt. Aber jetzt stand jemand da, vor mir, zehn, fünfzehn Meter entfernt, den ich persönlich kannte, sehr geschätzt habe. Der sollte erschossen werden. Das konnte ich in diesem Moment gar nicht verarbeiten. Das ging einfach nicht. Ich war sehr, sehr betroffen. Ich habe mich umgedreht und bin aus dem Hof gegangen.«

Eine Gruppe meiner Kameraden marschierte auf, mit Gewehr. Sie mussten sich in Richtung Nord aufstellen. Dann waren plötzlich die Offiziere sichtbar – darunter auch Graf Stauffenberg. Wenn man den Menschen so nah war wie ich dem Grafen, der immer sehr verständnisvoll mit mir umgegangen ist, wird einem die Seele krank.

Rudolf Kuphal, damals Angehöriger des Berliner Wachbataillons

Das hat uns doch sehr mitgenommen. Das Bewusstsein, diese Leute, die ehrenwerte Leute waren, Vorgesetzte waren, die man eben noch lebend gesehen hatte, werden jetzt erschossen – das war ein Schock.

Erwin Schenzel, damals Fernschreiboffizier im Bendlerblock

Kurz vor 0.30 Uhr krachte die erste Salve des Erschießungskommandos. General Friedrich Olbricht starb als Erster. Dann war die Reihe an Stauffenberg. Doch als das Kommando kam, warf sich Haeften vor seinen Freund und Vorgesetzten. Als sich die Mündungen der zehn Gewehre auf Stauffenberg richteten, schrie er hinaus, wofür er gekämpft hatte und nun zu sterben bereit war. »Es lebe das heilige Deutschland!« Mit der letzten Salve starb Mertz von Quirnheim. Noch heute ist Rudolf Kuphal bewegt, wenn er von jener Nacht des 20. Juli 1944 spricht: »Wir, alle meine Kameraden waren erschüttert. Ich weiß gar nicht, wie ich das beschreiben soll. Man ist wie abwesend, man kennt sich vielleicht selbst gar nicht wieder. Der Krieg war doch so gut wie vorbei. Warum musste man diese Männer noch erschießen? Sie waren alle so stolz. In dieser Haltung sind sie gestorben.«

Auch in Paris ging der 20. Juli zu Ende. Kurz nach Mitternacht waren Stülpnagel und Hofacker im

Das Attentat ist nicht in Paris gescheitert.

Alfred von Hofacker, Sohn des Verschwörers Cäsar von Hofacker

Das Attentat war nicht sinnlos. Es hat der Welt gezeigt, dass es in diesem Volk Menschen gab, die keine Nazis waren und die bereit waren, ihr Leben einzusetzen, um dieses Regime zu beseitigen.

Ulrich de Maizière, damals Generalstabsoffizier

»Es lebe das heilige Deutschland!«: Im Hof des Bendlerblocks wurden Olbricht, Stauffenberg und Mertz von Quirnheim am frühen Morgen des 21. Juli 1944 erschossen.

Zentrum der französischen Hauptstadt eingetroffen. Die eingeweihten Offiziere hatten den ganzen Abend gespannt auf ihre Rückkehr gewartet, nun traf man sich im »Blauen Salon« des mondänen Hotels Raphael, bestellte Champagner. Doch das Gesicht Stülpnagels verriet, dass es keinen

»Ein Verbrechen, das in der deutschen Geschichte seinesgleichen sucht«: Hitlers Rundfunkansprache in der Nacht vom 20. zum 21. Juli 1944.

Anlass zum Feiern gab. Nervös bedrängten ihn die Offiziere, doch zu berichten, wie die Sache bei Kluge gelaufen war. Stülpnagel wich aus: »Der Feldmarschall hat sich bis morgen früh um neun Uhr Bedenkzeit ausgebeten.« Wenig später trafen im Raphael die Führer der SS und des SD ein, die inzwischen aus ihren Zellen entlassen worden waren. Bei Cognac und

Irgendwann in der Nacht drang durch, dass Hitler noch lebte. Das bekamen auch die SS-Leute mit und verlangten ihre Freilassung. Dem wurde zunächst nicht stattgegeben, doch weit nach Mitternacht kam der Befehl zur Entlassung. Wir hatten natürlich eine unglaubliche Angst, vom Jäger plötzlich wieder zum Gejagten zu werden. Am nächsten Morgen hieß es: »Antreten! Der Kommandant von Groß-Paris will eine Erklärung abgeben.« Dann hieß es, dass am Vortag eine Übung zwischen Wehrmacht und SS stattgefunden habe. Die Übung sei erfolgreich verlaufen, wir könnten wegtreten.

Karl Wand, damals Offizier in Paris

Zigarren einigten sich die Beteiligten darauf, die ganze Aktion als »Übung« zu behandeln. Da ließ eine dröhnende Stimme aus dem Lautsprecher im Foyer des Hotels die Männer erstarren. »Achtung! Achtung! Demnächst spricht der Führer.« Gleich darauf wandte sich Hitler in einer Rundfunkansprache an sein Volk: »Eine ganz kleine Clique ehrgeiziger, gewissenloser und zugleich verbrecherischer, dummer Offiziere hat ein Komplott geschmiedet, um mich zu beseitigen. ... Mit ihnen wird jetzt so abgerechnet, wie wir das als Nationalsozialisten gewohnt sind.«

Die Verschwörer hatten soeben ihr Todesurteil aus dem Munde des Tyrannen vernommen. Hitler sollte seine Drohung wahr machen.

Bereits am nächsten Tag wurde Stülpnagel nach Berlin bestellt. Auf dem Weg dorthin, in der Nähe von Verdun, ließ er seinen Fahrer anhalten. Ohne Begleitung trat der General an das von der Straße nicht einsehbare Ufer der Maas. Kurz darauf zerriss ein Schuss die Stille der Landschaft. »Er hat die Konsequenz aus seinem Handeln gezogen«, meint sein Sohn Walter von Stülpnagel. »Er wollte vermeiden, dass er als Gefangener des SD eventuell gefoltert würde, denn es ist ja gefoltert worden. Und er wollte vermeiden, dass man von ihm eventuell Namen anderer, an denen das Regime natürlich interessiert war, erpresst. Sicher hoffte er auch, damit seine Familie zu schonen. Als ich davon erfuhr, habe ich im Stillen gesagt: Vater, ich bin stolz auf dich.«

Die Rache des Regimes

> **Diesmal werde ich kurzen Prozess machen. Die müssen sofort hängen, ohne jedes Erbarmen.**
> Hitler nach dem 20. Juli 1944

Der 20. Juli 1944 war ein heißer Sommertag. Charlotte von der Schulenburg spielte mit ihren sechs Kindern im Park, als plötzlich lautes Schluchzen aus dem Haus drang. »Unser geliebter Führer, unser geliebter Führer ist tot!«, klagte eine ihrer Angestellten, eine glühende Nationalsozialistin. Charlotte von der Schulenburg fiel ein Stein vom Herzen. Inständig hatte sie gehofft und gebetet, dass das Attentat, an dem ihr Mann beteiligt war, gelingen möge. Doch noch am selben Abend folgte die Ernüchterung, als im Radio bekannt gegeben wurde, dass Hitler den Bombenanschlag leicht verletzt überlebt habe. Die Nachricht traf die Hausherrin wie ein Schlag. Nun musste sie um das Leben ihres Mannes fürchten. In der Nacht zum 21. Juli kündigte Hitler einen erbarmungslosen Rachefeldzug gegen die Attentäter im Rundfunk an. Mit seinen Feinden wolle er »kurzen Prozess machen«, die an der Verschwörung beteiligten Offiziere sollten »sofort hängen, ohne jedes Erbarmen«. Zu ihrer eigenen Sicherheit durfte sich Charlotte von der Schulenburg nichts von ihrer Angst anmerken lassen. In diesen Zeiten hatten selbst die Wände Ohren. Doch sie hatte nicht mit der Neugier ihrer ältesten Tochter gerechnet, die genau wissen wollte, was es mit dem Attentat auf sich hatte. Ausweichend antwortete ihr die Mutter: »Weißt du, Schuschu, ich glaube, die wollten vielleicht, dass der Krieg zu Ende geht und wieder Frieden ist.« Darauf entgegnete ihr die Neunjährige: »Weißt du, was ich glaube? Ich glaube, dass Papi bei den Männern ist.« Da begriff Charlotte von der Schulenburg, dass im Leben ihrer Familie nichts mehr so sein sollte, wie es einmal war.

Ähnlich erging es Marianne Gräfin Schwerin von Schwanenfeld. Auch sie war von ihrem Mann vorgewarnt worden. Jeder seiner Besuche wurde zelebriert, als sei es der letzte. So zog sie ihr schönstes Abendkleid an und öffnete den besten Wein, weil ihr Mann sagte, »es könnte das letzte Mal sein. Ich kann jederzeit wegen Hochverrats verhaftet werden.« Auch jetzt,

»Ich glaube, dass Papi bei den Männern ist«: Charlotte von der Schulenburg mit ihren sechs Kindern.

da der schlimmste Fall eingetreten war, wagte sie es nicht, ihrem ältesten Sohn Wilhelm die Wahrheit über seinen Vater zu sagen. Ihr Bruder, den ihr Mann für den 21. Juli nach Berlin bestellt hatte, war sofort nach Bekanntgabe des missglückten Attentats zu ihr geeilt. »Es war für meine Schwester ein Schock«, erinnert sich Ulrich Sahm, »dass ich sozusagen bestätigende Mitteilung hatte: Er gehörte dazu. Sie kannte natürlich die Namen seines Freundeskreises und wusste auch, mit welchen Dingen sie sich beschäftigten.« Spuren, die auf eine Verbindung zu den Verschwörern des 20. Juli schließen ließen, wurden unverzüglich beseitigt. Marianne Schwerin nahm sich das verräterische Gästebuch zur Hand und riss mehrere Seiten mit den Namen von Widerständlern wie Erwin von Witzleben und Hans Oster heraus.

Solche Szenen spielten sich auch in anderen Familien ab. Die Ehefrau des Stauffenberg-Cousins Cäsar von Hofacker, eines führenden Mannes des Widerstands im besetzten Paris, erreichte die niederschmetternde

Nachricht am Abend des 20. Juli. Sohn Alfred erinnert sich noch genau, wie seine Mutter reagierte: »Wir saßen vor dem Volksempfänger und hörten die Mitteilung, dass ein Attentat auf Hitler versucht worden sei. Meine Mutter stand sofort vom Tisch auf und ging wortlos auf ihr Zimmer. Als ich aus dem Fenster schaute, sah ich, wie sie ein Feuer entfachte. Sie hatte die Briefe meines Vaters verbrannt.« Erklärungen für die Kinder gab es nicht, nun zählte nur noch das Überleben der Familie. Die bange Frage nach dem Schicksal der Ehemänner und Väter konnte den Frauen niemand beantworten.

Meine Mutter hat unmittelbar nach der Nachricht des 20. Juli meine beiden älteren Geschwister, mit denen sie dann auch verhaftet wurde, eingeweiht. Und das war schwierig genug. Ich weiß von meiner älteren Schwester, dass eine Welt für sie zusammengebrochen ist, weil ihr Onkel dieses Attentat verübt haben soll.

Alfred von Hofacker,
Sohn des Verschwörers
Cäsar von Hofacker

Was mit den Attentätern geschehen würde, wenn es schief ging – und damit haben sie ja selbstverständlich gerechnet –, das war ihnen klar. Sie wussten, was ihnen passieren würde, aber eben nicht nur ihnen, sondern auch Kindern, Frauen, Freunden, Bekannten, Mitverschwörern. Und in dieser Überwindung liegt bei allem, was diese Leute vorher gedacht und getan haben, ihre Größe – dass sie nicht nur sich selbst gefährdeten, sondern auch ihre Nächsten.

Ralph Giordano, Publizist, lebte
damals in Hamburg

Schon am nächsten Tag rollte eine Verhaftungswelle gigantischen Ausmaßes an. Hitler hatte die Behandlung der Attentäter zur Chefsache erklärt. Eine »Sonderkommission 20. Juli« mit über 400 Beamten, die SS-Gruppenführer Heinrich Müller unterstellt war, begann am 21. Juli 1944 im Reichssicherheitshauptamt (RSHA) unverzüglich mit den Ermittlungen. Schätzungsweise zwischen 600 und 800 Personen, die in unmittelbarem Zusammenhang mit dem Attentat standen, wurden in den folgenden Tagen und Wochen festgenommen, etwa 200 von ihnen ermordet. Als einen der Ersten griff sich die Gestapo Generalfeldmarschall Erwin von Witzleben, der nach einem gelungenen Staatsstreich den Oberbefehl über die Wehrmacht hätte übernehmen sollen. Kurze Zeit später wurden auch Hans Oster und Wilhelm Canaris von der Abwehr, der preußische Finanzminister Johannes Popitz, der Jurist und Gutsbesitzer Ewald von Kleist-Schmenzin und Adam von Trott zu Solz, der im Auswärtigen Amt arbeitete, festgenommen. In seinem Quartier nordöstlich von Warschau erfuhr Generalmajor Henning von Tresckow durch seinen Freund und Cousin Fabian von Schlabrendorff vom gescheiterten Attentat Stauffenbergs im »Führer«-Hauptquartier »Wolfsschanze«. Tresckow, dem es seit 1942 mehrfach missglückt war, Hitler zu töten, hatte Stauffenberg in seinem Beschluss bestärkt, den Sprengstoffanschlag auszuführen. Zusammen mit ihm hatte er in Berlin an den »Walküre«-Plänen gearbeitet. Er

Wenn einst Gott Abraham verheißen hat, er werde Sodom nicht verderben, wenn auch nur zehn Gerechte darin seien, so hoffe ich, dass Gott auch Deutschland um unsretwillen nicht vernichten wird.

Henning von Tresckow vor seinem Selbstmord, 21. Juli 1944

brauchte nicht viel Fantasie, um sich auszumalen, was auf ihn zukommen würde: Verhaftung, Folter, Hinrichtung. Vorher würde er unter Gewalteinwirkung die Namen der anderen Beteiligten preisgeben müssen. Das wollte er um jeden Preis verhindern. Er dachte sogar noch einen Schritt weiter. »Er wusste, dass er viele Leute deckt, wenn sie sagen können: Das war Tresckow«, berichtet sein Schwiegersohn Karl von Aretin. »Er war tot, es konnte ihm nichts mehr passieren. Jeder Hinweis, dass dies oder jenes Tresckow vorgeschlagen oder gesagt hatte, entlastete natürlich den Verhörten.«

Mit solchen Gedanken verabschiedete sich Tresckow ruhig und gelassen von seinem Freund Schlabrendorff: »Jetzt wird die ganze Welt über uns herfallen und uns beschimpfen. Aber ich bin nach wie vor der felsenfesten Überzeugung, dass wir recht gehandelt haben. Ich halte Hitler nicht nur für den Erzfeind Deutschlands, sondern auch für den Erzfeind der Welt.« Tatsächlich nahm die Mehrheit der Deutschen die Kunde vom Attentat mit Wut und Bestürzung auf. Im SD-Bericht aus dem Reich vom

»Mit Wut und Bestürzung«: Treuekundgebung nach dem Attentat auf Hitler, 21. Juli 1944 in Berlin.

21. Juli 1944 über »erste stimmungsmäßige Auswirkungen« ist von großer Empörung im Volke und der Forderung nach Konsequenzen die Rede. Noch immer verehrten Millionen von Menschen den Diktator, noch immer wollten sie nicht erkennen, wohin die Parolen vom »Endsieg« führten. Trotzdem war sich Tresckow sicher, dass die Geschichte ihm Recht geben würde. Unter dem Vorwand, sich selbst ein Lagebild von der Front machen zu wollen, verabschiedete er sich am Morgen des 21. Juli 1944 von seinem Stab. Dann fuhr er bis zur Kampflinie bei Ostrów, ging in den Wald, zog den Zünder einer Gewehrsprenggranate ab und hielt sie sich an die Schläfe. Sein Fahrer fand ihn auf dem Waldboden liegend mit halb weggerissenem Gesicht und einer Pistole in der Hand. Laut Wehrmachtsbericht hatte Generalmajor Tresckow an vorderster Front den »Heldentod« gefunden. Bei der Bestattung im heimatlichen Wartenberg glaubte seine Frau Erika immer noch, ihr Mann sei im Kampf gefallen. Als nach wenigen Tagen bekannt wurde, dass Tresckow in die Umsturzpläne maßgeblich verwickelt war, ließ Hitler seine Leiche in einem posthumen Akt der Rache exhumieren und später verbrennen. Nach dem Willen des Tyrannen sollte die Asche seines Gegners in alle Winde verstreut werden. So war Himmler schon mit den Hingerichteten vom Bendlerblock verfahren. Die Erinnerung an die Verschwörer sollte auf ewig getilgt werden.

Es ging wie ein Lauffeuer durch die Armee, dass Tresckow gefallen ist, aber mir war klar, dass er sich umgebracht hat. Es wurde zuerst behauptet, er sei gefallen, dann gab es Gerüchte, er sei von Partisanen erschossen worden. Aber mir war klar, er hat sich erschossen.

Philipp von Boeselager, Mitverschwörer des 20. Juli 1944

Ich habe dann den Befehl gegeben, dass die Leichen verbrannt wurden und die Asche in die Felder gestreut wurde. Wir wollen von diesen Leuten, auch von denen, die jetzt hingerichtet werden, nicht die geringste Erinnerung in irgendeinem Grabe oder an einer sonstigen Stätte haben. Der Reichsmarschall meinte sehr richtig: Über die Äcker ist zu anständig, streuen Sie sie über die Rieselfelder.

Heinrich Himmler auf einer Gauleitertagung am 3. August 1944 in Posen

Obwohl die Widerständler wussten, was ihnen bevorstand, versuchten nur die wenigsten, sich der drohenden Gefangennahme durch Flucht zu entziehen. Da es damals nahezu aussichtslos war, Deutschland zu verlassen, waren die Verfemten auf die Hilfe von Freunden angewiesen. Doch wer wollte schon die ansonsten unverdächtigen Freunde in Gefahr bringen? Gegen den ehemaligen Leipziger Oberbürgermeister Carl Friedrich Goerdeler, der nach Plänen des Widerstandskreises für das Amt des Reichskanzlers vorgesehen war, hatte die Gestapo schon vor dem Attentat einen Haftbefehl erwirkt. Die Widerständler wollten sich nach der Beseitigung Hitlers auf sein organisatorisches Talent stützen. Für den »Tag X« hatte

»Heldentod an der Front«: Henning von Tresckow, hier mit seiner Frau Erika, entzog sich durch seinen Freitod der Verhaftung.

Goerdeler Rundfunkreden ausgearbeitet, mit denen die Öffentlichkeit über das gelungene Attentat informiert werden sollte. Außerdem hatte er mehrere Schriften über die Zukunft Deutschlands verfasst. Nachdem er sich mit seinen Freunden Jakob Kaiser, Wilhelm Leuschner und Josef Wirmer beraten hatte, tauchte er unter. Auf seinen Kopf wurde schon bald eine Belohnung von einer Million Reichsmark ausgesetzt, seine Ergreifung war nur eine Frage der Zeit. Drei Wochen lang versteckte er sich bei Freunden in der Nähe Berlins. Auf dem Gut Rahnisdorf des Barons Palombini erfuhr er schließlich vom Misslingen des Attentats. Um seinen Gastgeber nicht länger zu gefährden, fuhr er am 24. Juli inkognito wieder nach Berlin. Zwei Wochen lang nahm ihn ein altes, selbstloses Bürogehilfen-Ehepaar in einem kleinen Haus in Friedrichshagen auf. Es waren die letzten Tage Goerdelers in »Freiheit«. Er wusste, dass er seine Helfer nicht länger in Gefahr bringen durfte, und beschloss, ein letztes Mal ans Grab seines Vaters nach Marienwerder in Ostpreußen zu reisen. Dort wurde er von einer Luftwaffenhelferin erkannt und denunziert. Sein Leidensweg endete erst mit seiner Hinrichtung am 2. Februar 1945.

Anders als Goerdeler verharrten die meisten Widerstandskämpfer an Ort und Stelle, selbst wenn sich ihnen die Möglichkeit zur Flucht bot. Sie woll-

»Fliehen oder standhalten?«: Im Gutshaus des Barons Palombini in Rahnisdorf versteckte sich Carl Friedrich Goerdeler vor seinen Verfolgern.

ten lieber aufrecht ihrem Schicksal entgegengehen, als sich wie »Verbrecher« davonschleichen – eine ehrenhafte Einstellung, die in fast allen Fällen tödlich endete. Als die Gestapo am 17. August vor der Tür Fabian von Schlabrendorffs stand, dachte er einen kurzen Moment an Selbstmord: »Im ersten Augenblick durchzuckte mich der Gedanke, zu der neben mir liegenden Pistole zu greifen und meinem Leben ein Ende zu machen. Aber gleichzeitig warnte mich ein instinktives Gefühl vor diesem Schritt und mahnte mich zum Ausharren.« Ulrich von Hassell, lange Jahre Botschafter in Rom und von den Verschwörern des 20. Juli als künftiger Außenminister gehandelt, wartete geduldig am Schreibtisch seines Arbeitszimmers in Berlin auf die Festnahme.

Besonders quälend war für viele Verfolgte die Frage nach dem Schicksal ihrer Angehörigen. Adam von Trott zu Solz ließ fünf Tage bis zu seiner Verhaftung verstreichen, obwohl ihn Freunde zur Flucht in die Schweiz drängten. Zum

Er war Realist genug und wusste, was auf ihn zukommt. Wir wissen heute, dass mein Vater von Angehörigen des Widerstands gedrängt wurde, nach Spanien zu gehen. Er hatte wohl auch alle Dokumente und Papiere, zögerte aber, den letzten Schritt zu tun. Ich kann nur vermuten, dass er Sorge hatte, dass das unnötige Repressalien für die Familie bedeutet hätte.

Alfred von Hofacker, Sohn des Verschwörers Cäsar von Hofacker

»Meinem Leben ein Ende machen?«: Fabian von Schlabrendorff wurde in der Haft gefoltert.

Ulrich von Hassell (rechts) wartete in seinem Arbeitszimmer auf seine Festnahme.

Verhängnis wurde ihm, dass er im Fahrtenbuch von Stauffenbergs Chauffeur häufig verzeichnet war. Trott zu Solz, der sich als außenpolitischer Berater der christlich-ethischen Widerstandsgruppe »Kreisauer Kreis« verstand, hatte über seine Verbindung zu Stauffenberg hinaus enge Kontakte zu den Gruppen um Hans von Dohnanyi und Dietrich Bonhoeffer geknüpft. Trotz seiner Gefährdung blieb er, wie er sagte, »seiner Frau und der Kinder wegen«. Für einige der Widerständler mögen Ermüdung nach Jahren der Anspannung und maßlose Enttäuschung über das Scheitern des Attentats weitere Gründe für das Ausharren gewesen sein. Vielleicht hatte auch mancher Verfolgte die Hoffnung, in dem bevorstehenden Prozess öffentlich Stellung gegen das verbrecherische Regime nehmen zu können.

Den Verschwörern des 20. Juli war nach der nächtlichen Hinrichtung Stauffenbergs, Haeftens, Olbrichts und Mertz von Quirnheims im Bendlerblock klar, dass sie vor dem Tribunal des Regimes nur der Tod erwartete. »Man kann schließlich nicht mehr tun, als dafür zu sterben«, murmelte Ulrich-Wilhelm Graf von Schwerin von Schwanenfeld seinem Freund, dem evangelischen Theologen Eugen Gerstenmaier, zu, als sie sich in den frühen Morgenstunden des 21. Juli auf dem Weg ins gefürchtete Gestapo-Gefängnis begegneten.

Der Umgang mit den Häftlingen war nicht zimperlich. Bei ihrer Ankunft mussten sich die Inhaftierten im Keller des RSHA in der Prinz-Albrecht-Straße 8 vor eine Wand stellen und Jacken, Krawatten und Schnürsenkel abgeben. Anschließend warteten sie teilweise stundenlang in Einzelzellen auf ihr Verhör. Da im Laufe des Tages immer mehr Verdächtige eingeliefert wurden und die 38 Einzelzellen schon bald belegt waren, mussten der von den Verschwörern als Staatssekretär gehandelte Fritz-Dietlof von der Schulenburg und Eugen Gerstenmaier in das Gefängnis in der Lehrter Straße überführt werden. Peter Yorck Graf von Wartenburg, Ulrich-Wilhelm Graf Schwerin und Ewald Heinrich von Kleist wurden am Nachmittag in einem Lastwagen ohne Kenntnis des Zielorts abtransportiert. Als das Fahrzeug an eine Rampe fuhr und es hieß, dass die Gefangenen Kleist und Schwerin als Erste aussteigen sollten, dachten beide, dass sie nun erschossen würden. Doch zu ihrer Erleichterung folgten »nur« ein mehrstündiges Verhör in der Sicherheitspolizeischule Drögen und die Unterbringung im KZ Ravensbrück. Die Vernehmung führten immer ein oder zwei Gestapo-Schergen der Sonderkommission durch. Dabei wurden die Häftlinge mit angeblichen oder tatsächlichen Aussagen der anderen Verschwörer konfrontiert. Gegenüberstellungen mit weiteren

»Ich bleibe – der Frau und der Kinder wegen«: Adam von Trott zu Solz und Frau Clarita.

»Mit Lastwagen abtransportiert«: Zahlreiche Festgenommene wurden in das Konzentrationslager Ravensbrück gebracht.

Verhafteten waren ebenfalls ein probates Mittel, die Gefangenen der »Lüge« zu überführen. Dem ungeheuren Druck hielten die meisten Häftlinge nicht dauerhaft stand. Früher oder später legten sie Teilgeständnisse ab, wobei die meisten möglichst wenige Personen belasteten. Berthold von Stauffenberg, der Bruder des Attentäters, stritt zunächst beharrlich alles ab, brach am Ende des zweiten Tages zusammen und verfasste – ebenso wie Witzleben, Yorck und Hoepner – eine schriftliche Erklärung über die Vorgeschichte und Motive der Verschwörung. Um den berühmten Chirurgen Professor Sauerbruch, der mit vielen Verhafteten befreundet war, zu schützen, sagte Graf Schwerin, dass er genial in seinem Fachgebiet sei, aber in politischer Hinsicht ein absolutes Kind.

Einmal in den Fängen von Hitlers Schergen, nahm das Schicksal der Häftlinge seinen Lauf. Die meisten von ihnen wurden in der Prinz-Albrecht-Straße 8 verhört, einige von ihnen unter »verschärften Bedingungen«, was nichts anderes als eine euphemistische Umschreibung der Nazis für Folter war. Fabian von Schlabrendorff, der als einer der wenigen die Schrecken des 20. Juli überlebte, wurde so schwer misshandelt, dass er nach etwa vier Wochen sein hartnäckiges Schweigen brach. Von ihm wissen wir, in welchen Stufen die Folter vollzogen wurde. Zunächst fesselte man Schlabrendorff die Hände auf dem Rücken zusammen. Dann bohrte man ihm Dornenschrauben in die Fingerwurzeln. Da der Delinquent trotz wahnsinniger Schmerzen immer noch nicht reden wollte, schnallte man ihn auf einen Bettrahmen. Völlig bewegungsunfähig, wurden ihm Röhren mit Metalldornen, die so genannten Spanischen Stiefel, über die Beine gezogen und so eng geschnallt, dass sich die Dornen tief ins Fleisch bohrten. Dazu gab es Schläge mit Stöcken und Peitschen. In der dritten Stufe wurden seine Sehnen und Muskeln durch Streckung so lange überdehnt, bis er vor Schmerz ohnmächtig wurde. Ein Eimer mit Eiswasser holte den Bewusstlosen wieder ins Diesseits. Weil Schlabrendorff weiterhin beharrlich schwieg, wurde er so stark gefesselt, dass er bei Schlägen von hinten unweigerlich mit dem Gesicht nach vorn auf den harten Betonboden fallen musste. Dabei verlor er mehrmals das Bewusstsein und erlitt sogar eine Herzattacke. Nachdem er sich davon einigermaßen erholt hatte, begann die Folterprozedur von vorn. Die unmenschlichen Quälereien brachten ihn am Ende zu einem Teilgeständnis, in dem er sich und den toten Freund Tresckow belastete. Nur so konnte er nach eigenen Aussagen noch schlimmere Misshandlungen verhindern, bei denen er möglicherweise auch lebende Mitverschworene verraten hätte. Um ganz sicher zu gehen, dass er auch wirklich alles gestanden hatte, kam die Gestapo auf eine ebenso perfide wie grausame Idee. So zerrte man den Häftling vor die exhumierte Leiche Tresckows, die man eigens aus Wartenberg dorthin gebracht hatte. Da Schlabrendorff – vom Anblick des geschändeten Freundes tief erschüttert – noch immer kein umfassendes Geständnis ablegte, wurde er ins Gestapo-Gefängnis zurückgebracht, der Sarg mit Tresckows Leiche sofort verbrannt. Mit seinem Schweigen bewahrte Schlabrendorff viele seiner Mitstreiter vor dem Galgen.

Die Nazis hatten keine Rechtsauffassung, wie wir sie vor und nach der Nazi-Zeit kannten. Recht war, was sie als Recht empfanden, und nicht das, was durch die Gesellschaft als Recht niedergelegt war. Es gab kein Recht mehr in Deutschland. Die Nazis urteilten völlig willkürlich.

Freya von Moltke, Witwe des Verschwörers Helmuth James Graf von Moltke

Mein Schwager ist unmittelbar nach der Verhaftung nach Ravensbrück gebracht worden, wurde dann nach ein oder zwei Tagen wieder zurück ins Gestapo-Gefängnis gebracht und vernommen.

Ulrich Sahm, Schwager des Verschwörers Ulrich-Wilhelm Graf von Schwerin von Schwanenfeld

Auch andere Gefangene, wie Admiral Wilhelm Canaris, Erich Fellgiebel, Eugen Gerstenmaier, Wilhelm Leuschner und Cäsar von Hofacker,

Er war, wie man das damals nannte, verschärften Verhören ausgesetzt, und es war ungewöhnlich, dass er einer der ganz wenigen war, die sehr lange nach dem Todesurteil noch in Haft gehalten wurden. Man hat versucht, von ihm mehr Namen herauszubekommen. Einige gefährdete Personen, wie General Speidel, der auch zu den Eingeweihten gehörte, sind so ungeschoren davongekommen.

Alfred von Hofacker, Sohn des Verschwörers Cäsar von Hofacker

wurden in der Haft schwer misshandelt. Besonders gespenstisch muss es gewirkt haben, wenn die Gestapo-Beamten Schallplatten mit Kinderliedern bei voller Lautstärke spielten, um die Schreie der Gefolterten zu übertönen. Adam Trott soll so hartnäckig geschwiegen haben, dass sein Todesurteil vorerst aufgeschoben wurde, in der Hoffnung, durch neue, härtere Folter doch noch belastende Informationen aus ihm herauszuholen. Dem Widerstandskämpfer und Pädagogen Adolf Reichwein setzten die Folterknechte besonders arg zu. Er wurde wiederholt bis zur Ohnmacht gewürgt, außerdem schwer geprügelt. Seine Frau Rosemarie, die überraschenderweise am 10. August eine Besuchserlaubnis erhielt, fand einen gebrochenen Mann vor. »Er war abgemagert, sehr reduziert, hatte keine Stimme«, schildert sie seinen Zustand. Zu ihrem Entsetzen hatte man ihr den blutverschmierten Anzug ihres Ehemanns ausgehändigt. Von den kommunistischen Freunden ihres Mannes erfuhr sie später, was sich in der Haft genau zugetragen hatte: »Julius Leber und ihm wurden die Kehlen zugedrückt, weil sie von ihnen Aussagen erzwingen wollten. Wenn sie schon fast erstickt waren, haben sie sie mit Kaltwasser übergossen. Dabei sind seine Stimmbänder verletzt worden, und dadurch hat er nur noch flüstern können, auch bei der Volksgerichtsverhandlung.« Auch Emmi Bonhoeffer wollte nichts unversucht lassen, um ihrem Mann Klaus zu helfen. Wagemutig ließ sie sich kurz nach der Verhaftung ihres Mannes einen Termin beim Präsidenten des Volksgerichtshofs geben, um ihm mitzuteilen, dass Bonhoeffers Aussagen nichts wert seien, da man sie unter Folter erpresst habe. Der für seine Wutausbrüche gefürchtete Roland Freisler mimte den Ahnungslosen und fragte mit gespielter Naivität, wie sie denn darauf komme. Emmi Bonhoeffer blieb

Ein ehemaliger Mitarbeiter meines Vaters hatte einen Bekannten, der Gefängnisaufseher in Plötzensee war. Und über diesen Kanal konnten Bücher reingebracht werden, und er hat Wäsche rausgegeben. Einmal war auch ein blutverschmiertes, zerrissenes Hemd dabei. Das hat mein Vater vermutlich ganz bewusst – als Zeichen – rausgegeben.

Alfred von Hofacker, Sohn des Verschwörers Cäsar von Hofacker

standhaft und erzählte ihm, dass sie die blutige Wäsche ihres Mannes im Gefängnis abgeholt habe. Daraufhin blätterte der Richter in seinen Akten und bemerkte teilnahmslos: »Ja, ja, das kann stimmen, hier ist ein Vermerk: Verschärfte Vernehmung.«

Wäre Emmi Bonhoeffer sich darüber im Klaren gewesen, was sich hinter Freislers väterlich-jovialer Maske verbarg, so hätte sie sicherlich auf das Treffen verzichtet. Der fanatische Nationalsozialist beugte das Recht, wie es ihm gefiel. Schon bei seinem Amtsantritt 1942 hatte Freisler dem Diktator seine volle Ergebenheit versichert: »Der Volksgerichtshof wird sich stets bemühen, so zu urteilen, wie er glaubt, dass Sie, mein Führer, den Fall selbst beurteilen würden.« Hitlers Wille war Freislers oberster Befehl, das Gericht nicht mehr als das willfährige Instrument eines Terrorregimes. Der Präsident des Volksgerichtshofs wäre der letzte Mensch in Hitlers Reich gewesen, der Emmi Bonhoeffer geholfen hätte. Ewald Heinrich von Kleist, der ihn im Prozesssaal erlebte, erinnert sich: »Ein hochbegabter Rechtsbrecher war das. Ein schamloser Rechtsbrecher mit erstaunlicher Konsequenz und Kaltschnäuzigkeit.«

Da die meisten Verhafteten dem Militär angehörten, hätten sie grundsätzlich vor ein Kriegsgericht kommen müssen. Hitler misstraute jedoch der Militärgerichtsbarkeit. Deshalb rief er am 2. August 1944 den so genannten »Ehrenhof« ins Leben, ein zweifelhaftes militärisches Gremium, das die Verschwörer ohne Anhörung aus dem Heer ausstoßen sollte. Den Vorsitz hatte Generalfeldmarschall Keitel, als Ankläger fungierten der SS-Obergruppenführer Ernst Kaltenbrunner und der Gestapo-Chef, SS-Gruppenführer Heinrich Müller. In der ersten Sitzung des »Ehrenhofs«, der nichts mit einem Ehrengericht gemein hatte, wurden 22 Generäle und Offiziere aus der Wehrmacht mit Schimpf und Schande entlassen. Dadurch erhielten die Verschwörer den Status von Zivilisten und waren der Militärgerichtsbarkeit entzogen. Zuständig war nun der gefürchtete, 1934 eigens für Staatsverbrechen eingerichtete »Volksgerichtshof«. Dort sollten sie wegen Hochverrats angeklagt und verurteilt werden. Sein Präsident Roland Freisler, ein glühender Hitler-Anhänger, zeigte sich nur allzu bereit, den Rachefeldzug zu unterstützen. Ein fairer Prozess war unter den gegebenen Umständen nicht zu erwarten, zumal das Urteil in den meisten Fällen schon vor der Verhandlung feststand. Hitler selbst hatte die Marschrichtung unmissverständlich vorgegeben: »Ich will, dass sie gehängt werden, aufgehängt wie Schlachtvieh.« Außerdem verfügte er, dass das Urteil innerhalb von zwei Stunden nach Verkündigung zu vollstrecken sei. Roland Freisler, Hitlers Garant für einen spektakulären Prozess, hatte bereits Tausende von Todesurteilen zu verantworten – auch gegen die Mitglieder der »Weißen Rose«: Sophie und Hans Scholl, Christoph Probst, Willi Graf und Kurt Huber. Seine Opfer waren keine gewöhnlichen Verbrecher, sondern Kritiker der Nazis. Ihr Verbrechen war nicht die Tat, sondern das Denken. Verrat, Defätismus, Zweifel am Endsieg waren für Freisler die Kategorien, die es auszumerzen galt. So konnte es jeden treffen, der es wagte, einen »wehrkraftzersetzenden« Witz zu erzählen oder feindliche Flugblätter zu lesen. Hitler vertraute seinem Blutrichter hundertprozentig, denn unter seinem Vorsitz entging kaum jemand der Todesstrafe. »Freisler wird das schon machen. Das ist unser Wyschinskij«, hatte er in Erinnerung an den obersten Richter der Stalinschen Schauprozesse verkündet. So wie Stalin den Sowjets wollte der rachsüchtige Hitler den Deutschen zeigen, dass Verrat die totale Vernichtung des Betroffenen nach sich zog. Der Reichsführer SS Himmler riet ihm aber eindringlich davon ab, den Prozess zu sehr in die Öffentlichkeit zu tragen. »Sie haben Recht, Himmler«, soll Hitler schließlich eingelenkt haben, »wenn ich den Prozess öffentlich mache, muss ich die Kerle auch öffentlich reden lassen. ... Das kann gefährlich werden.« An den Präsidenten des Volksgerichtshofs erging die klare Weisung, die Redezeiten der Angeklagten zu beschränken, um ihnen kein Forum für ihre Überzeugungen zu bieten. Es war ein Befehl ganz nach Freislers Geschmack. Er begriff den Prozess als seine Stunde der Bewährung. An den Männern des 20. Juli wollte er ein blutiges Exempel statuieren. Endlich konnte er Hitler beweisen, wozu er fähig war. Mit seiner Meinung stand er nicht allein. »Das Strafgericht, das jetzt vollzogen werden muss, muss geschichtliche Ausmaße haben«, forderte auch Propagandaminister Goebbels am 23. Juli 1944 in seinen Tagebuchnotizen. Überzeugt von Freislers »Talent«, bemerkte er lakonisch: »Er wird schon die richtige Tonart finden, um mit ihnen fertig zu werden.«

Am 7. August fand der erste Prozess gegen die Verschwörer im großen Saal des Kammergerichts in der Berliner Elßholzstraße unter Ausschluss der Öffentlichkeit statt. Gegen neun Uhr wurden die acht Angeklagten Erwin von Witzleben, Erich Hoepner, Albrecht von Hagen, Helmuth Stieff, Friedrich Karl Klausing, Robert Bernadis, Paul von Hase und Peter Yorck von Wartenburg hereingeführt. Witzleben und Hoepner hatten beim Umsturzversuch die höchsten militärischen Positionen bezogen, von Hase sollte die Truppen in Berlin bewegen, und die anderen sechs Exoffiziere

Oben: »Schauplatz des Rachefeldzugs«: Im Berliner Kammergericht in der Elßholzstraße wurden die Verschwörer reihenweise zum Tode verurteilt.
Unten: »Unser Wyschinskij«: Roland Freisler, der Präsident des NS-»Volksgerichtshofs«.

»Sie schmutziger alter Mann«: Die Angeklagten, hier Erwin von Witzleben, wurden von Freisler systematisch gedemütigt.

standen wegen ihrer Kontakte zu Stauffenberg vor Gericht. Das Publikum bestand aus Journalisten, linientreuen Parteigängern der Nazis, Offizieren, die dafür gehalten wurden, und solchen, die von ihren Vorgesetzten schlichtweg abgeordnet worden waren. Auch Helmut Schmidt, der spätere Bundeskanzler, wurde zum Prozess befohlen.

Wie Freisler sich auf seinen großen Auftritt vorbereitet hatte, lässt sich nur erahnen. In seinem blutroten Talar mag er den Gefangenen wie ein Racheengel erschienen sein. Der Präsident des Volksgerichtshofs eröffnete den Prozess mit einer vernichtenden Rede: »Diese Anklage ist die unge-

> *Ich kriegte den Befehl, im Gerichtssaal in Berlin zu erscheinen, und bin diesem Befehl gefolgt. Und ich hatte den Eindruck, dass die übrigen Zuhörer ebenfalls dahin befohlen worden waren, aber ich weiß es nicht – ich habe mit niemandem ein Wort gewechselt.*
> Helmut Schmidt, nahm als Beobachter am Prozess gegen Goerdeler und andere teil

»Immer wieder die gleichen Phrasen«: Auch Erich Hoepner musste die Hasstiraden Freislers über sich ergehen lassen.

heuerste, die in der Geschichte des deutschen Volkes je erhoben worden ist. Es gibt nämlich Taten derart grausigen Verrats, dass vor ihnen alles, was jemand vorher im Leben begangen hat, verlöscht.« In den ersten Minuten nahm Hitlers Vollstrecker den Verschwörern das letzte Fünkchen Hoffnung auf einen auch nur ansatzweise fairen Prozess. Die Beschuldigten dif-

Offensichtlich hatte man Wert darauf gelegt, die Angeklagten in einer unvorteilhaften Verfassung auftreten zu lassen, ohne Hosenträger zum Beispiel. Einer der Angeklagten musste, wenn er aufzustehen hatte, immer seine Hose festhalten.

Helmut Schmidt, nahm als Beobachter am Prozess gegen Goerdeler und andere teil

Mit einer Stimme, die entgegen allen Geheimhaltungsvorschriften wie eine Posaune in den umliegenden Straßen gehört werden musste, erklärte er alle acht Angeklagten für schuldig des vollkommensten Verrats am »Führer«, am Gefolgsherrn, an allem, was das deutsche Volk sei und habe, an der deutschen Geschichte, an allen deutschen Männern und Frauen. In schwülstigem, hier und da an altdeutsche Sprüche anklingendem Stil wiederholte er immer wieder dieselben Phrasen.

Peter Vossen, Stenograf im Gerichtssaal

famierte er als »Lumpen«, »Verbrecher« und »Charakterschweine«. Damit war klar, welche Richtung der Prozess nehmen würde. Nachdem Oberreichsanwalt Ernst Lautz die Anklage wegen Hoch- und Landesverrats verlesen hatte, musste als Erster Generalfeldmarschall Erwin von Witzleben vortreten. Die drei Wochen Haft hatten ihm körperlich und seelisch schwer zugesetzt. Blass und abgemagert stand er vor dem übermächtigen Freisler. In seiner Todesangst hob der degradierte Generalfeldmarschall den rechten Arm zum »deutschen Gruß«. Damit provozierte er einen Tobsuchtsanfall des geifernden Richters: »Sie sind Erwin von Witzleben. Ich würde an Ihrer Stelle den deutschen Gruß nicht mehr anwenden. Den deutschen Gruß wenden Volksgenossen an, die Ehre haben. Ich würde mich an Ihrer Stelle schämen, den deutschen Gruß noch anzuwenden.« Da man Erich von Witzleben Gürtel und Hosenträger genommen hatte, war er gezwungen, seine viel zu weite Hose mit einer Hand festzuhalten. Das brachte ihm eine weitere Demütigung durch Freisler ein, der ihn hysterisch anherrschte: »Sie schmutziger alter Mann. Was haben Sie immer an Ihren Hosen herumzufummeln?« Nach ihm wurde General Erich Hoepner, der eine alte Strickjacke trug, auf übelste Weise herabgewürdigt: »'38 sind Sie kommandierender General des Panzerkorps gewesen. Welche zoologische Charakterisierung hätten Sie vor Gericht hier angesehen für das, was Sie getan haben? Denn Esel ist eine Sache des Intellekts, Schweinehund ist eine Sache des Charakters.« Freislers Verhandlungstaktik sollte dem Offizier die Würde rauben. Mit Erich Hoepner beleidigte er einen Mann, der sich schon 1942 vor den Toren Moskaus Hitlers unsinnigem Durchhaltebefehl widersetzt hatte. Nach seiner sofortigen »unehrenhaften« Entlassung aus der Wehrmacht hatte Hoepner Kontakt zum militärischen Widerstand um Olbricht und Beck, später auch zu Stauffenberg aufgenommen. Nach dem gelungenen Putsch hätte er als »Oberbefehlshaber im Heimatkriegsgebiet« zum Einsatz kommen sollen. Freisler hatte Hoepner und Witzleben wegen ihrer tragenden Rolle besonders im Visier.

Was die Angeklagten nicht wissen konnten: Zwischen den großen Hakenkreuzfahnen hinter dem Richterstuhl waren mehrere Filmkameras eingebaut. Auf ein Klopfzeichen Freislers wurden sie angestellt, um das makabre Spektakel aufzuzeichnen. Immer wenn die versteckten Kameras liefen, brüllte der vorsitzende Richter die Häftlinge auf unflätigste Weise zusammen, schnitt ihnen das Wort ab, um deren totale Erniedrigung für Hitler und die Nachwelt festzuhalten. Der Präsident des Volksgerichtshofs begriff sich als Hauptakteur auf einer großen Bühne, als Herr über Leben und Tod. Jeden Moment seines Auftritts kostete er aus. Bei der Aufzeichnung ergaben sich allerdings gravierende technische Probleme: Aufgrund der lauten, gellenden Stimme Freislers waren die wesentlich leiseren Angeklagten kaum oder gar nicht zu hören. Der Kameramann machte den Richter vorsichtig auf den Missstand aufmerksam, was aber an dessen Gebrüll nichts änderte. Mit seinen weitschweifigen Hasstiraden schoss Hitlers Blutrichter über das Ziel hinaus. Laut Gerichtsprotokoll redete er während der Verhandlung viermal so viel wie Angeklagte, Ankläger und Verteidiger zusammen. Selbst eingefleischte Nazis wie Ernst Kaltenbrunner, der Chef des RSHA, waren entsetzt über Freislers überzogene Selbstinszenierung: »Dieser Schmierenkomödiant macht selbst aus revolutionären Nichtskönnern und erfolglosen Attentätern noch Märtyrer – nur durch seine verrückte Verhandlungsführung.« Goebbels, der ursprünglich die Prozessaufnahmen in die deutschen Kinos bringen wollte, nahm von seinem Vorhaben wieder Abstand, nachdem er die Filme gesehen hatte: »Das Gebrüll Freislers ist für die Propaganda nicht geeignet. Es würde auf Unbeteiligte eher abstoßend wirken.« Seine Sorge, dass die Bilder beim Publikum eher Mitleid und Respekt vor der aufrechten Haltung der Angeklagten hervorrufen würden, war nur allzu berechtigt. Die Filme wanderten daher in den Giftschrank, denn selbst eine sorgfältige Auswahl der Szenen verkehrte die beabsichtigte Wirkung ins Gegenteil. Als Wilhelm Schwerin die Prozessaufnahmen mit seinem Vater das erste Mal sah, musste er weinen. Die Bilder erfüllten ihn mit Stolz, »weil der Vater so standfest bei der Wahrheit blieb«.

Sie können uns dem Henker überantworten. In drei Monaten zieht das empörte und gequälte Volk Sie zur Rechenschaft und schleift Sie bei lebendigem Leibe durch den Kot der Straßen.

Erwin von Witzleben vor dem Volksgerichtshof

Marion Gräfin Yorck von Wartenburg wurde unfreiwillig Zeugin der unkontrollierten Ausbrüche Freislers. Obwohl sie wusste, dass die Angehörigen der Angeklagten keinen Zutritt hatten, ging sie am Morgen des 7. August zum Kammergerichtsgebäude im Kleist-Park. Sie kannte das

»Schein von Rechtsstaatlichkeit«: Albrecht von Hagen (2. von links) im Gespräch mit seinem Verteidiger. Hinter ihm Peter Graf Yorck von Wartenburg.

Haus noch gut aus ihrer Zeit als Rechtsreferendarin. Sie fasste sich ein Herz und bat den Wachtmeister um Einlass. Der Wachtmeister hatte offenbar Mitleid mit ihr und nahm sie mit in seine Wachstube. Von dort konnte sie zwar nichts sehen, dafür aber die Verhandlung akustisch mitverfolgen. »Ich hörte immer nur diese entsetzliche Stimme von Freisler«, berichtet Marion Yorck, »auf den Filmen hat man sie ja zurückgenommen. Ich hörte aber damals nichts als diese gellende, böse Stimme. Er hat die Angeklagten in einem schneidenden Ton niedergebrüllt. Sie durften den Mund kaum aufmachen. Er wusste alles schon vorher. Ein paarmal zwischendurch kam der Wachtmeister zu mir und sagte, dass Peter jetzt an der Reihe sei.«

Die Verhandlung selbst konzentrierte sich auf das rein Faktische. Freisler interessierte nur, wer was wann und wo getan hatte. Trotzdem gelang es Peter Yorck, etwas über die Motive seines Handelns zu sagen. Dem tobenden Freisler hielt er entgegen, dass er den »Totalitätsanspruch des Staates gegenüber dem Staatsbürger unter Ausschaltung seiner religiösen und sittlichen Verpflichtung Gott gegenüber« nicht habe akzeptieren können. Zynisch fügte der Gerichtspräsident hinzu, es hätten ihm wohl »die Judenausrottung« und die nationalsozialistische Auffassung von

Recht nicht gepasst. Mit leiser, aber fester Stimme führte Yorck seine Begründung zu Ende. Freisler verschlug es fast die Sprache, so fassungslos war er. Am Ende musste er bekennen: »Was Sie vorgetragen haben, bleibt rätselhaft.«

Um dem Prozess den Anschein von Rechtsstaatlichkeit zu verleihen, hatte das Gericht den Angeklagten Pflichtverteidiger zugewiesen. Der Anwalt Peter Graf Yorcks erhielt vor dem Prozess nicht einmal die Gelegenheit, mit seinem Mandanten zu sprechen. In der Hauptverhandlung sagte er nur, dass er um Milde und Gnade für Yorck nicht bitten könne. Der Verteidiger von Witzlebens schlug sich sogar unverhohlen auf die Seite der Anklage, indem er die Auffassung vertrat, dass das Urteil im Grunde schon gesprochen sei durch »das göttliche Schicksal in der Form des Wunders der Errettung, als es dem deutschen Volke den Führer vor der Vernichtung bewahrte«. Von Hases Anwalt verzichtete in seinem Plädoyer ausdrücklich auf irgendwelche Milderung und erbat ein Urteil, wie es »Volk und Führer von uns verlangen«. Von Verteidigung konnte in den meisten Fällen also keine Rede sein. Die Anwälte erhielten die Anklageschrift oft erst am Vorabend des Prozesses, mit den Gefangenen selbst konnten sie, wenn überhaupt, nur unmittelbar vor der Verhandlung sprechen. Lediglich der Verteidiger von Albrecht von Hagen, Dr. Gustav Schwarz, ließ nichts unversucht, um die Todesstrafe von seinem Mandanten abzuwenden, und riskierte dabei Kopf und Kragen. Doch auch dieser beherzte Einsatz änderte nichts am Urteil des Volksgerichtshofs. Die Angeklagten verzichteten auf ein Schlussplädoyer und baten mit Ausnahme von Yorck und Klausing um die Vollstreckung des Urteils durch Erschießen.

Während sich das Gericht zur Beratung zurückzog, hatten die Gefangenen Gelegenheit, letzte Briefe an ihre Lieben zu schreiben. Am Nachmittag des 8. August verhängte Freisler für alle acht Angeklagten die Todesstrafe durch den Strang. Erschießen kam für ihn nicht infrage, die Verschwörer sollten »hängen wie Schlachtvieh«, so wie Hitler es gefordert hatte. Mit seiner einstündigen Urteilsbegründung wollte der Präsident des Volksgerichtshofs den Verschwörern den verbalen Todesstoß versetzen: »Wir haben nun heute acht von jenen Lumpen vor uns, die an diesem Schurkenwerk beteiligt waren, acht, die der Führer seinem Volksgerichtshof zur Aburteilung überantwortet hat. Ehrlos sind sie alle. ... Es ist die schimpflichste Tat, die je unsere Geschichte gesehen hat. Wir kehren zurück in das Leben, in den Kampf. Wir haben keine Gemeinschaft mehr mit ihnen. Das Volk hat sich von ihnen befreit, ist rein geblieben.

»Tod durch den Strang«: Freisler bei der Urteilsverkündung. Im Hintergrund ist im Hakenkreuz die Kamera erkennbar, die die Prozesse aufzeichnete.

... Wir marschieren mit totaler Kraft hin bis zum totalen Sieg.« Mit juristischen Grundsätzen hatte diese pathetische Ansprache nichts mehr zu tun. Sie ist vielmehr ein Zeugnis völliger Verachtung rechtsstaatlicher Prinzipien.

Gegen 16.30 Uhr wurden die Verurteilten in die Haftanstalt Berlin-Plötzensee gebracht, wo noch am selben Tag ihre Hinrichtung erfolgte. Dem Gefängnispfarrer Harald Poelchau gelang es noch, mit seinem Freund Peter Yorck, den er seit mehreren Jahren kannte, vor der Urteilsvollstreckung zu sprechen. Yorcks Sorge galt seiner Frau Marion und den inhaftierten Freunden. Er bat den Geistlichen, den anderen Gefangenen auszurichten, dass er in den Verhören nichts über die Gespräche mit Moltke und die Treffen in Kreisau habe verlauten lassen. Poelchau zufolge wurde die Unterredung gewaltsam unterbrochen. Die Zellentür flog auf, und SS-Männer mit gleißenden Scheinwerfern drangen in die Zelle ein. Zum Entsetzen des Pfarrers filmten sie den inhaftierten Delinquenten – in Sträflingskleidung und Holzpantinen. Die Hände fesselte man ihm auf den Rücken. Noch in den letzten Minuten seines Lebens wollte man dem Widerstandskämpfer die

Würde nehmen. Doch Yorck blieb stolz und aufrecht bis zum bitteren Ende

> **Auch für meinen Teil sterbe ich den Tod fürs Vaterland. Wenn der Anschein auch sehr ruhmlos, ja schmachvoll ist – ich gehe aufrecht und ungebeugt diesen letzten Gang.**
>
> Peter Graf Yorck von Wartenburg, Abschiedsbrief an seine Frau

Ab 19 Uhr führte man alle fünf Minuten einen Todeskandidaten über den Gefängnishof zur Hinrichtungsstätte. Generalfeldmarschall von Witzleben kam als Erster, der Berliner Stadtkommandant von Hase als Zweiter an die Reihe. Der Pfarrer Harald Poelchau begleitete beide bei ihrem letzten Gang. »Tiefernst, ruhig und vollkommen gefasst« seien sie »als überzeugte Christen in den Tod« gegangen, berichtete er später, nur Hase sei in großer Sorge um das Schicksal seiner Frau und seiner Kinder gewesen. Im Hinrichtungsraum, der durch einen schwarzen Vorhang in zwei Hälften geteilt war, standen weitere Filmkameras bereit. Das grelle Scheinwerferlicht verlieh dem Raum eine gespenstische Atmosphäre. An der Decke war eine Stahlschiene befestigt, an der acht Fleischerhaken hingen. Als wäre das ganze Verfahren nach rechtsstaatlichen Prinzipien verlaufen, verlas der Generalstaatsanwalt noch einmal das Urteil. Anschließend führten zwei Henkershelfer den Verurteilten unter die Schiene und legten ihm die Schlinge um den Hals. Danach wurde er hochgehoben, wobei der Henker die Schlaufe des Stricks um den Haken legte. Dann wurde der Verurteilte fallen gelassen. Der Henker verfuhr mit allen Opfern gleich. Der Tod trat in der Regel nicht sofort ein. Da der Genickknochen nicht brach, strangulierten sich die Männer, bis sie erstickt waren. Es gibt Indizien dafür, dass in einigen Fällen die Erhängten nur bewusstlos waren, zu früh abgenommen wurden und, wieder bei Bewusstsein, erneut aufgehängt wurden. Kurz vor dem Exitus zog man den Verurteilten die Hosen herunter – als letztmögliche Erniedrigung. Bevor der Nächste den Raum betrat, wurde der Vorhang zugezogen, sodass er den Toten nicht sehen konnte. Nach Aussage des Kameramanns Sasse schritten alle Verurteilten »ohne ein Wort der Klage aufrecht« zum Galgen. Für die Scharfrichter soll es hinterher Schnaps gegeben haben. Pfarrer Poelchau, der bei der Hinrichtung selbst nicht dabei war, vermutet, dass die Gefangenen unterschiedlich lange stranguliert wurden, je nach Rachsucht Hitlers. Der Diktator ließ den Todeskampf seiner Gegner im Detail filmen. Es wird berichtet, dass er sich die unvorstellbar sadistischen Aufnahmen zusammen mit den Prozessberichten noch nachts von Berlin in die »Wolfsschanze« bringen ließ, wo

> **In seinem letzten Brief schreibt er, er habe schon von diesem Leben Abschied genommen. Es sei eigenartig, in wenigen Minuten vor dem Richterstuhl Gottes zu stehen. Wir würden vieles jetzt noch nicht verstehen, aber es irgendwann einmal begreifen.**
>
> Johanna Rathgens, Witwe des Verschwörers Oberstleutnant Karl Ernst Rathgens

»Letzter Gang«: In den Todeszellen der Haftanstalt Berlin-Plötzensee verbrachten die Verurteilten ihre letzten Stunden.

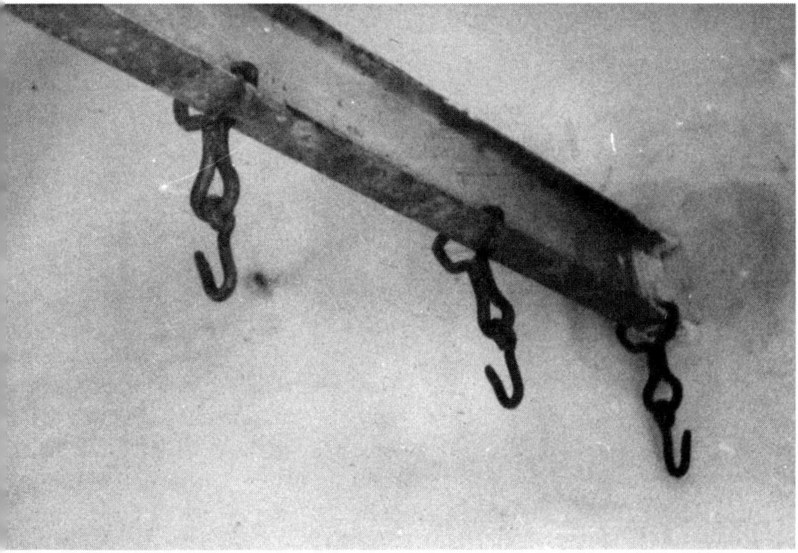

»Aufgehängt wie Schlachtvieh«: Erhängt an Fleischerhaken, wurde den zum Tode Verurteilten auch noch die letzte Würde geraubt.

er sie sich nicht oft genug anschauen konnte. Wie kein anderer soll er sich am grauenvollen Anblick der sterbenden Männer ergötzt haben. Die Fotos der unbekleideten Exekutierten lagen noch Tage später auf seinem Kartentisch. Die Filme mit den bestialischen Szenen schaute er sich in den nächsten Wochen immer wieder an. Der Mann, der andere Völker nicht mehr als Geiseln seiner Mordlust nehmen konnte, nahm die Gerechten seines eigenen Volkes zu Geiseln seiner Rache. Es war die perverse Genugtuung eines

Immer wenn ich am 20. Juli in Berlin bin und an dem ökumenischen Gottesdienst in Plötzensee in der Hinrichtungsstätte teilnehme, sehe ich diesen Balken mit den Fleischerhaken vor mir. Da läuft bei mir immer derselbe Film ab, ich stelle mir dieses Ende vor. Und das ist sehr grausam, wenn man weiß, dass diese Männer teilweise nackend hingerichtet worden sind, um ihnen noch die letzte Würde zu nehmen. Dann rückt für mich die Figur der Zeitgeschichte in weitere Ferne, und der Vater steht unmittelbar vor mir.

Alfred von Hofacker, Sohn des Verschwörers Cäsar von Hofacker

Massenmörders. Karl von Aretin, Tresckows Schwiegersohn, hat nach dem Krieg als einer der wenigen einen dieser grausamen Filme beim Bayerischen Rundfunk betrachten können, bevor sie allesamt spurlos verschwanden. Es handelte sich um den Zusammenschnitt von Gerichts- und Hinrichtungsszenen. Was er sah, war so entsetzlich, »dass uns sofort klar war, dass die Filme unter keinen Umständen gesendet werden können«. Eine anwesende Sekretärin sei in Ohnmacht gefallen, weil die Bilder »kaum auszuhalten waren«. Die Vorführung wurde vorzeitig abgebrochen. Aus der beiliegenden Vorführliste sei deutlich hervorgegangen, dass sich Hitler den Film im »Führer«-Hauptquartier mehrmals habe zeigen lassen. Aretin erinnert sich vor allem an die auffallend brutale Form der Hinrichtung, die am so genannten »Wippgalgen« vollzogen wurde. Offensichtlich hatten sich Hitlers Schergen noch eine zweite, perfidere Variante des Strangulierens ausgedacht: »Was man sich nicht klar macht, ist die Tatsache, dass am Wippgalgen einer den anderen umbringt. Es ist ja so, dass sich einer abstoßen kann und den anderen dann erwürgt. Das geht eine Weile hin und her. Es dauert ziemlich lange, bis dieser entsetzliche Prozess zum Tode der beiden führt. Also eine grauenhafte Form der Hinrichtung.« Es waren Bilder, die niemand, der sie sah, vergisst.

Für Marion Gräfin Yorck von Wartenburg war der 8. August 1944 der traurigste Tag ihres Lebens: »Ich lief durch eine grelle Sonne durch Berlin, und das war das einzige Mal in meinem Leben, dass ich die Sonne verflucht habe. Ich ging in unser Haus, denn ich hatte ja noch den Schlüssel. ... Als Peter starb, habe ich an ihn gedacht und gebetet. Ich war ganz still.« Peter Graf Yorck von Wartenburg wurde nur 39 Jahre alt. Ein Grab gibt es nicht. Die Asche wurde in alle Winde zerstreut. In seinem Abschiedsbrief an Marion schrieb er: »Mein innig geliebtes Herzenskind! Wir stehen am Ende unseres schönen und reichen gemeinsamen Lebens. ... Wenn ich auch fortgehe, meine Tapfere, ich lasse dich nicht allein. Auf Schritt und Tritt begleitet dich meine Liebe, mein sorgender Gedanke, mein Gebet. ... Unsere Zweisamkeit, sie dauert fort, mein Herzlieb, auch wenn meine großen Hände dich nicht mehr streicheln können. ... In der zärt-

Dich darf ich versichern, dass kein ehrgeiziger Gedanke, keine Lust nach Macht mein Handeln bestimmte. Es waren lediglich meine vaterländischen Gefühle, die Sorgen um mein Deutschland, wie es in den letzten zwei Jahrtausenden gewachsen ist, das Bemühen um seine innere und äußere Entwicklung, die mein Handeln bestimmten. Deshalb stehe ich aufrecht vor meinen Vorfahren, dem Vater und den Brüdern. Vielleicht kommt doch einmal die Zeit, wo man eine andere Würdigung für unsere Haltung findet, wo man nicht als Lump, sondern als Mahnender und Patriot gewertet wird.

Peter Graf Yorck von Wartenburg, Abschiedsbrief an die Mutter

»Der traurigste Tag meines Lebens«: Marion Gräfin Yorck von Wartenburg verlor am 8. August 1944 ihren Mann.

lichen Liebe, in der ich hier mit dir lebte, werde ich weiterleben. Lass dich umarmen und dir deine lieben Hände streicheln und küssen von deinem Mann.«

Der Gestapo-Mann, der Marion Yorck am nächsten Tag verhaftete, war ohne jedes Mitgefühl – wie viele seiner Zeitgenossen. »Hätten wir geahnt, dass Ihr Mann so viel wusste, dann hätten wir ihn nicht so schnell umgebracht«, teilte er ihr brutal mit.

Nur zwei Tage später fand schon der zweite Prozess vor dem Volksgerichtshof gegen Berthold Graf Schenk von Stauffenberg, den Bruder des Attentäters, Fritz-Dietlof Graf von der Schulenburg und Erich Fellgiebel statt. Schulenburg provozierte Freisler aufs Äußerste, als er sagte: »Wir haben diese Tat auf uns genommen, um Deutschland vor einem namenlosen Elend zu bewahren. Ich bin mir klar, dass ich daraufhin gehängt werde, bereue meine Tat aber nicht und hoffe, dass sie ein anderer in einem glücklicheren Augenblick durchführen wird.« Fellgiebel riet Freisler, er möge sich mit dem Aufhängen beeilen, sonst werde er eher hängen als die Verurteilten. Solche Bemerkungen trieben den Blutrichter zur Weißglut und das Terrorregime zunehmend in die Enge, denn immerhin waren mehrere hundert Zuhörer im Gerichtssaal anwesend.

Ein Mann wie Schulenburg hat 1933 den Triumph Hitlers eine Niederlage für das Judentum genannt. Aber derselbe Schulenburg hat eine fantastische Figur gemacht vor diesem brüllenden und schreienden Freisler. Es ist unglaublich, wie er erklärte: Ich bereue gar nichts, es war vollkommen richtig, was ich gemacht habe, und ich hoffe von ganzem Herzen, dass es andere gibt, die mehr Glück haben als wir. Man muss sich einmal vorstellen, welch eine ungeheure Wandlung vorgegangen sein muss in so einem Mann.
Ralph Giordano, Publizist, lebte damals in Hamburg

Als Charlotte von der Schulenburg die Zeitungsschlagzeilen von den ersten Hinrichtungen las, war ihr klar, was das bedeutete. Mit ihrer Schwägerin fuhr sie sofort nach Berlin, um den Vater ihrer sechs Kinder noch einmal zu sehen. »Wir wollten ja nur meinem Mann mitteilen, dass es mir und den Kindern gut geht, das war mir wichtig«, erzählt sie, »es war aber alles umsonst. Wir kamen in dem Moment an, als mein Mann hingerichtet wurde, nämlich um 16.03 Uhr.« Als ihr später das Todesurteil zugesandt wurde, fehlte der Vollstreckungshinweis. Noch einmal reiste sie mit einem Funken Hoffnung nach Berlin zum Volksgerichtshof. Der zuständige Oberstaatsanwalt entschuldigte sich für das Versehen und bat sie, Platz zu nehmen: »Wird sofort erledigt.« Dann tippte er auf einen weißen Bogen: »Das Urteil ist vollstreckt.« In Tränen aufgelöst verließ sie das Gerichtsgebäude, um sich zum Hinrichtungsort Plötzensee zu begeben. Der Anblick der Todesstätte war ein Schock für die verzweifelte Frau – und doch ein heilsames Erlebnis.

Schon der zweite Prozess fand keine Erwähnung mehr in den Zeitungen. Nach der dritten Verhandlung verbot Hitler am 17. August 1944 sogar ausdrücklich jede weitere Berichterstattung. Offenbar hatte die breit angelegte publizistische Kampagne, die den ersten Prozess begleitet hatte, nicht zur gewünschten Reaktion in der Bevölkerung geführt. Ernst Kaltenbrunner, der die Ermittlungen leitete, beobachtete Freislers »Verhandlungsführung« mit wachsendem Unbehagen. Seine Berichte schickte er an Martin Bormann, Hitlers Sekretär im »Führer«-Hauptquartier. Darin kritisierte er die »billige Art«, in welcher der Präsident des Volksgerichtshofs die Angeklagten herabwürdigte. Nach seiner Auffassung

Was wir getan, war unzulänglich, aber am Ende wird die Geschichte richten und uns freisprechen.
Fritz-Dietlof Graf von der Schulenburg, Abschiedsbrief an seine Frau

Allein 20 der Angeklagten aus den unterschiedlichsten Gruppen der zivilen wie der militärischen, der nationalkonservativen, bürgerlichen oder sozialistischen Richtung haben im Verhör oder vor dem Volksgerichtshof die Judenverfolgungen als den entscheidenden Anstoß zum aktiven Widerstand angeführt, andere die Abschaffung der Bürgerrechte, das staatliche Willkürregiment, den Kampf gegen die Kirchen. In engem Zusammenhang damit, wenn auch ins Grundsätzliche erweitert, wurden religiöse Motive benannt. Was sie alle einte, kam in Hans Bernd von Haeftens Äußerung vor dem Volksgerichtshof zum Ausdruck, dass Hitler »ein großer Vollstrecker des Bösen« sei. Gerstenmaier hat diese Bemerkung »das entscheidende Wort des ganzen Widerstands« genannt, aus dem sich das Weitere wie eine Christenpflicht ergab.
Joachim Fest, Publizist

gab Freisler das höchste deutsche Gericht der Lächerlichkeit preis. Hitler zeigte sich unbeeindruckt und ließ den Präsidenten des Volksgerichtshofs weiter gewähren. Ihm gefiel offensichtlich, was sein Richter trieb. Freisler war sein Richter der Stunde. Kaltenbrunners Berichte liefen ins Leere.

Drei Wochen nach dem gescheiterten Attentat tappten die Ermittler noch immer im Dunkeln. Trotz Folter blieben viele der Inhaftierten, solange es ihnen unter menschlichem Ermessen möglich war, verschwiegen. Am 15. August wurden zwei Mitglieder der bürgerlichen Widerstandsgruppe Kreisauer Kreis, Adam von Trott zu Solz und der Jurist Hans Bernd von Haeften, zusammen mit anderen vor Gericht gestellt. Durch eine undichte Stelle im Auswärtigen Amt war schon vier Tage vor der Verhandlung publik geworden, dass das Todesurteil von Adam Trott bereits feststand, der Prozess also nur eine Farce war. Im Gerichtssaal zog Freisler seine übliche Show ab. Es wurde gebrüllt, gezetert, gedemütigt. Doch nicht immer gelang es ihm, den Angeklagten rechtzeitig das Wort abzuschneiden. Hans Bernd von Haeften, der Legationsrat im Auswärtigen Amt war, sprach vor 300 Zuhörern von der »weltgeschichtlichen Rolle Hitlers als eines großen Vollstreckers des Bösen«. Auch Ulrich-Wilhelm Schwerin, der einige Tage später vor den Blutrichter tat, ließ sich nicht beirren. Auf die Frage Freislers, was er eigentlich dem Nationalsozialismus zur Last lege, antwortete Schwerin: »Ich dachte an die vielen Morde …«, woraufhin der Vorsitzende mit seiner gellenden Stimme brüllte: »Morde?« »Die im In- und Ausland«, präzisierte Schwerin. Am liebsten hätte ihn Freisler an Ort und Stelle liquidieren lassen. »Sie sind ja ein schäbiger Lump«, keifte er unflä-

Dieser Ausspruch meines Vaters war wohl überlegt, denn die Freunde meines Vaters wussten durch einen Besuch in einer Verhandlung des Volksgerichtshofs, wie Freisler verhandelt. Insofern war genau bekannt, wie das ablief und dass es unter ihm im Grunde genommen gar keine Chance gab, frei zu reden. Deshalb haben all diese Männer ihre Motivation meist in ein oder zwei Kernsätzen zusammengefasst.

Detlef Graf von Schwerin von Schwanenfeld, Sohn des Verschwörers Ulrich-Wilhelm Schwerin von Schwanenfeld

tig, »zerbrechen Sie nicht an Ihrer Gemeinheit?« Auf ein klares »Nein« des Angeklagten brach der Präsident des Volksgerichtshofs die Verhandlung ab. Das Urteil stand ohnehin längst fest.

Tatsächlich gehörte der Gutsbesitzer Schwerin zum engeren Freundeskreis von Peter Yorck und Fritz-Dietlof Schulenburg. Schon lange war er der Überzeugung, dass eine Befreiung vom Nationalsozialismus nur durch die Beseitigung Hitlers erfolgen könnte. Als Verbindungsmann zwischen dem zivilen und dem militärischen Widerstand war er tief in die Umsturzpläne des 20. Juli involviert. Zum Zeitpunkt des Attentats hielt er sich im Bendlerblock bereit, wo er auch verhaftet wurde. Als Schwerin am 8. September in Sträflingskleidung und Holzpantinen zur Hinrichtungsstätte schritt, war sein jüngster Sohn erst wenige Monate alt. Hans Bernd von Haeften wurde unmittelbar nach Prozessende am 15. August 1944 in Plötzensee gehängt. Adam von Trott zu Solz musste noch weitere elf Tage Verhör über sich ergehen lassen. Ein Befreiungsversuch seines Freundes Peter Bielenberg, damals Leiter einer Flugzeugmontagefabrik in Polen, scheiterte, weil dieser beim Kauf einer Schusswaffe selbst verhaftet wurde. Am 26. August 1944 trat Adam von Trott zu Solz vor den Scharfrichter. Seiner geliebten Frau Clarita schrieb er: »Du, vor der wie vor keinem anderen Menschen mein Leben, seine Hoffnungen und Antriebe und so manche Unzulänglichkeiten in ihm ausgebreitet liegt, wirst wissen, dass mich am meisten schmerzt, unserem Land die besonderen Kräfte und Erfahrungen, die ich in fast zu

Dass ich ungebeugt in den Tod gehe in dem festen Bewusstsein, nichts für mich und alles für unser Vaterland gewollt zu haben, das muss dir immer Gewissheit bleiben, und das musst du den Söhnen immer wieder sagen. Du weißt, dass zu allen Zeiten mein Handeln auf Deutschland ausgerichtet war, nach der Tradition der Familie aus glühender Vaterlandsliebe, die alles andere überwog. Andere Zeiten werden andere Sitten und Anschauungen bringen, aber die Liebe zum Vaterland wird immer Bestandteil des Lebens bleiben, der alles andere beherrscht.

Ulrich-Wilhelm Graf von Schwerin von Schwanenfeld, Abschiedsbrief an seine Frau

einseitiger Konzentration auf seine außenpolitische Behauptung unter den Mächten in mir ausgebildet hatte, nun vielleicht nie mehr dienend zur Verfügung stellen kann. Hier hätte ich wirklich noch helfen und nützen können.« Trott zu Solz war nicht der einzige Widerstandskämpfer, der sich noch im Angesicht des Todes in erster Linie als Diener seines Vaterlands verstand.

Es ist eine Sprache einer anderen Generation, und so würde man es heute nicht mehr sagen. Aber es ist klar, dass die Verbindung mit der eigenen Kultur, mit der eigenen Gesellschaft ein integraler Bestandteil jeder Person ist. Und das gilt natürlich für alle Menschen, auch heute noch.

Detlef Graf von Schwerin von Schwanenfeld, Sohn des Verschwörers Ulrich-Wilhelm Schwerin von Schwanenfeld

Die zweite große Verhaftungswelle lief Mitte August an, nachdem es Hitlers Häschern am 12. August 1944 gelungen war, den ehemaligen Leipziger Oberbürgermeister Carl Friedrich Goerdeler festzusetzen. Der erschöpfte Verfolgte unternahm keinen Versuch, seine Beteiligung an den Umsturzplänen zu leugnen. Erst durch ihn erfuhren die Ermittlungsbeamten, wie tief die Verschwörung in die bürgerlichen Kreise hineinspielte. Mit einer für viele unerklärlichen Bereitwilligkeit nannte Goerdeler die Namen von Gewerkschaftsführern, Kirchenmännern und Unternehmern und lieferte sie so ans Messer. War Hitler in seiner Rundfunkrede an das

»Physisch und psychisch zermürbt«: Die endlosen Verhöre haben bei Carl Friedrich Goerdeler tiefe Spuren hinterlassen.

Wenn wir das Vaterland über alles stellen, was doch unser Glauben ist, so haben wir den 20. Juli als ein endgültiges Gottesurteil zu achten. Der Führer ist vor fast sicherem Tode bewahrt. Gott hat nicht gewollt, dass Deutschlands Bestand, um dessen Willen ich mich beteiligen wollte und beteiligt habe, mit einer Bluttat erkauft wird; er hat auch dem Führer diese Aufgabe neu anvertraut.

»Ergebenheitserklärung« Goerdelers, August 1944

deutsche Volk noch von einer »kleinen Clique ehrgeiziger Offiziere« ausgegangen, so zeichnete sich nun eine ganz andere Dimension der Verschwörung ab. Spätestens jetzt war klar, dass die Widerstandsbewegung auch bürgerliche Kräfte von rechts und links mit einbezogen hatte. Damit war die These vom 20. Juli 1944 als eine Verschwörung des Adels, die nur darauf zielte, die Monarchie wieder zu errichten, nicht mehr haltbar.

Sein Verhalten brachte Goerdeler den Ruf eines Verräters ein. Zu Recht? Vielleicht hoffte er, durch seine »Kooperation« zu überleben. Möglicherweise quälte ihn das Schicksal seiner eigenen Familie so sehr, dass ihm alles andere gleichgültig wurde. Immerhin waren seine Kinder und Enkel verhaftet oder verschleppt und sein gesamter Besitz konfisziert worden. Er wusste nicht, ob die Rache des Regimes vor seinen unschuldigen Kindern Halt machen würde. Zudem hatten ihn die Umstände der Gefangenschaft, Monate in Einzelhaft, mit schweren Ketten gefesselt, stundenlange Verhöre, Schlafen bei grellem Scheinwerferlicht, die Ungewissheit um das Schicksal der Familie und permanenter Hunger physisch und psychisch zermürbt. Einem Mitangeklagten soll er zugeflüstert haben: »Sie müssen verstehen, ich werde nach so vielen Namen gefragt, es tauchen so viele Namen auf, dass ich Namen zugeben und nennen muss, von denen ich glaube, dass sie nicht zu retten sind. Nur so kann ich meine Glaubwürdigkeit für andere Fälle behaupten.« Tatsächlich bewahrte er mittels seiner eigenen Taktik der Irreführung einige Freunde vor der Verhaftung – obwohl er mit hoher Wahrscheinlichkeit unter Drogen gesetzt worden war. Ein Mitverschwörer, der Goerdeler gegenübergestellt worden war, berichtete, dass Goerdeler den verhörenden Gestapo-Beamten unentwegt anschauen musste und dabei mehr Angaben machte als notwendig. Er habe den sichtlich Gezeichneten nur noch an der Stimme erkannt. Fabian von Schlabrendorff hatte mehrmals Gelegenheit, Goerdeler im Gefängnis unbemerkt zu sprechen. Dabei vereinbarten die beiden Männer, sich offiziell nicht zu kennen. Als die Gestapo Schlabrendorff mit Gegenüberstellung drohte, leugnete er heftig ab, ebenso Goerdeler. »Diese seine Festigkeit hat mir damals das Leben gerettet«, meinte Schlabrendorff, »die Tatsache verdient umso mehr Anerkennung, als das Aussehen von Goerdeler den Verdacht nahe legte, dass er von der Gestapo in eine Art Rauschzustand versetzt worden war, um ihn zum Sprechen zu bringen.«

Letztlich blieb Goerdeler wie viele andere seiner Mitverschwörer auf fatale Weise seinem Wahrheitsglauben treu. Er betrachtete es bis zum Schluss als seine Pflicht, dem verblendeten Regime die Augen zu öffnen und damit doch noch seinen Beitrag zum Wohl des Landes zu leisten. Die Haltung der Angeklagten, die auch unter dem ungeheuren Druck keinen Millimeter von ihrer gelebten Überzeugung abwichen, mag man als weltfremd abtun. Es war aber das einzige Mittel, mit dem sie das mörderische Regime in Bedrängnis bringen konnten.

Zwei der Angeklagten haben mich tief beeindruckt. Der eine war der Herr Wirmer, und der andere war Ulrich von Hassell, ehemals Botschafter in Rom, beide sehr männlich, sehr tapfer und voller Verachtung für dieses Gericht, dem sie ausgeliefert waren. Ich habe sehr viel später mit Genugtuung dem überlebenden Bruder von Herrn Wirmer berichten können über die Haltung seines Bruders vor diesem schrecklichen Gericht.

Helmut Schmidt, nahm als Beobachter am Prozess gegen Goerdeler und andere teil

Der Prozess gegen Carl Friedrich Goerdeler begann am 7. September 1944. Es war der Auftakt zu einer Reihe von Prozessen gegen die »zivilen« Verschwörer. Freisler hielt Goerdeler für den »Kopf« des Widerstands, da er für den 20. Juli Reden und Notstandsverordnungen vorbereitet hatte. Neben ihm auf der Anklagebank saßen der Gewerkschafter und Sozialdemokrat Wilhelm Leuschner, der Diplomat Ulrich von Hassell, der Berliner Rechtsanwalt Josef Wirmer und der Industriemanager Paul Lejeune-Jung. Wie in den vorherigen Prozessen brüllte Freisler die Verschwörer mit endlosen Hasstiraden nieder. Helmut Schmidt saß damals im Gerichtssaal. »Ich war erschlagen von der Prozessführung«, berichtet er später. Zwei der Angeklagten beeindruckten ihn durch ihre Haltung besonders: »Der eine war Josef Wirmer und der andere Ulrich von Hassell, ehemals Botschafter in Rom. Beide waren sehr männlich, sehr tapfer und voller Verachtung für dieses Gericht, dem sie ausgeliefert waren.« Helmut Schmidt ließ sich für den zweiten Prozesstag von seiner Dienststelle entschuldigen. Er hätte nicht noch einmal dorthin gehen können, so unerträglich und abstoßend fand er das unwürdige Spektakel.

Am zweiten Verhandlungstag wurde Freislers Dramaturgie empfindlich gestört, als Josef Wirmer es wagte, bei der Urteilsverkündung das Wort zu ergreifen: »Wenn ich hänge, habe nicht ich die Angst, sondern Sie!« Freislers Stimme überschlug sich vor Wut: »Bald werden Sie in der Hölle sein!« Darauf entgegnete Wirmer gelassen: »Es wird mir ein Vergnügen sein, wenn Sie bald nachkommen, Herr Präsident.« Alle fünf Männer wurden zum Tode verurteilt, bei von Hassell, Lejeune-Jung und Wirmer wurde das Urteil sofort vollstreckt. Leuschners Martyrium sollte noch 20 Tage dauern, dann wurde auch er ermordet.

Oben: »Voller Verachtung für dieses Gericht«: Ulrich von Hassell nötigte dem Prozessbeobachter Helmut Schmidt Respekt ab.
Unten: »Männliche Haltung«: Josef Wirmer auf der Anklagebank des Volksgerichtshofs.

Mit der Vollstreckung des Urteils bei Goerdeler ließen sich die Henker bis zum 2. Februar 1945 Zeit, weil sie hofften, noch mehr Informationen über den Aufbau und die Struktur der Widerstandsgruppen aus ihm herauszupressen. Während der ihm verbleibenden fünf Monate verfasste der zum Tode Verurteilte, der die Hoffnung zu überleben nicht aufgab, in seiner Zelle eine Denkschrift nach der anderen. In seinen »Gedanken eines zum Tode Verurteilten« äußerte sich Goerdeler über den Verlauf seines Prozesses: »Meinem Verteidiger war meine Verteidigung ein Gräuel. ... Keiner von uns Angeklagten durfte auch nur drei zusammenhängende Sätze sprechen. Der Vorsitzende sprach fast ausschließlich allein. Wir konnten unsere Motive nicht darlegen, nichts. Es stand von vornherein fest, dass wir als dumme und ehrlose Verbrecher erscheinen sollten und mussten.«

Wieder fand Freislers Verhandlungsstil nicht überall in der Führungsspitze der Nazis Gefallen. Beim Goerdeler-Prozess platzte Reichsjustizminister Thierack schließlich der Kragen, wenn auch nicht aus Menschenfreundlichkeit, sondern lediglich »im Interesse der Sache«. Mit seiner Beschwerde wandte er sich, wie schon zuvor Kaltenbrunner, an den Reichsleiter Martin Bormann: »Leuschner und von Hassell ließ er nicht ausreden. Er überschrie sie wiederholt. Das machte einen schlechten Eindruck, zumal der Präsident etwa 300 Personen das Zuschauen gestattete. ... Leider redete er Leuschner als Viertelportion und Goerdeler als halbe Portion an und sprach von den Angeklagten als Würstchen. Darunter litt der Ernst dieser gewichtigen Versammlung erheblich.« Freisler schien diese Kritik, sollte sie je bei ihm angekommen sein, in keinster Weise beeindruckt zu haben. Er machte weiter wie gehabt. Während die Alliierten immer vehementer Deutschland bombardierten und eine Stadt nach der anderen in Trümmern versank, fällte er ein Todesurteil nach dem anderen.

Am 22. September 1944 glückte den Gestapo-Ermittlern ein äußerst brisanter Aktenfund: Das gesamte von Hans von Dohnanyi versteckte Material der Umsturzpläne von Beck, Oster und Halder aus den späten Dreißigerjahren tauchte plötzlich in einem Tresor des Oberkommandos des Heeres in Zossen auf. Es enthielt verräterische Adressenlisten, Protokolle, Einsatzpläne und Notizen zur Blomberg-Fritsch-Affäre. Aus den Unterlagen ging hervor, dass die Verschwörer von 1938 den Krieg verhindern wollten. Ferner kritisierten sie Hitlers »Behandlung der Judenfrage« sowie den »verderblichen Einfluss« Himmlers und der Gestapo. Hitler war schockiert. Seine »ehrgeizige Offiziersclique« hatte unverhofft Zuwachs aus höchsten Wehrmachtskreisen bekommen. Plötzlich erschien die Motivlage der Attentäter des 20. Juli in einem ganz neuen Licht. Langsam dämmerte es ihm, welches Ausmaß das Komplott gegen ihn tatsächlich hatte. In seiner Bestürzung ordnete er absolute Geheimhaltung an. Keines der Dokumente sollte ohne seine ausdrückliche Genehmigung in der Öffentlichkeit gezeigt werden. Er ließ schließlich sogar den Prozess gegen den Verschwörerkreis von 1938 zurückstellen. In der so genannten Aktion »Gewitter« des RSHA wurden mehrere tausend Personen verhaftet, die mit den Ereignissen des 20. Juli kaum etwas zu tun hatten. Betroffen waren vor allem auch sozialdemokratische und kommunistische Politiker der Weimarer Republik. Ein hoher Beamter des Justizministeriums fasste zusammen, was damals vermutlich viele seiner Kollegen dachten: »Der 20. Juli wächst uns über den Kopf. Wir werden der Sache nicht mehr Herr.«

Im Bewusstsein des Volkes spielten solche Befürchtungen keine Rolle, da die Berichterstattung bereits Mitte August eingestellt worden war und selbst die Listen der Hingerichteten nicht mehr abgedruckt werden durften. Längst waren die Deutschen wieder zu ihren alltäglichen Sorgen und Nöten zurückgekehrt. Die Hoffnung der Verschwörer, die Menschen mit aufzurütteln, hatte sich nicht erfüllt, wie die Nazi-Propaganda befriedigt konstatierte. Von »Entrüstung« und »hellster Empörung« der Bevölkerung ist in den Berichten die Rede. Goebbels brachte den propagandistischen Mehrwert auf den Punkt: Der 20. Juli habe »wie eine Reinigungskur« gewirkt, er habe »mehr Nutzen als Schaden gebracht«. Tatsächlich hatte das misslungene Attentat vom 20. Juli die Stimmung im Reich noch einmal zugunsten Hitlers gewendet. Der »Führer« hatte überlebt – für viele ein Zeichen »göttlicher Vorsehung«. Die verzweifelte verquere Hoffnung, diesen Krieg nicht verlieren zu wollen, versperrte den Blick auf die Realität. Noch immer klammerten sich viele Deutsche an die Mär vom »Endsieg« und vertrauten auf die viel gepriesenen »Wunderwaffen«. Doch unauf-

Eines Tages hörte ich in der Zelle neben mir, wie eine Männerstimme sang. Zuerst leise, dann immer lauter: »Ein' feste Burg ist unser Gott ...« Es war Reformationstag. Der Sänger war Dr. Eugen Gerstenmaier, der uns auf diesen Tag aufmerksam machte. Wie oft hatten wir dieses Lied in unserem Leben gesungen. Jetzt erst, so schien es mir, offenbarte es den tiefsten Sinn. Dieses Lied an diesem Tag aus einem tapferen Herzen des Kameraden war ein großer Trost für alle, die es hörten.
Hans Fritsche, Häftling in Tegel

»Die leben alle nicht mehr«: Auch Adolf Reichwein (hier mit seinen Kindern) wurde schon am Tage der Urteilsverkündung in Plötzensee hingerichtet.

haltsam rückte die Rote Armee auf die deutsche Reichsgrenze im Osten zu. Am Nachmittag des 11. September 1944 betraten die ersten US-Soldaten bei Trier deutschen Boden. Die Wehrmacht hatte dem nur noch wenig entgegenzusetzen. Mit dem so genannten »Führer«-Erlass vom 25. September, demzufolge alle »waffenfähigen« Männer zwischen 16 und 60 Jahren zum Volkssturm eingezogen werden sollten, setzte Hitler ein deutliches Zeichen für den bevorstehenden Untergang. Der Krieg, den er entfesselt hatte, kehrte zu seinen Wurzeln zurück. Der Diktator ließ sich kaum noch in der Öffentlichkeit blicken. In seiner selbst gewählten Scheinwelt wartete der von Wahn und Krankheit gezeichnete Tyrann auf die wundersame Kriegswende.

Während die Fronten immer näher an Berlin heranrückten, lief Freislers Mordmaschinerie auf Hochtouren. Unbeirrt fällte er weiterhin Todesurteil um Todesurteil. Mit seinem Menschen verachtenden Rigorismus glaubte er zum Überleben des nationalsozialistischen Regimes beitragen zu können. Im Oktober 1944, als die Rote Armee die Grenzen Ostpreußens überschritten hatte, wurde der Sozialdemokrat Adolf Reichwein vom Volksgerichtshof zum Tod durch den Strang verurteilt. Als seine Frau

Dass es so weit gehen würde, dass auch die Familie betroffen sein würde, daran hat keiner gedacht. Mein Vater wusste nur, dass er selbst, wenn irgendwas schief gehen würde, in großer Gefahr wäre.

Fey Pirzio-Biroli, Tochter des Verschwörers Ulrich von Hassell

Rosemarie davon erfuhr, setzte sie alle Hebel in Bewegung, um ihren Mann noch einmal lebend zu sehen. »Am nächsten Tag bin ich nach Plötzensee rausgefahren, weil ich wusste, dass alle, die verurteilt sind, in Plötzensee hingerichtet wurden«, erzählt sie gefasst. »Da sagte mir der Pförtner: ›Ach, waren das die von heute Nachmittag? Die leben alle nicht mehr.‹ Da war mir klar, dass das Urteil sofort vollstreckt worden war.« Der ersten Trauer wich schon bald ein Gefühl der Erleichterung: »Natürlich war man sehr erschüttert, aber ich dachte, nun hat der Schrecken ein Ende.« So wie Rosemarie Reichwein mögen viele Frauen der Hingerichteten empfunden haben.

Während die Männer des 20. Juli verhaftet, gefoltert und ermordet wurden, gerieten auch ihre Familienangehörigen in die Fänge der Verbrecher. Am 3. August 1944 erläuterte der Reichsführer SS Heinrich Himmler den anwesenden Gauleitern in Posen sein Verständnis von Sippenhaft: »Sie brauchen bloß die germanischen Sagas nachzulesen. ... Dieser Mann hat Verrat geübt, das Blut ist schlecht, da ist Verräterblut drin, das wird ausgerottet. Bei der Blutrache wurde ausgerottet bis ins letzte Glied.« Die logische Schlussfolgerung daraus konnte für ihn nur das eine bedeuten: »Die Familie Graf Stauffenberg wird ausgelöscht werden bis ins letzte Glied.« Angespornt vom tosenden Beifall, geiferte er weiter: »Denn das muss ein einmaliges warnendes Beispiel sein. Außerdem wird man dann allen in Deutschland freistellen, die Stauffenberg heißen, überhaupt allen, die unglückseligerweise Namen tragen, die in diesen Verratsprozess verwickelt sind, dass sie beantragen können, ihre Namen zu ändern, weil man ihnen nicht zumuten kann, den Namen eines Schuftes und Verräters weiter zu

Im Zuge der Untersuchungen zum 20. 7. musste eine größere Anzahl von Frauen in Haft genommen werden. Gleichzeitig mit der Inhaftnahme wurden die Kinder unter 16 Jahren Heimen der NSV [Nationalsozialistische Volkswohlfahrt] überstellt. Um sie nicht unnötigen Anfeindungen seitens ihrer Umgebung auszusetzen, wurde ihnen für die Dauer ihres Aufenthalts in den betr. Heimen ein neutraler Name gegeben... Die Kinder wurden in den Heimen normal betreut.

Rundschreiben der »Sonderkommission 20. Juli«, 14. Dezember 1944

»Ausrotten bis ins letzte Glied«: Himmler (links) am Tag nach seiner Posener Rede. Er setzte die so genannte Sippenhaft für die Familien der Verschwörer durch.

tragen.« In der weiteren Rede kündigte er an, Hab und Gut der Verschwörer und ihrer Familien rücksichtslos einzuziehen: »Sie können sicher sein, die letzte Tante Frieda in irgendeinem Geschlecht wird jetzt ihren Neffen oder ihren Sohn vornehmen und sagen: ›Dass du deinen Eid hältst, du bringst sonst die ganze Familie in Gefahr.‹ Wir werden dabei gut fahren.«

Die »Sippenhaft« war nicht nur als Instrument zur Bestrafung der Angehörigen gedacht, sondern sollte auch als Druckmittel gegen die Verschwörer eingesetzt werden. Die Gestapo konnte damit den Männern, die trotz Folter standhaft geblieben waren, mit der Misshandlung von Frau und Kindern drohen – eine unvorstellbar schwere Gratwanderung für die Verhörten, die weitere Namen von Mitverschwörern nennen sollten. Im Fall von Goerdeler weiß man, wie sehr ihn das ungewisse Schicksal seiner Familie quälte. Verzweifelt schrieb er: »Die mir Liebsten weiß ich in Not und Leid, aber ich habe kein Zeichen von ihnen. Und doch weiß Gott, dass ich alles gewagt habe, weil ich der Jugend, den Männern und Frauen aller Völker weiteres Leid und neue Not ersparen wollte! Herr, wo ist des Rätsels Lösung? Die Verbrecher triumphieren!«

Himmler ließ seiner Androhung schon bald Taten folgen. Die Familie Stauffenberg musste mit dem Schlimmsten rechnen. Erst drei Tage nachdem Claus Stauffenberg die Bombe unter dem Tisch in der »Wolfsschanze« deponiert hatte, fanden die Schergen der Gestapo Nina, die Frau des Attentäters, mit den Kindern in der Sommerfrische in Süddeutschland. Die Zeit des Wartens half der schwangeren Frau, mit sich »ins Reine zu kommen« und im Sinne ihres toten Mannes zu handeln, denn er hatte ihr verboten, loyal zu ihm zu stehen. Um das Überleben ihrer Kinder zu sichern, sagte sie ihren acht und zehn Jahre alten Söhnen Berthold und Heimeran, der Vater habe sich geirrt: »Die Vorsehung schützte unseren lieben Führer.« Die Gestapo verhaftete alle Mitglieder der Familie Stauffenberg. So hatte es Himmler angeordnet. Außerdem wurde unverzüglich der gesamte Besitz eingezogen, auch jener der angeheirateten Verwandten.

Der bemitleidenswerten Nina blieb nach dem Tod ihres Mannes nichts erspart. Zusammen mit ihrer Schwiegermutter kam sie ins Konzentrationslager Ravensbrück. Ihre vier Kinder Berthold, Heimeran, Valerie und Franz Ludwig wurden am 17. August verschleppt. Die Schwägerin des Attentäters, die Fliegerin Melitta Gräfin Schenk von Stauffenberg, war nur kurz in Haft. Da sie kriegswichtige Aufgaben zu erfüllen hatte, wurde sie nach sechs Wochen wieder auf freien Fuß gesetzt. Ihre Tätigkeit als Testpilotin nahm Melitta, die sich nur noch Gräfin Schenk nennen durfte, zum Vorwand, ihre inhaftierten Verwandten zu besuchen. Von ihr erfuhr die überglückliche Nina Stauffenberg, dass die Kinder noch lebten. Tragischerweise wurde die 42-Jährige von einem amerikanischen Jagdflugzeug abgeschossen, als sie zu ihrem Mann fliegen wollte, der ins bayerische Konzentrationslager Schönberg verlegt worden war. Es war ein herber Verlust für die Familie. Ihre Schwägerin Nina brachte nach fünf Monaten Einzelhaft das fünfte Kind, Töchterchen Konstanze, zur Welt. Ihre eigene Mutter starb im Februar 1945 in einem SS-Straflager.

Für die Sippenhaft gab es keine klaren Richtlinien, nicht alle Ehefrauen wurden verhaftet. Nach Himmlers Willen wurde von Fall zu Fall entschieden. Nun mussten auch die Angehörigen der anderen Verschwörer fast stündlich mit dem Erscheinen der Gestapo rechnen. Den meisten

Falls das Attentat misslingen würde, hatte er mir verboten, loyal zu ihm zu stehen. Das Wichtigste sei, dass einer von uns den Kindern erhalten bliebe. Das war mir ein Befehl, und danach habe ich gehandelt. Ich habe mich der Gestapo als dumme kleine Hausfrau mit Kindern und Windeln und schmutziger Wäsche dargestellt.

Nina Gräfin Schenk von Stauffenberg

Eine Inhaftnahme der ganzen Sippe wurde für die Familie Stauffenberg (gräfliche Linie) durchgeführt.

Rundschreiben der »Sonderkommission 20. Juli«, 14. Dezember 1944

»Gräfin Schenk«: Melitta von Stauffenberg, die Schwägerin des Attentäters, durfte ihren vollen Namen nicht mehr benutzen.

Betroffenen war nicht klar, wie weit die Rache des Regimes reichen würde. Was würde mit den Kindern geschehen?, fragten die auf sich gestellten Mütter bang. Der Hass richtete sich anfangs vor allem gegen die Angehörigen adliger Verschwörer. Robert Ley, der Chef der Deutschen Arbeitsfront, bezeichnete den Adel in einem Hetzartikel des *Angriff* als den verlängerten Arm des Judentums. Deshalb forderte er: »Es genügt nicht, die Täter allein zu fassen und unbarmherzig zur Rechenschaft zu ziehen, man muss auch die ganze Brut ausrotten.« Es waren Worte, welche die Angehörigen ernst zu nehmen hatten. In ihrer Not erinnerte sich Marianne Schwerin daran, dass ihr Mann sie immer wieder beschworen hatte, sich an seinen Cousin, den Reichsfinanzminister Schwerin von Krosigk, zu wenden, sollte sie Hilfe brauchen. Nach reiflicher Überlegung schickte sie ihren jüngeren Bruder Ulrich Sahm nach Berlin. Der Besuch bei dem prominenten Verwandten verlief zunächst enttäuschend. »Ich dachte, der einzige Mensch, den wir in diesem komischen Staat kennen, der kann vielleicht helfen«, erinnert sich Ulrich Sahm an seine Gedanken von damals, »aber der war

Der Reichsführer hat nun abgelehnt, im Augenblick besondere Grundsätze zur Frage der Sippenhaftung aufzustellen. Aufrechterhalten bleibt die Haft hinsichtlich der gesamten gräflichen Familie von Stauffenberg. Sonst wird jeder Einzelfall für sich geprüft.

Schreiben Ernst Kaltenbrunners, des Chefs der Sicherheitspolizei und des SD, vom 25. Oktober 1944 an den Leiter der Parteikanzlei, Martin Bormann

Es ist bewiesen, dass die Sippenhaft durchgezogen werden sollte bis zur Vernichtung.

Albrecht von Hagen, Sohn des Verschwörers Albrecht von Hagen

Wir wussten nicht, dass die Prozesse stattfanden. Selbst Reichsfinanzminister Schwerin von Krosigk, ein Verwandter meines Schwagers, konnte nichts darüber in Erfahrung bringen.

Ulrich Sahm, Schwager von Ulrich-Wilhelm Graf von Schwerin von Schwanenfeld

hochnäsig. Der war nicht sehr hilfreich.« Als Angehöriger des Nazi-Regimes wusste Krosigk, dass jeder, der den Widerstandskämpfern und deren Angehörigen half, selbst ins Visier der Fahnder geraten würde, und verhielt sich entsprechend zurückhaltend. Kurz darauf wurde Ulrich Sahm, ein unerschrockener junger Mann, in Potsdam wegen Verdunkelungsgefahr verhaftet und für 13 Tage ins Potsdamer Gefängnis gebracht. Dabei hatte er, gemessen an dem Schicksal gänzlich Unbeteiligter, noch Glück. Er wurde vier Tage lang von der Gestapo verhört und schließlich wieder freigelassen. Natürlich ließ er nichts darüber verlauten, dass sein Schwager ihn für den 21. Juli nach Berlin bestellt hatte. Sahm vermutet, dass er ihm für den Fall des geglückten Attentats hätte zur Seite stehen sollen. Nach seiner Entlassung fuhr er unverzüglich nach Göhren zurück, wo er das Haus seiner Schwester leer vorfand. Marianne Schwerin war einen Tag zuvor mit ihren drei Kindern von der Gestapo abgeholt worden.

Die Festnahme der Familie Schwerin trug schon fast groteske Züge. Marianne Schwerin wurde mit den beiden Söhnen Wilhelm und Christoph und ihrem wenige Wochen alten Säugling verhaftet. Die Kinderschwester ging aus freien Stücken mit. Da für so viele Personen kein Platz im Wagen der Gestapo war, mussten die Söhne ihren Transport selbst in die Hand nehmen. Sie kauften sich eine Zugfahrkarte und reisten auf eigene Kosten nach Güstrow nach, wo Marianne Schwerin ins Gefängnis und die Söhne in ein Kinderheim kamen. Als der 15-jährige Wilhelm in eine der Mutter benachbarten Zelle verlegt wurde, fiel sie ihm überschwänglich um den Hals, küsste ihn immer wieder und flüsterte ihm dabei ins Ohr, was sie der Gestapo im Verhör erzählt hatte. So war Wilhelm vorgewarnt.

Zu Hause in Göhren liefen währenddessen die Telefondrähte heiß. Ulrich Sahm stand nun im ständigen Telefonkontakt zum Reichsfinanzminister Schwerin von Krosigk, der ihn zuvor noch abgewiesen hatte. Aber das war ihm egal. Jetzt ging es nur noch darum, die Familie zu retten. Er hatte das Glück, an verständnisvolle Telefonistinnen zu geraten, die ihn gleich durchstellten. In diesen Zeiten dauerte es manchmal bis zu zehn Stunden, bis man eine Telefonverbindung bekam. Sahm erreichte, dass der Reichsfinanzminister ein Gnadengesuch an Hitler persönlich stellte. In dem Brief bat Schwerin von Krosigk allerdings ausdrücklich nicht für seinen Vetter Schwerin, »aber darum, dass im Falle seiner Verurteilung seine Angehörigen nicht unter den Folgen seiner Tat zu leiden haben«. Er

Oben links: »Die Familie retten«: Ulrich Sahm setzte sich bei Schwerin von Krosigk für die Haftverschonung seiner Schwester Marianne Schwerin und deren Söhnen ein.
Oben rechts: »Nicht sehr hilfreich«: Reichsfinanzminister Lutz Schwerin von Krosigk scheute zunächst davor zurück, der Familie seines Cousins Schwerin von Schwanenfeld zu helfen.
Unten: »Ich dachte an die vielen Morde«: Ulrich-Wilhelm Graf von Schwerin von Schwanenfeld blieb auch vor Freisler standhaft.

erklärte sich sogar bereit, für die nationalsozialistische Erziehung der Söhne Wilhelm und Christoph einzustehen. Seine Bemühungen waren jedoch vergeblich. Hitlers Sekretär Bormann beauftragte Gestapo-Chef Müller, sich der leidigen Angelegenheit anzunehmen. Am 8. September antwortete er Schwerin von Krosigk, dass er nichts für ihn tun könne: »Im Hinblick auf die äußerst schweren Belastungen des Verräters Schwerin halte ich die Aufrechterhaltung der Sippenhaft in diesem Umfang für erforderlich.«

Ulrich-Wilhelm Schwerin, der zum engsten Verschwörerkreis gehörte, konnte keine Gnade erwarten. Er wurde an dem Tag hingerichtet, an dem Gestapo-Chef Müller seine Absage an Schwerin von Krosigk schickte. Eine Woche zuvor hatte man seine beiden älteren Söhne von der Mutter getrennt und zusammen mit 44 anderen Kindern aus 19 »Verräterfamilien« in ein Heim der Nationalsozialistischen Volkswohlfahrt nach Bad Sachsa im Südharz gebracht. Das jüngste Kind war erst zehn Tage alt. Man kann sich vorstellen, welche Höllenqualen die Mütter durchlitten, die nicht wussten, wohin man ihre Kinder verschleppt hatte.

Wieder war es der hilfreiche Bruder der Gräfin, Ulrich Sahm, der sich um den Verbleib seiner Neffen kümmerte. Da mit der Verurteilung seines Schwagers auch das gesamte Vermögen eingezogen worden war, stand die Familie vor dem finanziellen Ruin. Auch diese Probleme mussten gelöst werden. Die mit Abstand schlimmste Aufgabe war jedoch für ihn, seiner Schwester die traurige Mitteilung vom Tod ihres Mannes zu überbringen. Da er sie nicht besuchen durfte, hätte er schreiben müssen. Doch das brachte er nicht übers Herz. Also wartete er damit, bis sie aus dem Gefängnis entlassen wurde. Die Nachricht von der Hinrichtung traf Marianne Schwerin nicht völlig unvorbereitet. Ihr Kummer wurde dadurch verstärkt, dass sie nicht wusste, was mit ihren älteren Söhnen geschehen war. Wie weit würde Himmlers Rache gehen? Selbst ihr Verwandter, der Reichsfinanzminister, befürchtete das Schlimmste. Würde Himmler mit seinem wirren Gefasel von »Blutrache« und »Ausrottung« Ernst machen?

Ich habe meine Schwester aus der Gestapo-Haft abgeholt und musste ihr mitteilen, was sie schon geahnt hatte: Dass ihr Mann hingerichtet worden war. Das war natürlich ein schwerer Schlag für sie, weil sie zudem auch nicht wusste, wo ihre beiden Söhne hingebracht worden waren.

Ulrich Sahm, Schwager des Verschwörers Ulrich-Wilhelm Graf von Schwerin von Schwanenfeld

Johanna Rathgens, die Frau des Neffen von Generalfeldmarschall Kluge, wurde von den Schwiegereltern bedrängt, ihr Neugeborenes für alle Fälle – »weil man ja nicht wüsste«, ob Himmler seine Drohungen wahr machen und die Kinder töten lassen würde – taufen zu lassen. Auch Johanna Rathgens erfuhr, was es bedeutete, die Frau eines Verfemten zu sein. Ein Besuch ist ihr besonders in Erinnerung geblieben: »Plötzlich standen vier Mann vor der Tür, zwei von der Gestapo und zwei vom Finanzamt, weil die immer verwalten mussten, was sie beschlagnahmten. Diese grässlichen Leute überreichten mir zwei Schreiben: Das eine war der Bescheid von der Hinrichtung meines Mannes. Auf dem zweiten Dokument stand, dass alles beschlagnahmt sei, mir nichts mehr gehöre. Selbst die Windeln vom Baby waren aufgeführt. Völlig irre.« Fortan war sie auf die Unterstützung von Verwandten und Freunden angewiesen. Die Angst um die Kinder blieb bestehen. Ein Anwalt gab ihr nach dem Tod ihres Mannes den wohl gemeinten Rat, sich nachträglich scheiden zu lassen. Als sogar ein Freund die trauernde Frau zu diesem Schritt drängen wollte, reagierte sie mit einer Mischung aus Empörung und Entsetzen. Niemals hätte sie diesen Verrat, wie sie es nannte, begehen können. Die Sippenhaft blieb ihr auf wundersame Weise erspart.

Es war schlimm, dass mein Mann nicht mehr da war, und ich sagte mir dann: Dann müssen sie eben mich und die Kinder auch noch umbringen, mein Leben ist sowieso nicht mehr dasselbe. Aber meinen Mann werde ich nicht verraten.

Johanna Rathgens, Witwe des Verschwörers Karl Ernst Rathgens

Dieses Glück war den meisten anderen Familien der Widerständler nicht beschieden. Barbara Haeften wurde im RSHA festgenommen, als sie versuchte, etwas über das Schicksal ihres Mannes in Erfahrung zu bringen. Mit Schrecken dachte sie an ihr zwei Monate altes Baby, das sie noch stillte, und die anderen fünf Kinder. Vergeblich flehte sie den Gestapo-Beamten an, sie gehen zu lassen. Neun qualvolle Wochen verbrachte die verzweifelte Mutter im Gefängnis – ohne Nachrichten von den Kindern und

Von Six bin ich dann ins Prinz-Albrecht-Palais gegangen, denn ich hatte gehört, dass man dort unter Umständen etwas für die Verhafteten abgeben konnte, eine Decke oder auch etwas zu essen. Ich hoffte, eine Gesprächserlaubnis mit meinem Mann zu bekommen, der seit Sonntag nicht nach Hause gekommen war. Stattdessen schickte man mich in die Meinekestraße 10. Um vier Uhr sollte ich dort sein, und als ich hinkam und fragte, ob ich Kontakt zu meinem Mann haben könnte, hieß es, im Übrigen sei ich selber verhaftet. »Das kann doch gar nicht sein, wie kommen Sie denn darauf, ich muss doch zu meinen Kindern zurück, und außerdem habe ich ein Baby, das ich stillen muss.« Da sagte der Beamte: »Machen Sie sich keine Sorgen, die Kinder sind bestens versorgt.«

Barbara von Haeften, Witwe des Verschwörers Hans Bernd von Haeften

»Für die Kinder am Leben bleiben«: Barbara von Haeften (hier bei ihrer Heirat mit Hans Bernd von Haeften im Jahr 1930) gab der Gedanke an ihre Familie wieder Lebensmut.

ihrem inhaftierten Mann. Ihre von der Muttermilch geschwollenen Brüste schmerzten in der sommerlichen Hitze. Wie ihre anderen Leidensgenossinnen in Moabit, deren Kinder man verschleppt hatte, machte sie sich schlimmste Vorstellungen über deren Schicksal. Wurden die Kleinen womöglich zu medizinischen Zwecken missbraucht? Lebten sie überhaupt noch? Es waren verzweifelte Fragen, auf die es keine Antwort gab.

Barbara von Haeften hatte eine strenge Erziehung zur Wahrhaftigkeit genossen. Nun steckte sie in einem fürchterlichen Dilemma. Wie sollte sie sich im Verhör verhalten? Sie war überzeugt, dass der verhörende Beamte sie beim Lügen sofort ertappen würde. So steigerte sie sich in eine panische Angst hinein, die ihr fast den Verstand raubte. Harald Poelchau, der als Gefängnispfarrer Zugang zu den inhaftierten Frauen hatte, besuchte sie in ihrer Einzelzelle und redete ihr ins Gewissen, sie solle um alles in der Welt die Wahrheit verschweigen. Der Geistliche wusste: Die Ehefrauen der Verschwörer konnten sich nur retten, indem sie die ahnungslosen und betrogenen Witwen spielten – gegen ihre innere Überzeugung. »Sie müs-

»Fels in der Brandung«: Harald Poelchau, Pfarrer im Gefängnis Plötzensee, spendete den Angehörigen der Hingerichteten Trost.

sen leugnen«, beschwor er sie, »Sie können doch nicht meinen, dass Sie den Nazis gegenüber die Wahrheit sagen müssen. Das ist ja gerade so, wie wenn Sie in ein Kornfeld gesetzt werden und es von Unkraut befreien sollen.« Poelchau tat alles, was in seiner Macht stand, um ihr aus ihrer Angst herauszuhelfen. Er versprach, Fotos von ihren Kindern zu besorgen, damit die arme Frau nicht durchdrehte. »Da war ich zum Glück so wach«, erinnert sich Barbara von Haeften, »dass ich da raushörte: Du fängst an zu spinnen, weil meine Gedanken immer um dieses scheußliche Verhör bei der Gestapo kreisten. Ich musste mich also ablenken.« Poelchau war es auch, der den Frauen die Nachricht vom Tod ihrer Ehemänner überbrachte. Bei Barbara von Haeften, die vor Sorge und Angst ohnehin schon halb wahnsinnig war, fiel es ihm besonders schwer. Erst eine Woche nach der Hinrichtung teilte er ihr den Tod ihres Mannes mit. Sie ist ihm bis heute dankbar für seinen Mut: »Es war beinahe eine Befreiung, denn ich wusste, dass mein Mann nun den Scheußlichkeiten der Gestapo entgangen und bei Gott war. Da wurde mir bewusst: Jetzt musst du versuchen durchzukommen, um für die Kinder am Leben zu bleiben. Da fiel mir das Leugnen vor der Gestapo auch nicht mehr schwer.«

Der Gefängnispfarrer erwies sich für viele Frauen als der Strohhalm, an den sie sich während ihrer Haftzeit klammern konnten. Clarita von Trott zu Solz weiß bis heute zu schätzen, dass er in der Einsamkeit der Trauer für sie da war: »Als er mir den Tod meines Mannes mitteilen musste und ich ihn fragte: Wie kann Gott es zulassen, dass die Allerbesten uns genommen werden?, sagte er: ›Wenn Gott nur müde alte Männer genommen hätte, dann hätte das keine Saat abgegeben, aus der eine reiche neue Ernte hätte wachsen können.‹« Und Clarita von Trott zu Solz fährt fort: »Zumindest spürte man, da ist jemand, der fühlt die Frage wie wir, und der fühlt, wie schwer das ist, und der sieht noch einen Sinn.« Poelchau gab den Frauen Zuversicht und Lebensmut, er war der Fels in der Brandung, das Licht am Ende des Tunnels – ein ungewöhnlich tapferer Mann, der seine Stärke aus dem festen Glauben an Gott ableitete. Seine Arbeit empfand er als Berufung. Nur durch dieses Empfinden und die Unterstützung seiner Frau Dorothee konnte er das Leid, das er all die Jahre miterlebte, ertragen. Als Gefängnispfarrer war er für die Haftanstalten Tegel, Moabit, Brandenburg und Plötzensee zuständig. An manchen Tagen begleitete er 30 bis 40 Gefangene zur Hinrichtung, mehr als 1000 waren es bis Kriegsende. Er half ihnen, Abschied zu nehmen, damit sie ruhig und gefasst ihren letzten Weg gehen konnten. »In den ersten Jahren litten meine Nerven. Ich hatte oft Angstzustände. Mich bedrängte ein gewisser Reinigungszwang, das Gefühl, alle diese Dinge der Nacht, des Todes, abwaschen zu müssen«, gestand Poelchau, »doch auch damit wurde ich fertig. Je länger ich meinen Beruf ausübte, desto stärker spürte ich: Das hier ist meine Stelle, meine Aufgabe.«

Auch außerhalb der Gefängnismauern genoss er den Ruf des rettenden Engels. Gemeinsam mit seiner Frau Dorothee hortete er Lebensmittel im Keller, die er untergetauchten Juden zukommen ließ. Für sein selbstloses Engagement wurde er kurz vor seinem Tod 1972 in Israel als Botschafter des anderen Deutschland geehrt.

Was damals nur wenige wussten: Seit 1942 arbeitete Poelchau aktiv in der christlich geprägten Widerstandsgruppe Kreisauer Kreis mit, die Helmuth James Graf von Moltke einige Male auf seinem Gutshof im schlesischen Kreisau versammelte. Dort hatten sie gemeinsam Pläne für ein neues, demokratisches Deutschland entworfen. Nach dem Sprengstoffanschlag des 20. Juli gerieten die meisten der Freunde in die Fänge der Gestapo, sofern es sie nicht schon erwischt hatte. Auf wundersame Weise blieb Poelchau als Einziger vor der Verhaftung bewahrt. Trotz der »verschärften Vernehmungen« wurde sein Name nicht genannt. So war es ihm vergönnt, seine Mitstreiter bis zum Tod zu begleiten. Er spendete nicht nur seelischen Beistand. Mit ungeheurem Mut schmuggelte er auch Nahrungsmittel und Briefe in die Zellen und anschließend Botschaften für die Angehörigen wieder mit hinaus – ganz gleich, ob es sich um die Mitglie-

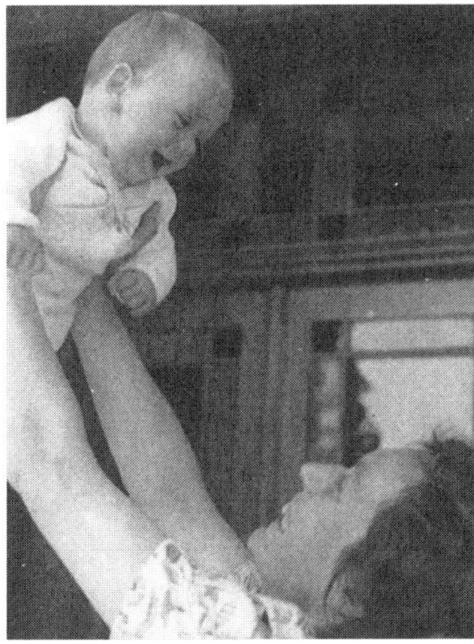

»Das Vermächtnis an die Kinder weitergeben«: Poelchau ermöglichte den Briefwechsel zwischen Freya von Moltke und ihrem Mann.

der des Kreisauer Kreises oder der kommunistischen »Roten Kapelle« handelte. So erreichten Dietrich Bonhoeffers Schriften nur dank des geistlichen Kuriers ihre Adressaten. Auch wurde erst durch ihn der bewegende Briefwechsel zwischen Helmuth von Moltke und seiner Frau Freya ermöglicht.

Freilich hatte er keinen Zugang zum Lehrter Gefängnis, wo der innere Kreis der Verschwörer des 20. Juli einsaß. Diesen wurde auf höchsten Befehl jeder seelische Beistand verwehrt. Ins Gefängnis Moabit, in dem die meisten Frauen der Widerständler inhaftiert waren, kam Poelchau nie ohne »Nervenfutter« in Form von Honigbrötchen oder anderen Köstlichkeiten, die er in seinen ausgewölbten Anzugstaschen verborgen hatte. Die Inhaftierten waren auf solche Zuwendungen angewiesen, da es kaum etwas zu essen gab. Erstaunlicherweise wurde er nie von einem der Gefängniswärter verraten. Es schien fast, als würde eine schützende Macht die Hand über ihn halten. Seine positive Lebenszugewandtheit gab er ungefiltert denen weiter, die es nötig hatten.

Für viele war er »eine Brücke ins Leben«. Reinhild von Hardenberg, die Nummer 36344 im Frauengefängnis Moabit, beschreibt Poelchau als »nach außen kühl und beherrscht, ganz unsentimental«. Sie empfand seine Art als »wohltuend und angenehm«. Heute fragt sie sich oft, ob er deshalb so früh starb, weil er sich das alles wesentlich mehr zu Herzen genommen hatte, als es nach außen schien. In den Gesprächen mit den inhaftierten Frauen bemühte er sich stets um Klarheit, denn letztendlich konnte niemand wissen, wohin die Sippenhaft führen würde.

Die ersten Tage im Gefängnis waren für die Frauen, deren Männer entweder schon tot waren oder bald hingerichtet wurden, eine Tortur. Die Zellen waren eng und unwirtlich. Ein in die Wand eingelassenes Bett stellte die einzige Sitzgelegenheit dar, ein Brett diente als Tisch. Marion Yorck lief wie ein »gefangener Tiger in der Zelle herum« und wäre »am liebsten immer die Wände hoch wie die Tiere im Zoo«. »Rein motorisch war ich gar nicht in der Lage, etwas anderes zu tun, als im Kreis herumzulaufen«, erinnert sie sich. Nachts konnten die Frauen kaum schlafen, da sie entweder von Wanzen zerbissen oder von den Detonationen niederprasselnder Bomben geweckt wurden. »Da saß ich, zusammengekauert, zitternd und gottverlassen allein mit meiner Angst«, gesteht Reinhild von Hardenberg, »und wartete, dass dieser Schrecken ein Ende nahm.« Später riet ihr Pfarrer Poelchau, sich im Falle eines Bombenangriffs immer in eine Ecke an der Innenseite des Raums zu setzen.

Mit der Zeit richtete man sich auf das Leben im Gefängnis ein. Beim täglichen Hofgang trafen sich die Frauen der Verschwörer, die sich zum größten Teil kannten. Es war immer eine gute Gelegenheit, Botschaften und Informationen untereinander auszutauschen. Das musste immer so unauffällig wie möglich vonstatten gehen, da Strafe drohte. Ansonsten konnte man sich nur noch beim gemeinsamen Duschen unterhalten. Reinhild von Hardenberg bezog ihre Nachrichten in erster Linie aus den Zeitungsfetzen, die ihr als Toilettenpapier dienten. Sie verlangte immer etwas mehr, als ihr zustand. Auf diese Weise erfuhr sie, wem der Prozess gemacht und wer hingerichtet worden war. Für sie waren diese Nachrichten »erträglicher als die entsetzliche Ungewissheit«, der viele der mitinhaftierten Frauen ausgesetzt waren. Außerdem benötigte sie die Informationen für das Verhör. Sie wollte wissen, wer bereits tot war, um nicht Lebende belasten zu müssen. Ihre Todesangst wurde noch verschärft durch die Befürchtung, dass sie es nicht schaffen würde, klaglos und erhobenen Hauptes in den Tod zu gehen, wie es viele der Männer bereits getan hatten.

Für die Behandlung der politischen Häftlinge gab es offenbar unterschiedliche Regelungen. Manche, wie Marianne Goerdeler, wurden auf sadistische Weise gequält. An den Händen gefesselt, musste sie nachts mit dem Gesicht in eine elektrische Birne schauen, die sie unaufhörlich anleuchtete. Nach der Verurteilung ihres Vaters ließ ihr ein Gestapo-Beamter eine Zeitung in die Zelle bringen, auf der die Schlagzeile »Tod durch

Erhängen für Goerdeler« dick unterstrichen war. Panisch klingelte sie nach der Wärterin, um das bedrohliche Blatt zurückzugeben. Darauf hörte sie Geflüster hinter der Zellentür und musste die Zeitung wieder an sich nehmen. Am nächsten Tag entschuldigte sich die Wärterin bei ihr, ein Gestapo-Beamter habe dies so verlangt, um ihre Reaktion durch den Spion der Zellentür beobachten zu können.

Nach einigen Wochen wurde die strenge Einzelhaft für die meisten Frauen gelockert. Doch um das kleine Stückchen Freiheit nicht zu gefährden, ließen sie sich nicht anmerken, wie gut sie sich untereinander kannten. In jenen Wochen entwickelten sie eine eigene Form der Verständigung: Mit Klopfzeichen an den Heizungsrohren signalisierten sie einander, welchen Psalm sie lasen oder welches Lied sie sangen. So hatten sie das Gefühl, einander nah zu sein. Das Klopfsystem hatte ihnen Harald Poelchau beigebracht. Wenn eine der Gefangenen die Hoffnung verlor, richteten sie die anderen wieder auf.

Anfang Oktober 1944 wurde der größere Teil der Ehefrauen freigelassen mit der Ermahnung, nichts über ihre Haft verlauten zu lassen und keine Trauer zu tragen. Die Witwen standen vor dem finanziellen Ruin, da das Todesurteil auch den Vermögenseinzug mit einschloss. Den völlig mittellosen Ehefrauen schickte man »der guten deutschen Ordnung halber« neben der Todesurkunde ihrer Männer auch noch die Rechnung der Bestattung.

Die »Sippenhäftlinge« in den Konzentrationslagern mussten bis zum Kriegsende ausharren. Im Lager Buchenwald fanden Angehörige der Familien Stauffenberg, Goerdeler, Hammerstein, Halder, Hassell, Hofacker und Thyssen, um nur einige Namen zu nennen, nach Zwischenaufenthalten in den KZs Stutthof und Ravensbrück zusammen. Als die Gefangenen vor dem Tor mit dem Schriftzug »Arbeit macht frei« und »Jedem das Seine« standen, überkam sie große Angst. Vor ihnen lag ein Gelände mit etwa 200 Baracken. Aus den Schornsteinen der Verbrennungsöfen strömte der unverkennbare Geruch von verkohlten Leichen. Die Sippenhäftlinge wurden jedoch nicht in das Zentrallager gebracht, sondern in eine isoliert stehende Baracke am Lagerrand, die ihnen in den nächsten Wochen als Unterkunft dienen sollte – für jede Familie ein kleines Zimmer mit Doppelstockbetten. Abgeschnitten von der Außenwelt, mussten sie dort bis Anfang April ausharren.

Es kam die Nachricht aus Berlin, dass wir weggebracht werden müssten. Ein SS-Mann in Zivil hat mich und meine Kinder bis Innsbruck begleitet. Dort wurden mir die Kinder dann weggenommen.

Fey Pirzio-Biroli, Tochter des Verschwörers Ulrich von Hassell

»Die Tochter eines Verbrechers?«: Fey Pirzio-Biroli und ihre beiden Kinder Corrado und Roberto im Jahre 1943.

Fey Pirzio-Biroli, die Tochter von Ulrich von Hassell, hatte bereits eine schlimme Irrfahrt hinter sich, als sie ins Konzentrationslager Buchenwald eingeliefert wurde. Nach der Verhaftung in ihrem Haus im oberitalienischen Brazzà im September 1944 hatte man sie mit ihren beiden kleinen Söhnen Roberto und Corrado nach Innsbruck verschleppt. Dort wurde sie von zwei SD-Männern unsanft in Empfang genommen. »Sie sind also die Tochter dieses Verbrechers, dessen Kopf wir haben rollen lassen. Dieser Hund! Dieses Schwein. Sollen wir Sie mit Samthandschuhen anfassen?«, brüllte einer der Männer sie an. Am nächsten Tag kamen zwei NS-Fürsorgerinnen und rissen ihr die Kinder weg. Der kleine Corrado begriff instinktiv, dass etwas Fürchterliches geschah, und schrie und tobte wie ein Wilder. Seine verzweifelte Mutter musste die Entführung ihrer Kinder tatenlos mit ansehen: »Das Herz krampfte sich mir zusammen, ich empfand grenzenlosen Schmerz, dieses Kind so leiden zu sehen. Noch hoffte ich aber, die beiden bald wiederzusehen.« Es sollte ein ganzes Jahr dauern, bis sie ihre Lieben wieder in die Arme schließen konnte. Es war ein Jahr, in dem sie von Konzentrationslager zu Konzentrationslager geschickt wurde, wo sie mit Tod und Elend und der unsäglichen Angst, es nicht zu schaffen, konfrontiert wurde. Ihre Sorgen teilte sie mit den anderen Sippenhäftlingen, die im Laufe der Zeit zu einer verschworenen Gemeinschaft zusammenwuchsen.

Ich erinnere mich noch sehr deutlich an die Verhaftung meiner Mutter und meiner beiden älteren Geschwister. Vier Wochen später, bei unserer eigenen Verhaftung, sind wir trotzdem wie die Lämmer mitgegangen. Man tröstete uns, dass es nur wenige Tage dauern würde, dann wären wir wieder zu Hause. Und daraus wurde dann beinahe ein Jahr.

Alfred von Hofacker, Sohn des Verschwörers Cäsar von Hofacker

Aufgrund der schlechten Ernährung traten bald Mangelerscheinungen bei allen Gefangenen auf. Flecktyphus und Scharlach brachen aus. Ilselotte von Hofacker pflegte die Kranken aufopferungsvoll. Sie war eine stolze, anmutige Frau von 40 Jahren, die auch in der größten Not nicht verzweifelte. Zusammen mit ihren beiden älteren Kindern war sie am Abend des 30. Juli 1944 nach Buchenwald gebracht worden. Über das Schicksal ihrer drei jüngeren Kinder ließ man sie im Ungewissen. Erst bei ihrer Befreiung sollte sie erfahren, was mit ihnen geschehen war.

Nur einen Monat nach dem Abtransport der Mutter wurden die drei jüngeren Hofacker-Kinder, die vierzehnjährige Christa, der neunjährige Alfred und die sechsjährige Liselotte, von einem »grässlichen Bleichgesicht« der Gestapo abgeholt. Alfred von Hofacker wundert sich noch heute, dass er damals wie ein Lamm mitgegangen sei. Christa von Hof-

Als wir in Bad Sachsa ankamen, wurde uns gesagt, wenn uns jemand nach unserem Namen fragt, sollten wir dem nur mit den Vornamen antworten. Und in dem Alter, ich war damals neun Jahre, hat man noch keine richtige Beziehung zu seinem Familiennamen. Nach einigen Tagen machte der Älteste von uns, Wilhelm Graf Schwerin, den Vorschlag, jeder sollte doch mal heimlich seinen Familiennamen nennen; da hörte ich den Namen Stauffenberg. Das sagte mir im Moment noch gar nichts. Aber einer der Vettern erwähnte eine gemeinsame Tante, da wurde ich hellhörig und rief: »Holla, du, das ist aber auch meine Tante.« Und wir stellten also diese Verwandtschaft fest, ohne natürlich zu wissen, warum wir in Bad Sachsa waren und welche Rolle unsere Väter spielten. Das hatten uns unsere Mütter nicht mehr sagen können. Das war ein eigenartiges Erlebnis, was aber wesentlich dazu beigetragen hat, dass wir uns näher gekommen sind.

Alfred von Hofacker, Sohn des Verschwörers Cäsar von Hofacker

Im Kinderheim von Bad Sachsa sollte den Kindern der »Verräterfamilien« die Identität genommen werden.

acker, die für ihre jüngeren Geschwister die Verantwortung übernommen hatte, schrieb verstört in ihr Tagebuch: »Noch bist du in München, in der Stadt, wo Mutti und die Geschwister sind, und du kannst nicht zu ihnen. Du darfst die Kleinen nicht verlassen, du musst wenigstens ihnen helfen.«

Nach einer nicht enden wollenden Zugfahrt trafen die Geschwister in dem kleinen Örtchen Bad Sachsa im Südharz ein. Im dortigen Kinderheim, das aus zehn auf den ersten Blick beschaulichen Schwarzwaldhäusern bestand, wurden sie mit einem kurzen »Heil Hitler« begrüßt und sogleich nach Altersgruppe und Geschlecht voneinander getrennt. Der kleine Alfred weinte bitterlich, musste sich aber in sein Schicksal fügen.

Bad Sachsa war ein Kinderheim, die Frauen dort waren ausgebildete Erzieherinnen, sie haben uns entsprechend unserem Alter behandelt. Wir haben gut geschlafen, gut gegessen, sind gut gekleidet gewesen dort. Wir durften zuerst lediglich nicht von Haus zu Haus miteinander reden.

Albrecht von Hagen, Sohn des Verschwörers Albrecht von Hagen

In Bad Sachsa sollten die Kinder »auf Linie« gebracht werden. Dort nahm man ihnen alles weg, was sie an die Eltern erinnerte: Fotos, Briefe und sogar ihre Nachnamen. Aus den Kleidern wurden systematisch alle Namensschilder herausgetrennt. Den Betreuerinnen, meist handelte es sich um stramme Parteigenossinnen, wurden schwere Strafen angedroht, wenn sie nach außen tragen sollten, wer im Heim gefangen war.

Helmtrud von Hagen, deren Vater Albrecht am

8. August hingerichtet wurde, macht die damals empfundene Hilflosigkeit immer noch zu schaffen: »Das ist auch heute noch nicht überwunden, sonst könnte ich das auch mit mehr Abstand erzählen. Mir ist auch das schmerzende Gefühl der Entpersönlichung geblieben, dieses Zur-Nummer-Werden! Die Nummer 26 und der Name Schulz auf meiner kleinen, weichen Haarbürste.« Nach den Vorstellungen der Nazis sollten alle Kinder aus »Verräterfamilien« eine neue Identität bekommen, die Älteren in Napolas, »Nationalpolitischen Erziehungsanstalten«, und die Jüngeren in SS-Familien aufgezogen werden. Der teuflische Plan scheiterte am Widerstand der Sprösslinge. Wilhelm Schwerin, mit 15 Jahren der Älteste im Kinderheim, ließ sich von solchen Vorschriften nicht einschüchtern. Zufällig entdeckte er, dass sein Familienname auf dem Innenlatz der Lederhose seines jüngeren Bruders mit Wäschetinte verewigt war. Da hatte eine der Aufseherinnen offensichtlich nicht richtig aufgepasst. So kam es, dass sich Christoph beim Ankleiden vor den anderen Jungen verbeugte, auf den Namen in seiner noch offenen Hosenklappe zeigte und sagte: »Darf ich vorstellen, Geheime Staatspolizei.« Damit war der Bann gebrochen. Als Wilhelm Schwerin am folgenden Abend in den Schlafsaal kam, sorgte er dafür, dass die Kinder ihre wahren Namen nannten. Bei »Stauffenberg« wurde er hellhörig. Spätestens da war ihm klar, weshalb sie alle eingesperrt waren.

Christa von Hofacker hatte ihre eigenen Methoden, um an Informationen zu kommen. Sie setzte mit ihrem kindlichen Charme einer freundlichen Kindergärtnerin so lange zu, bis diese ihr erzählte, was sie wusste. Demzufolge sollten die Kinder ursprünglich nur für einen Zeitraum von acht Wochen, »bis die Eltern und großen Geschwister umgebracht worden wären«, in Bad Sachsa bleiben. Natürlich machte sich Christa schwere Sorgen um das Schicksal ihrer Familie. Verzweifelt schrieb sie in ihr Tagebuch: »Wo ist Vater, weiß er von uns, lebt er noch? Sind die anderen noch in München, überstanden sie bis jetzt die Angriffe?« Es waren Fragen, die ihr niemand beantworten konnte. Ab Oktober 1944 wurden Kinder, deren Mütter aus dem Gefängnis entlassen waren, nach Hause geschickt. Himmler hatte sich zu dem Zugeständnis bequemt, jeden Einzelfall der Sippenhaft zu prüfen. Die Familie Stauffenberg nahm er jedoch ausdrücklich von dieser Regelung aus. Auch die Geschwister Hofacker mussten bis zum Ende ausharren. Immerhin wurde die Isolationshaft der Kinder gelockert. Sie durften nun Post und manche sogar Besuch empfangen. Christa von Hofacker war dennoch einsam. Weihnachten 1944 notierte sie traurig: »Ganz überraschend war Tante Lita Stauffenberg gekommen, aber nur die sechs

Zu Weihnachten hatten wir Kontakt, und es kam ein kurzer Brief und ein Paket. Sie waren damals in Buchenwald. Ich erinnere mich, ich bekam ein geschnitztes Holzauto von meinem Bruder.

Alfred von Hofacker, Sohn des Verschwörers Cäsar von Hofacker

Stauffenbergs durften zu ihr. Das war sehr schwer für mich. Als sie kam, hatte ich so gehofft, in der Heiligen Nacht mit ihr spazieren zu dürfen. Ich kannte die Anschauung der Heimleiterin nicht gründlich genug! Die Kinder blieben bis nachmittags im Bett. Alles war eiskalt, alles ging drunter und drüber, richtig trostlos.« Christa dachte wehmütig an die Weihnachtsfeste zu Hause, die Eltern und die älteren Geschwister. Unter diesen Umständen wollte sich keine richtige Weihnachtsstimmung einstellen. Es wurde ein tränenreiches Fest – vermutlich das traurigste, das die Geschwister Hofacker erlebten. Was sie nicht wussten: Zu diesem Zeitpunkt war ihr Vater bereits vier Tage tot.

Während Deutschland in Schutt und Asche versank, verrichtete Freisler unbeirrt sein blutiges Handwerk. Er gehörte zu denen, die noch immer kompromisslos hinter Hitler standen. Im größten Endkampffieber fällte er Todesurteil um Todesurteil. Noch am 1. Januar 1945 hatte Hitler die Deutschen unerbittlich zum Durchhalten aufgefordert. »Ein Volk, das in Front und Heimat so Unermessliches leistet, so Furchtbares erduldet und erträgt, kann niemals untergehen.« Doch nur zwölf Tage später, am 12. Januar 1945, brach die Front an der Weichsel zusammen. Damit war der Weg frei für den Vormarsch der Roten Armee. Millionen Deutsche flohen bei eisigen Temperaturen nach Westen und verloren alles, was ihnen lieb und teuer war, viele auch das eigene Leben.

All das wollte Freisler nicht wahrhaben. Noch war er mit den Verschwörern des 20. Juli nicht fertig. Am 9. Januar 1945 begann der Prozess gegen Helmuth James Graf von Moltke, den evangelischen Theologen Eugen Gerstenmaier, Pater Alfred Delp und andere Mitglieder des Kreisauer Kreises. Moltke saß schon seit über einem Jahr im Gefängnis. Er war beim Versuch, einen Freund vor der drohenden Verhaftung zu warnen, verraten worden. Nach dem 20. Juli war er, obgleich er das Attentat auf Hitler grundsätzlich abgelehnt hatte, ins Visier der »Sonderkommission« geraten. Während umfangreicher Verhöre hatte sich dann herausgestellt, dass auch er zur aktiven Opposition gehörte. In den Monaten bis zu seiner Verhandlung reiste seine Frau Freya unentwegt zwischen Berlin und dem Gut im schlesischen Kreisau hin und her, um Nahrungsmittel für ihren Mann und die inhaftierten Freunde zu besorgen, die Poelchau in die Zellen schmuggelte. Im Gegensatz zu den anderen Ehefrauen wurden sie und Brigitte Gerstenmaier nicht in Sippenhaft genommen.

Brigitte Gerstenmaier ließ in jenen Tagen nichts unversucht, um ihren Mann Eugen zu retten, der am 20. Juli im Bendlerblock mit Bibel und Pistole in der Tasche verhaftet worden war. Es ist bis heute ein Rätsel, wie sie es schaffte, Liesel Sündermann, die Ehefrau von Hitlers stellvertretendem Pressechef, zu überreden, sich für Gerstenmaier bei Freisler zu verwenden. Am Abend vor der Verhandlung lud Liesel Sündermann den Blutrichter, der für sie schwärmte, zu einem romantischen Essen bei Kerzenschein ein. Beiläufig kam sie auf den Prozess zu sprechen. Dabei stellte sie den Theologen Gerstenmaier als weltfremden Theoretiker dar. Was genau am nächsten Morgen verhandelt wurde, wird nur aus zwei Briefen Moltkes an seine Frau Freya ersichtlich. Da die Sitzungsprotokolle verloren gegangen sind, erweisen sie sich als die einzige Quelle. Aus ihnen geht hervor, dass Freisler versuchte, den Kreisauer Kreis als »geheimen Motor« des 20. Juli darzustellen. Moltke bemerkte zufrieden: »Wir werden gehenkt, weil wir zusammen gedacht haben.«

Gegen Gerstenmaier verhielt sich der Blutrichter ungewöhnlich milde. Das erotische Geplänkel vom Vorabend zeigte Wirkung: Der selbst ernannte »Herr über Leben und Tod« verzichtete im Fall Gerstenmaier auf die Todesstrafe. Als sich dessen Frau Brigitte voller Angst zum Gerichtsgebäude begab, rief ihr Freya von Moltke freudig durchs ganze Treppenhaus entgegen: »Sieben Jahre, Brigittchen, sieben Jahre.« Freya von Moltkes Mann war, wie nicht anders zu erwarten, zum Tode verurteilt worden. Am 23. Januar wurde er in Plötzensee mit neun anderen Häftlingen gehängt. Sehr gefasst und fast heiter soll er sich auf seinen letzten Weg begeben haben.

Während die Rote Armee schon die Städte Königsberg und Breslau belagerte, saßen noch etliche Verschwörer im Kellergefängnis des RSHA. Fabian von Schlabrendorff, der bis dahin schlimmste Folterungen hatte erdulden müssen, traf dort den Theologen Dietrich Bonhoeffer und dessen Schwager Hans von Dohnanyi. Beide gehörten zum konspirativen Zirkel um Admiral Canaris. Bonhoeffer, der schon seit 1943 in den Fängen der Gestapo war, verbreitete unter den Gefangenen stets gute Laune und Zuversicht. Begeistert erzählte er Schlabrendorff von den Briefen seiner Braut. Sein Schwager Hans von Doh-

Mein Mann hat ein großes geistiges Vermächtnis hinterlassen. Ich war immer der Meinung, dass der deutsche Widerstand schwach war, ohne greifbaren Erfolg. Doch für die Seele der Deutschen war und ist er eine sehr nützliche Sache.

Freya von Moltke, Witwe des Verschwörers Helmuth James Graf von Moltke

Mein Mann hat sein Todesurteil hingenommen. Er hat es als sinnvoll empfunden, als Gegner der Nazis zu sterben.

Freya von Moltke

»Mit der Akte in der Hand erschlagen«: Der schwere US-Luftangriff auf die Berliner Innenstadt am 3. Februar 1945 kostete »Blutrichter« Freisler das Leben.

nanyi war besonders gefährdet, da er schon beim Umsturzversuch von Beck, Oster und Witzleben im September 1938 eine maßgebliche Rolle gespielt hatte. Dohnanyi war wie Bonhoeffer bereits 1943 verhaftet worden, unter anderem deshalb, weil er jüdische Familien vor der Deportation bewahren wollte. Nachdem im September 1944 im Panzerschrank des Oberkommandos des Heeres in Zossen umfangreiche Materialien über den Umsturzversuch von 1938 entdeckt worden waren, spitzte sich die Situation für Dohnanyi dramatisch zu. Ihm drohte nun eine Anklage wegen Hochverrats vor dem Volksgerichtshof. Als er keinen Ausweg mehr für sich sah, ließ er sich von seiner Frau Diphtheriebakterien in die Zelle bringen. Er infizierte sich absichtlich, um eine Erkrankung herbeizuführen in der inständigen Hoffnung, auf diese Weise einem Prozess zu entgehen. Er hatte nicht mit der Gnadenlosigkeit des Regimes gerechnet: Trotz der Lähmung seiner Beine hatte man ihn ins Gestapo-Gefängnis gebracht. Dort lag er nun hilflos und war auf das Wohlwollen der Wärter angewiesen.

Fabian von Schlabrendorff wurde am 3. Februar 1945, einem Samstag, vor den Volksgerichtshof zitiert, der inzwischen wieder in dem alten Gebäude in der Bellevuestraße tagte. Es sollte Freislers letzter Prozess werden. Als gegen neun Uhr die Sirenen wegen Fliegeralarms heulten, wurde das Verfahren unterbrochen. Alle Anwesenden verließen eilig den Gerichtssaal in Richtung Luftschutzkeller. Schlabrendorff, der an Händen und Füßen gefesselt war, hatte das Gefühl, »die Welt geht unter«. Es war der schwerste Luftangriff der Westalliierten auf Berlin. Eine knappe Stunde lang luden 700 Bomber 3000 Tonnen Sprengstoff über der Stadt ab. Mehr als 20 000 Menschen starben im Bombenhagel. Für Schlabrendorff war der Einsatz der Alliierten hingegen lebensrettend. »Mitten in diesem tosenden Wirbel erscholl ein ohrenbetäubendes Krachen, das alle Anwesenden erbeben ließ. Der Volksgerichtshof stand in Flammen. Er wankte in seinen Fugen und brach auseinander«, schreibt er in seinen Erinnerungen. »Ein Teil der Decke stürzte herunter. Ein gewaltiger Balken verlor seinen Halt, löste sich, schlug herunter und traf mit voller Wucht den Präsidenten des Volksgerichtshofes, Freisler.« Noch im Tod hielt der Blutrichter die Prozessakte fest in der Hand. Bei der Wiederaufnahme des Verfahrens wurde Schlabrendorff freigesprochen, weil er glaubhaft nachweisen konnte, dass er gefoltert worden war und seine Aussagen somit keinen Wert besaßen.

Nach dem spektakulären Tod Freislers übernahmen andere Richter das blutige Geschäft. Je hoffnungsloser die Situation in Deutschland wurde, desto hektischer wurden die Todesurteile vollstreckt. Auch als die Rote Armee schon den Stadtrand Berlins erreicht hatte, ging der Rachefeldzug gegen die Widerständler ungehemmt weiter. Nach einer Order Himmlers vom 14. April 1945 sollte keiner der politischen Gefangenen überleben. Es gab einige Aufseher, die seinen Befehl ignorierten und Häftlinge freiließen. Doch waren immer noch genug Helfershelfer bereit, den Irrsinn des untergehenden Regimes mitzumachen. Am 23. und 24. April 1945, die Rote Armee stand schon in Berlin, holten SS-Mannschaften einen Teil der Häftlinge aus dem Gefängnis in der Lehrter Straße unter dem Vorwand ab, sie in der Prinz-Albrecht-Straße in die Freiheit zu entlassen. Auf dem Weg dorthin führten sie die Gefangenen auf ein Trümmerfeld und ermordeten alle durch Genickschuss. Unter ihnen befand sich auch Klaus Bonhoeffer.

Nur einen Monat vor Kriegsende entdeckten die Schergen des Regimes unglückseligerweise die verschwundenen Tagebücher von Admiral Canaris und Notizen über Frontreisen zu verschiedenen Kommandeuren, die für den Umsturz gewonnen werden sollten. Bis dahin hatte man auf einen

Prozess gegen die Gruppe um Canaris verzichtet, da die Erörterung ihrer geheimdienstlichen Tätigkeit vor einem Gericht nicht opportun erschien. Nachdem aber die Beweise der Verschwörung auf dem Tisch lagen, befahl Hitler in rasender Wut die Hinrichtung von Wilhelm Canaris, Hans Oster, Hans von Dohnanyi, Dietrich Bonhoeffer und anderen. Ohne ordentliches Gerichtsverfahren wurden die Widerständler in den Morgenstunden des 9. April 1945 im Konzentrationslager Flossenbürg gehängt. Um sie zu erniedrigen, hatte man sie nackt zum Galgen geführt. Die angetrunkenen SS-Handlanger erhielten anschließend für ihre Henkersarbeit eine Zulage in Form von Schnaps und Blutwurst.

Zur gleichen Zeit wurden aus Flossenbürg die aus Buchenwald eingetroffenen Sippenhäftlinge nach Dachau abtransportiert, wo bereits mehr als 100 andere interniert waren. Fey Pirzio-Biroli, deren Mutter nur 20 Kilometer von Dachau entfernt lebte, wollte fliehen, sie verwarf diese Idee aber wieder, um die anderen Gefangenen ihrer Gruppe nicht zu gefährden.

Zwei Wochen blieben die Sippenhäftlinge im Konzentrationslager Dachau. Zur Sorge, doch noch von den SS-Schergen ermordet zu werden, gesellte sich die Angst vor den nächtlichen Luftangriffen. Erschwerend kam hinzu, dass im SS-Krankenhaus des Konzentrationslagers, in dem sie untergebracht waren, auch mehrere SS-Familien Zuflucht gesucht hatten. Die Vorstellung, gemeinsam mit ihnen befreit zu werden, gefiel den meisten überhaupt nicht. Wie würden die alliierten Soldaten reagieren? Es war eine paradoxe Situation für die Eingesperrten.

Am 26. April 1945, als die US-Armee schon kurz vor Dachau stand, hieß es dann plötzlich: »Zusammenpacken.« Ein Bus stand bereit, der sie alle zusammen nach Südtirol bringen sollte. Himmler hatte verfügt, die Sippenhäftlinge beim Herannahen der US-Truppen umzubringen. Durch

Meine Mutter war zuletzt in Dachau. Sie war Gott sei Dank nicht bei diesem Todesmarsch dabei, sondern wurde schon vorher in einem Bus in die Alpen gebracht und dort von den Alliierten befreit. Und die Amerikaner glaubten, ihr etwas Gutes tun zu müssen, und schickten sie erst mal in Erholung nach Capri. Meine Mutter, die natürlich nur einen sehnlichen Wunsch hatte, familiär wieder mit uns verbunden zu sein, musste da zwangsweise nach Capri! Gut gemeint, aber natürlich nicht der Situation angemessen.

Alfred von Hofacker, Sohn des Verschwörers Cäsar von Hofacker

Die Befreiung des Konzentrationslagers Dachau machte dem Leidensweg der meisten Sippenhäftlinge ein Ende.

Zufall wurde das Gespräch der SS-Bewacher, die sich über das genaue Prozedere berieten, von zwei Sonderhäftlingen belauscht. In einem unbeachteten Moment konnten die beiden fliehen und Hilfe holen. Ein Wehrmachtsoffizier, der die Situation sofort begriff, überwältigte die SS-Schergen und befreite die Geiseln.

Damit war die Odyssee der Sippenhäftlinge aber noch nicht zu Ende. Nachdem amerikanische Truppen sie am 4. Mai 1945 in ihre Obhut genommen hatten, schickte sie die erschöpften Angehörigen der Widerständler erst einmal zur Erholung für einige Wochen auf die Insel Capri. Es war eine absurde Situation für die Mütter, die nach monatelanger Trennung von ihren Kindern sich nichts sehnlicher wünschten, als diese wieder in ihren Armen halten zu können.

Die verschleppten Jungen und Mädchen mussten am längsten auf ihre Befreiung warten. Die Zeit zwischen Weihnachten und Ostern 1945 schien nicht zu vergehen. Es gab keinen Unterricht, keine Ablenkung, keine Nachricht von zu Hause – nur unendliche Tristesse. Christa von Hofacker, die unter Langeweile und Heimweh gleichermaßen litt, nahm sich liebe-

Wir saßen tagelang im Keller voller Angst. Man hatte uns auch alle möglichen Schauermärchen erzählt, was passieren würde, wenn die Alliierten kämen. Ich erinnere mich noch sehr genau, wie der erste Amerikaner die Tür aufstieß und wir alle ganz verängstigt da im Keller saßen. Dann griff er in seine Tasche und überreichte uns Süßigkeiten. Das war die Befreiung, und ich sage ganz bewusst, Befreiung. Später in Gesprächen mit Gleichaltrigen wurde immer von dem verlorenen Krieg gesprochen. Für mich war es kein verlorener Krieg, sondern es war die Befreiung.
Alfred von Hofacker, Sohn des Verschwörers Cäsar von Hofacker

voll der jüngeren Kinder an. Besonders Leid taten ihr zwei Buben, die noch zu jung waren, um zu begreifen, was das alles zu bedeuten hatte. Der vierjährige Rainer weinte herzzerreißend: »I mag heim, i mag heim.« Da das Kind stark schwäbelte, fragte sie ihn, ob er denn nicht wisse, wie er heiße. »Doch«, schluchzte er, »dös weiß i scho. Ich hoiß Rainer Goerdeler, Johannes, Christian.« Da wusste Christa, dass die beiden Jungen Carl Friedrich Goerdelers Enkel waren. Ihre eigenen Nöte und Ängste vertraute die Vierzehnjährige dem lieb gewordenen Tagebuch an: »11. März – Vaters Geburtstag. Es war wieder ein schwerer, trauriger Tag. Ich wusste doch gar nichts von ihm, und die Frage, ob er überhaupt noch lebte, quälte mich gerade an diesem Tage sehr.«

Am Ostermontag 1945 hieß es dann überraschend, dass die Kinder zu ihren Müttern und Geschwistern fahren sollten. Sie ahnten damals nicht, dass dieser Ort das KZ Buchenwald war. Dienstag nach Ostern wurden alle auf einem LKW nach Nordhausen gebracht. Kaum hatten sie die Stadt erreicht, heulten die Sirenen des Fliegeralarms. »Plötzlich hub ein ohrenbetäubendes Krachen und Pfeifen an«, beschreibt Christa von Hofacker den Luftangriff, »die Kleinen fingen an zu schreien. Zu einem Knäuel ineinander verschlungen lagen wir vierzehn am Boden, die drei Erwachsenen, die uns begleiteten, schauten einander stumm an.« Eine halbe Stunde lang schwebten die Kinder zwischen Leben und Tod. Die Angst wich dem Grauen, als sie die Opfer des Bombenangriffs vor einem Krankenhaus aufgestapelt liegen sahen. »Kinder, die nur ein elendes Häufchen mit zwei vollkommen leblosen Beinchen vorstellten, wurden von Schwestern in das Hospital getragen. ... Ich war innerlich so fertig von dem Bombenhagel in Nordhausen, wo unser Leben schon fast verloren schien, dass mich dieser Anblick restlos erschütterte«, erinnert sich Christa von Hofacker an die schrecklichen Bilder von Tod und Zerstörung. Da der Bahnhof zerbombt war, wurden die geschockten Kinder mangels Transportmöglichkeiten wieder zurück ins trostlose Bad Sachsa gebracht. Dort wurden sie am 12. April 1945 von US-Soldaten befreit. Als der neue Bürgermeister, ein aus dem KZ entlassener Sozialdemokrat, die Jungen und Mädchen begrüßte, auf einen Tisch stieg und eine Rede hielt, die in dem Satz gipfelte, »Eure Väter sind Helden …«, schauten sie sich etwas ratlos an. So richtig verstanden hatten sie es nicht.

Nach der Befreiung kam der Erste Bürgermeister von Bad Sachsa zu uns ins Kinderheim, der war gerade aus dem Konzentrationslager entlassen und als Bürgermeister eingesetzt worden. Wir wurden alle zusammengetrommelt, er stellte sich auf einen Tisch und hielt eine leidenschaftliche Laudatio auf unsere Väter.

Alfred von Hofacker, Sohn des Verschwörers Cäsar von Hofacker

Es sollte noch bis zum 7. Juni 1945 dauern, bis die Kinder von einer Großtante der Stauffenbergs, die zugleich Oberin des Roten Kreuzes war, abgeholt werden konnten.

Die Stauffenberg-Geschwister sahen ihre Mutter Nina erst im August wieder. Das Schwesterchen Konstanze war schon acht Monate alt, als sie es zum ersten Mal liebkosen durften. Dramatisch gestaltete sich die Suche nach Roberto und Corrado Pirzio-Biroli, Ulrich von Hassells Enkelkindern. Fey von Hassell war zwar mit ihrem Mann Detalmo Pirzio-Biroli wieder glücklich vereint, doch gab es keine Spur von ihren inzwischen drei und vier Jahre alten Söhnen. Als Italiener bekamen sie keine Einreisegenehmigung für Deutschland und konnten so auch nicht selbst nach ihnen suchen. Ein unbeschreibliches Chaos herrschte in jenen Wochen auf Deutschlands Straßen. Die Infrastruktur war zerstört. Es gab kaum Transportmittel und Kommunikationsmöglichkeiten.

In ihrer Verzweiflung schickte Fey Pirzio-Biroli Suchmeldungen mit Fotos ihrer Lieben an das Rote Kreuz, verschiedene Bistümer, Radio Vatikan, sogar an den englischen und französischen Geheimdienst. Die Aussicht auf Erfolg war äußerst gering angesichts der Millionen Suchenden in Europa. Im September 1945 erreichte die junge Mutter das erlösende Telegramm: DIE KINDER SIND GEFUNDEN. SIE SIND BEI DEINER MUTTER – STOP. Fey Pirzio-Biroli brach vor Freude zusammen.

Endlich erhielten sie und ihr Mann die Möglichkeit, nach Deutschland zu reisen. Das Glück, die Kinder wiederzusehen, war unbeschreiblich. Doch wie würden Corrado und Roberto reagieren? Würden sie die Eltern nach einem Jahr noch wiedererkennen? Fey Pirzo-Biroli wird diesen Moment in ihrem Leben nicht vergessen: »Die Tür öffnete sich, und Almuth erschien mit den Kleinen. Sie blieben auf der Schwelle stehen. Einen Augenblick herrschte Totenstille. Ich schaffte es kaum, meine Tränen zu zurückzuhalten. Corradino sah mich, schaute mich immer wieder an und errötete tief.« Auf die Frage ihrer Schwester Almuth, ob er sie kenne, antwortete der kleine Junge: »Das ist Mama.«

Großmutter Ilse, die Witwe von Ulrich von Hassell, hatte die Kinder auf eigene Faust wochenlang gesucht. Sie fand die beiden Jungen schließlich in einem österreichischen Waisenhaus, das kurz vor seiner Auflösung stand. Den jüngeren Enkel hatte sie nicht sofort wiedererkannt, da sie ihn das letzte Mal als Baby gesehen hatte. Als sie ihm einige Fotos von zu Hause zeigte, deutete er mit seinem kleinen Finger auf ein weißes Pferd und sagte: »Das ist Mirko.« Da wusste Ilse von Hassell, dass es ihr Enkel war. Ohne ihre Eigeninitiative hätte man die Kinder vermutlich nie gefunden, da sie unter falschem Namen ins Heim eingeliefert worden waren. Sie wären kurze Zeit später von einer österreichischen Familie adoptiert worden.

Wie Ilse von Hassell mussten die Witwen der hingerichteten Männer nach dem Krieg ihr Leben allein meistern. Die meisten Frauen fühlten sich ihren Liebsten so eng verbunden, dass sie nicht wieder geheiratet haben. Da sich nach deutschem Recht ein Beamter keines Kapitalverbrechens schuldig gemacht haben durfte, gab es für sie zunächst auch keine Witwenrente. So lebten die Frauen mit ihren Kindern die ersten Jahre in bitterer Armut. Viele von ihnen erhielten erst acht Jahre nach der Hinrichtung ihrer Männer eine Kriegsrente. In der ersten Zeit waren sie und ihre Kinder offenen Anfeindungen ausgesetzt, denn in der neuen Bundesrepublik galten ihre Männer für allzu viele Zeitgenossen noch immer als Verräter. Die Kinder der Widerstandskämpfer bekamen das deutlich zu spüren. Wilhelm Schwerin wurde noch 1957 von seinem Chef abfällig auf die »Vorkommnisse in seiner Familie« angesprochen und Cornelie Bonhoeffer von wildfremden Menschen als »armes Verräterkind« tituliert. Dies sind nur zwei Beispiele, die stellvertretend für viele stehen.

De facto haben die Männer des 20. Juli und die Kreisauer die Geschichte nicht ändern können. Sie waren politisch gesehen erfolglos. Auf der anderen Seite haben sie das andere Deutschland, das andere Denken, das vom Gewissen und vom christlichen Empfinden bestimmt ist, deutlich aufgezeigt in einem Akt großer menschlicher Verantwortlichkeit. Und darin liegen der eigentliche Wert und die Überzeugungskraft dieser Taten.

Friedrich von Moltke, Sohn des Verschwörers Helmuth James Graf von Moltke

Der Name des Hinrichters Freisler sorgte in den Siebzigerjahren noch einmal für Schlagzeilen, als seine Witwe einen Prozess um ihre Rentenbezüge anstrengte. Das Versorgungsamt München gestand ihr damals neben ihrer Kriegsopferrente

»Ein Aufstand des Gewissens«: Nur zögerlich bekannte Nachkriegsdeutschland sich zur Tat des 20. Juli. Gedenkfeier im Bendlerblock im Jahr 1959.

eine »Schadensausgleichsrente« von monatlich 400 DM zu – gewissermaßen als Entschädigung für die fehlenden Rentenjahre ihres Mannes, der im Falle seines Überlebens, so die Begründung, als »Rechtsanwalt oder Beamter des höheren Dienstes« hätte tätig werden können. Das war ein Schlag ins Gesicht der Hinterbliebenen des 20. Juli, die nie eine Opferrente erhalten haben. Da keiner der 564 Richter und Staatsanwälte, die am Volksgerichtshof Unrechtsurteile fällten, nach dem Krieg rechtskräftig verurteilt wurde, kam das Versorgungsamt München zu folgendem Schluss: »Es kann ebenso wahrscheinlich sein, dass Freisler in seinem erlernten oder einem anderen Beruf weitergearbeitet hätte, zumal da eine Amnestie oder ein zeitlich begrenztes Berufsverbot ebenso in Betracht zu ziehen sind.« 1985 wurde dieser Beschluss aufgrund öffentlicher Proteste korrigiert. Es war eine unwürdige Diskussion, die vielen Witwen Schmerz zufügte. Auf die Frage nach dem Sinn des Opfertods meint heute Clarita von Trott zu Solz: »Sie hatten keinen Erfolg. Aber sie setzten Maßstäbe.«

Ausgewählte Literatur

Allgemein

Benz, Wolfgang (Hrsg.)/Pehle, Walter H. (Hrsg.): Lexikon des deutschen Widerstands. Frankfurt/Main 1994.

Fest, Joachim: Staatsstreich. Der lange Weg zum 20. Juli. Berlin 1994.

Fischer, Alexander: Der militärische Widerstand gegen Hitler und das NS-Regime 1933–1945. Herford u.a. 1984.

Hoffmann, Peter: Widerstand, Staatsstreich, Attentat. Der Kampf der Opposition gegen Hitler. München, Zürich 1985.

Klemperer, Klemens von: Die verlassenen Verschwörer. Der deutsche Widerstand auf der Suche nach Verbündeten 1938–1945. Berlin 1994.

Schlabrendorff, Fabian von: Offiziere gegen Hitler. Berlin 1984.

Steinbach, Peter (Hrsg.)/Tuchel, Johannes (Hrsg.): Widerstand gegen den Nationalsozialismus. Bonn 1994.

Vogel, Thomas (Hrsg.): Aufstand des Gewissens. Militärischer Widerstand gegen Hitler und das NS-Regime 1933 bis 1945. Hamburg u.a. 2000.

Der einsame Held

Haasis, Hellmut G.: »Den Hitler jag' ich in die Luft«. Der Attentäter Georg Elser. Eine Biografie. Berlin 1999.

Hartmann, Christian: Halder. Generalstabschef Hitlers 1938–1942. Paderborn u.a. 1991.

Hoch, Anton/Gruchmann, Lothar: Georg Elser – Der Attentäter aus dem Volke. Der Anschlag auf Hitler im Bürgerbräu 1939. Frankfurt/Main 1980.

Hoerster, Norbert (Hrsg.): Der Streit um den Widerstandskämpfer Georg Elser. In: Jahrbuch Extremismus und Demokratie 2000, S. 153–159.

Knopp, Guido/Schott, Harald: Die Saat des Krieges. 1938–1939. Hitlers Angriff auf Europa. Bergisch Gladbach 1989.

Krausnick, Helmut/Deutsch, Harold C.: Helmuth Groscurth. Tagebücher eines Abwehroffiziers 1938–1940. Stuttgart 1970.

Meinl, Susanne: Nationalsozialisten gegen Hitler. Die nationalrevolutionäre Opposition um Friedrich Wilhelm Heinz. Berlin 2000.

Renz, Ulrich: »Gebt ihm seine Tat zurück«: Erwin Roth findet die Wahrheit über Georg Elser. Königsbronn 2001.

Steinbach, Peter: »Johann Georg Elser – Der einsame Attentäter«. In: Widerstand im Widerstreit. Der Widerstand gegen den Nationalsozialismus in der Erinnerung der Deutschen. Paderborn 2000, S. 197–214.

Steinbach, Peter (Hrsg.)/Tuchel, Johannes (Hrsg.)/Hoch, Hans-Peter (Hrsg.): »Ich habe den Krieg verhindern wollen«: Georg Elser und das Attentat vom 8. November 1939. Eine Dokumentation. Berlin 1997.

Thun-Hohenstein, Romedio Galeazzo Graf von: Der Verschwörer. General Oster und die Militäropposition. Berlin 1982.

Verpasste Chancen

Arnold, Klaus Jochen: Verbrecher aus eigener Initiative? Der 20. Juli 1944 und die Thesen Christian Gerlachs. In: GWU 53 (2002), S. 20–31.

Bald, Detlef: Die »Weiße Rose«. Von der Front in den Widerstand. Berlin 2003.

Boeselager, Philipp Freiherr von: Der Widerstand in der Heeresgruppe Mitte. Berlin 1990.

Gersdorff, Rudolph-Christoph Freiherr von: Soldat im Untergang. Frankfurt/Main u. a. 1979.

Klausa, Ekkehard: Preußische Soldatentradition und Widerstand – Das Potsdamer Infanterieregiment 9 zwischen dem Tag von Potsdam und dem 20. Juli 1944. In: Schmädeke, Jürgen (Hrsg.)/Steinbach, Peter (Hrsg.): Der Widerstand gegen den Nationalsozialismus. Die deutsche Gesellschaft und der Widerstand gegen Hitler. München, Zürich 1994, S. 533–545.

Scheurig, Bodo: Henning von Tresckow. Ein Preuße gegen Hitler. Eine Biografie. Berlin 1997.

Scholl, Inge: Die Weiße Rose. Frankfurt/Main 1995.

Stahlberg, Alexander: Die verdammte Pflicht. Erinnerungen 1932 bis 1945. Frankfurt/Main 1995.

Ueberschär, Gerd R. (Hrsg.): NS-Verbrechen und der militärische Widerstand gegen Hitler. Darmstadt 2000.

Der Attentäter

Finker, Kurt: Stauffenberg und der 20. Juli 1944. Berlin 1989.
Hoffmann, Peter: Claus Schenk Graf von Stauffenberg und seine Brüder. Stuttgart 1992.
Hoffmann, Peter: Stauffenberg und der 20. Juli. München 1998.
Kramarz, Joachim: Claus Graf Stauffenberg. Der Mann des Widerstandes gegen Hitler. München 1994.
Krockow, Christian von: Eine Frage der Ehre. Stauffenberg und das Hitler-Attentat vom 20. Juli 1944. Berlin 2002.
Müller, Christian: Stauffenberg. Eine Biografie. Düsseldorf 2003
Zeller, Eberhard: Oberst Claus Graf Stauffenberg. Ein Lebensbild. Paderborn u. a. 1994.

Das Attentat

Bernt, Adolf: Der 20. Juli in der Bendlerstraße (Bericht eines Augenzeugen). In: Die Gegenwart (1956), S. 597–601.
Heusinger, Adolf: Befehl im Widerstreit. Schicksalsstunden der deutschen Armee 1923–1945. Tübingen, Stuttgart 1950.
Jacobsen, Hans-Adolf (Hrsg.): Spiegelbild einer Verschwörung. Die Opposition gegen Hitler und der Staatsstreich vom 20. Juli 1944 in der SD-Berichterstattung. Geheime Dokumente aus dem ehemaligen Reichssicherheitshauptamt; 2 Bände. Stuttgart 1984
Schramm, Wilhelm von: Aufstand der Generale. Der 20. Juli 1944 in Paris. München 1978.

Die Rache des Regimes

Hardenberg, Reinhild von: Auf immer wieder neuen Wegen. Erinnerungen an Neuhardenberg und den Widerstand gegen den Nationalsozialismus. Berlin 2003.
Hassell, Fey von: Niemals sich beugen. München, Zürich 1990.
Malone, Henry O.: Adam von Trott zu Solz. Werdegang eines Verschwörers 1909–1938. Berlin 1985.
Meding, Dorothee von: Mit dem Mut des Herzens. Die Frauen des 20. Juli. Berlin 1995.

Meyer-Krahmer, Marianne: Carl Goerdeler – Mut zum Widerstand. Eine Tochter erinnert sich. Leipzig 1998.

Moltke, Freya von: Erinnerungen an Kreisau 1930–1945. München 2003.

Moltke, Helmuth James von: Briefe an Freya 1939–1945. München 1988.

Ortner, Helmut: Der Hinrichter. Roland Freisler – Mörder im Dienste Hitlers. Göttingen 1995.

Poelchau, Harald: Die letzten Stunden. Erinnerungen eines Gefängnispfarrers. Berlin 1987.

Schad, Martha: Frauen gegen Hitler. Schicksale im Nationalsozialismus. München 2001.

Schwerin, Detlef von: »Dann sind's die besten Köpfe, die man henkt«. Die junge Generation im deutschen Widerstand. München, Zürich 1994.

Yorck von Wartenburg, Marion: Die Stärke der Stille. Erinnerungen an ein Leben im Widerstand. München 1995.

Personenregister

Orts- und Sachregister

Abbildungsnachweis

Karten: Fritz Dulas: S. 209, 215

AKG: 27, 38, 44, 47, 53 u, 97, 105, 131, 148 u, 159 o, 167, 173, 183, 186, 198, 218 u, 240, 250, 254 u, 324, 331
BA: 51 (146-1997-017-20), 117 (183-R66036), 129 (146-1976-130-51), 133(146-1994-022-32A), 227 (183-L03233), 232 (101l-212-0212A-19), 253 (183-H25719), 254 o (101l-299-1823-14), 262 (146-1972-109-19A), 281 o (183-R98379), 283 (151-25-07), 290 (146-1995-077-05), 291 (146-1988-053-10)
Bayerische Staatsbibliothek/Archiv Heinrich Hoffmann: 59, 85, 120, 123 u, 151, 164, 270, 300 u
Bayerisches Wirtschaftsarchiv: 68 o (F2/6.02)
BPK: 40, 155, 159 u, 188, 189 o, 195, 229, 244 l, 275 l, 303
DHM: 106 o, 178, 189 u, 258
dpa: 17, 145, 218 o, 275 r, 281 u, 288
Foto Marburg: 108
Franklin D. Roosevelt Library (NLFDR): 194 (NLR-PHOCO-A-7298, ARC 195515)
Gedenkstätte Deutscher Widerstand: 62, 66, 72, 76, 146, 150, 175, 228, 320
Interfoto: 106 l, 274 r, 276
Keystone: 106 r
Landesarchiv Berlin: S. 260 (Nr. II, 13084)
Schweizerisches Bundesarchiv E4320B 1970/25, C.2.102: 22 o, 75
Stadtarchiv München/Historisches Bildarchiv: 68 u
SV Bild: 28, 42, 153
Ullstein: 14, 19 o, 19 u, 22 u, 35, 37, 43 r, 43 l, 46, 50 r, 50 l, 53 o, 74, 78, 82 o, 87, 100, 126 r, 126 l, 139, 144, 148 o, 171, 181, 201, 207, 212 l, 212 r, 219, 223, 226, 233, 235o, 235 u, 237, 244 r, 264, 265, 272, 273, 274 l, 282, 286, 297, 300 o, 305, 307, 309 or, 309 u, 312, 313, 327
Weiße Rose Stiftung: 109 u

Seite 116 aus: Operation Foxley. Public Record Office/Crown Copyright 1998, page 38

Seite 293 aus: Marion Yorck von Wartenburg, Die Stärke der Stille. Erzählung eines Lebens aus dem deutschen Widerstand. Eugen Diederichs Verlag GmbH, Köln 1984. © Heinrich Hugendubel Verlag, München

Private Leihgeber:

Privatbesitz: 268

Philipp Freiherr von Boeselager: 82 u, 121, 123 o,

Freya von Moltke: 315

Fey Pirzio-Biroli: 318

Ulrich Sahm: 309 ol

Walter von Stülpnagel: 247

Rüdiger von Voss: 137

Die Rechtegeber der Abbildungen von Seite 90, 95, 104, 109 o konnten nicht ermittelt werden. Der Verlag bittet Personen oder Institutionen, welche die Rechte an diesem Foto haben, sich zwecks angemessener Vergütung zu melden.